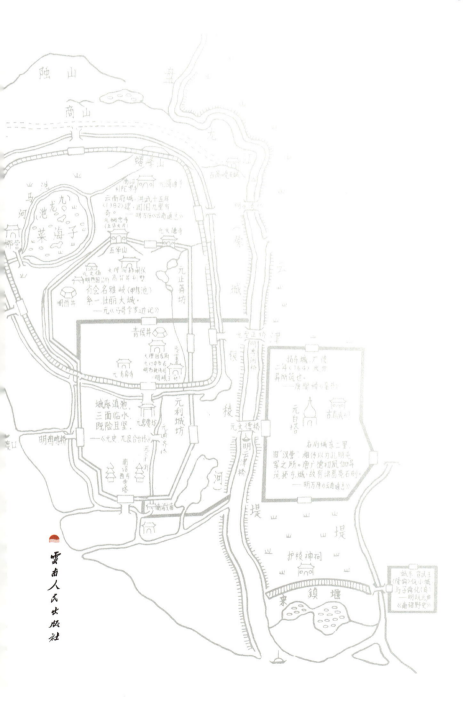

周忻◎编著

昆明城市文化通识

云南人民出版社

图书在版编目（CIP）数据

昆明城市文化通识 / 周忻编著. -- 昆明 ： 云南人
民出版社，2024.9
ISBN 978-7-222-22488-9

Ⅰ．①昆… Ⅱ．①周… Ⅲ．①城市文化－昆明 Ⅳ．
①G127.741

中国国家版本馆CIP数据核字（2024）第006457号

责任编辑：陶汝昌
责任校对：李 红 欧 燕
责任印制：代隆参
装帧设计：书海文化

昆明城市文化通识
KUNMING CHENGSHI WENHUA TONGSHI

周 忻 编著

出 版	云南人民出版社
发 行	云南人民出版社
社 址	昆明市环城西路609号
邮 编	650034
网 址	www.ynpph.com.cn
E-mail	ynrms@sina.com
开 本	787mm×1092mm 1/16
印 张	25.25
字 数	435千
版 次	2024年9月第1版
印 次	2024年9月第1次印刷
印 刷	云南宏乾印刷有限公司
书 号	ISBN 978-7-222-22488-9
定 价	78.00元

云南人民出版社微信公众号

如需购买图书、反馈意见，请与我社联系

总编室：0871-64109126 发行部：0871-64108507 审校部：0871-64164626 印制部：0871-64191534

序
PREFACE

城市是人类发展进程中的伟大创造，保护历史性城市是当今国际社会的基本共识。世界上任何一座历史悠久的城市，都积淀了深厚的城市文化底蕴，遗存了丰富的历史街区、文物古迹和传统民居，荟萃了文化遗产的精华。国家公布的历史文化名城尤其如此，它们或是历代王朝的都城，或是历史悠久的文化古城，或是重大历史事件发生地，或是自古繁华的商贸中心，或是南来北往的交通枢纽，或是中外交流的重要港埠，或是兵家必争的军事重镇，或是风景秀丽的游览胜地，或是别具风情的民族都邑。昆明就是这样一座历史文化名城。

昆明是1982年国务院公布的中国第一批历史文化名城之一。

这座历史文化名城，有着悠久的历史沿革、重大的历史事件、众多的文物古迹、辉煌的历史名人、美好的诗赋楹联、奇特的古镇名村、和睦的世居民族以及各类物质文化和非物质文化遗产等等。这些文化遗产和历史积淀，伴随着我们这个城市生生不息、不断发展、代代相传，赋予了昆明城市文化的血脉和底气，是昆明城市文化的宝贵精神财富。凝结出这座城市的精气所系、气质所在、神色所现，就是昆明城市文化永恒的魅力。

    本书以文化专门史的叙事方式，略古详今，按照昆明城市历史发展脉络，专门叙述城市的历史沿革、风貌格局、文物古迹、名人故事、民俗风情、文学艺术、物质文化和非物质文化遗产等，并讲述城市文化遗产中具有代表性、可继承传播的人文史实、城市雕塑精粹和当今重要文化地标等内容。

    为文化立传，为城市存史。作为一部为读者、市民解读城市历史文化知识的读本，一部为大中小学校、老年大学开设地方传统文化讲座而作的文史类读物，本书力求做到史实严谨、资料全面、可信可读，力求做到全面性、系统性、资料性，为传播传承保护好城市文化遗产、讲好昆明故事抛砖引玉。

目录
CONTENTS

第四章 郑和——从滇池之畔走向世界的大航海家 …041

第五章 明清时期昆明文化名人撷英 …053

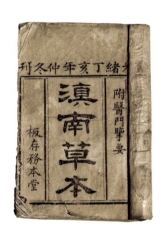

第六章 清末影响昆明的大事件 …069

第七章　民国时期影响昆明的大事件 …081

第八章　聂耳——从昆明走向世界的人民音乐家 …101

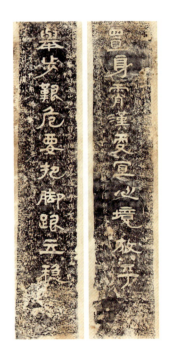

城市文化通识

昆明

KUNMING CHENGSHI
WENHUA TONGSHI

第一章
概述：文化特色铸就城市魅力

　　城市是人类社会进入文明时代的鲜明标志。它不仅是经济、政治、社会发展的产物，而且是一种文化现象，是文化孕育和发展的结果。文化遗产则是一座城市历史文化成就的重要标志和集中表达，其蕴含的影响力是城市经济社会发展的重要支点、无形资产和稀缺资源。

滇　池

　　文化遗产是城市的精神财富。说文化遗产首先要说文化和城市文化的基本概念，广义的文化是指人类社会发展过程中所创造的物质财富和精神财富的总和。文化产生于人类社会活动的实践中，属于人类智慧的沉淀、积累和提升。文化是一个国家历史、地域、人类、语言、民族生活习惯的反映，反过来又对人的生存发展产生深刻的影响。文化的产生是因人类沟通的需要，人试图与自然沟通，人互相沟通表达需求，形成语言、文字。文化渗透在社会、政治、生活的各个方面，门类众多、层次不同、性能各异，文化有思想教育、启迪智慧、陶冶情操、审视美丑、愉悦身心等功能。城市文化包含物质文化、制度文化和精神文化三个层面。物质文化是城市发展过程中形成的物质空间，如城市格局、形态、功能分区、街区及建筑、自然山水等，是城市的外形特征；制度文化是指城市在社会经济生活中的一些行为规则、规范、习惯，如行政制度、社区组织、地方性法规和行为规范等，是城市运行组织的方式；精神文化则是城市内在的形象、素质以及精神和文化成就，如市民素质、城市标识、民俗风情、婚姻习俗及文学艺术等。

　　城市的物质文化遗产是城市在形成发展过程中长期积累形成的，反映了社会、经济、技术水平的变化；城市的精神文化遗产反映了城市主体的精神风貌、智慧和情趣，制度文化反映了人们对待物质文化的态度，以及人们相互之间的关系，反映了人的社会属性，是精神文化作用于物质文化的媒介。

　　城市文化遗产是一座城市不可再生的珍贵资源，具有重大历史价值、革命纪念意义，自然景观风貌完整、文物古迹众多、物质文化遗产和非物质文化遗产多样，是一个城市成为历史文化名城的重要依据。1982年2月8日，国务院批转国家建委、国家文物局、国家城建总局联合所作的《关于保护我国历史文化名城的请示》，并公布了有重大历史价值和革命意义的24个城市为中国第一批历史文化名城，它们是北京、承德、大同、南京、苏州、扬州、杭州、绍兴、泉州、景德镇、曲阜、洛阳、开封、江陵、长沙、广州、桂林、成都、西安、延安、遵义、昆明、大理、拉萨。昆明榜上有名，成为昆明城市品牌的第一顶桂冠。

　　昆明是一座自然山水与气候四季如春相映成趣的春天之城，是一座历史文化厚重与名人辈出相得益彰的魅力之城，是一座民族多元文化与开放开明相互包容的典范之城。它的文化底气凝聚在这座城市的历史长河中，脱胎于这座城市的地理地缘氛围内，融汇在这座城市绵延不断的文化里。

一、山水呼应的气色与四季如春的美景

▼

1. 昆明的绝佳气候——四季如春景如画

春城，昆明的城市符号，亦别称。到过昆明的人，无不感叹的是昆明的气候：冬无严寒，夏无酷暑，四季如春，花开不绝。当你在盛夏来到昆明，仿佛进入了一个天然的空调世界，可以畅快地自由呼吸；当你在数九寒冬踏进昆明，依然看到的是满目葱绿，花香四野。这是上天对昆明的眷顾，让当地人不愿离开，世代相守；让外地人流连忘返，乐不思蜀。昆明之所以气候四季如春，花枝不断，春深似海，绿意浓浓，得益于昆明所处低纬度高原，四面环山屏障，受印度洋和季风的影响，加上滇池湖水的调节，滇东北的乌蒙山又挡住北来的冷空气而形成的特殊地理位置。

春城的美名，历代文人墨客多有赞誉，第一个给予昆明这一美誉的是明代文学家杨慎。遥想当年，杨慎乘船出游滇池，来到云津桥（今得胜桥），突然诗兴大发，第一个吟出了对昆明四季如春的感受："蘋香波暖泛云津，渔柑樵歌曲水滨。天气常如二三月，花枝不断四时春。"此诗是杨慎著名的《滇海曲十二首》之一。诗中写到二月的京城天寒地冻，西南的昆明却是春花烂漫。升庵先生此时看到的是买卖喧闹的码头，连河水都是暖的，青青的水草似散发着幽香，听到的是桨声伴奏着歌声，一派诗情画意，一派春光。他在《春望三绝》中第一次捕捉到"春城风物近元宵，柳亚帘拢花覆桥"，形容元宵节时，昆明已是花枝不断遮满桥的景致。

2. 昆明的自然山水——四围环山一湖水

昆明的自然山水形成了以滇池为中心的"四围环山一湖水"的风貌，东面呈贡有金马山，西面西山有碧鸡山，北面主城有蚩山（长虫山，又名蛇山），南面晋宁有白鹤山，古老城池沿滇池而建，美不胜收。

昆明是个山环水聚的生态之城，从北到南穿城而过的盘龙江、金汁河、大观河、宝象河等河流汇入滇池。真可谓：滇池渺渺一幅画，太华巍巍万卷诗，四围环山溪流涌，彩云蓝天映古城。

大观楼长联

滇池是昆明的母亲湖。一座壮美无比的睡美人山仰卧在滇池旁，它是大自然留给昆明人珍贵的自然遗产，它是昆明这座城市独有的、无可比拟的形象标识。滇池沿岸及其相关水系长期缓慢的变迁与区域聚落的生成发展息息相关，是新石器遗址、晋宁古城、拓东城等不同时期聚落选址最为相关的自然因素。

元、明、清时期，多有文人总结昆明美景。元代王昇《滇池赋》曰："碧鸡峭拔而岌嶪，金马透迤而玲珑；玉案峨峨而耸翠，商山隐隐而攒穹。"

明代地理学家徐霞客，用了两年时间跑遍云南，写就惊世之作《滇游日记》，赞扬滇池"四围山色，掩映重波间，高柳漾翠，天然绝境"。

最为出色的是清代文人张士廉绘制的"昆明八景"画卷：滇池夜月、云津夜市、螺峰叠翠、商山樵唱、龙泉古梅、官渡渔灯、灞桥烟柳、蚩山倒影。景景生辉，无不涉足昆明的山和水。昆明八景，除蚩山倒影、滇池夜月、龙泉古梅、螺峰叠翠这四景仍在继续着远古的神韵而外，灞桥烟柳（当时滇池边的柳林坝）、官渡渔灯、云津夜市（得胜桥、巡津街一带）、商山樵唱（今云南民族大学莲花校区一带）四景，已成历史的过眼云烟。

清代大观楼长联作者孙髯翁写出180字颂扬春城。上联描写滇池四周胜迹和春城秀丽的山川，清新俊逸；下联怀古叙述千秋人物，潇洒自如。这副楹联情景交融，浑然一体，对仗之工整、气势之宏大，是古来少见的，堪称千古绝唱。

二、历史古城的厚重与龟蛇相交的气脉

1. 昆明古城池的演变

据史书记载：3 万年前，在滇池这片水域旁边，"昆明人"在这里繁衍生息；春秋战国时期，滇池及周边地区出现了较多的部落联盟，其中"滇"的规模最大。楚国大将庄蹻率兵在滇池周边地区建立滇国，号称庄王，建苴兰城。之后的数百年间，滇国的都城设在今昆明晋宁区晋城一带。庄蹻开滇，开辟了内地与西南边疆的联系，并将内地先进的农耕和手工技术传播给了西南少数民族部落，促进了滇池地区社会的发展。此期，滇国各族人民创造出了享誉世界、灿烂夺目的青铜文化——晋宁石寨山文化，滇池流域成为云南古滇文化的发祥地之一。西汉年间，汉武帝在滇池地区设益州郡，并赐"滇王之印"。1956 年，云南省博物馆的考古学家在滇池东岸的晋宁石寨山发掘出"滇王之印"。这证明了司马迁《史记》等汉文古籍记载古代滇国的真实性。

2021—2022 年，云南考古工作者在晋宁河泊所遗址进行发掘时，出土了包括"益州太守章""建伶令印"等 500 多枚官印封泥，1000 多枚行政、司法简牍。这些简牍和封泥是反映西汉益州郡行政往来和司法制度的物证，是西汉中央政府在云南行使治权的体现，是统一的多民族国家形成与发展的重要实证。

昆明城始建于 765 年唐代南诏国时期，称拓东城。唐代南诏王阁罗凤命长子凤伽异在滇池北岸筑拓东城，为南诏国东都、副都。宋代大理国时期称鄯阐城，为大理国东京、副都。这是今天昆明城址上建城的开始。拓东城毫无争议地成为昆明历史上真正的城池，它的故址的具体位置就在今昆明盘龙江与金汁河之间，今天状元楼到得胜桥一带的缓坡上，以今天的拓东路为中线，北到交三桥，南到双龙桥，周长约 3000 米，是一个狭长的土城。拓东城的修建为古代昆明城市发展奠定了基础。南诏在拓东城内外给后人留下了一些遗迹，最为重要的就是 829 年南诏弄栋节度使王嵯巅建造的常乐、慧光二寺，并各建塔，俗称东寺塔、西寺塔。双塔的存在，使昆明城具有博物馆式的品质，我们可以从中窥见当年拓东城的建筑特色、艺术水平和精神风貌。

元代称鸭赤城、中庆城，在滇池地区设置鄯阐万户，其下设"昆明千户"。1273

年，元世祖忽必烈任命赛典赤为云南行省平章政事，他到任云南后，1276年建立云南行中书省，置昆明县，为中庆路治所，并把行政中心由大理迁到中庆（今昆明），昆明成为云南的首府。从此成为云南政治、经济和文化中心。这一期间，欧洲意大利旅行家马可·波罗来到中庆城，称其为"一座壮丽大城"。

明清时期，昆明称云南会城、云南府城。

2. 昆明古城龟蛇相交的气脉

明代建砖城，构成了至近代昆明城的框架。1382年，是昆明历史的一个重要转折点，明朝皇帝朱元璋派义子沐英征讨云南，大军攻入昆明，改中庆路为云南府，昆明取代大理成为云南的首府。据史料记载，昆明城在古代最宏大的一次规划布局就是在这一年。当时镇守云南的沐国公沐英进入昆明之后，从南京请来了著名堪舆（风水）大家汪湛海，他"审山龙，察地脉，别阴阳，定子午，就高下而奠基础，取形胜而立范围"。汪湛海踏勘了昆明的山川地脉，用了8年时间才完成昆明城的修筑，整个城池好像一龟形，南门为龟头，北门为龟尾，大小东门和大小西门为龟之四足。城内龟形与城外蛇山气脉相接，成龟蛇相交之气也。

昆明城建好后，汪湛海在城内埋下三块石头，分别写着"五百年后云南胜江南""五百年后有王者兴""万事此地当占先机"。石头埋于何处，已不得而知。如今，昆明城独特的山、水、城相间，"龟蛇相交"的城市形态依稀可辨。这是华夏大地一座天人合一、顺应自然的灵龟之城。

昆明古城选址考究，山环水聚，形胜气魄宏大。整座城池依山就势，北靠蛇山，东依金马山，西接碧鸡山（又称大三山），南面滇池为案前水系。经明清至近代城区内形成了"北圈三山（螺峰山、五华山、祖遍山，又称小三山）一湖（翠湖），南串四坊两塔（金马、碧鸡、忠爱和天开云瑞坊，东、西寺塔），中依五华一庙（文庙），山望湖楼一线、半城山水半城街巷"的城市格局。

清代基本延续了这一城市格局。

三、近代历史的辉煌与文化名人的荟萃

▼

1. 近代昆明成就辉煌

1911年10月，云南"重九起义"，五华山升起共和的旗帜，积极响应推翻封建帝制的革命。1909年，云南在昆明建立了云南陆军讲武堂，培养了大批仁人志士和新式军人，为1915年12月在昆明最先打响"护国运动"的第一枪，武装讨伐袁世凯复辟帝制，维护了民主共和制，现在的昆明街头还留有纪念护国运动的护国标、护国桥、护国路。20世纪初滇越铁路通车，使昆明成为中国最早与欧洲城市开展经济文化交流的通道。抗战时期，以昆明为起点，修筑"滇缅公路"，滇军60军出兵中原抗战、支援滇西反攻、运送抗日物资，为抗战胜利作出了重要贡献。这一时期，清华大学、北京大学、南开大学南迁至昆明，设立了"西南联大"，使昆明成为中国文化教育的中心。

翠　湖

2. 文化名人荟萃

昆明曾孕育和汇聚了一批杰出的历史人物，如庄蹻、赛典赤·赡思丁、沐英、郑和、兰茂、杨一清、杨慎、担当、孙髯翁、钱沣、缪嘉蕙、陈荣昌、袁嘉穀、方树梅、栗成之、廖新学、徐嘉瑞、聂耳、张天虚、袁晓岑……

昆明保留了一批近现代文化遗址，如梁思成、林徽因旧居，闻一多、朱自清旧居，熊庆来旧居，冰心默庐等名人故居，以及中央研究院历史语言研究所旧址（含冯友兰旧居）、中国营造学社旧址、中央研究院历史研究所旧址、国立艺专旧址、西南联大纪念碑、抗战胜利堂、朱德旧居、聂耳故居、龙云故居、呈贡飞机场（机窝石碾）等众多近现代遗存。

昆明有一批西南联大文化名人留下的文化财富，如闻一多、李公朴、朱自清、钱穆、汪曾祺、李广田、沈从文、冰心、老舍、费孝通等西南联大教授学者留下的经典文献和历史足迹。

四、多元文化的交融与开放时尚的汇聚

从中原黄河文化中心的地缘看，昆明是一座边疆城市。然而，云南与东盟国家山水相连，拥有与南亚国家毗邻的独特区位优势和文化相亲的传统亲缘。自通滇越铁路之后，昆明成为中国最国际化的城市之一，云南十八怪"火车不通国内通国外"就是昆明国际化最好的注解。

多元民族文化的存在和发展，使得"昆明文化"具有鲜明的地方文化特色，从而也使昆明的非物质文化遗产多了一份除汉文化外的少数民族特质。多民族长期和睦相处，创造和形成了多姿多彩、多元一体的民族文化，在发展中，产生了独立而又相互影响的多元的少数民族文化，产生了受中原汉文化影响形成的"古滇文化"，产生了少数民族文化与汉文化相互交流的"南诏文化"，以及西方现代文化影响的外来文化印迹。

昆明地处中国与东南亚、南亚次大陆接合部，具有从陆上沟通太平洋和印度洋，连接南亚、东亚和东南亚三大市场的桥梁和纽带作用，是中国唯一能够通过公路、铁路和水路进入环太平洋和印度洋地区的城市。昆明已开通国际航线多条。随着"一带一路"倡议深入实施和连接东南亚大通道建设的加快推进，中国与东南亚国家间的立体交通网络将更加完善，交通条件更加便捷。

地理的原因使得昆明自古以来就是个移民城市，天南海北的人带着各地的风俗和地域特质在这里汇聚，昆明和东南亚、南亚各国的交流在历史上从未间断过，昆明华侨多，移民多，南下干部多，知识青年多……原本仅为土著人拥有的滇池盆地，演化成地道的移民城，移民文化形态奠定了昆明多元文化并存、文化包容海量的独特个性。

昆明，有着全国任何城市不可比拟的"地段"，这就是面向南亚东南亚的国际区位优势。打造"世界春城花都"，建设区域性国际城市的目标，"春城"更多体现的是美丽和温情，"国际城市"则直指面向世界的大开放和大发展，这两个内涵的变化，正是昆明当前锐意进取谋求跨越的真实写照，让这座被称为"温吞水"的古老城市正在焕发新的活力，让人们对这座城市的未来充满新的猜想。

厚重的历史文化资源对于昆明是曾经辉煌的印记，城市因为历史而厚重，城市因为历史而庄严，城市因为历史而骄傲。2000多个春秋已经过去，昆明也由滇池岸边的原始聚落逐渐演变成今天的"壮丽大城"。丰富的历史遗存诉说着昔日的辉煌，厚重的历史文化必然成为今后我们取得更大成功、获得更大成就的文化基因和精神动力之所在。

如今，来到正义路昆明老街、护国路、南强街区可以看到一颗印、三坊一照壁、四合一天井、四合五天井、六合同春……这些具有典型地域历史意义的传统民居代表性建筑，青色的瓦、古老的四合院、光滑的青石板路，搭配着昆明最大规模的创意市集和庭院戏剧……

独一无二的四季如春的气候、山水环抱的自然景观、悠久的历史文化、民风民俗的代代相传、移民文化与多元文化的互动，构成了昆明文化的多元特色，也是昆明人文精神和人文特征的体现。

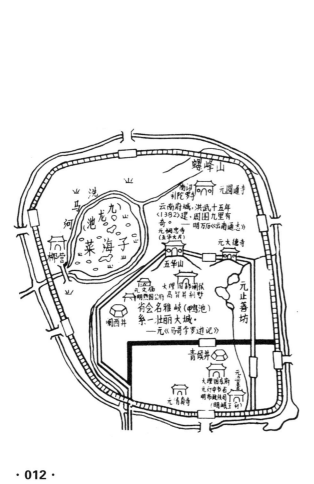

鹦鹉山

金

汁

河

金

马

山

古金马祠

绕

道

金

棱

（河

元通京大道

外交通要道

古金马关城

龙

江

古高峣关城

明永清桥

（紫

云

城

明

惠

护棱神祠

佑

文

堰

……其东北所出诸泉，咸会于盘龙江，至松花坝则分为二：其一由金马
之麓，流经春登里；其一由商山之麓，流经郡城。
蒙段氏时，由金马者，堤上多种黄花，名"绕道金棱河"；由商山者，堤
上多种白花，名"荟城银棱河"。言筑土石，托神灵护之，号为"佑文""来镇"二
堰。高下之田受荟溉者数十万亩。——明景泰《云南图经》

元止善坊

元至正桥

津

拓东城，广德
二年（764），凤伽
异所筑也。
——唐樊绰《蛮书》

元白塔

古真武祠

大理石幢

登

春

（河

元通京大道

南诏大理

对

元咸阳王纪念塔

元梁王离宫
（斡耳朵）

元利城坊

棱

银

河

元大德桥

明云津桥

右府城东二里，
旧"汉营"，相传以为孔明屯
军之所。唐广德初凤伽异
筑拓东城，故有诸葛亮石刻。
——明万历《云南通志》

堤

堤

护棱神祠

来

镇

堰

城东，宣武王
（隆舜）筑小城
与子酆化（贞）
——明阮元声
《南诏野史》

南诏大理元明期间
昆明老城图

城市文化通识

昆明

KUNMING CHENGSHI
WENHUA TONGSHI

第二章
"昆明"及"昆明人"

　　昆明是国务院1982年首批公布的24个国家历史文化名城之一，昆明是一座拥有3万多年的人类活动史、2400多年的滇中文化史、1257年的建城史、745年的省会史的国家级历史文化名城。

　　昆明这座城市是怎么一步步走来的，"昆明"及"昆明人"是怎么来的？我们得从"昆明"一词讲起——

一、"昆明"称谓的由来

▼

"昆明"称谓的由来，大多数史学家研究认为，"昆明"最初是我国西南地区一个古代民族的族称。"昆明"在中国古代文献中写作"昆""昆弥"或"昆淰"。早期并非城市名称，而是居住在中国西南地区即今日的云南西部、四川南部的一个古代民族的族称。

"昆明"一词见诸史书记载，可追溯到汉武帝时期，当时著名的史学家司马迁在《史记·西南夷列传》中写道："西自同师（今保山）以东，北至叶榆，名为嶲、昆明，皆编发，随畜迁徙，毋常处，毋君长，地方可数千里。"由此可见，"昆明"一词是古代云南一个少数民族的族称，用彝族的话解释，"昆明"就是"嘿咪"："嘿"是海，"咪"是地，"嘿咪"就是海边之地。

"昆明"作为地名出现，则是在唐代。唐朝《元和郡县图志》记载："武德二年，于镇置昆明县，盖南接昆明之地，因此为名。"汉唐以前，"昆明族"大部居于云南西部地区，直到南诏、大理国时期，乌蛮、白蛮兴起。"昆明族"居住的地方为乌蛮、白蛮据有，"昆明族"才东迁滇中，聚居于滇池周围。宋宝祐二年（1254年）元灭大理国，在当时的鄯阐设"昆明千户所"，"昆明"作为"城"的称谓出现，延续至今。

"昆明"一词的含义，晋代《华阳国志》撰者常璩解释说："夷人大种曰昆，小种曰叟。"这句话可解释为人口众多的是昆明族。

据史料，从古至今，有三个以"昆明"一词命名的湖泊：一是汉代的洱海；二是汉武帝为攻打西南夷昆明部落、演习水战而在长安修的昆明池；三是乾隆皇帝为追思汉武帝的丰功伟绩而将北京的西湖改名"昆明湖"。

"昆明"一词，后来许多文化人作过美好寓意的解读，昆明被誉为"日月同辉，阳光明媚的地方"。就字形而言，"昆"字，为日比上下二字组合而成，即日日相比之意，言其文明将日比一日进步也；"明"字，为日月左右二字组合而成，即日月合璧之意，言其前途之发达将如日月之升恒也。

二、古代滇池边的"昆明人"

昆明城的历史是由3万多年前在滇池边生活的"昆明人"开启的。大约在3万年以前，昆明已有人类活动。考古学资料认定，滇池东岸呈贡龙潭山旧石器文化遗址"昆明人"遗址的发现，把昆明人类文明出现在滇池地区的时间推到了3万年前。大约1万年前，滇池地区出现了许多属于新石器文化的"贝丘遗址"，这是今天滇池地区主要集镇的所在之地。公元前4世纪左右，滇池地区的青铜文化进入鼎盛时期。这一迹象表明，早在庄蹻入滇之前，昆明就已经出现了文明的曙光。

龙潭山"昆明人"遗址，位于呈贡区大渔街道邓家庄村东南，南距滇池2000米。龙潭山原为一大采石场，状若馒头，山顶高于滇池水面约47米，山上溶岩发育，洞穴甚多，由于长期的自然风化和人工采石，多数洞穴顶棚或洞口被破坏。1973年后，考古工作者在这里进行了大规模的考察和发掘，1976年出土一个完整的人颅骨化石，1977年在第一号洞出土晚期智人的两颗牙齿化石，1978年上述发现被命名为"昆明人"。后又从第二、第三号洞发掘出丰富的古人类化石、旧石器，为滇池地区重要的原始社会遗址，被列为云南省重点文物保护单位。

考古学家还在环滇池湖滨的官渡、海源寺、石寨山出土大量的磨制石器，如石斧、石锛、石刀、石镞等，种类繁多，制作精细，可以看出，先民们已经从事采集、狩猎、捕捞等生产活动。这些陶器内壁上，附着粳稻谷的印痕和碳化物，这说明先民们已经掌握了水稻种植技术。在出土的文物中，还有先民的大量生活用具，如夹沙泥红陶，有碗、盆、盘、罐、砵等等，用具上还刻有点线纹、方格纹、十字纹、草叶纹、波浪纹等等。

"龙潭山"出土昆明人头骨

三、古滇国孕育古滇文化

▼

1. 庄蹻开滇

公元前280年，战国时期楚国人庄蹻率领一支数千人的军队，用武力降服了"靡莫之属"各部落。这时秦国军队攻下了四川、贵州，截断了其回楚国的路，庄蹻"变服，从其俗"，加入当地民族社会行列，并建立了古滇部落。同时，他还在滇池北岸修建"庄蹻古城"，亦称"苴兰城"。史称"庄蹻王滇"。司马迁把这件事记录到了《史记·西南夷列传》，至此，昆明地区的历史就从传说时代进入有文字记载的时代。

庄蹻

庄蹻开滇之后，带来了先进的农耕技术和生产方式，使滇池区域迅速繁荣起来。公元前122年，汉武帝以武力灭掉滇国东部的夜郎国和北部的邛都国，以兵威震慑滇国诸部。公元前109年（元封二年），滇王尝羌依照周朝礼制，率百族之众降汉，汉武帝"赐滇王王印，复长其民"。

1956年出土于晋宁石寨山、江川李家山等古滇国墓葬群的大批青铜器物，为人们描摹出了滇国的社会生活：排排房屋长脊短檐，人居其上，牛羊居其下，彼此相安和谐；与百姓所居干栏式建筑的清淡素雅不同，青铜器上捕获的王族宫宇则散发着一种庄严神秘。在遥远的2000多年前，在这一片三角区域内，曾经有过高度发达得让后人震惊的青铜文明，也有过男耕女织、渔歌唱晚的幸福生活。

2. 古滇青铜文化

古滇文化是春秋末至东汉初期以滇池为中心，劳浸、靡莫、叟等部落融合周边兄弟民族文化、中原汉文化、楚文化、外来文化，在生产、生活中形成的一种具有浓郁地方特点和鲜明民族特色的民族文化。古滇文化是以早期云南青铜文化为代表的。云南青铜古滇文化是以晋宁石寨山、江川李家山古墓地为代表。它是以滇池东南岸的晋城、上蒜及周边地区为中心分布的，具体说来就是在滇池和抚仙湖、星云湖之间的狭长地带。据考古人员的调查及发掘证明，在晋宁，除石寨山外，金沙山、小梁王山、大湾山、左卫山等四个滇池东南岸小山丘的地下文物蕴藏也极为丰富。研究资料显示，以上述五座小山为主的滇池东南岸是古滇文化的重点分布区，亦即东南亚青铜文明的中心。

据考古研究推断，晋宁是古滇国的都邑治所，滇文化的发祥地、云南青铜文化的中心。古滇国约于公元前5世纪即已形成，这一时期，滇池地区的经济社会已发展到了相当高的水平。据《史记》记载："蹻至滇池，地方三百里，旁平地，肥饶数千里。""郡土大平敞，有原田，多长松，臬有鹦鹉、孔雀、盐池田渔之饶，金银蓄产之富。"可见古滇国时的滇中地区非常富饶，在历史上曾一度辉煌。

1955—1996年，考古工作者在晋宁石寨山进行了5次发掘，清理了战国晚期至东汉初期的古墓86座，出土文物5000余件。这些出土文物以青铜器居多，种类有兵器、生产工具、生活用具、乐器、宗教器物、装饰品等。文物从多方面和不同角度反映了古滇人的物质和精神生活，内容十分丰富。这使得国内外学术界更多地了解到古滇文化，古滇国的历史之谜也将随着滇文化遗物的不断涌现而真相大白。更为重要的是，出土了一枚金质的"滇王之印"，有力地印证了司马迁在其《史记·西南夷列传》中"元封二年，天子发巴蜀兵击灭劳浸、靡莫，以兵临滇。滇王始首善……举国降，请置吏入朝。于是以为益州郡，赐滇王王印，复长其民"的记载。这就使得古滇国的中心范围基本得到确定，使得扑朔迷离的古滇国变得清晰起来。多种史料证明，晋城镇无疑是汉滇池县所在地，亦即益州郡治所，原古滇国都邑。如今，汉益州郡滇池县故址碑还立在晋城老县衙门前。

古滇国创造了独特的古滇文化。古滇文化的物质载体是充满神奇色彩的古滇国青铜器，它是开启古滇文化神秘大门的钥匙。古滇国的青铜文化，是云南古代文化史上充满神奇色彩的灿烂篇章，是云南古代各族人民智慧的结晶，也是中国古代文化的重要组成部分。石寨山滇国古墓群的发现，为我们揭开了古滇国神秘的面纱，滇王金印及大量青铜器物的出土，震惊了世界，它和安阳的殷墟、陕西的秦俑成为被国际公认的三大出土奇迹。考古界认为，"石寨山文化"以青铜文化为核心，是古滇国青铜时代文明的标志和代表。此外，元代观音洞壁画、石将军山北方天王石刻像、佛教圣地

滇王金印

盘龙寺等文物古迹也充分印证了晋宁是滇文化的发祥地和云南青铜文化的中心。

古滇青铜器以其独特的艺术造型、丰富多彩的表现内容和独具匠心的表现形式闻名于世。它是开启古滇文化神秘大门的钥匙。古滇的青铜文化，是云南古代文化史上充满神奇色彩的灿烂篇章，是云南古代各族人民智慧的结晶，也是中国古代文化的重要组成部分。古滇国青铜器十分丰富，礼器、乐器，生产、生活用具，房屋造型、祭祀场面、战争场景、服饰、发饰一应俱全。这些青铜器是一部无字古滇国历史。

考古资料表明：当时，生活在滇池一带的还有滇人、濮人、叟人、羌人、汉人等民族。他们是最早的今天意义上的"昆明人"。这些滇人以椎髻为特征，男子发髻多在头顶，女子下垂至后颈，男女均着宽大对襟短袖上衣，袖长至肘，衣长及膝，腰间多系着带，大多不着裤，有的仅穿一件短裤或短裙，多不穿鞋；有的还佩戴木制大耳环和铁制手镯。

古滇人的房屋建筑分为干栏式和井干式两种基本形式。干栏式房屋一般分为上下两层，人居上，畜居下，中间有横梁和木板相隔。房顶用木板或木条覆盖，上下层有独木梯相接。

古滇人的干栏式建筑特点十分浓郁，特别是屋顶，屋脊长于檐口，脊的两端梢向上翘，正面看像一个倒三角，顶部两山面搏风板交叉成燕尾状，交叉相接处有突起的钉状物，其内侧与圆柱旁伸出的斜撑相接，既起到加固搏风板的作用，又具有装饰效果。顶端的木条削尖，长出屋脊很大一截，装饰性非常强，呈放射状，显得非常雄伟壮观。从造型上表现出滇人强烈的审美意识。

【链接】石寨山古墓群

1955年至1996年进行了5次发掘，出土文物5000余件。考古研究表明，这里是滇王及臣仆的家族墓地。在1956年的第二次考古发掘中，出土了金质蛇钮"滇王之印"，印证了司马迁《史记·西南夷列传》中汉武帝"设古益州郡，赐滇王王印"的史实，揭开古滇国神秘面纱。2001年，经国务院批准公布为全国重点文物保护单位。2006年，被列为全国100个大遗址保护名录。近年来，这里的考古发掘工作取得重大突破，为研究古滇国历史及我国统一的多民族国家形成与发展的历史过程提供了更多资料和证据，2021年，石寨山古墓群入选"百年百大考古发现"和国家文物局"十四五"时期大遗址之一。

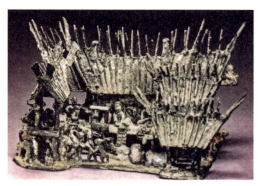

石寨山出土干栏式房屋模型

昆明晋宁石寨山古滇国遗址及滇池沿岸地区出土的青铜器以绚丽的古滇文化神韵、浓郁的云南地方民族风格和先进的铸造工艺而自成体系，在中国青铜文化中具有独树一帜的价值，考古学界习惯上把战国时期到东汉时期在滇池地区出现的青铜文化称为"滇文化"，由于它最早出现于晋宁石寨山，因此，又把它命名为"石寨山类型文化"。"滇文化"代表出土文物主要有：滇王金印、青铜贮贝器、牛虎铜案等等。

【链接】羊甫头古墓群 ————————

羊甫头古墓群位于官渡区小板桥街道办事处的大羊甫村。1998年至2001年，省、市、区文物部门对羊甫头古墓群进行发掘，发掘面积15000平方米，共清理古滇文化墓葬811座、东汉墓葬27座。出土了大量珍贵的随葬文物7000余件。有数量众多的青铜兵器、工具、农具、生活用具、装饰品等。有色彩鲜艳、造型生动的漆木器，有生活气息浓厚的各类陶器；亦有精巧别致的金银玉石器等。这些出土器物不仅极大地丰富了滇文化的内涵，也清晰地显示了滇文化逐渐被中原文化融合的脉络。

羊甫头古墓群是继石寨山、天子庙墓地发掘以来，昆明地区又一项重大的考古发掘，被评为"1999年度全国十大考古新发现"之一。

羊甫头出土西汉铜孔雀杯

城市文化通识

昆明

KUNMING CHENGSHI
WENHUA TONGSHI

第三章
昆明古城池的演变

　　春秋战国时期，楚国大将庄蹻率兵进入滇池，在滇池周边地区建立滇国。西汉年间，汉武帝在滇池地区设益州郡，并赐"滇王"金印。公元 765 年——唐朝时期，南诏王阁罗凤命长子凤伽异在滇池北岸筑拓东城。元代，昆明被称为鸭赤城、中庆城。明清时期，昆明被称为云南府城、云南会城。

一、汉代时期滇池地区设益州郡

汉益州郡滇池县治故址碑

公元前221年，秦统一中国，通过巴郡和蜀郡对西南边疆进行统治。当时，西南边疆少数民族被称为"西南夷"。《史记·西南夷列传》载："西南夷君长以什数，夜郎（今贵州）最大；其西靡莫之属以什数，滇最大……"秦实行中央集权制，派常頞奉命修筑"五尺道"，于夜郎、滇、邛都等地设置郡县，并对云南派官"置吏"这一举措，成为奉中央五朝对云南正式统治的开始。

《史记》记载，公元前109年（元封二年），汉武帝命将军郭昌、卫广等率巴蜀兵数万人击劳浸、靡莫，以兵临滇，"滇王"降汉，"请置吏入朝"。汉王朝在"滇王"统治区设置了益州郡，并赐"滇王"金印，仍令其为"复长其民"。

在册封"滇王"的同时，汉武帝在滇池地区设置益州郡，标志着古代云南被全面纳入汉王朝的直接统治。益州郡治设在滇池县（今晋宁区晋城镇），益州郡为西南夷区域七郡之一，管辖区域包括今曲靖地区中部、昆明地区、玉溪地区、红河州以西、楚雄、大理州往西南的地区。益州下辖的建伶县（今昆阳镇）、连然县（今安宁市）、昆泽县（今宜良县）等，都是滇池地区的重镇。

【链接】河泊所上榜考古中国重大发现

2022年9月28日，国家文物局发布"考古中国"4个重大项目，云南昆明河泊所遗址群考古发现位列其中，在汉代建筑遗迹中出土的大量封泥、简牍，为寻找西汉所置益州郡的郡治提供了重要线索，也为云南跨入统一的多民族国家提供了重要实证。河泊所遗址位于云南省昆明市晋宁区上蒜镇河泊所村，滇池东南岸，东北距出土"滇王之印"的石寨山墓地仅700余米。该遗址于20世纪50年代被发现，一直被当作新石器时代贝丘遗址。通过多年的考古调查、勘探及发掘工作，初步确认了滇文化的核心区域——河泊所遗址群的大致分布范围，即梁王山、左卫山、金砂山、龙潭山一线以西，滇池以东的区域，其核心分布区约4平方千米。其中重要发现：一是封泥，二是道路，三是建筑遗迹，四是简牍。

【链接】古代南方丝绸之路与"汉习楼船"

西汉初期，公元前122年，张骞出使西域和中亚各国时，在大夏国（今阿富汗）见到过蜀布和筇竹杖，认为坊间存在一条由蜀国经西南夷至缅甸北部，然后进入身毒国（印度），到达中亚的陆上通道，这条被史学家称为"蜀身毒道"的南方丝绸之路引起了汉武帝的极大兴趣。为了解除日益严重的北方匈奴之患，他从战略上考虑，听从了张骞的建议，派遣使臣从南面探寻去身毒国的道路，于是古滇国便进入中央王朝的视野。当时，西南夷滇国实力最强，雄踞滇中，汉使到来时，滇王尝羌问道："汉朝与滇国谁大？"真可谓"滇王自大"！

但滇王对汉使也无恶意，并对汉使探路之举进行帮助。然而，滇中"劳浸""靡莫"诸部落及居住在洱海地区的昆明族人屡屡伤害汉使，使汉武帝打通蜀身毒道国的计划夭折。4年多的探路计划毫无结果，汉武帝大怒，在长安仿洱海造昆明湖，让军队练习水战，决定用武力征服"西南夷"。这就是大观楼长联中"汉习楼船"的来源。

【链接】金马碧鸡传说故事

云南是神话般的王国，自古以来，金马碧鸡就被人们赋予了许多优美的神话传说，最早见于东汉班固的《汉书·王褒传》："方士言益州有金马碧鸡之宝，可祭祀致也。宣帝使褒往祀焉。"滇池地区本来就是富饶之地，有盐池、肥田、湖鱼、畜牧等农业，又出产鹦鹉、孔雀、金银等。汉武帝之子汉宣帝听说滇池地区有"金马碧鸡"之宝，便让谏议大夫王褒做使者，前往求取。由于诸蛮叛乱，道路不畅，王褒只到了川西一带，便病死在半道上。临终之前，他念念不忘自己的使命，写下了一篇《碧鸡颂》，遥祭金马碧鸡之神。颂词为："持节使王褒，遥拜南崖，敬移金精神马，缥碧之鸡，处南之荒，深溪回谷，非土之乡。归来归来，汉德无疆，广乎唐虞，泽配三皇。"

后来，明代文人杨慎将这篇祭文镌刻在昆明西山，另立标题叫《移金马碧鸡颂》，又补刻在千步崖下。大意是说：金马碧鸡处在南荒之地，山高谷深，不是久留之地。而中原却是大汉德行无边，恩泽比得上三皇五帝，因而，金马碧鸡应当早日回到国都来。

《华阳国志·南中志》称，金马碧鸡很可能与云南少数民族先民的动物图腾崇拜有关，各种神奇美妙的故事在民间流传。据《后汉书·西南夷传》载："此郡（益州郡）……河土平敞，多出鹦鹉、孔雀……"考古发掘也证明，汉代生活在滇池地区的部落有崇拜孔雀的习俗，晋宁石寨山出土的青铜器物刻有孔雀图案。羊甫头墓地一东汉墓葬发掘出了一具青铜马模型。

明朝末年，以诗、书、画三绝著称于世的担当和尚曾赋诗："一关在东一关西，不见金马见碧鸡。相思面对三十里，碧鸡啼时金马嘶。"他诗中说的"面对三十里"，就是金马山与碧鸡山的距离。清代名士赵士麟根据王褒请金马碧鸡的故事，在《碧鸡诗》里这样写道："彩云一片舞天鸡，五色光中望欲迷。化作青山千载碧，王褒空自渡巴西。"清代学者孙髯翁在著名的大观楼长联中有千古名句"东骧神骏，西翥灵仪"，写的也是金马碧鸡的传说。

然而千百年来，由于金马碧鸡象征吉祥如意，反映了人们对美好生活的向往和追求，它的传说一直在云南大地广为流传，百姓在金马碧鸡山麓分别修建了金马神祠和碧鸡神祠。早在明代时，人们为了颂扬金马碧鸡，就在昆明城内建造了金马、碧

民国金马、碧鸡坊

鸡坊。

旧时，还留下了"金碧交辉"的昆明八景之说。相传在特定年份的中秋这一天傍晚时分，太阳西沉，余晖照着碧鸡坊的倒影向东移动，而此时，月亮东升，月光照着金马坊的倒影向西移动，两坊倒影相向而行，逐渐靠近，最终会交汇在一起，这就是"金碧交辉"的奇观，据说60年才会发生一次。清代时云贵总督岑毓英又重建金马碧鸡坊，于20世纪60年代被拆毁。

1998年，昆明市政府重建了金马、碧鸡坊。新建的金马、碧鸡坊气势雄伟，金碧辉煌，门楼式木构牌坊，飞檐翘角。这两个坊同等大小，金马坊上写着金黄色"金马"二字，牌坊两翼分别画着两匹相对的金黄色骏马，碧鸡坊上写着金黄色"碧鸡"二字，牌坊两翼分别画着两只相对的金黄色孔雀，成为昆明市区的人文景观和城市的标识。

二、唐代南诏时期建拓东城

目前地方史学界研究结果表明，唐代建拓东城前，先秦以来在今滇池北岸先后有古滇国的苴兰城、汉代的谷昌城、三国时期的益宁城、隋朝的昆州城等。唐初重设昆州，下辖4县，其中：滇池县称晋宁，连然县称安宁，谷昌县称益宁，呈贡和今天县名相同。唐代《云南志》只是说："碧鸡山下为昆州。"

据有关文献记载，在今昆明市区范围建城池的发端，始于765年南诏建立的拓东城。唐代樊绰的《云南志》（又称《蛮书》）记载："柘（拓）东城，广德二年凤伽异所置也。其地汉旧昆川，故谓昆池。"

737年，南诏统一了洱海地区，建立了南诏国。763年，南诏王阁罗凤视察滇池地区，认为此地"山河足以作藩屏，川陆可以养人民"，是定都筑城的理想之地。765年，阁罗凤即命其长子凤伽异筑拓东城，又称拓东节度城。拓东城成为南诏的副都，后又因拓东城地位的重要，先后称为东都、东京、上京。从这时开始，滇池北岸的这座拓东城逐步成为云南的政治、经济、文化、军事、交通中心之一，一直延续至今。

从765年至2023年，昆明的建城史已有1258年

目前，较为普遍的看法是，拓东城是昆明最早的城池。它的故址的具体位置就在今昆明盘龙江与金汁河之间，今天状元楼到得胜桥一带的缓坡上，以今天的拓东路为中线，北到交三桥，南到双龙桥，周长约 3 千米，是一个狭长的土城，拓东城的修建为古代昆明城市发展奠定了基础。

南诏在拓东城内外给后人留下了一些遗迹，最为重要的就是公元 829 年始建、南诏弄栋节度使嵯巅建造的常乐、慧光二寺，并各建塔，俗称东、西寺塔。双塔的存在，使昆明城具有博物馆式的品质，我们可以从中窥见当年拓东城的建筑特色、建造水平和精神风貌，从这个意义上说，东、西寺塔给昆明带来了历史的高度和深度，见证了昆明的建城史，双塔的存在让我们有了一个仰视和追思的地方。

【链接】东、西寺塔——————————————————

东、西寺塔是昆明现存的最古老的塔式建筑，全国重点文物保护单位。漫步书林街，你会看到东西寺塔、近日楼和周围的现代化建筑互相映衬，能感受到昆明古老的文化气息。西寺塔今在东寺街南段西侧，塔旁原有慧光寺，俗称西寺，已毁。西寺塔是一座方形密檐式空心砖塔，13层，高约30米，塔砖间有梵文，每层四方券洞中刻佛像一座。东寺塔今在书林街，其形状和大理三塔中的主塔相似，比西寺塔略高。

清代东、西寺塔

东寺塔的塔砖有斜方格纹，略薄稍长，并有汉、梵文字模印，具有显著的唐代特征。两塔一西一东，遥遥相对，在现代建筑的映衬下，更显得古朴苍劲。两塔的建造年代无确切记载，据景泰《云南图经志书》载："双百塔，在城之南……相对而立，蒙氏嵯巅所造。"《南诏野史》也说，东寺塔高约40米，西寺塔高约28米，大匠尉迟恭韬造。这蒙氏嵯巅与尉迟恭韬，都是建造大理三塔的官员和工匠，嵯巅卒于公元859年，因此，东、西寺塔约建于大理三塔完成之年（840年）至嵯巅死前（859年）之间，距今1100多年。塔建成后，曾经历代修葺。东寺塔原址在现东寺街旁，清道光年间因地震倒塌，光绪九年重建，因虑旧基"土薄弗坚，乃移于

迤东数百步内"，这就是东寺塔不在东寺街，而在今书林街的原因。形虽如旧，已非南诏原物。在塔顶四角有金翅鸟迦楼罗铜饰，迦楼罗即佛教八部众之一，俗又称"金鸡"，昆明地区的许多塔顶都有此饰。在佛教传说中，迦楼罗以龙为食，因此，塔顶的金翅鸟铜饰可能有祈求保佑消除水患的意义。相传东寺塔宝顶的四只"金鸡"，早年在冬春风多季节，还会"喔喔"啼叫，声闻远近。据考查，这四只金鸡，均为铜皮做成，每只高约两米，口角噙有一枚两头有孔的铜管，管内有金属簧片，鸡头、脖子、腹部全是空心的。每当劲风吹来鸡嘴内的铜管，经鸡腹腔内的空气回旋振荡，便发出悦耳的鸣叫，愈增"金鸡"神秘气氛，亦可想见能工巧匠的精湛技艺。

如今，在东寺塔与书林街之间，建成有文化步行街，东、西寺塔与步行街两侧的仿清代建筑交相辉映，更加巍峨壮丽。一组反映清末民初老昆明市井生活片段的"马帮""下棋""贩妇""补碗""更夫"雕塑群，塑造了一个个质朴的人物形象，让人们回忆起那个时代的市井生活情趣。在步行街南侧，恢复重建了原近日楼城墙、城门和城楼，作为城市传统中轴线的收尾，更显昆明文化内涵的厚重。

2006年，国务院将常乐寺塔和慧光寺塔（东、西寺塔）公布为全国重点文物保护单位。

三、宋代大理国时期设鄯阐府

▼

从凤伽异以后，历代南诏王都经常巡驻拓东城，建有官署、馆驿、寺庙等，还建有鄯阐台，后拓东城又叫鄯阐城。据清代《滇考》记载，南诏王劝丰佑曾在拓东城修五华楼，会见西南夷16国大君长。

公元937年，通海节度使段思平联合乌蛮37部起兵，建立了大理政权，继续以鄯阐城为"东京"和"别都"。大理国设八府，鄯阐府辖昆明、晋宁、嵩明、禄丰、易门、安宁、罗茨等地，其地域比今日昆明所辖区县还大得多。鄯阐城既是大理的东部重镇，又是重要的商品集散地。当时，从大理到今天的四川、贵州、广西有三条重要商道，全都要经过鄯阐城。云南的马匹、藤杖、刀具、药材、茶叶等，宋王朝的汉文书籍、丝绸锦缎、各种工艺品等，都会被运至鄯阐城交易。经济文化的交往，使鄯阐城的发展与内地越来越相似。

大理国经幢

【链接】地藏寺大理国经幢

宋代，段思平建大理政权，多得贵族高氏相助。登基之后，段思平把鄯阐城作为别都，设置鄯阐府，封高氏为鄯阐侯，让高氏子孙世代镇守鄯阐城。大理国时期佛教极盛，在鄯阐城敬造了佛顶尊胜宝幢。立幢者为大理国高官布燮袁豆光。

在今昆明市拓东路南侧的昆明市博物馆（原古幢公园）内，有一座宽敞明亮的大厅，正中屹立着被誉为我国古代雕刻艺术珍品的宋代大理国经幢，因所在地为过去的地藏寺旧址，故名"地藏寺经幢"，又名"梵文经幢"，俗称"古幢"。后来地藏寺倒塌，古幢长期埋没地下。1919年，古幢从地藏寺废墟出土，雕刻精致，线条鲜明细腻，形象惟妙惟肖。

地藏寺经幢为方锥状石雕，幢体七级八面，由五段砂石组成，通高6.5米。基座是一个八方形的须弥座，边上刻莲花。上面是雕有云纹和天龙八部的鼓形幢基，两条龙为一组，龙头相向，共戏一珠，呈"二龙抢宝"之态。古幢第一层界石上，刻有慈济大师段进全撰写的《敬造佛顶尊胜宝幢记》（即《造幢记》），用汉字楷书直行镌刻，记载了建幢的目的和经过。从记载可知：此幢是大理国布燮袁豆光为已故昆明鄯阐侯（最高军政长官）高明生超荐亡魂而建造的，歌颂了高明生的功业，也记述了袁豆光如何尽忠辅佐幼主，及"东海浪澄于惊波，楚天霄净于谗雾"的政绩。

古幢第一层雕有身披甲贵胄、手持斧钺的四大天王像，像高1米有余，庄重威严。三尊天神足踏鬼奴；一鬼奴面目狰狞，筋肉突起，右手挽住毒蛇，另二名鬼奴皆戴镣铐。另一尊天神足下有3人，居中者用双手各托天王一足。在四天王之间镌刻有古梵文佛经。第二层四角分雕表情各异、衣饰自然的四神坐像及释迦坐像。第三层雕佛像、菩萨和胁侍。南龛为地藏菩萨；北龛雕36手观音一尊，观音宝冠华服，神态慈祥，造型优美，36手各持不同法器环于身后，整座雕像仅刻在手掌大的石块上，令人惊叹不已。第四层雕大小不一的8尊坐佛。第五层雕灵鹫。第六层雕仿木结构的庑殿四座，每殿内供三世佛及佛弟子共五尊，雕刻极其精细，连庑殿檐下的古式斗拱都明晰地雕刻出来。第七层幢身为圆柱形，上雕小佛像。幢顶为莲瓣承托的圆球，可惜周围莲瓣有损坏。整座古幢共雕刻佛教密部佛母、佛、菩萨及天龙八部像300尊，大者1米有余，小者仅3厘米，布局严密，神像造型确当，体态端庄；且刻工精细娴熟，采用圆雕技法，线条明快流畅，极富立体感。可谓匠技精绝，海内罕见。古幢一出土即以其绝世的精美震惊中外，引起"中外人士奔走摩挲"，被誉为"东方绝世稀有之美术"。历史学家方国瑜教授评价古幢为"滇中艺术，此极品也！"是我国现存的古代建筑、石刻艺术中的稀世之宝。 1982年，国务院将这座历世800余年，保存完好的经幢公布为全国重点保护文物单位。它是我国民族宗教史、文化史、佛教艺术史、唐宋时期南诏大理政治、经济、文化、佛学研究极其珍贵的文物史料。

四、元代昆明成为行省中心

南宋宝祐元年（1253年），北方蒙古大汗蒙哥派忽必烈与大将兀良合台率10万之众挥师南下，用牛、羊皮制成囊筏，从川西北强渡金沙江（即大观楼长联中所称的"元跨革囊"），攻克大理城。第二年攻下鄯阐城，鄯阐府改为鄯阐万户府，元朝在大理段氏行政区划的基础上，设立了19个万户府，下设千户、百户所。设鸭赤（亦写作鸭池、押赤、雅赤等，今昆明）、哈剌章（今大理）、茶罕章（今丽江）、金齿（金保山）、赤秃哥儿（今贵州部分地区），为五大行政区域，实现军事化统治。鄯阐万户府统管昆明二千户，这是"昆明"作为滇池地区的地名首次见诸记载，并一直沿用至今。

1274年，为了稳定云南政局，元在云南设立云南行中书省，行省中心一开始设在大理。元世祖忽必烈经过深思熟虑，选派赛典赤·赡思丁为云南首任平章政事（行省最高长官）。行前，忽必烈召见赛典赤·赡思丁说："云南朕尝亲临，比因委任失宜，使远人不安。欲选谨厚者扶治之，无如卿者。"

赛典赤·赡思丁来到云南后，进行了一番调查，采取了一些有利于民族团结的政策，大力推行郡县制，改万户、千户、百户为路、府、州、县，由总管、知府、知州、知县等行政长官执政，层层节制。改昆明二千户为昆明县，昆明地区设中庆路，下设三县四州。三县为昆明、富民、宜良，四州为嵩明、晋宁、昆阳、安宁。中庆路设治于昆明，于是昆明又被称为"中庆城"。

1276年，元将行政中心由大理迁到昆明。至此，昆明正式成为云南省城、首府，云南的政治、经济、文化、商贸中心。中庆城的商业也有了较大的发展，工商业中心围绕三市街，即从今威远街口的正义路至金碧路一段，集中了大批建筑、木匠、雕塑、绘画、泥瓦匠等工匠。各行工匠被编为"匠户"，统归"人匠提举司"管理。城内还开办了惠民医局、印染局等居民所需的日常生活场所。这一时期，意大利世界旅行家马可·波罗来到昆明，写下了游记："至第五日晚上，到达省会，名雅赤（鸭赤城），系一壮丽大城，城中有商人和工匠，为杂居之地……"他的记载，印证了中庆城的繁荣。

赛典赤·赡思丁

【链接】赛典赤·赡思丁与忠爱坊

在昆明市中心的繁华闹市中，伫立着一座牌坊——忠爱坊。忠爱坊与金马、碧鸡二坊鼎足立于三市街口，重现了老昆明"品字三坊"的盛景，成为昆明市的文化地标。牌坊底下每天人头攒动，游人如织，可是很多人并不了解这座牌坊的来历。

赛典赤，中国元代回族政治家，全名为赛典赤·赡思丁·乌马尔（1211—1279年），原籍乌兹别克斯坦，成吉思汗帐前侍卫。当时山高僻远的云南，交通闭塞，生产落后，生活困苦，王政、蕃政和土司势力互相争夺，民族矛盾、官吏矛盾相互交织，社会局势动荡不安。公元1274年，赛典赤受命为云南行省平章政事，也就是云南的第一任省长。他在任内为地方施仁政、兴事业。修建了松华坝水库，疏挖海口河，以解决滇池水倒灌入城之苦。

正是应了那句古训："善治国者必先治水。"赛典赤恰恰知晓善治滇者也必先治水这个道理。滇池之畔地势平坦，土地肥沃，雨量丰沛，是古滇文明和农耕文明的发祥地，但四周群山之水汇聚池中，唯一的排水口海口淤积不畅，夏秋多雨季节常常淹没滇池农田，甚至造成上游盘龙江水遭受顶托无法下泄，致使昆明水患连年不断。赛典赤积极"经划水利"，夜以继日地深入民间，访河问水，经实地勘察后，把熟悉边疆情况的大理巡行劝农使张立道调来昆明，率众挖开河中数处险滩，疏浚二十余里"正途雍底"的海口河道，使滇池水泄量大增，湖面下降，涸出良田一万多顷。随后在松华山谷新建了松华坝，疏浚河床，加固堤岸，将昆明东北"邵甸九十九泉"的水引入盘龙江。并对金汁河进行了扩建，配套修建水闸和涵洞，以利"轮序放水，自上润下"。滇池治理工程历时3年，于公元1278年全部完成，从此，滇池流域结束了刀耕火种的历史，农业生产和城镇也随之发展和繁荣起来。

不幸的是，滇池水利工程完工的第二年赛典赤就去世了，终年68岁。"百姓号哭震野，老稚悲哀之声，连日不绝！"为了感戴其"忠于君而爱于民"，昆明的老百姓在三市街上为他立建立了"忠爱"牌坊。元世祖忽必烈追念他的贡献，封他为咸阳王，谥号"忠惠"。

赛典赤在任时的又一仁政就是发动官吏捐献俸禄在五华山之右麓建起了云南第一所孔庙，传播儒家文化，推行教化礼仪，移风易俗。建明伦堂和学舍，购置书籍，办起了第一所有文献资料可证的官办学校。

【链接】昆明茶花女——阿盖公主

这是昆明历史上著名的孔雀胆的故事。《云南府志》记载："源由盘龙江达濠水流入市而不可渡，因建通济桥。元梁王格杀段平章于此。"元朝末年，镇守云南的梁王、元世祖忽必烈的后裔把匝剌瓦尔密有个女儿叫阿盖，虽为蒙古族但汉文化造诣深厚，美丽动人。公元1363年，红巾军起事，从湖北入滇，威逼昆明。梁王求助大理总管段氏，段氏派白族青年将领段功领兵拒敌，大败红巾军首领明二的部队。战后梁王返回昆明，为了答谢段功的退敌之功，梁王把阿盖公主嫁给了他。段功因战功被封为云南行省平章政事，也因他政绩颇著，梁王对他产生了疑忌，王后和权臣彻里的金又乘机挑拨说"段平章有吞金马咽碧鸡之心，望大王早想办法对付"。梁王就把阿盖公主叫进宫来，交代她说："最亲莫过于父母，最宝贵莫过于国家，段功不消灭，我和他是不会罢休的。没有他，你还可以另嫁他人，不愁没有富贵。现在给你一瓶孔雀胆毒酒，你找机会把他害死。"阿盖惧怕父亲的威严，又不忍加害夫君，就在私下劝段功和她一起逃回大理去，并把孔雀胆毒酒拿出来给段功看。这正是所谓"雀胆阳收全父命，兰缸剔尽劝夫归"。但段功听了却不相信，他对阿盖说："我对你家是有功的，决不会出现这样的事情。你父亲对我一向很好，当年我脚趾挫伤后，他亲自给我包药，你不要想得太多了。"第二天，梁王请段功到东寺参加"演梵"，二人并马而行，往庙里听和尚讲经。刚到通济桥头，便遭遇暗算，段功马失前蹄，梁王趁机命左右杀段功于桥下。阿盖闻讯，作《吐噜歌》悼之："吾家住在雁门深，一片闲云到滇海。心悬明月照青天，青天不语已三载。萍花历乱苍山秋，误我一生踏里彩。吐噜吐噜段阿奴，施宗施秀同奴歹。云片波粼不见人，押不芦花颜色改。肉屏独坐细思量，西山铁立风潇洒。"

阿盖的结局，一说绝食而死，一说郁郁终生。

后来，郭沫若在《孔雀胆归宁》一文中写道：女主人公的阿盖公主，虽然是蒙古的族裔，元朝的王姬，但毋宁称她为"昆明的女儿"是更要适当一些的吧。她那滢澈的性情，是昆明的秀丽的山川风物的化身。她那哀婉的歌声不就是昆明的叹惜吗？多艳丽呀，然而一瞬便飘零了。惨红满地，使苍柏倍加凄清。这不是山茶花吗？这不是阿盖精神吗？阿盖，我将给你一个摩登的美名——"昆明的茶花女"。

五、明代在昆明设云南府

▼

明洪武元年（1368年），朱元璋在今南京建立了明王朝。当时西南边疆的云南，仍为元朝的梁王巴匝剌瓦尔密所控制。朱元璋先后5次派遣使臣至云南劝说梁王归顺，均告失败，故决定对云南的梁王势力诉诸武力。明洪武十四年（1381年），朱元璋任命傅有德为征南大将军，蓝玉、沐英为左右将军，率军征讨云南。同年12月，在曲靖北郊白石江大败梁王的军队，梁王巴匝剌瓦尔密逃至晋宁投海自杀。1382年初，明军占领昆明。朱元璋封沐英为镇国公，留守云南，以巩固对云南的统治。明将元朝的中庆路改设为云南府，领四州九县。府治昆明县，昆明就成为省、府、县三级衙门所在地。

【链接】火羊阵

明朝洪武十四年（1381年），明军攻打云南。元军大部队在曲靖白石江大败后，昆明城岌岌可危，几位老兄给据守昆明的元梁王呈上一计：战国时期，齐国和燕国打仗，齐国组织了千余头牛，牛角上绑刀，牛尾上束上抹布灌上油。点燃牛尾，牛猛冲燕军，齐军乘势杀出，获得胜利。昆明不妨也来上一次？梁王大喜，依此照办。但昆明没有那么多牛，于是用羊代替。元军就在城外山坡上搞了个"火羊阵"。可惜这些羊没有遵守"羊战法"，直冲坡下的敌阵，反而横冲直撞，把自家元军的阵势冲乱。明军乘机进攻，打了胜仗，还大吃了一顿烤羊肉。这个山坡由此得名"羊坡头"，继而有了"羊甫头"，这才是最原始的名字。

【链接】沐英建砖城

据史料记载，昆明城在古代最宏大的一次规划布局就是在1382年。当时镇守云南的沐国公沐英进入昆明之后，从南京宫廷请来了风水神师汪湛海，总持建置事务。历时8年时间才完成昆明城的修筑，整个城池像一龟形，南门为龟头，北门为龟尾，大小东门和大小西门为龟之四足。城与城外蛇山气脉相接，成龟蛇相交之气也。

山水城市昆明，有一大一小两个"三山一水"格局。"大三山一水"，指的是长虫山、金马山、碧鸡山以及滇池，它们关系着昆明生态的安全性。"小三山一水"，指的是城内的五华山、圆通山、螺峰山以及翠湖，它们是整个昆明的核心。

据《南诏野史》记载，新建府城比中庆城大，广10里，城墙为砖砌，高2丈9尺2寸，坐北朝南，城外有护城河，城内有街道区划。府城有6道门：南门叫崇正门，北门叫保顺门，大东门叫威化门，小东门叫永清门，大西门叫广威门，小西门叫洪闰门。

沐英坐镇云、贵10年。与朱元璋的严刑酷法统治不同，沐英奉行开明政治，在处理民族关系、安定社会秩序、发展农业生产等方面做了大量工作，使云南在短短几年时间内便恢复了社会稳定。他在云南各族群众中建立了很高的威信，使朝廷无南顾之忧，被朝廷倚为西南支柱。洪武二十五年（1392年），沐英病死于昆明（一说被生性猜忌的朱元璋恐其功高跋扈"赐饮鸩酒"而死），"军民巷哭"。死时，年仅48岁，被朝廷谥封为"黔宁王"。

沐英注重儒教和家风建设，"广设学校，慎选儒官，地虽汉夷杂处，一皆范以王道"。沐氏家族共有12世16人镇守云南，时间延续近300年，这一现象一直是史学家关注的热点。《剑桥中国明史》记载："沐氏家族使云南成为明朝的一个省，并使其成为汉族文明的组成部分。"在其带动下养成

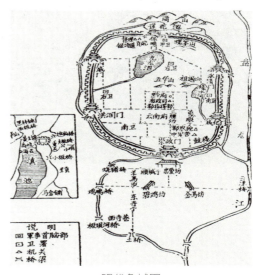

明代龟城图

向学崇儒的家风，稳定了家族的规范与外部关系的和谐，子孙也因此受益良多，家族执政达286年，得到明王室的充分信任。他建立了亲和少数民族的土官执政制度，筑起昆明砖城，平定了四方叛乱，实施内地移民，开展军屯民屯，修战争、劝农耕、兴水利、减贡赋，从而让云南各方面的发展与内地的发展基本保持了一致的步伐。因为社会的稳定，特别是汉文化在云南的传播和发展，使得一些本土的知识分子有了更多地融入主流社会和文化的机会，郑和、杨一清、兰茂、担当、杨升庵、徐霞客等成为明代昆明的杰出的文人雅士。

【链接】翠湖边洗马河

　　作家汪曾祺曾说，翠湖是昆明的眼睛。对于每一个昆明人来说，翠湖是一种情结，是一个茶余饭后的去处，是人鸟和谐的显现，是历史的记忆……但是，翠湖周边的历史遗迹，不少已随着时光消逝。

　　根据史料记载，1386年，沐英平定云南后开始筑昆明砖城，将翠湖圈入城内，并仿效西汉名将周亚夫"细柳营屯兵"，在翠湖西岸建柳营、"种柳牧马"。沐英爱马，在营中饲养良驹近千匹，每当天气晴朗，士兵们便在河边洗马，于是便有了"柳营洗马"的典故。这条从翠湖流出之河，被称为"洗马河"。曾有这样的诗句记述木英洗马："万柳郁成行，牵来老骕骦。将军思洗甲，神骏自生光。"

柳营洗马

　　清末陈荣昌也有《柳营洗马》诗："不图城市里，乃有亚夫营。伏枥新羁马，和戎罢旧兵。愿将凡骨洗，誓与乱流争。神骏滇池出，边尘会荡平。"作为"昆明八景"之一，这一景色留给了昆明人难忘的记忆，在城市的发展中，洗马河逐渐变为一条地下河，却一直没有在人们的记忆里消失。

六、清代在昆明设云南省

1644年，明末李自成领导的大顺农民军攻入北京，明崇祯皇帝朱由检自缢身亡，明朝事实上已灭亡。与此同时，张献忠领导的农民军也在南方节节胜利，摧毁了一些明朝的地方政权。明总兵吴三桂在山海关降清，引清兵入关共同镇压各地农民军。1644年8月，清顺治帝福临登基于北京，农民军的反明斗争转为抗清斗争。

1647年3月，明末农民起义军张献忠大西军余部在李定国、孙可望、刘文秀、艾能奇等四将军的领导下入滇，以昆明为反清根据地建立抗清政权。清顺治十三年（1656年），李定国拥南明永历帝入昆明，昆明成为"滇都"。其皇宫先在贡院（今云南大学），后迁至五华山。

清顺治十五年（1658年），清朝廷命吴三桂、铎尼、赵布泰等人率领大军，分川、黔、桂三路入滇，与大西军大战于曲靖，大西军不敌，李定国拥永历帝逃至缅甸。清军穷追不舍，大军直逼中缅边境，并派人入缅，要缅王交出永历一行。缅王设计将永历帝及其随从拿下，送回昆明。吴三桂随即将永历帝及其子绞死于昆明华山西路篦死坡旁金蝉寺（今华山西路还立有明永历帝殉国处碑），从而结束了南明最后一个王朝。

清朝全面统治云南之后，改明代承宣布政使司为云南省，设巡抚，并设云贵总督在云南、贵州两省互驻。省辖府、州、县。云南府辖区基本沿袭明朝时期设置，共有4州7县，即晋宁、安宁、昆阳、嵩明4州，宜良、嵩明、富民、呈贡、易门、禄丰、罗茨7县。云南府治仍为昆明，称云南府城为省城或会城。清代原总督署旧址，就是辛亥（1911年）革命后的省立优级师范学校旧址，今天的抗战胜利堂所在地。

【链接】吴三桂割据云南

吴三桂以武力入滇，以武功治滇，又以武装出滇，降清是他，反清是他，亡明是他，复明也是他。历史上吴三桂这样大起大落，与明末清初那样的乱世分不开，其为吴三桂这样的枭雄提供了一个壮怀激烈的舞台。尽管今天的影视剧把吴三桂描写成形形色色不同想法不同性格的人，但他那叱咤风云、敢于孤独求胜的英雄情怀，足以使300多年后的我们在金殿旅游遐想时，嗅到他的气味。今天当我们凝视他的一生轨迹，66年的风雨江山，他经历了那个时代的风云激荡、血雨腥风和变化莫测的时刻。当我们站在重达250吨的金殿面前时，会惊叹这样一座庞然大物的铸造难度，也会称美它直到今天还如此精致的工艺水平。那么，吴三桂为什么要重铸金殿？民间传说，康熙九年（1670年），吴三桂重铸金殿，康熙十年（1671年）竣工。据说铸此金殿"范铜至五百余万之多"（约250吨）。吴三桂降清已经26年，其间引清军入关，扫平李自成残余，剿灭张献忠，西进攻下西南诸省，平大西军在西南的势力，绞杀明永历帝，稳固了清朝在西南的统治。康熙元年（1662年），被清廷授予平西亲王，永镇云南，吴三桂走到了他政治生涯的巅峰时期。但是随着少年天子康熙削藩措施的逐渐露出端倪，对清廷一直心怀疑虑猜忌的吴三桂又一次面临着生死攸关的选择：如果不反，保住富贵越来越难，因为在之前，清廷已经屡下诏谕，以饷银不足为由，将吴三桂统帅下的6万大军裁至2万人，虽然留下了精锐，但军饷是越来越难保证；其次，清廷原将云南军政大权交由吴三桂一人负责，后在督抚的人选上不再让吴知道，在省内一些抚道官员的任命上也要由皇帝自行决定，吴三桂已经没有决定权。吴三桂从朝廷削藩措施的实施，感受到了自身的危险。但是如果反，风险也是非常之大的。此时征战半生的吴三桂已届风烛残年，当时屡屡得胜的吴家铁骑大多不复存在，安享荣华富贵的手下将佐大多无战意。其间反与不反，胜算何在，吴三桂心中无数。这就需试探一下清廷的底线，以何作为由头呢？思量再三，吴三桂想起重铸金殿，以弘扬前明所崇尚的道教来试探清朝中央的底牌，此举可得一箭双雕之利：一是看清清廷对铸金殿，倡道教的态度；二是向天下子民表示，吴三桂拾起前朝大明皇帝所崇信太一三清、北极玄武，乃是旧之心未泯，重举大明之义尚存。所以，康熙九年，吴三桂重铸金殿绝对是当时特定历史背景下的一种含义深刻的重大政治举措，是其欲反未反之时的一种政治表态。耐人玩味的是，金殿铸成之日，吴三桂特命人铸一口七星宝剑悬挂在殿内，取真武大帝"慧剑高悬，常伏魔而制怪"之意，同时，还将其战争年代用过的一把大刀（重12公斤）留在太和宫供人观瞻。这种做法，其实是在表示自己宝刀未老，军威常在，暗示自己还有与清朝较量的实力，这从一个侧面也反映了他重铸金殿的用意。事情的发展好像已经注定，吴三桂最后反清，从他重铸金殿就已经找到了源头。

提到吴三桂，还要说说他的"皇帝梦"。提到建皇城，绝大多数人，包括比较有学问的人都难免认为这是京城才有资格产生的地名，怎么来到了边城昆明？昆明没出过皇帝，没建过京城，哪来的皇城？请别轻易下结论，昆明不仅有皇帝大驾光临，而且还建过宫殿！这宫殿就在今五华山，螺峰街地处五华山东北角，沾了"皇气"，所以有充足的理由称之为"皇城角"。

原来，吴三桂进入昆明后，将五华山永历帝宫改建为王府，若干年后，这位王爷又把自己"晋升"为"皇帝"。螺峰街东起平政街，西北至圆通街，与北门街相望，长 424 米，东至西北走向。清道光年间（1821—1850年）沾了"皇气"的螺峰街西北段开始称"乐丰街"，意为"喜庆丰收"；东段因紧邻永历帝故宫，故称为"皇城角"。1938 年左右，因这段街道离古代的螺峰山（今圆通山）极近，便取"乐丰"的谐音，把两街合称为"螺峰街"。地名虽然改了几十年，可是在老昆明人的心目中，对这段沾了"皇气"的小街和它背后的历史并没有遗忘。

沾了"皇气"的还有洪化桥。洪化桥位于翠湖公园南畔，南起人民中路，北至翠湖南路，全长171米，南北走向。洪化桥之名来自吴三桂的皇帝梦。清初，平西王吴三桂填菜海子（即翠湖）之西造新王府。府前有洗马河，河上有座石桥，当时这座桥知名度并不高，所以至今人们都不知桥为何名。康熙十二年（1673年），平西王吴三桂在云南率兵反清，一度控制了云南、贵州、四川、湖南、广西、福建等地，妄想与清廷划江而国。1678年，吴三桂在湖南衡州（衡阳）称帝，国号"周"，不久病死，其孙吴世璠继位，改元"洪化"，平西王府也改称"洪化府"。于是名不见经传的石桥沾了"吴皇帝"的光，始名"洪化桥"。桥前甬道，也一道沾光，被称为"洪化街"。之后，吴世璠败归云南，清军攻入昆明，吴世璠自尽。虽然吴氏的皇帝梦没有成真，石桥也没有遗留下来，但"洪化桥"的"封号"却作为地名保存到了今天。

【链接】陈圆圆与吴三桂

陈圆圆，明末清初"秦淮八艳"之一，江苏常州人，才艺绝佳。崇祯十五年（1642年），崇祯帝朱由检之田妃的父亲田畹将其带到京城，打算进献宫中。当时，明亡在即，崇祯无暇顾及酒色，陈圆圆又回到田家。田家为了巩固自己的地位以及在乱世中找到倚靠，有意结交当时声望甚隆且握有重兵的吴三桂，遂将陈圆圆赠给吴三桂。李自成大顺军攻入北京，其部下刘宗敏掳走陈圆圆，吴三桂冲冠一怒为红颜，遂引清军入关。

在吴三桂所部和清军的夹击下，李自成农民军遭受重创，仓皇逃离北京，尽弃所掠辎重、妇女于道。吴三桂在兵火中找到了陈圆圆，军营团圆。在随后的日子里，身负国贼之名的吴三桂以陈圆圆作为精神支柱，自山西渡黄河、入潼关、克西安、平李闯、定云南、绞永历，可谓风尘仆仆，东征西伐，为清廷统一中国立下了汗马功劳。

吴三桂平定云南后，陈圆圆进入吴三桂的平西王府，一度"宠冠后宫"。吴三桂对陈圆圆宠爱有加，在昆明城北莲花池修筑离宫，称安阜园，让其居住，专房以宠。陈圆圆是个有政治眼光的女子，吴三桂叛乱前，她多次谏阻，但吴三桂不予理睬，遂退居别园，后预感吴三桂必败，便悄悄出家为尼。今昆明城北莲花池公园内有陈圆圆梳妆台遗址，并有人为之立墓纪念。

城市文化通识

昆明

KUNMING CHENGSHI
WENHUA TONGSHI

第四章
郑和——从滇池之畔走向世界的大航海家

郑和，生于昆明晋宁，中国明代世界著名航海家。在1405年到1433年的28年间，他率领当时世界上规模最大的船队，7次出使西洋，到过东南亚、印度洋沿岸、波斯湾、阿拉伯海、红海、非洲东岸等30多个国家和地区。

一、郑和的家乡在晋宁

郑和（1371—1433年），回族，姓马名和，乳名三宝。他出生在昆明市晋宁区昆阳（时名昆阳州）月山西坡。20世纪初，世人在晋宁昆阳月山上发现郑和父亲马哈只墓碑，证实郑和系云南昆阳人。此墓碑是郑和在第一次下西洋前，请时任大学士李至刚为其父撰写的墓志铭。

晋宁郑和雕像

1381年，明军进攻云南，灭掉元朝的梁王，年仅11岁的马和被作为"秀童"征召入京，投入燕王朱棣府内做宦官。其祖父及父辈均为元朝重臣。他们曾经远走天方朝觐，被人尊称"哈只"，是虔诚的伊斯兰教徒。由于祖辈来自中亚以及屡走天方，受其熏陶，幼年的郑和即已有了以世界作为人生舞台的博大气魄。而又由于生长在滇池之滨，奔来眼底的五百里滇池很早就使郑和习水性，并且诱发了他对大海的向往。

离开了生他养他的云南昆明故乡，不幸之中蕴含着幸运。他在南京跟随燕王朱棣起兵征战南北，因在战役中舍身救燕王有功，赐姓郑。燕王得皇位后，他被选为内宫太监，封四品大员，人称三宝太监。明王朝虽然迫使郑和离乡背井，但却让他与货通万国的都城、宽阔无垠的大海有了难解之缘。

郑和人生中最大的功绩就是七下西洋。

二、郑和七下西洋壮举

郑和下西洋是在明代永乐、宣德年间，是大明王朝主导的享誉世界的一场海上远航壮举。其首次航行始于明成祖朱棣永乐三年（1405年），末次航行结束于宣德八年（1433年），共计7次，历时28年。由于使团正使由郑和担任，且船队航行至婆罗洲以西洋面（即明代所称的"西洋"），故称"郑和下西洋"。

在这7次航行中，郑和率领船队从南京出发，在江苏太仓的刘家港集结，至福建福州长乐太平港驻泊伺风开洋，远航西太平洋和印度洋，拜访了30多个国家和地区。其船大者长44.4丈、宽18丈，中者长37丈、宽15丈，"体势巍然，巨无与比，篷帆锚舵，非二三百人莫能举动"。规模最大的一次，大船62艘、随行船员27800余人，船队自刘家港出发，沿我国东海、南海而下，披荆斩棘，乘风破浪，经占城、爪哇、暹罗、锡兰、古里。还到达今非洲东岸的木骨都束、麻林及红海的麦加、亚丁湾的阿丹，开辟了几十条海上航线，行程16万海里。前三次航行主要集中在印度及其以东的区域，加强了中国与东南亚及印度各国的经济文化交流。后四次航行则逐渐向西延伸，开拓了通向西亚、东非的新航线，从而把中国的文化带到了一个前所未至的地区。这也是人类有史以来最伟大的远航，其航行规模之大、人数之多、范围之广，不仅在中国航海史上是第一次，而且在世界航海史上亦无先例，堪称"大航海时代"的先驱。

郑和下西洋是中国古代规模最大、船只和海员最多、历时最久的海上航行，也是15世纪末欧洲的地理大发现的航行以前世界历史上规模最大的一系列海上探险。郑和航海与西方殖民者的航海在目的上有着本质的区别：郑和的7次远航把中国带进了世界，船队"遍历诸番国，宣天子诏"；也把世界带进了中国，"诸国使者，随和朝见"者无数。作为郑和7次远航结晶的《郑和航海图》与《过洋牵星图》，为后人沿着郑和的航线远到西亚、非洲提供了可能。而郑和助手马欢、费信、巩珍所写的《瀛涯胜览》《星搓胜览》《西洋番国志》中详细记载的所到各国的物产、贸易、风俗，则为人民了解西洋各国的情况提供了参考。在郑和张开的帆下，一贯"唯此唯大"的"天朝上国"的明朝走出了国门，融入世界，有着悠久传统的中华文明获得了再度辉煌的契机。郑和也因此被世界誉为伟大的航海家、外交家、和平使者。

郑和下西洋增进了中国和亚非各国人民的友谊，进行了经济文化交流，给世界远航事业作出了卓越的贡献，他因此受到了国内外人民的爱戴。现在马来西亚、印度尼西亚、泰国等国家，仍然有纪念郑和的三宝塔、三宝城、三宝庙等遗迹。

【链接】七次航海历程

第一次下西洋：永乐三年（1405年7月11日），明成祖朱棣下诏出使。郑和以钦差正使、总兵太监身份，率水手、官兵、翻译、采办、工匠、医生等27800余人，乘战船、商船208艘，从南京龙江港启航，经太仓出海，沿台湾海峡进入南海。郑和船队首先到达占城，道经爪哇、苏门答腊、满剌加、锡兰，最后到达古里，于永乐五年（1407年夏）回国。

第二次下西洋：郑和船队于永乐五年（1407年9月）出发，到达真腊、暹罗、柯枝、古里等地，在旧港消灭海盗陈祖义并在古里勒石成碑，于永乐七年（1409年夏）回国。

第三次下西洋：郑和船队于永乐七年（1409年9月）从太仓刘家港启航，到达占城、暹罗、爪哇、满剌加、小葛兰、古里等地，回国途中访锡兰山，于永乐九年（1411年6月）回国。

第四次下西洋：郑和船队于永乐十年（1412年11月）出发，随行有通译马欢，绕过阿拉伯半岛，首次航行东非麻林，于永乐十三年（1415年7月）回国。

第五次下西洋：郑和船队于永乐十四年（1416年12月）出发，途经泉州，到占

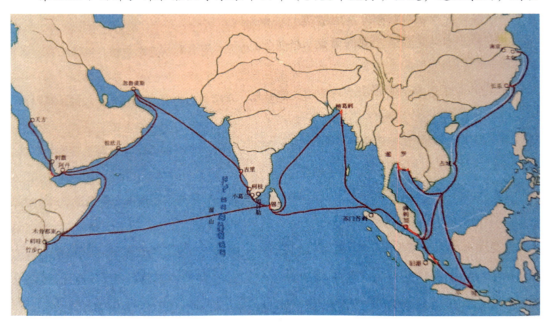

郑和航海线路图

城、爪哇，最远到达东非木骨都束、卜剌哇、剌撒、麻林等国家，于永乐十七年（1419年7月）回国。

第六次下西洋：郑和船队于永乐十九年正月（1421年3月）出发，前往占城、忽鲁谟斯、溜山、阿丹等地，于永乐二十年（1422年8月）回国。

第七次下西洋：郑和船队于宣德五年（1430年6月）从龙江关（今南京下关）启航，到达占城、爪哇、旧港、溜山、剌撒、忽鲁谟斯、木骨独束、麻林等。返航时，郑和因劳累过度，于宣德八年（1433年4月）初在印度西海岸古里去世。船队由王景弘率领返航，于宣德八年七月（1433年7月）返回南京。第七次下西洋人数据明代祝允明《前闻记下西洋》载有27550人。

【链接】郑和下西洋到过的主要国家名称————————————

占城（越南中南部），真腊（柬埔寨），暹罗（泰国），满剌加（马六甲），苏门答腊、爪哇、旧港、那姑儿（印度尼西亚），苏禄（马来西亚与菲律宾间岛国），锡兰（斯里兰卡），榜葛剌、古麻剌朗（孟加拉国），溜山（马尔代夫），古里、柯枝、小葛兰（印度西南部），忽鲁谟斯（霍尔木斯海峡以北），阿丹（亚丁），剌撒（也门），比剌、卜剌哇、木骨独束（索马里摩加迪沙），麻林（今肯尼亚），等等。

三、郑和的功绩及历史评述

▼

郑和下西洋具有历史性的突破，他的航线从西太平洋穿越印度洋，直达西亚和非洲东岸，到达南端的好望角，也就是说抵达了大西洋，涉及三大洋，为此前的中国航海史上所没有，在世界航海史上也居于领先地位。郑和下西洋的时间，比达·伽马绕过好望角到达印度、比麦哲伦完成环球航行分别要早83年和107年。郑和船队在当时靠木船、仅凭借自然的风力航行，克服海上种种困难，是非常了不起的。郑和下西洋，不仅要掌握航海技术、造船技术、海洋知识，还要有航海经验，而且也需要勇气和探险精神。

郑和下西洋的主要功绩体现在以下四个方面：

1. 推行和平外交

明朝永乐时期，奉行"内安华夏，外抚四夷，一视同仁，共享太平"的大国风范，派遣郑和率领船队下西洋，通过各种手段，传递中国富强安稳的大国形象，可以说郑和下西洋的使命主要是政治目的。同时，展示"一视同仁，共享太平"与友好往来的和平外交政策，坚决打击海盗，维护海上交通安全，从而把中国的稳定与发展同周边国家联系起来，试图建立一个长期稳定的国际环境，提高明王朝的国际威望。

2. 发展海外贸易

郑和下西洋也从多方面开展了海外贸易活动。

一是朝贡贸易。这种贸易是郑和下西洋贸易活动的基本形式，带有封建宗主国的性质。它通过这种形式获得这些周边国家对明朝宗主地位的认可，这是朝贡贸易的政治目的。当时周边各国都积极到中国来朝贡，一方面是为了得到明朝的庇护，另一方面是为了得到丰厚赏赐。据统计，永乐在位22年，与郑和下西洋有关的亚非国家使节来华共318次，平均每年15次，盛况空前。

二是官方贸易。这是郑和下西洋的重要内容，它是在双方官方主持下与当地商人进行交易，是明朝扩大海外贸易的重要途径。郑和船队除了装载赏赐用的礼品外，还有中国的货物，如铜钱、丝绸、瓷器、铁器等。这种贸易可以用明代铜钱买卖，多数以货易货。最有影响的是击掌定价法。在印度古里国，郑和船队到达后，由当地的代理人负责交易事宜，将货物带到交易场所，双方在官员主持下当面议价定价，一旦定下，决不反悔。双方互相击掌表示成交。这种友好的贸易方式，在当地传为美谈。郑和下西洋，尤其是后几次下西洋期间，贸易规模扩大，遵循平等自愿、等价交换，具备了国际贸易的一些基本原则。

三是民间贸易。这种贸易一定程度上是在郑和下西洋贸易活动的带动下出现的。它不是通过官方，而是由商人或民间自发性展开的。郑和下西洋消灭海盗，维护了海上安全，开辟了航线，促进和刺激了民间贸易。郑和船队一到，商人们都争先恐后地划船或到码头交易。当时中国主要输出的是瓷器、丝绸、茶叶、漆器、金属制品、铜钱等，换回的主要是珠宝、香料、药材、珍奇动物等。

3. 传播中华文明

郑和下西洋所到之处，不仅进行海外贸易，还传播先进的中国文化。当时东南亚、南亚、非洲一些国家和地区社会发展比较落后，非常向往中华文明。朱棣派遣郑和下西洋还肩负了"宣教化于海外诸番国，导以礼仪，变其夷习"的使命。郑和出色地将中华文明远播海外，在中外文化交流史上写下了新的篇章。郑和下西洋传播中华文明的内容主要有以下几个方面：中华礼仪和儒家思想、历法和度量衡制度、农业技术、制造技术、建筑雕刻技术、医术、航海造船技术等。现在在海外还流传许多郑和的故事。在马来西亚有三宝山、三宝井，印度尼西亚有三宝垄、三宝庙，留下郑和遗迹，表达了当地人民对这位传播中华文明先驱的敬意。

4. 开辟了亚非洲际航线

郑和下西洋开辟了亚非的洲际航线，为西方人的大航海铺平了亚非航路。当葡萄牙的航海家达·伽马沿非洲西海岸绕过好望角，抵达东非海岸时，当地人就告诉他几十年前中国人曾几次来到这里。他们在阿拉伯领航员的帮助下，沿着郑和船队开辟的航线顺利到达了印度。

【链接】历史评述

郑和是中国人的骄傲，世界历史的伟人。自近代以来，尤其是中华人民共和国成立之后，众多的领导人对郑和下西洋的壮举和历史功勋都有精辟的论述。

孙中山先生曾在《建国方略》中说："乃郑和竟能于十四个月之中，而造成六十四艘之大舶，载运二万八千人巡游南洋，示威海外，为中国超前轶后之奇举；至今南洋土人犹有怀想当年三保之雄风遗烈者，可谓壮矣。"

周恩来同志曾指出："我国明代郑和是一位大航海家。郑和曾访问过东非索马里、肯尼亚等国家，为中非友谊作出过重大贡献。"（摘录自周恩来《访问东非等国的演说》）

邓小平同志曾指出："现在任何国家要发达起来，闭关自守都不可能。我们吃过这个苦头，我们的老祖宗也吃过这个苦头。恐怕明成祖时候，郑和下西洋还算是开放的。明成祖死后，明朝逐渐衰落，中国被侵略了。"（《邓小平文选》第3卷第90页）

江泽民同志曾指出："早在明朝时期，中国伟大的航海家郑和七下西洋，其中五次驻节马六甲，与当地人民结下深厚友谊，构筑了中国通向东南亚的'海上丝绸之路'，中马之间的这种友好关系一直延续至今。"（1994年11月，在访问马来西亚时的讲话）

胡锦涛同志曾在访问马来西亚时指出："距今600多年前，中国明朝著名航海家郑和曾多次到过这里。我们要把中马人民传统友谊继承和发扬下去。中国和马来西亚是好邻居、好朋友、好伙伴。"（2011年11月10日，胡锦涛访问马来西亚时的讲话）

习近平总书记明确指出："历史上郑和下西洋，通过海上丝绸之路推行经贸和文化交流，舰队这么强大却没有进行过任何侵略，而是调解纠纷，打击海盗。中国奉行和平发展的外交政策，给予邻邦巨大帮助，交了很多朋友。"（2014年3月30日，在德国访问并在柏林科尔伯基金会发表演讲）

近代学者梁启超先生在其《祖国大航海家郑和传》中称："郑君之初航海，当哥伦布发现亚美利加以前六十余年，当达嘉马发现印度新航路以前七十余年。"

国外学者、英国前海军军官、海洋历史学家孟席斯（Gavin Menzies）出版了《1421：中国发现世界》一书，认为郑和船队先于哥伦布发现美洲大陆、大洋洲等地。1405年之后的28年间，郑和七次奉旨率船队远航西洋，航线从西太平洋穿越印度洋，直达西亚和非洲东岸，途经30多个国家和地区。他的航行比哥伦布发现美洲大陆早87年，比达·伽马早92年，比麦哲伦早114年。在世界航海史上，他开辟了贯通太平洋西部与印度洋等大洋的直达航线。英国著名历史学家——哈佛大学的李约瑟博士估计，1420年间中国明朝拥有的全部船舶，应不少于3800艘，超过当时欧洲船只的总和。今天的西方学者专家们也承认，对于当时的世界各国来说，郑和所率领的舰队，从规模到实力，都是无可比拟的。

今天我们传承郑和精神，就是要大力继承和发扬郑和"敬业献身、忠心报国，敢为人先、科学探索，百折不挠、奋勇拼搏"的伟大精神，弘扬爱国主义，增强中华文明的认同感和自豪感，凝聚海内外全体中华儿女的力量，为中华民族更加辉煌灿烂的未来而努力奋斗；要继续发扬崇尚和平、敦信修睦的伟大精神，巩固扩大与世界各国人民的友好合作，为世界持久和平与繁荣发展作出新的贡献。

四、郑和文化传承在昆明

关于郑和文化的传承研究工作始于20世纪下半叶。清末1894年，在滇池南岸晋宁月山发现马哈只（郑和父亲）的墓碑。此碑披露，郑和是昆阳州（今昆明市晋宁区）人。晚清云南状元袁嘉穀撰写《昆阳马哈只碑跋》一文，揭开了云南郑和研究的序幕。随着《故马公墓志铭》碑和《郑和家谱》相继被发现，郑和的出生地、家世等重大历史谜团得以破解。

1985年，郑和家乡晋宁县举办郑和下西洋580周年学术研讨会，并成立了首个晋宁县郑和研究会，收集整理了一大批研究郑和的历史资料和文献。1992年，昆明举办了郑和下西洋587周年纪念活动，成立了昆明郑和研究会，揭开了云南研究郑和的新篇章。1994年，召开了首届昆明郑和研究国际会议，许多国内外专家和驻华使节参加，为郑和研究走向世界迈出了可喜的一步。2002年，云南大学举办的以"世界的郑和"

为主题的第二届昆明郑和研究国际会议进一步推进了郑和研究的国际化进程，云南昆明已经成为中国开展郑和研究比较活跃的地区之一。

2005年4月，国务院将郑和第一次下西洋的时间7月11日定为中国"航海日"，以纪念这位中华民族历史上最伟大的航海家。同年7月11日，北京召开了郑和下西洋600周年纪念大会，会议高度肯定了伟大的航海家郑和率领庞大船队七下西洋，遍访亚非30多个国家和地区，促进了中外经济文化交流，增进了友谊，体现了热爱祖国、睦邻友好、开放交流、探索创新、不畏艰险的伟大精神，创造了世界航海史上的奇迹，铸就了中国古代航运业的辉煌业绩。

2005年7月8日，中共云南省委、省政府暨昆明市委、市政府在昆明体育馆举行了纪念郑和下西洋600周年大会。全力支持郑和研究从民间层面推进为专家与民间结合层面，由国内推向世界。郑和下西洋使中国与世界30多个国家建立起一座文明传播与文化交流的桥梁，把博大精深的中国文化传播到东南亚、南亚乃至非洲地区。郑和是云南的，是中国的，更是世界的。

这一年，云南地方史学家李士厚先生的专著《影印原本郑和家谱校注》《郑和新传》由云南晨光出版社出版，周文林等编著的大型图典《郑和史诗》由云南人民出版社、云南美术出版社、云南晨光出版社联合出版。这一年，在云南省昆明市还召开了纪念郑和下西洋600周年国际学术研讨会，总结研讨了改革开放以来，国内外对郑和家世、航海动机及其意义、航海过程、航海技术等方面的各类成果。与此同时，南京、昆明、北京、香港、台湾等地郑和研究会应运而生，包括海外华侨华人在内的学术研究队伍不断壮大，各种学术活动十分活跃，一门新的学说——"郑和学"正在逐步形成。来自印度尼西亚、马来西亚等国家及中国北京、福建、辽宁、云南、香港、台湾等地的专家学者们分别从明代中国与东南亚、南亚、非洲国家的国际关系、郑和对世界经济文化交流的贡献、中国与世界航海史的关系、中华文化和华夏文明发展战略等多个视角作了全新探讨及深入阐述。

英国历史学家加文·孟席斯派其助手在这次大会上发表了最新的研究成果，再次重申"郑和是发现美洲第一人"的观点。备受

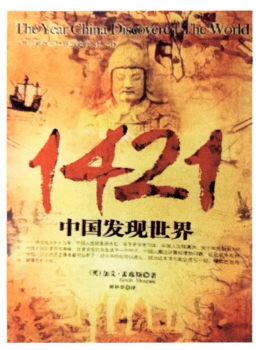

［英］孟席斯著作《1421：中国发现世界》封面

关注的孟席斯著作《1421：中国发现世界》简体中文译本同步出版发行，为研究郑和航海增添了新的史实。

云南省纪念郑和最有影响力的文化活动之一是昆明市民族歌舞团创作的音乐史诗剧《郑和与海》公演。这部作品由时任昆明市文化局局长周忻创意，国家一级作曲家万里作曲，国家一级编剧黄自廉编剧。这部音乐剧的主题是："珍视和平、传播友谊"。通过郑和下西洋过程中的几个片段，展示了明朝时郑和走向世界、传播友谊的广阔胸襟和人格魅力。

《郑和与海》音乐剧分为4个乐章、28首歌。其中，郑和在剧中演唱的《中国昆明我的故乡》成为最美昆明歌曲；由何佳、杨洋等6名昆明青年演员扮演的海豚角色在剧中的英语唱段《地球是圆的》更是婉转动听；剧中海盗、老板娘、王子、公主等不同性格的角色唱段各有精彩。该剧有以下几个特点：一是云南省第一部好莱坞式音乐剧，填补了云南省音乐戏剧史上的一项空白，是云南人打造的云南文化品牌。二是本土音乐与时尚元素相结合，土风和现代并重，将摇滚、爵士、蓝调等现代流行音乐的元素融入古典歌剧当中，充分展示了我省的音乐、声乐资源优势和南亚、东南亚历史文化及民族风情，具有时尚性、娱乐性、市场性。三是《郑和与海》创排以剧组制形式运作，剧组成员全部通过公开对外招聘的方式录用，荟萃了云南专业文艺团体和社会优秀艺术人才。四是演员阵容强大，且都具有唱歌、舞蹈和表演的综合才能。剧中郑和、王子、海盗头、女王、公主等8个主要角色的19名演员，由我省优秀演员担当。其中包括省花灯团演员黄绍成，市民族歌舞团演员李军，省歌舞剧院演员常云莺、张薇薇、张继心、龚婷，云南艺术学院杨丽霞等青年演员，云南通俗歌王左斌等一批我省知名演员，极富现代时尚气息。五是大型实景舞美让人身临其境，异国风光尽收眼底，华美时尚服装影响舞台服饰观念变革，更带给观众美的享受。六是打破以往的民族舞蹈创作模式，融现代舞、当代舞、民族舞、古典舞为一体的新型表演形式，给观众带来全新的视觉冲击和心灵感受。

音乐史诗剧《郑和与海》剧照

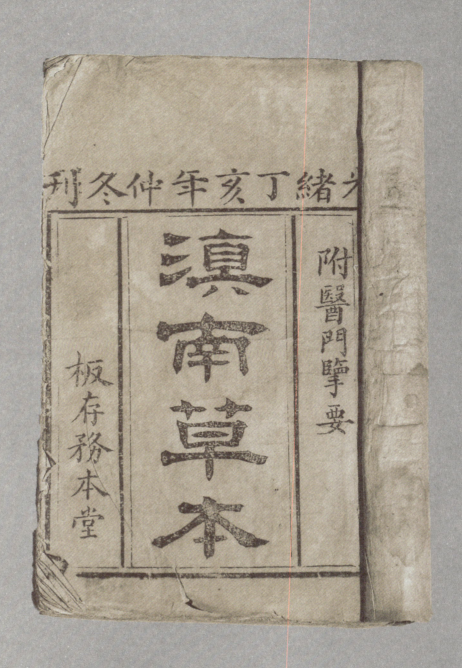

第五章
明清时期昆明文化名人撷英

　　明清时期，在昆明这块土地上有一大批官宦名士造就的丰功伟绩、文人骚客留下的书法诗词绘画、游历山川雅士写下的游记名篇，共同记录下了这座壮丽大城的光辉历史。

一、兰茂

兰茂

兰茂（1397—1470年），字廷秀，号止庵，外号和光道人、洞天风月子、玄壶子等，昆明市嵩明县杨林人，祖籍河南洛阳。兰茂一生勤奋，博学多才，是明代和云南历代最负盛名的音韵学家、药物学家、诗人、教育家和理学宗匠。兰茂少时生性聪颖，勤奋好学，少通经史，旁及诸子百家，终身隐居杨林乡里，采药行医，潜心著述。兰氏13岁时，才华初露。清康熙《嵩明州志》说他"性聪颖……年十三通经史"。明正德《云南志》说他"年十六时，凡诗史过目辄成诵"。

兰茂的主要成就表现在：

中医药学方面

兰茂花了近20年时间编著医药学专著《滇南本草》，这部独具地方特色的药物学专著，比李时珍《本草纲目》早142年。《滇南本草》最早的抄本载药274种，整理本载药544种，附方600余剂，是一本药物与方剂结合、便于使用、有独创性的药物学专著。兰茂为了著书采药，几乎踏遍了云南全境：东至滇黔川边界，南达中老边境，西临中缅边界，北至金沙江两岸。该书是对古代边疆民族地区常见病、多发病临床经验的总结，对中华民族药物的发掘与研究作出了不可磨灭的贡献，许多药方后来被纳入《中华人民共和国药典》。

他的另一部医学专著是《医门揽要》，共2卷。上卷专论脉法，载望、闻、问、切四诊，总论及脉诀歌。下卷论方症，主张疗疾要从实际出发，诊断要全面慎思。每症先论病理，再予临床处方。其复方配伍精当，单方简易实用，无不体现兰茂渊博的学识和精到的诊疗经验。

启蒙教育方面

兰茂年轻时开始在云南研究启蒙文化，推广普通话音韵。兰茂在杨林开馆教学，教授孩童认字。所用教材就是他编写出的云南第一部声律启蒙读物《声律发蒙》。这是一部用韵语写成供童生学习音韵对仗的专用读本，由于通俗易懂，语言精练，音律铿锵，朗朗上口，广受欢迎，因而成为当时滇中的启蒙教科书。

兰氏结合自己的教育实践，著成了《韵略易通》，他把过去107个旧韵部缩编为20个新韵部，并用一首"东风破早梅，向暖一枝开。冰雪无人见，春从天上来"的《早梅诗》予以高度概括。《韵略易通》是中国古汉语声韵学史上的一部重要著作，流传很广，被收入清代《四库全书》。

文学方面

兰茂一生诗词著作颇多，尤以《止庵吟稿》和《玄壶集》为代表。他的诗，或写景状物，或阐述人生哲理，或抒情言志或讽喻现实，或评古论今，风格清新，脍炙人口。景泰五年（1454年），兰茂写成南曲剧本《性天风月通玄记》。全剧通过一个道人修行悟道的故事，表达自己厌恶现实、追求自由的思想感情。全剧文辞优美，音韵和谐，反映了云南的山川风物，闪烁着云南高原的独特光彩，堪称云南最早的剧本。

其他方面

在杨林镇他的住所悬挂有"止庵"匾额，人们便尊称他为"止庵先生"。兰茂与许多古代文人一样，十分喜爱喝酒。但他还与一般爱酒之人不同，他不但爱饮酒，还喜爱用酒泡药，用酒炒药。在他的《医门揽要》中，还记有"药酒仙方"15个。特别是《滇南本草》一书中，收编药物485种，其中与酒有关联的多达170多种，收集"药酒仙方"200多个。早在明初，杨林位于黔昆出省通道旁，商贾云集，工商业繁荣，酿酒业尤为发达。每年秋收结束，杨林嘉丽泽湖畔，百家立灶，千村酿酒，呈现出一派"农歌旱稻香""太平村酒贱"的兴盛景象。这两句诗词是兰茂所写。主要写了杨林的酿酒业。

【链接】杨林肥酒故事

明代的杨林，东临烟波浩渺的嘉丽泽，南有苍翠巍峨的五龙山，土地肥沃，灌溉方便，又是省城昆明通往黔桂、湖广、京沪的必经之地，商贸兴盛，人来人往。周边的象山不但苍翠欲滴，而且流泉飞瀑随处可见。甘美的泉水、充足的粮食、满街的商客，使杨林的酿酒业十分兴盛。杨林城南有一个城隍庙，庙中的地上原有一块巨大而又平滑的花石头，传说兰茂醉酒时，就爱躺在这块有山茶花镶嵌的花石头上睡觉。有一次，兰茂醉酒躺在这块花大石上，梦见仙人指点，酒醒后竟写出一方特别醇厚，强身健体、滋补养生的美酒良方，它就是杨林肥酒独有的"水酒十八方"配方。

后人依据这个偏方创制了杨林肥酒。清光绪六年（1880年），杨林水官街有一家经营酒业的"裕宝"商号，老板姓陈名鼎。陈老板与镇上开书店的戴砚农老板十分要好，后来两家还结成了儿女亲家。陈鼎常到戴家向博学多才的戴砚农请教药材性味、药理基本知识，并探讨健身药酒的配方。戴老板建议陈鼎参照兰茂"水酒十八"的制作工艺，配制一种健身的保健药酒。于是，陈鼎便根据兰茂"水酒十八方"和"药酒仙方"的制作工艺，采用自酿的纯粮小曲酒为酒基，将党参、丁香、拐枣、陈皮、桂圆、大枣等十八味中药加入浸泡，又从小茴香、豌豆尖、青竹叶等绿色植物中蒸馏提取绿色素，配加蜂蜜、蔗糖调味，再封缸陈酿 10 年以上等，制成了色泽碧绿如玉、观感透明清亮、口感甜美味醇的"杨林肥酒"。当年杨林肥酒出窖时，最先进入云南州县市场和餐馆，竟然好评如潮，很快畅销于省内外。过往杨林的文人墨客、达官贵人都要带上几斤地道的杨林肥酒与家人和朋友小聚时痛快畅饮。自此之后，"杨林肥酒"以其绿色和保健养生之特色独享天下，终获"杨林肥酒，天下独有"的美称。

民国初年，云南省举行首届物产品评会，杨林肥酒金榜夺魁，荣获一等银质奖。1992 年荣膺巴黎国际展评会银奖，2011 年杨林肥酒被商务部认定为中华老字号，2012 年、2013 年连续被评为昆明市和云南省非物质文化遗产，杨林肥酒盛名远扬。至于杨林肥酒这个"肥"字，并不是人们误传的用肥肉泡制，而是指酒中含有丰富的葡萄糖、蛋白质、维生素、果糖、枣酸等营养成分，具有健胃、滋脾、润肺、生津、补气、增强心肌功能，促进新陈代谢等功效。所谓肥酒，乃增进营养、滋补身体的美酒也。

二、杨一清

▼

杨一清（1454—1530年），字应宁，号邃庵，别号石淙，汉族，云南安宁人。"四朝元老，三边总戎，出将入相，文德武功。"杨一清被称为"云南历史上的第一官人"，三次总制三边当统帅，两次入阁当首辅，是明代中叶著名的政治、军事、文学杰出人物，也是云南历史上在朝廷中为官官位最高者。

明景泰五年（1454年）十二月初六日，杨一清出生于广东化州，其生母为张氏，籍贯为云南安宁杨阁村人。他自谓"三南居士"，即生于云南、长于湖南、老于江南。杨一清出生后，其父杨景给儿子取名"一清"，以符名言"圣人出，黄河清"

的意境，以"一清社稷"积极入世，自我勉励。杨一清的父母以宋释法泉诗"冰壶彻底清"之意，勉励儿子清清白白做人。杨一清幼年时"颖悟绝伦，一览成诵"，被称为"奇童"。

成化年间考中进士，历经明朝成化、弘治、正德、嘉靖四朝，为官50余年，先后担任过兵部、户部、吏部尚书，又担任过大学士、太子太傅、太子太师，两次入阁，官居一品，高至内阁首辅。杨一清先后以陕西巡抚、右都御史及兵部尚书等头衔提督三边军务，精兵选将，严肃军纪，提高作战能力。因为人正直，曾两度遭陷害罢官，又两度复出，革除腐败宦臣，朝廷褒奖谥号文襄，名扬天下。

杨一清

杨一清一生学识博雅，才华出众，主要专著有《关中奏议》《石淙诗钞》《吏部献纳稿》《西征日录》《通家杂陈》等。《明史》对杨一清评价颇高："博学善权变，尤晓畅边事。"

杨一清热爱故土，明成化二十年（1484年），杨一清回乡省亲，回乡后他流连于温泉、曹溪寺、螳螂川畔，漫步环云岩下，写下了《游拱华楼》《游法华寺》《登碧鸡山》等诗篇10余首，《赞曹溪寺》《游温泉记》等文章，讴歌了故乡山水，流露出他的爱国爱乡之情。云南安宁温泉由此名噪一时，旅游观光和造访名人故居者络绎不绝。后人把这里题景为"石淙精舍"，成为安宁"八景"之一，享名全省。在安宁温泉的摩崖石刻群环云岩上，至今还有清朝状元袁嘉谷所题"杨文襄公故里"6字。

三、杨慎

杨慎是明朝时期对云南历史文化贡献最大的内地文化学者。昆明人记得杨慎，更多发端于杨慎组诗《滇海曲》里的著名诗句："天气常如二三月，花枝不断四时春"。诗句归纳了昆明的气候与花事，精准贴切，简洁得体，堪称古今描绘春城第一人。在《春望三绝》中，他写道："春城风物近元宵，柳亚帘拢花覆桥。欲把归期卜神语，紫姑灯火正萧条。"由此我们说，是杨慎第一次生动定义出昆明"春城"的概念，同时，也第一次形象诠释了昆明花城的盛景。

杨慎（1488—1559年），字用修，号升庵，四川新都人。明正德内阁首辅杨廷和之长子，出生于书香世家。明正德六年（1511年），24岁的杨慎考中状元，入朝为官，授翰林院修撰、经筵讲官等职。嘉靖三年（1524年），因"议大礼"抗拒皇帝旨意，连遭两次廷杖，几乎被打死，最终被永远充军云南，长达35年之久。他始终没有向厄运低头，在云南这块风光秀丽、民族文化和民俗史料极为丰富的热土上，走上了一条潜心研究学问、奋发著书立说的崎岖之路，在云南边疆文化、教育发展、民族团结中发挥了重要作用。他辗转高原云水间，迤西至永昌（今保山）、大理，迤南至阿迷（今开远）、临安（今建水），迤东直抵金沙江……每到一地，身边始终聚集着一批本土学者学子，或是入滇官员与商贾，他传播中原文化，了解民风民情，专心写作，著书立说；下州入县，指导编纂方志。他收集研究了大量的史料文献，以及民间诗歌、艺术等，获得启迪，深受感染，创作了大量不朽之作。与杨升庵同代的学者简绍芳编著的《升庵先生年谱》称："至其平生著述，四百余种，散佚颇多。迄今可见者，尚有一百七八十种。"这些著作内容十分广泛，涉及文学、哲学、史学、美学、气象、交通、金石、考据学等领域，为在边疆弘扬中原文化作出了巨大的贡献。尤其是他脍炙人口的诗词作品，感动并影响了当代乃至后世的文人墨客。因此，杨慎是屹立在滇省历史文化进程中的一座里程碑，是汉文化与西南少数民族文化水乳交融的桥梁与纽带。明代以后，昆明乃至整个云南的文化自身发展进入诗歌文化发展繁荣鼎盛时期，杨慎功不可没。

杨慎被发配云南后，得到地方官员庇护，寓居地也渐由永昌、大理、安宁直到省城昆明周边。此时毛玉（与杨慎一起"议大礼"被廷杖致死的昆明人）之子毛沂（字东镇）精心安排杨慎居于高峣的毛家庭院。毛沂修葺该院，命名为"碧峣精舍"，成为杨慎在昆明的一处固定居所，云南各地、各族学者纷至沓来，如张含、王廷表、李元阳、胡廷禄、唐锜、杨士云等被后人尊称为"杨门七子"。他们常在这里聚会，唱和诗词，论学著述。在碧峣精舍，杨慎创作了大量的诗词作品，著名的有《高峣十二景》《滇海曲十二首》《碧峣精舍记》《渔

杨升庵

家傲·月节词》《高峣村除夕》《普贤寺》《海口曲》《滇池涸》《春兴》《春望》等组诗，诗成后有一部分存于碧峣精舍内。

杨慎足迹所至，操笔题词，撰书刻石，安宁温泉"天下第一汤"、西山华亭寺"一水抱城西"等匾联即出自其手。《明史》称：在明代，记诵之博，著作之丰，要数杨慎为第一，他的专著有《云南山川志》《滇载记》《滇承记》等。嘉靖三十八年（1559年）杨升庵辞世后，本地士绅为感念杨升庵兴教于云南边荒的功绩，辟其高峣"碧峣精舍"寓所为"太史祠"，世代祀奉杨升庵。隆庆元年（1567年），嘉靖帝宾天，穆宗即位，赠恤前朝建言已死诸臣，追赠杨慎为光禄寺少卿，谥号文宪。

至今，电视连续剧《三国演义》还在用杨慎填词的《临江仙》作为的片头曲："滚滚长江东逝水，浪花淘尽英雄……"这是《廿一史弹词》第三段说秦汉的开场词，是杨慎创作的组诗文之一，慷慨激昂，叙叹历史，内容厚实，结构完整。

杨升庵的著作很多，研究广泛，不仅对经、史、诗、文、词、赋、散曲、杂剧、弹词、音韵、金石、书画无所不通，而且对天文、地理、医学等也有很深的造诣。他一生存世的诗词约2300首。在他37岁至75岁长达38年的时间里，从不间断地在云南讲学、游历考察，收揽学生，孜孜不倦地写作，他的著作和诗文是记录云南地理环境、经济发展、历史文化等状况最多的百科全书。自升庵先生始，云南这片神秘地方的资源禀赋才逐步为中原广大世人所知。据《明史》记载，"明代记诵之博，著作之富，首推杨慎。"现今学者考证云南明代云南历史时所用的资料文献，大多出自杨慎的著作和诗文。

为缅怀这位为云南文化发展作出重大贡献的文坛巨匠，明万历三十八（1610年），云南右布政使刘之龙把"碧峣精舍"改建为"太史祠"，并塑杨慎塑像，专门用作纪念。在建太史祠之后大约28年，徐霞客于崇祯十一年（1638年）夏路经高峣，拜谒杨升庵，并写下滇游日记开篇《游太华山记》。清康熙二十八年（1689年），云南总督范承勋重修。咸丰七年（1857年）重建，改名升庵祠。

升庵祠在1986年重修，占地2000平方米，辟为杨升庵纪念馆，1987年公布为云南省文物保护单位。升庵祠东原有明初修建的普贤寺，明末，徐霞客游滇登太华山时曾在此驻足，便将普贤寺维修后辟为徐霞客纪念馆。今时今日，升庵祠与徐霞客纪念馆毗邻而坐，供后人凭吊瞻仰，此处也是云南的文脉所在。

四、担当

担当

担当（1593—1673年），俗姓唐，名泰，字大来。滇西佛教名山鸡足山僧，法名普荷，号担当。生于昆明晋宁东街士大夫之家。担当少年聪颖，5岁时，便跟祖父学习诗歌。万历三十三年（1605年），其父北上应选，并携担当同行，见到不少当时的文人名士，这是担当首次离开昆明出远门。20多岁又赴北京应试，屡试不第，绝意仕途，寄情于诗画。随后在江南一带游历。1631年，回到家乡，便发誓"永以布衣休"。其后，虽有"圣明下辟贤之诏"，他坚决谢绝推荐，抛弃科举功名，此后诗书画日益精进，成为滇南名士。他50岁离家剃度，在鸡足山为僧20多年，75岁时移驻大理感通寺。1673年涅槃，终年81岁。

明崇祯十一年（1638年）十月初一，大旅行家徐霞客"万里遐征"第二次来到昆明。徐霞客从昆明南郊的南坝乘船，横渡滇池，到安江上岸，来到了晋宁。两人一见，共道仰慕之情，担当殷勤款待，欢聚20余日，相互之间诗文唱和，十分投契。道别时，担当除分函沿途各地友人关照外，还赠送了旅费。担当的资助，解决了徐霞客盘缠用尽的困难，得以继续前行。担当家庭并不富裕，面对友人却如此慷慨，徐霞客深受感动，他感叹：大来虽贫，能不负眉公之意，因友及友，余之贫而获济，出于望外若此。二人遂成为"只许一人知，何须天下识"的终身知己。徐霞客在《滇游日记》中花了很多笔墨记载了昆明晋宁以及和担当交往的情况。早年担当游历名山大川，晚年，滇池洱海、金沙、玉龙、澜沧江、高黎贡山留下了他的足迹，写下了大量风物诗。担当对自然、对山水的钟情与徐霞客不无关系，他与徐霞客的交往以及徐霞客广博的见识，对他游历山水、诗书画创作都影响极大，他的书法绘画所表现出来的简约、禅意正缘于此。

担当的山水画个性独特，怪诞的构图与用笔、用墨，将自然万象提升为一种色相皆空的世界。他追求的"空""淡""静"的绘画意境和审美倾向，将禅与绘画相通，浑然天成。他借山水画从悲怆郁结中解脱出来，心灵与自然契合为一体，是一种独特心象的写照。其画以泼墨山水为主，兼及人物，代表作有《一笻万里图卷》《三驼图》《太平有象图》等，他将内心的呼喊承载于艺术之中，同时他的绘画又凸显出深刻透彻的禅学意境，诠释出胸中意气，被推崇为诗、书、画三绝的大师。

五、徐霞客

徐霞客（1587—1641年），名弘祖，号霞客，是明代伟大的地理学家、旅行家和文学家。出生在江苏江阴一个有名的富庶之家，祖上都是读书人。徐霞客少有鸿志，受家庭文化的熏陶，博览群书，尤其钟情于地经图志，少年即立下了"大丈夫当朝碧海而暮苍梧"的旅行大志。20多岁开始游历天下，足迹遍于名山大川。徐霞客游历考察的30多年间，在完全没有他人资助的情况下，先后进行了四次长距离的跋涉，足迹遍及现在的21个省（区、市），覆盖了大半个中国。旅行考察中，他主要是靠徒步跋涉，连骑马乘船都很少，还经常自己背着行李赶路。而他寻访的地方，多是荒凉的穷乡僻壤，

徐霞客

或是人迹罕至的边疆地区，几次遇到生命危险，出生入死，尝尽了旅途的艰辛。徐霞客的游历，并不是单纯为了寻奇访胜，更重要的是为了探索大自然的奥秘，寻找大自

然的规律。他在山脉、水道、地质和地貌等方面的调查和研究都取得了超越前人的成就。在跋涉一天之后，无论多么疲劳，无论是露宿街头还是住在破庙，他都坚持把自己考察的收获记录下来。30余载风霜雨雪，60万字笔耕不辍，徐霞客用自己的脚和笔完成了一部"明末社会的百科全书"——《徐霞客游记》。徐霞客的"游山玩水"，前无古人，"游"出了新境界，"玩"出了大名堂。

讲昆明文化史，必定要讲到他的著名游记《徐霞客游记》，它是研究云南昆明历史文化的宝贵史料。徐霞客向往云南，钟情云南，行走云南。明末崇祯十一年（1638年）五月初十入滇，崇祯十三年（1640年）正月间离开云南，计一年零九个月，630多天，行走曲靖、昆明、玉溪、红河、楚雄、大理、丽江、保山、德宏、临沧10余个州市近50个县区，写下了25万余字的《滇游日记》，占60多万字《徐霞客游记》的40%。云南是徐霞客一生旅游和地理考察的终点，是他在家乡以外生活时间最长的省。徐霞客追寻文化先贤名迹，在昆明西山谒拜杨太史祠，在建水、保山、大理凡与杨升庵相关的足迹，他都满怀虔诚去寻访拜谒，在大理感通寺写韵楼"问升庵遗墨"，表达对杨升庵的尊敬。徐霞客在云南的地理探索、人文情怀、旅游考证，是他人生创作最多的地方，是云南地理认知历程中的丰碑。他把云南美丽的自然风光、奇特的地形地貌、多彩的民族风情记录于书，向外界介绍云南，世代流传。

徐霞客曾两次进入昆明。《滇游日记》中有5万多字记述昆明。徐霞客第一次进入昆明时，曾游历西山，写下了《游太华山记》。他对昆明山脉的走势、江河的源流、岩溶地貌均详加考证，风土人情、历史沿革、名胜景观、文士名流等亦颇多关注。

据说，公元1638年夏天的一个清晨，徐霞客从昆明南城门外出发，往西南行至今篆塘附近登舟。而后穿行于滇池北部茂密的芦苇丛中，在西山脚的码头高峣大村子上岸。岸边不远处，有杨升庵祠。徐霞客怀着一颗虔诚的心，去缅怀祠中寻找先贤的印记，感受前辈成果的洗礼。他上山进入华亭寺、太华寺等几处佛教名刹，又登上玉皇阁、真武宫、云华洞、龙门等，后下山到渔村寻觅滇池"金线鱼"，百感交集，写出了名篇《游太华山记》。

如今昆明西山高峣建有徐霞客纪念馆，与杨升庵纪念馆并排，馆中立有其坐像，并展示他游历云南昆明的史料，介绍徐霞客开辟的自然与文化科考探险线路，成为中国历史与地理叙述的经典，是开发大旅游的宝库。

六、孙髯翁

昆明布衣名士孙髯（1685—1774年），祖籍陕西三原，生于清康熙二十四年（1685年）。因其父在云南任武官，随父寓居昆明。据说孙髯一生下来就有胡须，所以取名叫"髯"，字髯翁。他从小就有名气，诗文极好，精研诗词，好格律。年轻时也想考官，来到考场看到要搜身，掉头就走，从此不问科举，终身为民。孙髯好梅花，曾自制一印章，上面刻"万树梅花一布衣"。当年五华山北麓有梅园，相传就是孙髯居所。

孙髯曾溯流而上，考察金沙江，提出"引金济滇"的设想，又考察盘龙江，写成《盘龙江水利图说》。孙髯目睹官吏榨取民财，百姓流离失所，滇中深藏隐患，他忧国忧民，登大观楼，心绪难平，激愤如潮，于是奋笔疾书，为我们留下了海内第一长联。他的180字长联与其深厚的文学功底、敏锐的史学态度、亲民的豪放性格不无

孙髯翁

关系，成为旷世未有的好联。长联尽摹滇池景象，极言千年滇史，状物则物势流转，辞采灿烂，文气贯注；写意则意气驰骋，沉郁顿挫，一扫俗唱。在文禁森严的雍乾之际，孙联一出，振聋发聩，四方惊动，昆明士民，竞抄殆遍，蔚滇中盛事。

孙髯晚年贫困落魄，寄居昆明圆通寺后的咒蛟台上，自号"蛟台老人"，卜卦为生，三餐难继，后投靠子女，终老云南红河州弥勒市。

孙髯传世著述有《盘龙江水利图说》《孙髯翁诗残抄本》以及《滇南诗略》等诗文著作。

【链接】大观楼长联故事

大观楼长联堪称古今文坛的一大奇事，也是孙髯翁才高八斗、学富五车的回应，为"长期积累，偶然得之"。

事情的经过是这样的：孙髯翁博学多识，性格豪放不羁，平日喜欢结交文朋诗友，经常相约聚会，在一起吟诗作对，酬唱应和，个中意趣，非局内人不能体味。

一个天高云淡、风和日丽的好日子，髯翁与一群文人学士共游濒临滇池的大观楼。众人登上顶楼，凭栏远眺，但见西山睡美人仰卧滇池万顷碧波之上，别有一番风韵。一位骚客不由情动于衷，诗兴大发，脱口吟道："远山淡淡美人妆，近水清清唱红娘。"楼内顿时响起一片叫好声，唯独髯翁沉默不语。有人问道："髯翁兄有何高见？"髯翁手持长须，微微笑道："意境倒是不错，只是脂粉气太重了一些。"当下不少人点头，赞同髯翁的观点。这时，另一位才子高声叫道："是啊，六朝的绮靡浮艳之风不可取。听我的：'西山颂尽圣贤诗，滇水总作帝王池。'"楼内又是一片叫好声，有人阿谀道，这联不仅对仗工整，而且颇有雅量和气度，你说还有谁能同圣贤和帝王比呢？那位才子听了，露出一脸的得意之色。不料髯翁依旧不发一言，有人又问："莫非髯翁兄不以为然？"髯翁不做正面回答，朗声笑道："文人应该保持自己的独立人格和气节，歌功颂德非君子所为。"那位才子脸上挂不住了，站在一边说起了风凉话："有人认为别人都不行，何不自己来上一首？让我等庸才开开眼界？"很多人跟着起哄："是啊是啊，早知髯翁兄出口成章，倚马可待，也让我们见识见识如何？"

髯翁胸有成竹，不慌不忙，向众人拱拱手。"诸位，稍候。"他闭目凝神，沉思片刻，然后站起身来，满怀激情，高声吟出了这首旷古未闻的好联。

1963年12月，陈毅元帅到昆明考察，于百忙之中抽暇游览滇池，兴之所至，欣然命笔，顿成《船舱壁间悬挂孙髯翁大观楼长联读后喜赋》一首，诗曰："滇池眼中五百里，联想人类数千年。腐朽制度终崩溃，新兴阶级势如磬。诗人穷死非不幸，迄今长联是预言。"

据说毛泽东主席当年对大观楼长联也格外喜爱，称赞它是"从古未有,别具一格"。他常叮嘱到云南工作的领导，到了昆明一定要去看一看大观楼长联，最好能背下来。此中深意，不言自明。长联的历史文化和人文价值，将随着时间的推移而愈显其珍贵。

七、钱沣

钱沣（1740—1795年），字东注，号南园。出生昆明市太和街。清乾隆年间考中进士，步入官场。乾隆皇帝最大的宠臣是和珅，权倾一时，贪污腐化，无所不为。这时，钱沣初入朝堂，一反官场明哲保身之风，刚正不阿，被任监察御史，以不畏强权、敢于屡屡弹劾贪官污吏。先是弹劾陕甘总督毕源贪污之事，声名鹊起。紧接着又查处和珅的党翼国泰山东巡抚，还微服私访查获其贪污府库银两的证据。和珅探得风声，要收买钱沣，遭到拒绝。钱沣坚决奏报乾隆帝，最终国泰不得不伏法。

钱南园

钱沣也是清代诗书画大师。他的书法集诸家之长，精于颜体，又自成一家，现存作品集有《正气歌》《桂花厅记》。钱沣还尤爱画马，笔墨凝重，刚劲有神。他的诗文造诣也高，留下了《南园诗存》《钱南园遗集》《南园文存》等。

钱沣离世后归葬于昆明龙泉镇羊肠村北山，墓园已修复，被列为昆明市文物保护单位。

云南大学张文勋教授评价说："（钱南园）其政声卓著，有正气，来自人品高，在天子脚下敢于和权贵贪赃枉法的腐败现象作斗争，使人感动；读其诗有平民之风，父母之情，仁爱之心，没有这样的人品，做不出这样的政声。"钱南园的一生，既以敢于弹劾贪官污吏而驰誉全国，也以诗书画楹联闻名于世，尤以高风亮节，被誉为清代知识分子之泰山北斗。

【链接】滇剧《瘦马御史》荣获国家"文华奖"

20世纪90年代昆明市滇剧团以钱沣弹劾贪官污吏的史实为蓝本，创排了滇剧《瘦马御史》，经过十余年的不懈打磨，荣获了中宣部"五个一工程"奖和文化部"文华奖"，成为昆明文化舞台艺术创作的精品工程。

2020年，昆明新潮娱乐公司与时俱进，以庭院剧的方式，汲取滇剧《瘦马御史》艺术精华，重新包装《钱南园》，在昆明盐隆祠再次上演，让滇剧这一非物质文化遗产又得以传承。

剧目以法场救友、惜别慈母、阴谋设计、盘查库银、微服暗访、瘦马情缘、生死抉择、水落石出等情节设计，呈现了"滇云风骨、滇中完人"的艺术形象，颂扬了钱南园"做人一身正气，为官一尘不染"的气节。

八、戴絅孙

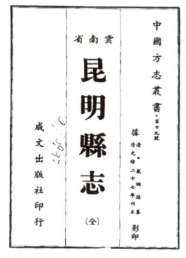

《昆明县志》封面

戴絅孙（1795—1857年），字袭孟，号筠帆，昆明人。家住五华山麓小梅园巷。从小勤奋好学，悟性颇高。15岁中秀才，后入五华书院读书时，山长（校长）刘大绅把他的诗和李于阳、戴淳等人的作品编选为《五华五子诗抄》。嘉庆二十四年（1819年），林则徐任云南乡试考官，戴为考生之一，后两人有师生之谊。道光九年（1829年），中进士，任工部主事，后由六品主事升为五品员外郎。道光二十六年（1846年），任贵州道监察御史。他在京城做官18年，两袖清风，一尘不染。

戴絅孙名垂青史的是他自费编纂的《昆明县志》。晚年无意再于仕途周旋的他决心以一己之力编写一部《昆明县志》。从此殚精竭虑，全力投入《昆明县志》的编纂中。经5年时间的努力，道光二十一年（1841年）夏，《昆明县志》终于完稿，全书共十卷，最终于清光绪二十七年（1901年）得以刊印问世。

城市文化通识

昆明

KUNMING CHENGSHI
WENHUA TONGSHI

第六章
清末影响昆明的大事件

　　20世纪之前，昆明一直封闭慢行在农耕文明的道路上，处在以农业为生存基础的农耕社会里。当19世纪西方工业文明开始登陆昆明时，昆明发生了巨变，它由一个单纯依靠农业文明发展和生存的城市，转向了寻求以工业文明为基础支撑的商业城市。当云南机器局的机床的齿轮转动时，当滇池的流水被德国西门子电机转动变成能源时，当耀龙灯公司的电灯点燃家家户户的电灯泡时，当用煤炭烧热的蒸汽推动着火车奔跑在米轨滇越铁路时，当使用外国商品已成为一种时尚生活时，昆明正悄然走入近代工业和商业城市之列。

一、近代城市思想文化萌芽

▼

从1840年鸦片战争起，伴随着列强对中国的侵略，中国人民掀起了捍卫国家、民族尊严，自强求新的斗争，同时开启了学习西方先进的近代科学技术、思想文化的历程。尽管昆明地处祖国边疆，发展相对滞后，但毕竟也开始了这一进程。

清末，昆明人口随着经济和城市的发展，达到8.7万户42.2万人。城市居民中，相当数量的人来自省外移民，这是近代昆明城市人口增长的一个特点，最多的是四川人，其次是湖南人，主要从事经商和手工业。昆明有了城市管理的部门，如公安、卫生、公用事业等机构，建立了公共厕所、专用菜市场，出现了人力车公司、照相馆、戏院、公园、图书馆等。1901年，由法国人在昆明升平坡开办了"大法施医院"，西医的诊所、治疗方法、治疗技术传入昆明。

清末，昆明开办了一些近代教育机构，开始接触、容纳和学习外来文明。光绪二十五年（1899年），昆明出现第一所近代学校——武备学堂，成为昆明最早的新式学堂，学生来源是在全省举人中选拔或地方选送，或在省城昆明考试录用。学校课程除古文外，还有理财、兵学、交涉三科。这一时期，昆明还开办了初级小学堂、云南两级师范学堂。

这一时期，昆明的初等教育、师范教育得到发展，昆明共有小学120多所，还出现了女子学堂，女子第一次获得了同男子一样的就学机会。与旧式的私塾、义学、书院相比，旧式教育只是少数官宦人士子女的阶梯，普通百姓子女极少有机会上学，多习"四书""五经"。近代新学规模较大，学生面广，人数多，扩大了教育对象，学校一般设置数学、理化、文史、地理等课程，结合社会需求，注重实用。

开办新学的同时，云南地方政府还开始了选派留学生工作。从1902年开始，云南还选派留学生出国学习，除大部分到日本外，还有到越南河内法属巴维学校、缅甸中英学校以及欧洲比利时等国家留学。在国内，还选送学生到京师大学堂。

最为有名的学生有李鸿翔、罗佩金、袁嘉毅、熊庆来、缪云台等，他们学习新思想、新技术回滇后，对当时昆明近代社会的发展发挥了重要作用。

清末最流行的词汇是革命，最激进的行为是反清，但革命的严词和反清的行为都来自接受了新式教育的阵营。随着新式文化的传播，昆明出现了不少宣传资产阶级革命的社会组织与团体。如，1898年，在京云南举人成立的"保滇会"，成为近代云南知识分子要求参与政事的第一个团体。1905年，云南留日学生李根源、杨振鸿、吕志伊首先加入孙中山先生领导的同盟会，在东京创办了《云南》杂志，以宣传民主、揭露清政府腐败卖国、反对英法等帝国主义侵略为宗旨。民主思想迅速在昆明传播，由学生、商人、绅士等组成的市民阶层也开始了解和接受这些新思潮，市民意识有了觉醒和提高。他们要求民主，反对专制，要求自立图强，反对殖民和奴役的呼声越来越强烈，并将这些愿望和要求转化为行动。如1900年反对法国领事私运军火的斗争、1906年反对云贵总督丁振铎丧权辱国的斗争、1910年反对英法霸占七府矿权的斗争等，这些斗争，增强了市民爱国爱乡的意识，使昆明人的思想观念发生了变化。

二、昆明自辟开埠

鸦片战争后，西方资本主义侵略势力用"炮舰外交"，强迫清政府划地"五口通商"，获得了瓜分中国市场的机会。云南自古以来就是沟通东西方世界的对外贸易通道，进入近代社会以后，云南的资源成为英法资本主义国家争夺的场所。清末，英法分别强迫清政府在云南开放通商口岸，1889年开始，分别在蒙自、思茅、腾越（腾冲）设立了海关，各关所在地都派驻了法国或英国的领事。

1905年，昆明地方绅士陈荣昌、罗瑞图、王鸿图等，出于发展本地经济的需要，向地方政府上报，经云贵总督丁振铎奏请清政府批准，将昆明自辟为开放商埠，并设立了昆明关作为蒙自海关的分关。昆明成为没有外国势力强制而自行开放的商埠，当时称为"自辟商埠"，有别于"约开商埠"。当时商埠界址，以得胜桥、塘子巷为中心，方圆6千米范围，允许各国商人在商埠内租地居住和经商。

三、修筑滇越铁路

▼

　　滇越铁路（Yunnan-Vietnam Railway）是东南亚地区一条连接中国昆明和越南海防港（经中越口岸河口）的铁路，是中国第一条国际铁路，为米轨铁路，呈南北走向，线路全长859千米（云南段465千米，越南段394千米）。

　　清末，法国驻越南总督杜美曾给法国政府的报告书说："云南为中国天府之地，气候物产之优，甲于各行省。滇越铁路不仅可扩张商务，关系殖民政策忧深，宜选揽其开办权，以收大效……"

　　从19世纪初开始，英法殖民者侵入了东南亚，互相角逐。19世纪中后期，法国意欲控制云南，变云南为其殖民地。因觊觎云南丰富的矿产，开始计划修建铁路加大运输量，掠夺云南地区矿产资源。

　　1885年，法国通过中法战争，与清政府缔结《中法会订越南条约》，取得对越南的"保护权"及在中国西南诸省通商和修筑铁路权。

滇越铁路起点昆明南站

1895年，法国借口在"三国干涉（日本）还辽"中有功，强迫清政府签订了《中法续议界务商务专条》，取得将越南铁路延伸修入中国境内的修筑权。1901年从越南开工建设。

1903年，中法签订《中法会订滇越铁路章程》，随即法国派人踏勘路线，绘制蓝图，并正式成立滇越铁路法国公司。云南从1903年开工建设，于1910年3月正式通车。

滇越铁路是中国境内较早修筑的铁路之一，也是中国最长的一条轨距为1米的窄轨铁路。滇越铁路是云南百年前唯一的运输"大动脉"，中国西南各省最便捷的出海通道。滇越铁路的设计施工被《英国日报》称为与苏伊士运河、巴拿马运河相媲美的世界第三大工程。

滇越铁路的修筑增强了法国在云南的影响力。滇越铁路表现了西方势力的进一步侵入：由商品贸易到外国资本的直接投资。法国殖民者凭借这条铁路，控制了云南的交通，掌握了锡商的命运，操纵了云南的金融，支配了云南的邮政和电讯，云南事实上成为法国的势力范围。

滇越铁路修通后对云南的近代社会的政治、经济、文化客观上产生了深刻影响，云南人一方面体会到现代铁路运输给生产生活带来的优势，另一方面又有痛失资源开发主权的忧患。一些捕捉到商机的商人则开始了近代工业的探索。

四、开建石龙坝水电站

石龙坝水电站一厂是1908年（清光绪三十四年）由昆明商人王筱斋为首招募商股、集资筹建的。引水渠长1478米，利用落差15米，引用流量4立方米/秒，安装两台单机容量240千瓦的德国西门子公司制造的发电机、福伊特公司生产的水轮机，用22千伏输电线路向距电站32千米的昆明市供电。

1909年，云南最大的商户、"钱王"王炽之子王筱斋联络了19位商业同仁，要求成立一家股份公司来办电业。官府同意，清朝末代云贵总督李经羲批复："从今起，二十五年内不许外人来滇办电。"

1912年5月28日（农历四月十二日）晚，耗资50万银元的水电厂建成，两台向福伊特定制的机组正式发电。昆明各界人士汇集翠湖海心亭，庆祝石龙坝水电站通电开灯。电厂以"免费装灯头"搞推销，尔后电才在昆明渐渐普及。昆明人也成为中国最早用水力发电点亮电灯的城市。这座中国（大陆）第一座水力发电站起名"耀龙电灯公司石龙坝发电厂"。

石龙坝水电站是中国的首座水力发电站。抗日战争期间，日军曾于1939至1941年先后4次轰炸石龙坝水电站，仍未能破坏供电，电站为抗战胜利作出了贡献。鉴于石龙坝的历史意义和价值，1993年成为省级文物保护单位，1997年成为云南省爱国主义教育基地，2006年成为全国重点文物保护单位。这座百年建筑里，无论是百岁发电机组，还是防空洞、炸弹坑，都能反映出石龙坝水电站在中国近代史上的历史价值与意义。

石龙坝水电站占地面积213亩的电站静卧在一片葱翠的树林后，穿过一条条巷道，随处可见近代风格的建筑。电厂最里端的一车间是厂里最老的机房之一，青色砖墙，拱形窗，下午的阳光透过窗户射进来，让人仿佛进入另一个时空。那台泛着青铜色光芒的德国机器尽管已有百岁年龄，但仍能发电，它就是最早引进的第一座240千瓦的水轮发电机组。当年为了纪念电站建成，留下了一副对联在机房拱门上，上联：机本天然生运动；下联：器凭水以见精神；横批：皓月之光。修建的水电站办公楼如今已成文物陈列室。一颗1939年侵华日军轰炸石龙坝水电站的炸弹壳仍摆在展柜里。屋外凉亭有云南书法家和启圣所书赞美电站的对联。上联：电站虽小历史悠久开中国水电之始；下联：水塘不大成因奇特记东瀛入侵之证；横批：飞来池。

石龙坝水电站的发电机

五、"昆明教案"

1900年（庚子年），法国驻滇领事方苏雅（法名：奥古斯特·费朗索瓦）以西南民众仇教、反洋风潮日益高涨亟须"自卫"为由，无视《中法越南边界通商章程》的规定，私自将一批军火偷运进昆明。经过蒙自海关时，拒不申报，到达昆明后，被城南南关厘金局查获。方苏雅闻讯后，亲自带领数十人强闯厘金局，拿出手枪威胁，将军火抢回，并先后辗转藏匿于平政街天主教堂和东郊若瑟修道院等处。

事件发生后，云贵总督向驻滇领事馆提出严正抗议，并上报总理衙门照会法驻华公使，要求履行公约，上缴偷运的武器并将方苏雅驱逐出境。同时，昆明乡绅、民众得知此事后，数万民众包围了法国驻昆明领事馆，要求交出军火。方苏雅不仅不交出军火，反而将在昆明的法国人纠集于领事馆内，发给枪支，并开枪打伤民众数人。愤怒的群众烧毁了平政街天主教堂和东郊若瑟修道院，捣毁了法国人和英国人在城内的公寓。为了平息事件，云贵总督丁振铎急率清军赶到，一方面弹压逮捕群众数十人，另一方面保护方苏雅等法国领事馆人员离开了昆明，史称"昆明教案"。

"昆明教案"发生后，法国驻越南总督杜美在滇越边境调兵遣将，扬言要向云南发起进攻。1900年8月，随着八国联军入侵中国，北京沦陷，清政府完全屈服于列强，一再退让。"昆明教案"议结时，答应赔款12万两白银，允许英法在云南7个地区开采矿产，加深了英法对云南的经济入侵。更让人气愤的是，教案的祸首方苏雅不仅没有被惩罚，反而重新回到昆明担任领事。光绪二十八年（1902年），慈禧太后竟荒谬地认为"以协理教案，赏法国驻滇领事方苏雅、副领事威伯宝"，是为丧权辱国。为此，辛亥革命先烈昆明人杨振鸿在其所写的《法国人窥伺云南之渐》一文中，愤怒地谴责道："夫滇民虽毁伤其教堂，究之，衅自彼开。以公法论，应将彼暗输军械充公，格外惩罚。"

六、昆明西医院

1901年，法国人在五华山西麓升平坡开设了第一家西医医院并附设西医学校，称"大法施医院"（今华山西路昆明市妇幼保健院），西医由此传入昆明。

1910年滇越铁路开通后，不久，在云南府（昆明）火车站附近开设了一座医院，起初主要是为铁路员工服务，规模不大，但全新的医疗方式引来了众多的患者。为了扩大业务，医院租用了巡津街35号（今昆明市第一人民医院）的地块，建起了医疗大楼，取名"甘美医院"，又将"大法施医院"的部分医护人员并入，形成了内科、外科、皮肤科、妇产科、耳鼻喉科等专业的全科医院，药品和设备都由法国领事馆采购专供，医务人员以法籍和越籍人员为主，成为当时达官贵人看病的首选。

1915年，英国基督教圣公会在时金碧公园附近书林街与鱼课司街一带开设了惠滇医院（今昆明市儿童医院），医院作为教会医院其任职人员都要信奉基督教，对教徒免费医疗。医院还开办了高级护士学校，实行半工半读，毕业生专业基础扎实，受到医院的欢迎。

七、昆明三大书院

书院（书屋），古代原指供藏书、读书用的房子、书斋。中国历史上的书院，一度有着藏书、教学与研究三大功能性，实质上是传统读书人模仿佛教禅林讲经制度而建的高等教育机构。以唐末五代期间为始，到20世纪初退出历史舞台，专属于文化人的书屋，独成一方净土，成为文明进程中的力量源泉。

书院是中国古代一种特殊的教育组织，也是官方修书、校书和藏书的场所。云南书院始建于明代，比内地晚得多。一般体系为：县一级书院属于初等教育，府州一级书院属于中等教育，高等教育书院在京城、省城办。明清以来，昆明先后办有五华书院、育才书院、经正书院等。

五华书院开办于明嘉靖三年（1524年），是云南省创办较早，也是层次最高、影响最大的一所书院，其创始人是云南巡抚王启，院址设在昆明五华山麓北，因此而得名。清雍正九年（1731年），云贵总督鄂尔泰又对五华书院进行大规模的扩建，他还捐购图书万余卷，亲自制定书院章程和课本。学生主要来自云南各府州县的优等生，教师均为中过举人进士、学识高深的、做过各级官员的名儒。

五华书院从明一直办到清末光绪二十九年（1903年），书院被改为云南高等学堂为止，前后共历379年，是云南书院办得最长、历史最悠久、培养学子最多的一所书院。"凡滇中人士略具隽才者无不招纳其中"，清代享誉滇中的"五华五子"戴絅孙、杨国翰、池生春、李於阳、戴淳，清代乾隆年间的监察御史钱南园，都出自五华书院。光绪二十九年（1903年），在变法革新思潮的影响下，五华书院为云南省高等学堂所替代（即后云南两级师范学堂和今昆明师范学校的前身）

育才书院，又名昆明书院。书院地处城南门外慧光寺东（今昆明东寺街、西寺巷北）。清康熙二十四年（1685年）总督蔡毓荣、巡抚王继文建。据说康熙皇帝曾亲书"育材"匾额，悬挂院中，经历代完善扩建，汇聚名流才子，收集不少云南地方文献。

经正书院创办于清光绪十七年（1891年），是清末追随时代潮流、富有特色、成效卓著的著名书院之一，培养"经邦济世"的人才，为国所用。当时的光绪皇帝赞同变法维新，很快批准了云南巡抚谭钧培关于在昆明创办"经正书院"（取"传经、拜经、守正"之意）的请求，并亲赐"滇池植秀"匾额一方，以资鼓励。学院毕业的学子中最有成就的当数袁嘉穀。经山长陈荣昌举荐，他于1903年参加朝廷举办的"经济特科"（经邦济世）考试，一举夺得头名，荣登"特元"魁首。

五华、育才、经正书院各自都开展教学和文史研究，刻编和藏有地方文献，成为保存和研究云南地方历史资料的宝库。

八、滇剧与花灯登场

▼

清末，随着维新思想的出现，民风民气渐开，滇剧、花灯等早年在云南民间活动的文化形态走进了城市的舞台。

1. 滇剧

滇剧是云南特有的地方剧种。来源于明末清初的大移民时代，从大西军入滇，到吴三桂入滇，再到清平藩均入滇，都给昆明带来了各自家乡的戏剧形式和剧目。明初洪武十四年（1381年），朱元璋派傅友德、蓝玉、沐英率军30万入滇，结束了元末梁王在云南的统治。随后，大批移民多次入滇，他们带来了江南的戏曲声腔和时尚的曲调。滇剧三大声腔中的"丝弦"源于秦腔，胡琴源于徽调，声腔源于楚调。清乾隆中叶，昆明由于商业的发展，外省会馆和行业会馆普遍建立，各地流行的声腔和戏班亦随之而来。每逢迎神赛会或喜庆宴集，他们均演各自地方戏。这一时期来昆的戏班先后有19个，声腔剧种有昆、弋、秦、楚、徽等，多味杂陈。外来剧目经艺人加工丰富，成为与本地语音腔调和风俗习惯相结合的保留剧目流传下来。

2. 花灯

花灯是来源于古代祭社和灯节中的歌舞。祭社中的歌舞百戏称为"社火"，灯节中的歌舞百戏也称为"社火"。社火是什么？社火是古代的一种祭祀礼仪活动。它来源于古老的土地与火的崇拜。当时的社火由祭祀、巫术、傩戏、乐舞、民间杂耍等组成，统称为"百戏"。每逢农历正月初一至十五，村村社社便组织举办社火节庆活动。这时社火的含义不仅是祭拜土地与火神了，而是一种包容各种民俗表演的盛会。特别是农历正月十五，是我国民间传统的元宵节，因张灯结彩，唱灯歌舞，又称"灯节"。

花灯出现以来，一直是一种深受群众欢迎的载歌载舞的民间艺术，花灯歌舞的内容一般是在民歌小调、民间说唱的基础上，经民间艺人你传我唱加工发展而成的。明代以来逐步成为云南的地方剧种。据史料记载，明洪武十五年（1382年），朱元璋曾派30万征南大军平定云南，后留下沐英率数万军队镇守。由于地处边远地区，交通不便，为解决军粮问题，沐英于洪武十九年（1386年）上书朝廷建议在云南实行"军屯"，明王朝采纳建议并扩大原有的"民屯""商屯"，扩大粮食生产。来自内地的移民与应募者迁来后，很自然地把家乡的风俗与民间歌舞传入，逢年节、出会时，也互相竞演民间歌舞。于是各种传入的民间歌舞在不断吸收当地歌舞之长，形成了云南花灯。

滇戏堂会

城市文化通识

昆明

第七章
民国时期影响昆明的大事件

　　1911年10月辛亥革命时，昆明成为最早响应武昌起义并取得"重九起义"胜利的地区。1915年12月，还举行了举世闻名以昆明为发源地，推翻袁世凯复辟帝制的"护国首义"。清末民初，昆明的近代化进程逐步开始，开始创办新式学堂，并向国外派遣留学生，举办了培养军事人才的著名军校云南陆军讲武堂，又举办了西南边疆第一所综合性私立东陆大学，还在昆明巫家坝建立了云南航空学校。1922年，昆明设立市政公所。1928年，昆明正式设市，成立昆明市政府，昆明的市政建设开始起步。

一、创建云南陆军讲武堂

云南陆军讲武堂开办于1909年，与创办于1906年的北洋讲武堂和创办于1908年的东北讲武堂并称三大讲武堂，是我国近代早期培养新式陆军军官学校之一。

清朝末年，为了挽救其日益衰落的统治，镇压民主革命运动，开始效仿西方，建立新式陆军，兴办军事学堂。清政府计划在全国编练三十六镇（师）新军，其中第十九镇建于云南。新军编练亟须新型军官，清政府为适应这一新形势的需要，作出统一的规定：各省应于省垣设立讲武堂一处，为现带兵者研究武学之所。云南于1899年设立陆军武备学堂，这是云南陆军讲武堂的前身。1908年（光绪三十四年），护理云贵总督兼云南藩台沈秉经向清廷奏准，筹办云南陆军讲武堂。校址设在昆明原明朝沐国公练兵处，后称承华浦，占地7万余平方米。

1909年9月26日，云南陆军讲武堂正式创立并开学，高尔登为首任总办（校长）。同盟会员李根源为监督，不久高尔登辞去兼职，李根源继任总办，主持校务。这所学校自创办之日起，主导权就掌握在革命党人手中，从校长到教官几乎全为同盟会成员。学校经常明里暗里宣传革命大义、反清思想，还组织学员观看滇越铁路通车，用法国殖民者耀武扬威的现实素材，激发学员反帝爱国情绪。从1909年开办，至1935年停办，共办学22期，历时26年，培养学生9000余名。学堂开办之初，分步、骑、炮、工四个兵科，设甲、乙、丙三班。课程仿照日本士官学校加以调整而成，分为学科、术科两项。讲武堂聘用了一批国内武备学堂毕业生和日本士官学校中国留学生任教。讲武堂的校训为"坚忍刻苦"四字，讲武堂还制作了系列军歌，歌词慷慨激昂，富有感染力，每晨早操都要集中唱讲武堂军歌。学校的制度和作风是仿效日本陆军士官学校，纪律非常严格，每天上课6小时，上操2小时，由于课程较为完善、教学严格、纪律要求高，云南陆军讲武堂毕业生的水手在当时与其他军事学堂相比，高出一筹。

走进这所学校，映入眼帘的是一幢明黄色砖木结构的四合院的二层建筑。由东、西、南、北四座楼房组成，各楼对称衔接，并设有通廊，楼端各设拱券门一道。占地面积1390平方米。主楼西南尚存有大课堂（礼堂）和兵器库一幢。南楼中部设阅操楼，高约15米，宽13米。楼前即当年宽大的操场。然而，历经百年风雨的老四合大院

云南陆军讲武堂

尚存，配上四座长近120米、宽10米的四座走马转角楼仍保留原风貌。

云南陆军讲武堂深刻影响了中国近代百年史，影响了黄埔军校，甚至影响了世界。云南陆军讲武堂先后培养了数千名各兵种的骨干力量，讲武堂师生在后来的护国战争、北伐战争、抗日战争以及推翻蒋家王朝的解放战争中，持续发挥着巨大的作用，为中国人民以至世界人民的解放事业作出了重要贡献。最令人自豪的是，从讲武堂走出了新中国的两位元帅：朱德和叶剑英。还走出了时任朝鲜人民军总司令崔庸健、韩国开国总理李范奭。朱德称云南陆军讲武堂是"最进步、最新式"的军事学校，是"革命熔炉"。

为纪念云南陆军讲武堂在辛亥革命和护国运动中培养出众多民族英雄和爱国人士的历史功绩，1983年云南陆军讲武堂被列为省级文物保护单位，1988年讲武堂被列为全国重点文物保护单位。云南陆军讲武堂由于紧靠着昆明城中心耀眼的绿宝石——翠湖，周边环境幽雅、绿树成荫、湖水清澈、鸟语花香，使之成为人杰地灵的风水宝地。云南陆军讲武堂与翠湖两相陪衬，成为中外人文色彩浓郁的风景名胜旅游之地。

【链接】朱德考讲武堂

1909年，23岁的朱德为追求革命真理，离开四川仪陇家乡，与其好友秦昆，经过70多天的长途跋涉，来到云南省城昆明，目的就是要投考云南陆军讲武堂，以寻找救国的道路。第一次入学考试，两人成绩都比较好，达到了录取要求。然而出乎意料的是，秦昆被录取了，朱德却榜上无名。究其原因，秦昆填的是云南籍，朱德填的是四川籍，所以一个录取，一个未录取。因为云南陆军讲武堂创办之初，当局有两个目的，一个是培养为当局所需要的军事人才，另一个是为对付英法对云南的侵略。为了后一个目的，开始时对云南省外的考生，讲武堂暂不考虑录取。

第二次补录时，朱德将籍贯悄悄改填为"云南临安府蒙自县"，姓名也用的是朱玉阶。由于成绩考得好，又是"云南籍"考生，自然顺利过了录取关。不久，假填籍贯的问题还是暴露了。按当时的规定，是要开除学籍的。由于朱德成绩优秀，精神可嘉，于是如何处理这个问题，讲武堂领导发生了争执。有的说，应当严格执行现有的规定，主张开除学籍，否则以后讲武堂很难管理。有的则为朱德的精神所感动，主张变通处理，不必开除学籍。主持校务的校长李根源最后表示："籍贯错了改回来就可以了，不要为这样一个问题把一个不远千里跋涉来投考讲武堂的有志青年拒于校门之外。"朱德这才留了下来。

后来朱德的女儿朱敏在《我的父亲朱德》一书中回忆：

父亲对能够录取入云南陆军讲武堂，非常感动说："这是我寻找多年的地方！"又说："我一心一意投入讲武堂的工作和生活，从来没有这样拼命干过。我知道我终于踏上了可以拯救中国于水火的道路。"朱德在讲武堂学习期间还参加了中国同盟会，这是他参加民主革命的起点，从此开始了他一生显赫的军事生涯和革命生涯。

1962年朱德回到昆明，拜见老校长李根源，深情地说："云南是我的第二故乡，有光荣的革命传统，我永远不会忘记云南。"

【链接】叶剑英讲武堂求学

叶剑英原名叶伟宜，在1917年考入云南陆军讲武堂时才改名为叶剑英，是讲武堂第12期的毕业生。

1916年春，19岁的叶剑英出洋谋生，经汕头、香港、新加坡，到达马来西亚怡堡的伯父家里。当时正值第一次世界大战，日本帝国主义向袁世凯提出企图灭亡中国的"二十一条"，袁世凯妄图卖国称帝，引发护国运动。他从一个朋友那里听说云南陆军讲武堂派人到马来西亚招募学兵后，毅然投笔从戎，立志习武报国，并改名"剑英"于1917年考入讲武堂学炮兵，毕业获得陆军炮兵少尉军衔。

他勤学苦练，熟读军事理论、锻造军事技能，全部成绩优良，成为华侨学生的领袖人物。讲武堂的学习打下了他后来成为军事家的才能基础。

二、响应辛亥革命的"重九起义"

清末的云南，由于地处西南边疆，邻邦越南、缅甸已是法国、英国殖民地，经常受到英法殖民者的侵略和威胁，民族矛盾和边疆危机都十分尖锐，因此反帝爱国运动不断兴起。1905年，中华民国先父孙中山在日本东京成立同盟会，云南留日学生纷纷加入。同年，"同盟会滇支部"在日本成立，吕志伊任支部长。杨振鸿、罗佩金、李根源等进行了一系列革命活动。

1911年，讲武堂一期受过革命思想熏陶的数百名学员，毕业后被分配到各部队，掌握了清军第十九镇和巡防营的大部分武装，为武装起义创造了条件。

1911年10月10日，辛亥革命在武昌爆发，震动全国，云南同盟会闻讯而动，积极响应。10月16—28日，昆明地区同盟会员进行秘密会议，商议起义事宜，决定在农历九月初九"重阳节"发动起义，推定蔡锷为起义军总司令，李根源为副总司令，决定于10月30日（农历九月九日）午夜12时起义。当日晚8时许，当昆明北校场士兵准备搬运枪弹时，计划暴露，北教场方面果断提前于晚8时发动起义。李根源、李鸿祥率73标起义官兵率先从北面进攻昆明城，抢占五华山、军械局。随后，蔡锷、唐继尧率驻在城东巫家坝、干海子的第74标官兵从东南方向进攻，抢占总督署等重要机关。顾品珍率讲武堂师生做内应，接应东南方向的起义军入城。攻占五华山和军械局的战斗异常激烈。经过起义军将士的英勇奋战，总督署机关及五华山、军械局等重要目标先后被攻克。到11月2日，昆明全城肃清，起义成功。紧接着，革命者在五华山组成大中华国云南军都督府，蔡锷为都督，同盟会云南支部领导人李根源为军政部总长兼参议院议长。数日后，各府、州、县传檄而定，全省光复，清朝在云南的统治被推翻。

"重九起义"胜利以后，云南军都督府对内发表了《讨满州檄》，重申了同盟会"驱除鞑虏、恢复中华，建立民国，平均地权"的纲领，规定起义军要保卫人民的生命财产安全；对外则照会英、法领事馆，要求各国严守中立，不得支持清政府；必须承认云南独立，与清政府签订的条约继续有效；声明军都督府保护在滇外国人的生命财产安全。革命后，全省的社会秩序井然，未发生大的动乱。

云南军都督府成立后，以讲武堂师生为主体，又组成北伐军驰援川、黔两省起义，促进了各省的相继反清独立。同时，对政治、军事、教育等进行了一系列改革。在内政方面，主张维护国权，实现共和制的中央集权；在省内，更换各地方重要行政官员和省属各部门的主要负责人，撤换贪污腐败官员；在财政上，实行开源节流减薪等措施；在教育方面，特设学政司管理全省教育，增办学堂，派100多人出国留学；在实业、交通等方面，制定了发展规划。这些改革措施，为云南落后面貌的改观和后来的振兴奠定了基础。

云南是武昌起义之后最早举行起义并获得胜利的省份之一。起义的胜利声援了武昌，推动了贵州、四川及一些省的独立。云南人民"重九"武装起义，是辛亥革命的组成部分。云南各族人民的斗争，结束了清王朝在云南的统治，为云南人民民主革命开辟了道路，为资本主义的发展和城市化、工业化的发展创造了一定的条件，对云南的历史发展产生了深刻的影响。

三、反袁复辟的"护国首义"

　　1915年12月25日，由蔡锷、唐继尧、李烈钧等革命党人发起，在云南省城昆明开展了一场反对袁世凯复辟帝制、维护共和的重大历史运动。这是一次中国历史上唯一一次由云南昆明发起，改变中国命运的伟大壮举，体现出云南及昆明各族、各界群众强烈的民主共和意识、敢为天下先的奋争精神和矢志不渝的爱国主义精神，史称"护国首义"。

　　辛亥革命推翻了两千多年的中国封建帝制，建立了中华民国。然而，孙中山领导下建立的中华民国南京临时政府成立还不满100天，辛亥革命的胜利果实就被北洋军阀袁世凯夺取。在窃取了中央政权后，袁世凯倒行逆施，对外卖国，对内独裁。为取得日本政府对复辟的支持，1915年5月与其签订卖国的"二十一条"。8月，袁世凯指使其亲信、幕僚成立进行复辟帝制活动的"筹安会"。12月12日接受"推戴"为中华帝国皇帝，下令改次年为洪宪元年，实际是宣布复辟封建帝制。在这种情况下，反对袁世凯复辟封建帝制的斗争，在全国范围内轰轰烈烈地开展起来。

　　在袁世凯准备称帝期间，孙中山的中华革命党和梁启超的进步党等组织曾派人赴云南策动武装起义。前云南督军蔡锷与云南将军唐继尧等人，于1915年12月25日在昆明宣布云南独立，旋即建立云南都督府，组织约2万人的讨袁护国军，反对袁世凯复辟帝制，维护中华民国民主共和制度。

　　12月25日唐继尧、蔡锷等通电全国，反对帝制，宣布云南独立。唐继尧、蔡锷、李烈钧在各界大会上发表演说，宣布独立的意义，会后高呼口号，有"誓与民国同生死，誓与四万万同胞共

护国路口护国纪念标

生死，拥护共和，反对帝制，中华民国万岁。"27日中午，唐继尧亲至云南省议会宣布独立。于是云南起义，拥护共和的护国战争正式揭幕。

护国军以蔡锷、李烈钧分任第1、第2军总司令，唐继尧任都督府都督兼第3军总司令与袁世凯的军队开战。袁世凯急令北洋军和川、湘、粤等省军队共约8万人，从川、湘、桂三路攻滇，企图一举歼灭云南护国军。护国军兵分三路打败了袁世凯攻滇计划，加上外交上又连受挫折，被迫于1916年3月22日宣布撤销帝制，但仍居大总统位。为彻底推翻袁的独裁统治，5月8日，已独立的滇、黔、桂、粤等省在广东肇庆成立对抗北洋政府的军务院。不久，陕西、四川、湖南等省相继宣布独立。袁内外交困，于6月6日病死。

护国运动是近代由中国资产阶级单独领导的仅次于辛亥革命的又一次革命运动。从云南开始的护国战争粉碎了封建帝制的延续阴谋，恢复了共和制。"霹雳一声，云南举义"，这一天，标志着震惊中外的反袁护国战争爆发。这一刻，让华夏震动，全世界对云南投来极为关注的目光。这一事件名垂青史，被梁启超评价为"以一隅而抗天下，开数千年历史之创局，不计利害为天下先，拯国命于垂亡，当为全民感谢"。

护国运动，是中国近代史上粉碎封建帝制复辟的一次重要历史事件，深刻地影响了中国历史走向和国家命运，凸显了近代云南在中国历史上的重要地位。

护国运动的结果，推翻了袁世凯的"洪宪"帝制，而最终迫使段祺瑞宣布恢复《临时约法》和国会。因此，护国战争是一次胜利的革命战争。但是护国运动的胜利果实终于归于北洋军阀段祺瑞，国家政权并没有发生革命性转移，中国半殖民地半封建社会地位仍然没有改变。1916年12月，国会决定，以每年12月25日为护国运动纪念日。

【链接】昆明城市的护国印记

昆明市区现存有护国路、护国门、护国桥、护国标四个历史纪念建筑，位于南屏街与护国路交叉口，是纪念护国运动的重要历史遗存。

1916年，为纪念护国运动的伟大业绩，昆明各界代表会议决定，由云南省省会警察厅主其事，在商业繁盛的城区东南隅建门一座以示纪念。1919年1月，昆明南城墙靠东一段拆除，在此修建了一座三拱孔四柱形镂花大铁门，称之为"护国门"，这是云南和全国人民反对帝制、再造共和的"凯旋门"。大门正中上端由陈荣昌书题"护国门"三个正楷大字，笔力遒劲，气势浑厚。另外还在城门外的护城河上建造了双孔石拱桥一座，称"护国桥"。同时，将连接护国门和护国桥的绣衣街加宽改为石砌马路，取名"护国路"。20世纪50年代拆除昆明明代砖城时，护国门被拆移至广场中央作工人文化宫大门。"文化大革命"期间建"红太阳广场"，护国门完全被拆除。

当年建护国门时留下了碑记，由一状元、两进士合作完成。其中，碑文为清末经

护国路上的护国桥（1919 年摄）

济特科状元袁嘉毅撰写；碑阳、碑阴是清末进士、书法家陈荣昌用庄重肃穆的颜体楷书所写，为其代表作；碑额的篆书是光绪进士陈度所书。三人都是当时滇中有名望的学者、书法家，在前清科举应试中都有过功名，这就足以证明当时立碑的审慎态度和碑刻的重要性。云南会城护国门碑记的具体内容是："民国四年，帝逆移国，会泽唐公继尧率滇人兴师护之。国复兴，中外人士相震动，众日集，市日懋，肩摩毂击，涂为之塞。省会警察厅启当道，辟会城东南隅门以通之。崇而坚，宏而整。门外筑桥，桥工如门，费六万余金，不劳民力，名曰护国，将以表一省任事之艰，祝民国万年之福也。自唐筑拓东六门，屹立千年，古迹踵而增华，碑以永之，斯其宜也。工事之详，别载碑阴。爰为铭曰：天南一隅，撑拄中原；兴师仗义，劳哉滇人。乃巩国基，乃辟垣门。来者勿忘，亿万斯年。"

护国桥修建于 1919 年，是一座中西合璧、古朴典雅的双拱石桥，长 23 米、宽 17.5 米，拱圈边、分水台边、桥沿和栏杆体现出幽雅的欧式风格；龙头、龙尾和象头则体现出浓郁的民族风格和地方特色，具有较高的工艺水平和艺术价值。1952 年因旧城改造被填埋。1999 年 1 月 20 日在电缆隧道施工时，护国桥被发掘出来。同年，昆明市委、市政府决定修复护国桥。建设工程由盘龙区承担。2003 年公布为云南省级文物保护单位。

护国纪念标原立于近日楼，1995年移至护国门前。标身为铜铸三棱锥形，通高8.4米，侧面阴刻"护国起义纪念"字样，向上呈宝剑状，象征直刺窃国大盗袁世凯心脏的利剑。四方形石雕基边长2米，高1.5米，周围刻有护国起义始末碑记及浮雕。标下东面石壁上镌刻着"昆明市人民政府1995年12月25日重立此标"的碑文；南、西、北三面分别为"云南首义""全国响应""护国胜利"三幅石质浮雕，记录了铭记在昆明人、云南人和全国人民心目中的这段历史。

四、创办东陆大学

辛亥革命胜利后，各地军阀割据势力为了巩固和扩大势力，均采取发展教育、招揽人才的策略。身为云南督军兼省长的唐继尧也感到教育、文化建设的迫切性，于是接受海内外各界人士在云南"创办大学"的建议，于1922年12月8日宣布在昆明建立西南边疆地区第一所综合性私立大学——东陆大学，唐继尧任名誉校长，聘任留美学者董泽为第一任校长。校址定在昆明翠湖北原云南贡院旧址。

1923年4月20日，东陆大学奠基并举行开学典礼。大学开学典礼那天，军乐声中，仪仗队作前导，唐继尧头戴一尺多高的冲天缨，身穿黄呢将军服，胸前挂满各式勋章，戴着白手套，蹬着长筒马靴，在身后大群侍从官员的陪同下亲自主持开启典礼，并用钥匙打开主

东陆大学校门（1923年摄）

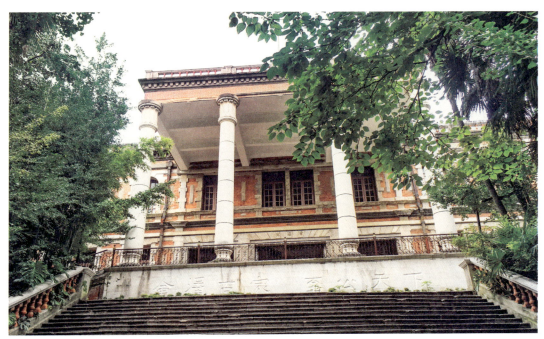

东陆大学会泽楼

建筑会泽院铁门上的锁。他还发表演讲说："东陆大学者，东亚人之大学，非滇一省之大学。""东陆大学之成立其所负文化上之使命不限于云南一省，将进而谋西南诸省文化之均衡与向上，以与中原齐驱，而同欧美争衡。"开设文、理、法、工、农、商、医7科。

东陆大学成立后，唐继尧为之作八字校训："自尊"谓心态，"致知"求学，"正义"谈道德，"力行"求实践。后又形成了"会泽百家，至公天下"的办学精神。"会泽百家"意指海纳百川、兼收并蓄、百家争鸣、融合创新；"至公天下"，意在以天下为公，求"公在天下"。这是大学精神在教育观念、办学思路、发展目标、教学理念、治校之道中的体现。

1930年更名为"省立东陆大学"，1934年更名为"省立云南大学"，1938年升格为"国立云南大学"。

1937年，著名数学家、教育家熊庆来出任校长，一大批著名学者受聘到校任教，奠定了学校较高的发展基点和深厚的学术底蕴，开创了云大办学历史上的第一个辉煌时期。20世纪40年代，云南大学已发展成为一所包括文、法、理、工、农、医等学科在内，规模较大，在国际上有影响的中国著名大学之一。1946年，《不列颠百科全书》将云南大学列为中国15所在世界最具影响的大学之一。

五、昆明建市

辛亥革命胜利后，推翻了清王朝的封建统治，1912年正式成立了中华民国。民国二年（1913年）4月，云南省按照民国政府"废府存县"的决策，裁去云南府，保留昆明县，由省政府直接领导。省会所在地的城区在建制上仍属昆明县，但划归省会警察厅管辖。民国八年（1919年），云南省政府又将省会警察厅管辖的昆明县单独划出，设立云南市政公所于翠湖的湖心亭，此为市政机关的萌芽。翌年，省长唐继尧出走，云南市政公所撤销。民国十一年（1922年），唐继尧重回滇复掌执政，划定省会所在区域（今盘龙、五华两区）为市，脱离昆明县，并按历史地理关系命名为昆明市。市政公所由云南省政府直接领导，并颁布了《云南昆明市政公所暂行条例》，规定了市政公所的职权，督办全市行政事务。管辖范围，"暂以云南省会为范围，以后尚拟将东南及西北大加扩充之"。其位置东至大庄村、大树三营等；南至土桥村、螺蛳湾；西至黄土坡；北至莲花池、北教场；西南至潘家湾、瓦仓庄、大观楼；东南至滇越铁路总车站。全市东西长5.4里，南北宽6.3里，约4.49平方千米。

民国十七年（1928年）8月，云南省政府根据民国政府颁布的《普通市组织法》，将昆明市政公所改组，正式成立昆明市。马鉁为第一任市长。建市之初，市区面积小，人口少，工商企业不多，"人口仅16万有奇"，并未达到民国内务部"人口在二十万以上而其所收营业税、牌照税、土地税每年合计占该地收入二分之一以上"的设市条件。民国二十三年（1934年），昆明市政府以"因市政日繁，甚感区域偏小，不敷设备"为由，呈将市郊附近昆明县的村落大小27村划归市管辖，昆明市人口超过20万。1935年国民政府内务部正式批准备案并授昆明市政府暨昆明市参议会铜制印件两颗。这时，昆明市的四至界限为：东至席子营；南至俅家湾；东南至菊花村；西至六合村、蔡家营；北至大马房等。总面积为19.25平方千米。此后，至中华人民共和国成立以前，昆明市的行政区划和管辖范围无重大变化。

1922年，昆明设市政公所以来，省长唐继尧向市政公所提出将昆明建成"园林都市"的设想，昆明开始了最早的园林城市的建设。1923年，先是整修大观公园，继而逐年建成了古幢公园、圆通公园、近日公园、西山公园。此外，还修筑了通往名胜古迹龙泉观（黑龙潭公园）、太和宫（金殿公园）、安宁温泉的道路。

随着昆明辟为商埠和滇越铁路的通车，近代化的企业石龙坝水电站、云南纺织厂、自来水厂，以及若干商行、洋行、银行等。近代建筑材料和技术传入，昆明开始出现了西式和中西合璧的建筑，如东陆大学的会泽楼北京路天主教堂、惠滇医院、甘美医院等。

在城市对外交通方面，从1926—1936年，历时10年左右的时间修筑了多条通道：滇东公路由昆明经嵩明、寻甸、会泽、昭通进入四川；滇黔公路由昆明到贵阳；滇西公路由昆明到大理下关；滇南干道由昆明经呈贡、晋宁、玉溪、通海、建水、个旧、蒙自至河口，昆明辐射全省的中心作用显现。这期间，昆明城还出现了自行车、汽车，市内居民用上了电灯、电话。

在教育方面，1912年，省教育当局把清末创办的昆明"两级师范学堂"改名为"省会师范学校"，1917年改名为"省立第一师范学校"（聂耳高中就读此校），1933年改名为"省立昆华师范学校"（今昆明学院前身）。这一时期，私立中学不断涌现，先后开办成德、求实、明德、明诚、南箐、南英、护国等中学。值得一提的是，创办于1914年云南省立联合第一中学（聂耳初中就读此校）。后经几次更名，改为省立富春中学（今天昆明第二中学前身）。学校建校时确立的校训是"礼仪、廉耻"。学生培养的目标是"志洁品优，知书明理，乐学创新，健康生活"，传承至今。时任云南省主席卢汉为富春中学作了"培根俟实"的题词。

在医疗体育方面，1923年兴建了东陆运动场、省立翠湖体育场，成立了体育促进会、体育社团，公立医院有云南警察医院，后改为市立医院，私立医院有妇孺医院、慈群医院，法国人开办的惠滇医院、甘美医院更盛。公众娱乐场所有光华影戏院、逸乐影戏院、大中华影戏院、大众影戏院等。1937年全面抗战爆发后，国民政府中央广播事业管理处决定在"西南边陲，且为国际路线之要隘"的昆明设置强力广播电台，并择定昆明西普坪村为装机之所，市郊潘家湾（今人民西路94号）为广播及办公地址。1940年8月1日，昆明广播电台正式播音，发射功率为50千瓦，为当时中国功率最大的广播电台。

六、中共云南第一个地方组织在昆诞生

20世纪初，经历了"重九起义""护国首义"的昆明，民主、科学的思想已经渐入人心。"十月革命"一声炮响和"五四运动"新文化思想的浪潮，使马克思主义开始在昆明传播，为中国共产党云南地方组织在昆明建立打下了思想理论基础。1925年，中国共产主义青年团云南特别支部成立。1926年，中国共产党云南特别支部成立，标志着中国共产党云南地方组织的诞生。

在新文化运动、"五四运动"和俄国十月革命影响下，云南一批青年进步学生有的漂洋过海到世界工人运动和马克思主义发源地德国、法国勤工俭学；有的进入北京、上海等地高校学习，受到了马克思主义的影响。他们利用书信和假期回省传播革命思想，做宣传鼓动工作。1924年，云南省立一中图书管理员李国柱（昭通巧家人）以"唤醒云南青年"为宗旨，组织了云南青年努力会，学习孙中山民主革命理论，号

节孝巷中共云南地下党建党旧址

召青年投身民主革命。1925年，上海南洋大学滇籍学生张永和（红河泸西人）暑假来到昆明，与李国柱交往接触，介绍他加入了共青团，并报经团中央同意在云南建立共青团组织，指派李国柱负责组建。随后李国柱发展了省立女中吴澄（女，昆明人）、赵琴仙（女，昆明人）等青年入团，成立了以李国柱为书记的中国共产主义青年团云南第一个团支部。1926年初，李国柱光荣地加入了中国共产党，成为云南省内第一个中国共产党党员。1926年8月，中共广东区委派就读过北京大学的滇籍中共党员李鑫（保山龙陵人）回昆建立党组织。他先后在昆明发展了吴澄、赵琴仙、杨静珊等加入中国共产党。11月7日，在李鑫的主持下，中共云南第一次党员会议在平政街节孝巷24号召开。会上成立了中国共产党云南特别支部，吴澄任特支书记。云南党组织建立后，积极开展工农群众运动，利用云南4个镇守使和唐继尧的矛盾，成功开展了"倒唐"斗争。

1927年初，为加强党的组织建设，中共广东区委派王德三（大理祥云人）等滇籍中共党员到昆明，进一步加强了党在昆明的力量。3月，在云南特支的基础上，建立了中共云南特别委员会，王德三任书记。特委成立后，开展学运、农运、工运和妇运工作。1930 年 1 月，经中央批准，中共云南省临委召开扩大会议，正式选举产生了第一届中共云南省委，担当起领导云南地下斗争的重任。

【链接】昆明第一位女中共党员——吴澄

吴澄，字幼清，云南昆明人，因仰慕女革命家秋瑾，又有"剑秋""剑侠"等多个笔名。1900年6月8日出生于昆明市盘龙江畔灵光街的一个小四合院里，幼年丧母，很小就跟继母操持家务。父亲吴锡忠是云南省政府财政厅职员，以书法驰名，擅长行草书，常有人请他书写匾额楹联。

1910年，吴澄考入省立女子师范附小一校读书。1917年高小毕业后，她以第一名的优异成绩考入省立女子师范学校（后改为女中）预科。省立女师创建于 1908 年，史称云南省最早和唯一的女子中学。这时的吴澄已是17岁的大姑娘，在清一色的女学生中，她显得格外出众。她有着一头浓密的黑发，布衣黑裙，温文儒雅，同学们都愿意接近她，称她为大姐姐。在学校，她学习成绩优秀，品学兼优，待人诚恳随和，娴于辞令，接受新思想快，在班里极有号召力。

在新文化运动的影响下，吴澄开始有了一个新女性的觉醒。当班上有同学以衣服首饰自炫、把将来做官太太过养尊处优的生活作为人生追求目标时，她却立志要改变妇女几千年来受压迫受奴役的地位，认为中国要向民族解放的道路上前进，没有占人口一半的女性的参与是不能成功的。她主张写文章要言之有物，用白话文。她组织班里同学选代表向校长请愿，要求撤换不学无术，只会教文言文的老师，其他班级的同学也效仿她们的行动，迫使学校聘请了一批进步教师来校任教，改进了教学内容，促进了新文化思想在校内的传播。吴澄还喜欢阅读课外新书，在班里倡议组织读书会。大家凑钱买新书，交换阅读，进行讨论；又把这些书集中起来，在班上成立了小图书室。在她们的影响下，其他班的小图书室也陆续办了起来，使得女师同学阅读新书蔚然成风。1919年，"五四运动"爆发后，吴澄在班里带领同学们阅读新书，探讨妇女出路问题，动员同学们将各自的好书刊凑出来，成立"读书会"，推动学校读书活动的开展。

1924年女师毕业后，吴澄考入市立第五小学任教。这年，她认识了云南省立一中的图书管理员李国柱，参加了由他组织的青年进步团体"云南青年努力会"。不久，吴澄发展了赵琴仙、杨静珊、张增智等一批会员，并成立了分会，由吴澄负责，公开的名称是青年妇女励进会。从此，吴澄踏上了革命征途。云南青年努力会成立后，宣传孙中山的三大政策、国民党一大宣言，随后又规定《向导》《中国青年》为会员必读刊物，学习和传播马克思列宁主义。云南青年努力会成员遍及省立一中、省一师、高等师范学校、成德中学、女中、昆明十一属联合中学、法政学校、甲种农校、甲种工校等学校。至1926年底，青年努力会会员遍及昆明各中等以上学校，人数超过60人，成为领导云南青年革命运动的核心力量。其会员后来绝大多数都参加了中国共产主义青年团和中国共产党，成为云南进步青年学生走上革命道路的铺路石。

作为一名受五四及新文化运动影响较深的新女性，吴澄怀着到大学进一步深造学习的强烈愿望，积极准备报考当时云南唯一的大学——私立东陆大学。首任校长为留学美国回到云南的董泽。创办之初，校长董泽立促男女平等接受教育，在招生办法中提出兼收女生、男女同校，结果遭到封建顽固势力的坚决反对，省务会议决定不招收女生。此事在云南社会各界掀起一场风波，云南女子师范的杨凤贞、张琼华、张邦贞等人率全校师生向省长唐继尧和教育司上书，要求东陆大学开放女禁，招收女生，一些具有新思想的人士也呼吁省政府"收回成命"。最后，东陆大学提出先试收女生作为"特别生"的方案，得到唐继尧的同意。至1923年4月东陆大学正式开学，学校招收了6名女生。

事隔两年后，吴澄等人前往报名，备考东陆大学的特别生，由于种种原因，错过了入学考试时间。1925年3月14日，吴澄与女子师范毕业的同学杨淑德（杨静珊）、耿焕荣联名向东陆大学校长董泽写了一封信，请求同意她们补考为特别女生，到东陆大学研习国文。

据《云南大学志》也记载：吴澄、杨淑德于1925年春考入东陆大学文科预科班。吴澄在东陆大学坚持边学习边工作，秘密在校外进行革命活动，同时也给东大学生以影响。她于1925年8月参加中国共产主义青年团，后于1926年9月加入中国共产党。这位东陆学子是云南第一位女共青团员，也是云南第一位女共产党员。

如果说李国柱是云南青年运动的先锋，吴澄则当之无愧为云南妇女运动的先锋。吴澄为谋求妇女自身解放，开始积极筹划妇女进步组织。1925 年初，她与女师同学赵琴仙等进步女青年经过多次商议，建立了云南第一个妇女进步组织"青年妇女励进会"，团结妇女积极参加革命活动。她为了有较多参加社会活动的机会，于是又邀约了几个相处较好的女友，创办了"云南女子合作团"，白天组织妇女生产，晚上组织学习文化、时事、政治，使几十名要求生活独立和进步的妇女有了参加工作的机会。在吴澄的积极努力下，一批有共同理想和追求的进步女青年，以妇女励进会为依托，定期学习马列主义，交流思想，探讨谋求妇女解放的道路。

吴澄在组织领导妇女和女中学生运动中，结识了云南最早的共产党员李国柱，并加入了由李国柱创建并领导的青年努力会（该会以孙中山先生遗嘱"革命尚未成功，同志仍须努力"之意命名），不久在李国柱的介绍下她加入了共产主义青年团。在东陆大学，吴澄等在大学生中组织和发展了青年努力会员，传播马克思主义，播下了民主主义革命的火种。青年努力会发挥了中国共产党联系群众纽带的作用。该会作为共产主义青年团的外围组织，促成了东陆大学学生会的成立，并选出先进分子代表参加云南第一次学生代表大会。

1926 年夏，李国柱离开云南赴苏联学习，云南青年努力会和共青团的工作交给吴澄和严英俊负责。他们组织一批进步青年到一些工厂开办工人夜校、识字班，教工人学文化，启发他们的阶级觉悟。在昆明近郊组织农民学文化，与他们交朋友，传播革命思想。同年秋，肩负建党任务的李鑫回到云南，李鑫回到云南后，公开职业是云南高等师范农科高中教员及云南省实业厅林业考察员。他一到昆明，为打开工作局面，随即与共青团特支负责人吴澄取得联系，通过短期了解考察，随即发展吴澄加入了中国共产党，这样，吴澄继李国柱之后，成为云南第一位女党员。随后，李鑫又发展了严英俊、杨静珊入党，成立了党小组。李鑫向云南党团员分析了革命形势，说明了贯彻执行国民党"联俄、联共、扶助农工"三大政策的重要性与必要性，他多次与吴澄商量准备建立云南党组织事宜。

吴澄是李鑫在云南建党的得力助手。李鑫回云南后，主要依靠共青团云南特支开展建立中共组织的工作，与吴澄等人多次就建党的时间、地点、人员等进行商议，她是昆明早期建立中共地方组织的创始人之一。

【链接】中共云南特别支部

1926年9月，从广州第六届农民讲习所结业的中共党员、云南学员周霄、黄丽生和进步青年罗彩主动要求回云南从事农民运动，得到讲习所负责人毛泽东的赞许。为在云南尽快建党，临行前，中共广东区委书记陈延年书接见了周霄和黄丽生，指示他们回云南后在李鑫的领导下，积极协助李鑫开展工作，共同完成建党和推翻唐继尧两项任务后，再转入农民运动。10月底，周霄、黄丽生回到云南，并与李鑫接上了关系，紧锣密鼓开始创建党组织的工作。经过两个多月的精心策划，一切准备工作就绪。

1926年11月7日夜，初冬的昆明已有几丝寒意，对于还处于军阀唐继尧统治下的大多数云南人来说，也许是一个再普通不过的日子了。军阀、豪绅、富人们在夜幕掩护下，一如既往地寻欢作乐，而一般老百姓能解决温饱已感到十分幸运，在城市的大街小巷，不知还有多少流离失所的人，寻找着自己的安身之处。就在这样的一个晚上，几名神秘的青年踏着夜色来到昆明市平政街节孝巷24号一栋宅院，这是从广州农民运动讲习所结业的中共党员周霄的家。大门上悬挂有一块清朝皇帝表的"节孝"大匾，成为掩护他们地下活动的最好招牌。他们特意选择了这个具有特殊意义的日子——俄国十月社会主义革命9周年纪念日，召开一次改变云南人命运的会议。在昏暗的灯光下，李鑫、吴澄、周霄、杨静珊4人围坐在一张桌子旁，李鑫主持会议。这位北京农业大学毕业的高才生尽量压低自己的声音，却难以掩饰激动的心情。他首先传达了中共广东区委关于建立云南党组织的任务，介绍了全省革命斗争的形势和云南建党的紧迫性，随即宣布中国共产党云南特别支部成立。可是，在由谁来担任新建立的党组织负责人的问题上却展开了激烈争论。最后，经过充分酝酿后，会议推举年仅26岁、云南第一个女共产党员吴澄任特支书记，杨静珊为秘书，周霄、黄丽生专任云南农民运动特派员。散会后，李鑫留下继续与周霄商议联络地点。此时，黄丽生从郊区赶到，李鑫即把开会和宣布建党的情况告诉了黄丽生。经过3人研究，决定把昆明节孝巷内相隔不到300米的周霄、黄丽两家住宅作为中共云南特别支部日常工作机关。至此，中共云南特别支部成立，标志着云南昆明正式建立了中共地方组织。

云南地方党组织建立以后，一切革命工作均在中共云南特支领导下秘密进行。据参与建党的黄丽生回忆：党内同志对吴澄、李鑫极为尊重、爱戴，因而工作的推动也比较迅速。吴澄担任中共云南特别支部书记后，肩上的担子更重了。除负责云南党组织的工作外，还继续领导着云南共青团特支、青年努力会的工作。而她的公开身份仍然是一名小学教员。她白天在学校给学生上课，晚上从事革命工作，日夜奔波忙碌。这个26岁的大姑娘至今仍孤身一人，没有时间考虑个人问题，家人一催再催，然而她心中只有远在万里之外的李国柱。对恋人的思念，转化成革命的动力，在繁重而充实的工作中消解着心中的孤独。

吴澄、赵琴仙、张增智、徐克、杨静珊等7名女共产党员，还创办、出版了我省第一个以反帝反封建、男女平等、妇女解放为主要宗旨的妇女刊物——《女声》。从它问世之日起，便吹响了妇女解放运动的号角。它旗帜鲜明地提出妇女运动的宗旨是要使受压迫的妇女摆脱水深火热的困境，要向一切压迫者进行斗争，打倒帝国主义，打倒军阀，打倒一切压迫妇女的恶势力。吴澄还经常以"剑英""剑侠"的笔名在《女声》等刊物发表文章，挞伐封建礼教残害妇女，呼唤妇女同胞赶快觉醒，呼吁妇女姐妹行动起来，为争取妇女解放而斗争。

　　1927 年 3 月，党中央派王德三等回滇，在特支的基础上组成了中共云南特别委员会，王德三任特委书记，吴澄为委员，并负责妇女及民运工作。在特委领导下，云南的工运、农运、学运蓬勃发展。同年，她作为云南唯一的代表，克服重重困难，赴武汉参加了中国共产党第五次全国代表大会。

李国柱、吴澄雕塑

　　1929 年春，李国柱由莫斯科回到云南，担任省临委委员和团省委书记的职务，吴澄协助他在机关工作，他们因此结成了革命伴侣。吴澄经常化装成普通的家庭妇女，以做家务和针线活作掩护领导地下工作，常常冒险出入市区布置工作。

　　1930 年 12 月初，云南地下党组织遭到破坏，吴澄、李国柱夫妇同时被捕，被关进昆明陆军模范监狱。她实践了她生前的誓言：起来哟，奴隶们为救我们自己，走上革命的路！为将来世界的光明，呵！高举火焰般的红旗狂舞。

第八章

聂耳——从昆明走向世界的人民音乐家

聂耳是昆明近现代历史中最具代表性的人物，是昆明这座历史文化名城中最重要的文化符号和城市名片。聂耳最辉煌的成就是创作了《义勇军进行曲》，新中国成立时被确定为代国歌。聂耳最值得昆明人骄傲的是：昆明是他的出生地、学习成长地、音乐培育地、革命启蒙地，也是他的长眠之地，聂耳是从昆明走向世界的人民音乐家。

一、出生学业在昆明

聂耳,原名聂守信,字子义,又叫"紫艺"。1912年2月15日,聂耳诞生在昆明市五华区甬道街73号一个叫成春堂的中医家庭。他的祖籍地是云南玉溪,父亲聂鸿仪早年从玉溪举家来到省城开药铺,租住甬道街73—74号街面铺房,该房为两层土木结构房,一层为商铺,二层为住房。临街面楼下原为半截砖墙,外有护板,上部为活动木板窗,开为铺面。后来,聂家又先后搬到威远街112号、藩台衙门菜市铺房、端仕街44号居住过。四地一共陪伴聂耳18年。聂耳的父亲一生行医,有一种悬壶济世的精神,在昆明看中医小有名气,上门找他看病的人日渐增多,称赞他治病是"着手成春"。聂耳幼儿时,父亲教他识字,发现他记忆力特别强,过目不忘。4岁时,已认得500多个字。父母高兴地说:"老四将来有希望。"聂耳一家父母和兄弟姐妹八人,全靠父亲

甬道街 73 号聂耳故居

的药店维持生计，因长年累月疲于奔命，人到中年便早早过世，那年聂耳才4岁。父亲的过早逝世，家庭的重担全落在母亲身上。这位勤劳善良的母亲彭寂宽，是玉溪峨山的傣族妇女，为人贤良，乐善好施。她能歌善舞，经常将一些当地的小调和民间说唱传承给孩童们。令人惊奇的是，聂耳父亲病逝后，从未读过书的彭氏独自一人承担起养育全家的重担，她靠自己的努力，取得了中医行医资格，坐堂问诊，继续经营药铺，晚上还给人家洗衣服，换回不多的钱就是想方设法让儿子们上学。

聂耳是聂家最小的孩子，从初小、高小、初中、高级师范的所有学业都是在昆明完成的。1918—1921年，聂耳在昆明县立师范小学附属小学（原长春路劝学巷与象眼街交会处，今长春小学）读初小，异常勤奋，成绩优等；1922—1924年在私立求实学校（今昆十中前身）读高小，成绩甚佳，品行高尚，被选为该校学生自治会会长、学生音乐团的指挥等，并曾荣获该校第一号学生奖状。

1925—1927年，聂耳考入云南省立第一联合中学（今昆二中富春街老校区）走读初中。聂耳是一个求知欲特别强烈的好孩子。1925年，聂耳从求实小学毕业后，仅是一个13岁的孩子，因为家庭经济困难，是工作还是升学成了大问题。他请教小学老师杨实之给予帮助，老师根据他的愿望和家庭经济困难的实际，给出的建议是，他目前年纪太小，找工作显然不现实，应该继续上学。老师建议他考云南第一联合中学，因为这所学校主要招收昆明等十一个县属的学生，外县的学生住校，昆明的学生可以走读，这样就可以不用缴纳膳食住宿费了。聂耳听完十分感动，但还是为学杂费犯愁，老师十分同情地表示，如果凑不够的学杂费老师借给你，等家庭经济好转了再还上。聂耳把这一想法告诉了母亲，母亲便赞同他去报考。这次云南第一联合中学只招收初一年级插班生，考试要求要高一些，聂耳决定试试看，结果他考取了初一第九班插班生第一名。

——聂耳是一个学习生活习惯优良的好学生。在可塑性最强的初中学习阶段，便养成了许多良好习惯。第一个是学习不偏科，从聂耳日记中我们了解到，聂耳平日在学校学习国文、英文、数学、历史、地理，从不偏科，比较均衡。"在学习中，他逐渐感到学习外语的重要性，尽管学校的功课已经够忙了，他还在晚上到英语会外教老师那里去补习英语。"家人回忆说。第二个是学习有计划，各门功课都会有详细的复习安排。假期更是要拟定好学习计划，聂耳在1926年10月2日《我的年假生活》日记中写道，放年假要做好四件大事：一是自修工作，二是爱国运动，三是社会事业，四是身心锻炼。尽管学习时间安排紧凑，但他总是主动帮助母亲做家务，自己的衣服都是自己洗。第三个就是记日记，一是出于纪实，二是进行自我教育，三是为了备忘。

——聂耳是一个爱好广泛兴趣多样的文艺青年。聂耳进入初中音乐天赋更加展现了出来，天真活泼爱唱爱跳，口琴风琴管乐弦乐样样都喜欢，还学会当时已经在社会

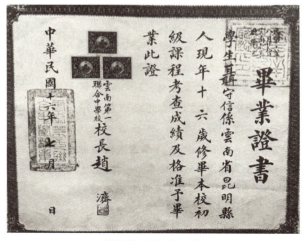

聂耳初中毕业证书

流行的《国际歌》《工农兵联合歌》《马赛曲》等中外革命歌曲。他与两个哥哥晚饭后时常在药铺里玩乐器，吹竹笛、拉胡琴、弹三弦，合奏的曲目有《苏武牧羊》《梅花三弄》《木兰辞》等。

——聂耳是一个关心国事、充满正义感的热血少年。在联合中学期间，聂耳喜爱读书看报，关心国家大事，积极参加学生运动，在他的《近日国内罢工风潮述评》的作文里，针对1925年"五卅惨案"发生后，中国工人"盖受资本家压迫"的状况，提出"欲免除罢工之患，非打破资本（产）阶级不可"的明晰见解，革命思想萌芽，表现出他的政治立场和思想观点。

1927年秋，聂耳初中毕业，以优异成绩考入云南省立第一师范学校高中部，主修英语（此校前身是云南省师范学堂，先后在五华山、光华街办学，最后迁往潘家湾，即后来昆明师专原校址）。在省立第一师范学习期间，尽管生活艰难，但他学习刻苦，乐观向上。他是学校文艺活动骨干，开始接触进步思想，学习马克思主义。

在这里步入青年时期，在人生、情感、音乐、学业、政治思想方面逐步成熟起来，为此后成就辉煌的音乐事业打下了坚实的基础。

二、音乐天赋启蒙在昆明

聂耳从小受到母亲口口相传，受民间音乐熏陶，早早就显露出对音乐的广泛兴趣和才华。8岁时，学吹小号；10岁时，多才多艺，已掌握吹笛子、拉二胡、弹月琴、演话剧，参加求实小学学生音乐团，接受了民乐合奏训练，广泛提升了他对音乐的兴趣，为后来写出30多首脍炙人口、民众传唱的歌曲打下了音乐素材基础。

1. 邱木匠——音乐启蒙先生

在端仕街居住时，聂耳家不远处住着一位姓邱的木匠，邱木匠喜欢吹笛子。小聂耳听得入迷，还学着哼唱。邱木匠得知他是邻居家的小孩，就主动教他吹笛子。可是家里很穷，买不起笛子，小聂耳只好到邱木匠那里借来吹。吹着吹着，还带动了两个哥哥吹。后来，三兄弟把过年亲戚给的"压岁钱"拼凑起来，买了一支笛子和一把胡琴，勤奋刻苦地练了起来，这样一来，邱木匠成了小聂耳的第一个音乐先生。

时任求实小学校长苏鸿纲曾经发表回忆文章说："聂耳在求实小学读书，好音乐、爱同学、敬师长、有正义感，学业是全班最好的一个，音乐尤其是他的特长，他以最大的兴趣去热爱音乐。"求实小学有个儿童乐队，不到10个人，聂耳是乐队的主力成员。这个乐队的主要乐器有风琴、胡琴、笛子、三弦和月琴。由于聂耳掌握乐器比较全面一些，歌谱也熟练，大家就推他担任乐队指挥。他经常参加演奏的乐器主要是笛子，有时也拉胡琴，有时也弹三弦和月琴。当时演奏的乐曲有《梅花三弄》《苏武牧羊》《昭君和番》《木兰从军》等（小乐队照片）和一些流行歌曲，每次演出很受听众的欢迎。

聂耳的三哥聂叙伦在《少年时代的聂耳》一书中回忆：聂耳6岁进入昆明县立师范附属小学读初小，"一年级班主任是杨实之老师，所有的课程都是他教。当时昆明小学课程是图画、手工、体育、唱歌、国文、算术和修身。聂耳在小学时期，就喜欢

1924 年，昆明求实小学学生音乐团团员与教师合影，前排左二持三弦者为聂耳

吹笛子、拉二胡、弹三弦、弹月琴。在联合中学时期，又学会演奏扬琴、吹笙、弹古筝、吹树叶等"。

他又说，"聂耳从小就善于模仿别人的动作，对声音的辨别能力很强。大人讲话时，他常常坐在旁边静听，仔细观察着讲话人的习惯动作和说话的腔调；等大人离开后，他就模仿着表演，学得很像。我家经常有玉溪的亲友来串门，说家乡话。他就抓住了家乡口音的特点，学讲玉溪话，一点不走样，经常引得我们捧腹大笑。"

2. 姚大叔——洞经音乐引路人

聂耳的二哥聂子明回忆说：我与三弟聂叙伦、老四聂耳，都在"宏文学社"学过洞经音乐，是我母亲求端仕街老家的一个姚姓邻居介绍进去当童生。那时，聂耳还在上小学，大概10岁。他对洞经音乐很感兴趣，经常去请教姚大叔。姚大叔是位热心人，看着小聂耳这么有兴趣，就让他什么乐器都搞一搞。功夫不负有心人，聂耳果真对中国器乐笛子、二胡、箫、大鼓、小鼓、大锣、小锣、大钹、小钹等一学就会。经过自己的好学苦练，博采众长，聂耳掌握了许多器乐技艺。在洞经音乐会的这段经历，为聂耳用昆明洞经音乐"宏仁卦"创作《翠湖春晓》起到了关键作用。

3. 张庾侯——音乐挚友

也是在端仕街这条街上，同住着一位省师附小的青年教师张庾侯，志同道合的街坊邻居成为聂耳的音乐挚友。他回忆说：有一天，他正在屋里练琴，听到敲门声。开门一看，是比自己年龄小一点的邻居，他彬彬有礼地介绍自己是隔壁邻居家的聂守信，常常听到从你家传出演奏小提琴的声音，十分动听，实在是令人向往，希望交朋友、学习拉琴。张庾侯说："我也是一个音乐爱好者，我这里有小提琴和曼陀铃，你可以随时来练练"。聂耳高兴地说："太好了！我一定常常到你这里来，向你请教学琴。"张庾侯还回忆说："少年时候的聂耳便显出极高的音乐天赋，不论见了什么乐器，只要一学便会。每当听见一种声音，不论是街上叫卖东西的声音，还是牛车马驮过路发出的声响，以至鸟雀叫，风雨声，每一种声音都能用符号记下来，哼给我们听。他还喜欢搜集民间歌曲，母亲教唱的山歌、秧歌、花灯小调、洞经调记住不少，还会用树叶吹给我们听。"

从此以后，聂耳每天放学后，总喜欢到张庾侯那里练琴，两人还一起到英语学会补习英文。在这里又认识了教英文的法国人柏西文，一边补英文，一边又学五线谱，弹钢琴，慢慢地对小提琴、钢琴的技法摸到了一点门径。后来，柏西文到云南美术专科学校任音乐系钢琴教授，聂耳和张庾侯又跟着去美术学校上钢琴课。聂耳在那里第一次听到舒曼、莫扎特、贝多芬等世界音乐大师的名字和乐曲，第一次听到法国国歌

《马赛曲》。聂耳有了英文基础，为他后来考入省立师范学校英语部打下基础。在柏西文的指导下，聂耳的小提琴演奏已有了长进，他已经能用五线谱拉一些简单的世界名曲了。他最喜欢的曲子有《伏尔加河》《马赛曲》《梦幻曲》和《国际歌》。这时，聂耳在省师的学生中，已经是一个业余小提琴手了。

4.袁春晖——初恋女友

张庾侯比聂耳大五六岁，聂耳亲切地叫他"张二哥"，这对有着共同爱好的音乐挚友，他们结识的都是一些爱好音乐的朋友。在一次聚会上，张庾侯把在东陆大学读预科的喜欢唱歌跳舞的侄女袁春晖和姐姐袁令晖介绍给了聂耳。袁春晖比聂耳小一岁，聪明、漂亮，性格开朗又稳重。由于父亲去世早，家境贫寒，袁氏姐妹与母亲相依为命。袁春晖天生一副好嗓子，表演才能也不错，共同的爱好、相似的家境，聂耳与她很谈得来。两个少男少女，情窦初开，有一种朦胧的感觉。这伙热爱音乐的年轻人张庾侯、聂守信、廖伯民、李家珍、袁氏姐妹……因为音乐经常聚在一起钟情翠湖、近游大观、远足西山、泛舟滇池。大家熟悉起来后，他们还相互叫起了"混名"。聂耳顽皮地叫袁春晖"吹灰灰""小三晖"，袁春晖反唇相讥，叫聂耳"聂四哥""聂四狗"，就这样他们成为恋人，当时他们这种敢于自由恋爱的青年还是凤毛麟角。

在省立师范读书时，聂耳还和好友们办起了"九九音乐社"，经常请来李家珍、李家英、袁春晖、袁令晖等女学生一起唱歌，唱的是《木兰辞》《杨花》《寒衣曲》等流行曲，聂耳、张庾侯、廖伯民等演奏《伏尔加河》《国际歌》《梦幻曲》，相互交流。

三、革命理想培育在昆明

▼

1925年，聂耳以优异的成绩从求实小学毕业，考入了云南省立第一联合中学。五四运动以后，一批先进的知识分子开始寻求改造社会的思想武器，探索新的革命道路，促进了马克思主义在昆明传播。在新思想、新文化的热潮中，各种进步社团纷纷成立，影响了思想活跃、善于思考的少年聂耳。他开始关注社会问题、政治问题，并开始接触马克思主义的革命理论。聂耳自小就对新生事物敏感和关注，除了音乐，他在政治、哲学、文学、摄影、演艺等多个方面也很有兴趣。在省立第一师范读书期间，他参加了学校里由中国共产主义青年团所组织的外围组织"读书会"，开始阅读有关马克思主义的基础读物。这一期间，他结识了李生瑄（艾思奇）、李国柱、张天虚等青年仁人志士，这对他的人生影响很大。

1. 与艾思奇的交往

1925年，出生于腾冲县（今腾冲市）和顺乡水碓村的李生萱还未用"艾思奇"这个笔名，他以优异的成绩考入了云南省立第一中学。那年聂耳也正好进入云南第一联合中学，李生瑄大聂耳两岁，也爱好表演，当时的普通中学不招收女生，在省一中的话剧团里，排演过的《少奶奶的扇子》《娜拉》等剧目中，艾思奇曾担当女角。那时，在中共党员李国柱是省立一中的图书管理员，在他的秘密领导和筹划下，学校组织了"读书会""青年努力会"。艾思奇在其中负责学艺部，搞文艺、演讲和办业余夜校等。1925年5月30日，上海发生了震惊全国的英国巡捕枪杀中国工人的"五卅惨案"，昆明学生们罢课示威、游行抗议，声援无产阶级的反帝斗争。也就是在那个时期，艾思奇和当时是省立第一师范学校学生代表的聂耳成为莫逆之交。

艾思奇是一个非常喜欢音乐的人，他说话的音色深沉而厚重，是个典型的男中音。在放松心情的时候，他会随意地吹一曲口哨，那哨音悠扬、婉转，顺着微风飘飘洒洒，很是动听。于是，在遇到志趣相投的聂耳后，两人又因受到马克思主义等进步书籍的影响，对革命有着深刻共识，对哲学产生了浓烈的兴趣和向往，经常在一起参加演出、欣赏音乐。李生瑄曾到日本留过学。1928年，他从日本秘密运回许多日、德、英等文的马列主义经典原著，还将一些欧洲的革命歌曲带回昆明，如《伏尔加纤夫曲》《国际歌》《马赛曲》等著名歌曲，交给聂耳在昆明教唱。后来，在聂耳即将到上海谋求发展临行前，找到艾思奇把自己要到上海的打算和他谈了。艾思奇分析形势后，认为聂耳应该到外面闯一闯。分别在即，两人约着到昆明郊外的海埂和西山游玩。漫步于海埂长堤，远眺西山胜景，欣赏着滇池万顷碧波，聂耳感叹道："山河如此美，可惜政府太腐败了，我们有志青年一定要寻求改变这种环境的途径。"李生瑄连连点头道："对，我们一定要用我们的思想、双手来改变，为山河添美。"

2. 与张天虚的交往

张天虚与聂耳年龄仅相差两个多月，在才气和志向上很是一致，同时又都是昆明人。两人相识于1927年，那年，由于"四一二"反革命政变发生不久，云南笼罩在白色恐怖中，为了救援被捕的共产党员和进步人士，中共地下组织决定成立外围组织"济难会"（又称"互济会"），聂耳在同班同学郭南辉的动员下，积极参加了"互济会"，多次从事给被关押的革命同志进行接济等工作。当时在东陆大学预科班的张天虚就是"互济会"的重要成员，两人因此相识。后来聂耳到上海时，他们成为亲密战友。

3. 我要写一首中国的《马赛曲》

"我要写一首中国的《马赛曲》"，这是聂耳青少年时代立下的梦想，这样的初心源于他在省立第一师范受到了马克思主义等进步书籍的新思想影响。他在《我的人生观》的作文中透露："恶劣的社会快要和我们有为青年交战了……每个人都处在社会里的。换言之，就是要打倒恶社会，建设新社会。"他积极参加各种社会活动，当时昆明各中学代表商定以省一中为中心举办音乐会，以吸引更多的学生和社会青年参加到爱国运动中来。聂耳率领省立师范乐队前来演出，节目却是传统节目《梅花三弄》《小桃红》《悲秋》之类。省立一中学生会的李生瑄直率地说："你们要是能演奏些振奋人心的曲子效果一定比现在好得多！"聂耳却苦于没有这样的曲子。李生瑄就提醒他："你为什么不自己写曲子呢？你想成为音乐家，就应该自己作曲，你一定能够作曲！"聂耳深受鼓舞，回答说："对！我一定要作曲，要做个为中国争光的音乐家，我要谱写振奋中国人的曲子！"

聂耳作曲的第一步，就是从昆明开始的，聂耳的侄女聂丽华在《从校歌到国歌》一文中说："过去我们以为聂耳的创作是到上海以后才开始的，并不知道他在学生时代就写了第一首歌曲——《省师附小校歌》。这是1927年秋，聂耳在省立第一师范学校时，与好友附属小学音乐教师张庚侯合作创作的。因两人均喜欢音乐，经常教附小的孩子们唱歌，但又感到没有自己创造的歌。两人决定合作，张庚侯写词，聂耳作曲，完成了这首校歌。"

聂耳的女友袁春晖也回忆说："聂耳他们作完这首校歌后，首先第一个请她提意见修改。她第一个试唱，聂耳满意后，才教小学生们唱。"这首校歌，很快在校内流行了。后来，也成了校外其他学校学生爱唱的一首歌曲。

为了找到这首歌的谱子，80年代时，聂丽华女士先后访问了聂耳生前的好友、亲属，以及当年在省师附小读过书的同志，经过整理、核对、记谱，还原了这首校歌。

4. 在省立一师加入共青团

聂耳在省立第一师范读书的时期，正是第一次国共合作彻底破裂，国民党反动派白色恐怖笼罩全国的时候。云南的地下党组织也遭到破坏，1928年2月，赵琼仙、陈祖武、罗彩等云南共产党员被捕。聂耳亲眼看到了这些革命者的牺牲，聂耳受到震动，好像突然长大了，成熟了。据聂耳的同学郭辉南（昆明县立师范附属小学、云南省第一联合中学、云南第一师范学校三度同学）回忆，有一天，他带着聂耳到翠湖见了一个人，就是当时共青团云南省委书记李国柱。郭辉南向李国柱介绍："这位就是聂守信同学。"李国柱与聂耳相互认识，相互寒暄。李国柱说："你和同学们很打得拢，并且有很好的表演才能。"聂耳谦虚地说："我看书还很少，知识很不够，希望你多多指点。"1928年，16岁的聂耳由邓象涟介绍，秘密加入中国共产主义青年团，并参加学习马克思列宁主义的革命理论及进行有关刻印、张贴传单以及参加游行等活动。

1928年11月底，出于投入实际斗争的革命愿望，聂耳瞒着家庭报名参加滇系军阀范石生所招收的"学生军"，秘密离开昆明。他先乘火车由滇越铁路到越南海防，再搭轮船到香港、广州再转到湖南郴州，接受所谓新兵训练。当年底，离开新兵队，任特务连的上士文书。1929年3月，随军官赴广州，后部队遣散，流落广州。4月中旬，用聂紫艺的名字，考入广东戏剧研究所附设的音乐班，但入学后发现与其志愿不合，即离开。5月，靠朋友的借款，得以返回昆明家乡。聂耳回昆明后，继续插入原班继续学习，仍然作为学校的课余文艺活动的积极分子，经常参加校内外的音乐、戏剧和各种进步革命等活动。1929年，昆明发生"七·一一火药库爆炸事件"，造成平民伤亡近千人、受灾上万人的大惨案，聂耳作为青年救灾团的成员，参与赈灾募捐活动，揭露反动军阀企图嫁祸共产党的阴谋。1930年秋，在省立第一师范完成了高级师范的学业。

四、音乐成就在上海

如果说聂耳在昆明已经接触了马克思主义的初步教育，那么在上海这座孕育中国共产党诞生的城市，使他成为一名用音乐进行革命的战士，也成就了他的音乐梦想。

1930年7月，聂耳从省立第一师范学校毕业后，加入共青团并参加革命活动的事被人告密，受到国民党监视，有被捕的危险，在其家庭的帮助下于7月10日随云南一商人匆匆踏上滇越铁路的小火车离开了昆明，绕道越南海防，再搭轮船到香港，7月18日抵达上海，成为"云丰申庄"的一名店员。在云丰申庄从事杂役性的工作，开始没有工资，于8月下旬才给以每月十五元的低薪。

怀着对革命的向往，1930年11月，聂耳到上海三个月后，经云南老乡郑易里的朋友介绍，加入了中共地下组织领导的进步团体"上海反帝大同盟"，投入到了革命的洪流中。

1. 考入明月歌舞剧社

1930年底，在"云丰申庄"有了收入的聂耳，把半数寄给了昆明的母亲，省下的钱买了冬衣和一把廉价的小提琴，每天坚持不懈地拉小提琴。1931年3月29日，"云丰申庄"倒闭，聂耳开始街头四处奔波，查阅报刊找工作。4月初，终于看到"联华影业公司音乐歌舞班招工广告"，聂耳果断决定应考乐队练习生。他当时并不知道主考他的就是上海赫赫有名的音乐歌舞制作人黎锦晖。

据黎锦晖之子黎泽荣回忆：初试在歌舞班一楼，黎锦晖问了聂耳一些家庭、经历和爱好等问题，让他拉两段练习曲。聂耳显得紧张无措，琴也不听使唤，音节错的错，漏的漏。黎锦晖示意他停一停，再拉第二首，终于从头到尾拉了下来，紧张的心得到了放松。接着，黎锦晖又让聂耳弹了钢琴。虽然初试表现很失败，黎锦晖还是又给了聂耳一次机会进行复试。在复试过程中，聂耳的表现有了极大的进步，得到了黎锦晖的认可，最终被录取。4月22日，聂耳进入联华歌舞班，开启了他的艺术人生。黎锦晖成为聂耳在上海演艺圈立足的第一位伯乐。

黎锦晖格外器重聂耳，按照明月社的传统，新学员都是老带新，黎锦晖安排了比聂耳小半岁的首席小提琴王人艺帮助聂耳练琴。这位小老师很严格，对这位非科班出身又不懂乐理的同龄学生常常是劈头盖脸地狂喷，一点面子都不给。这样的魔鬼训练，一年下来，黎锦晖便让聂耳登台表演。在王人艺赴北平治病期间，聂耳直接被提任为乐队第一小提琴手。

1932年3月，由于上海"一·二八事变"的影响，演艺市场不景气，联华影业公司决定精简人员，3月28日歌舞班被遣散。后又恢复为明月歌剧社，聂耳负责音乐部的工作。聂耳生性活泼，喜怒哀乐皆形于色，擅长模仿表演，黎锦晖就有意识地让聂耳接触戏剧表演。在这个演艺圈里，聂耳初次认识了中国左翼戏剧家联盟负责人田汉，两人聊起艺术非常投缘，颇有相见恨晚之感。

据当时明月歌剧社女主角王人美回忆："1932年1月28日，日本侵略军进犯上海，十九路军奋起抵抗。这件事震动了全上海。聂耳、金焰也约我到闸北前线去观战。我们亲眼看到日军的炮火，看到百姓家室财产被毁，也看到英姿勃勃的十九路军官兵的奋战。记得从闸北回来的途中，聂耳慷慨激昂地说，我们应该有抗战的音乐、革命的音乐，抗战的舞蹈、革命的舞蹈。言下之意对明月社的歌舞很不满意。说句老实话，当时明月社的歌舞是和时代发展相脱节的，演出除了一些黎先生20年代创作的儿童歌舞剧外，增添的只是荒唐的爱情歌舞。"

面对着国家民族危亡的时代，受到新思想碰撞，聂耳一度追求个人艺术前途的思想发生了变化。他在日记中写道："一天花几个钟头苦练基本练习，几年、几十年后成为一个violinist（音乐家）又怎样？可以鼓动起劳苦群众的情绪吗？""整天在想，怎样去做革命的音乐？"这样一来，聂耳的革命音乐思想与黎锦晖的市场理念产生了分歧，成为聂耳与黎锦晖师生情谊变故的原因。1932年7月22日，聂耳以"黑天使"的笔名在左翼刊物《电影艺术》第三期上发表了《中国歌舞短论》一文，肯定黎锦晖的某些作品中"有反封建的元素"，揭露"贫富阶级悬殊"，又尖锐批评黎锦晖在民族危亡关头仍然"为歌而舞"地追名逐利，为了票房而去迎合某些市民低级趣味，去演出一些香艳肉感的歌舞。他在文章中说："我们所需要的不是软豆腐，而是真刀真枪的硬功夫！"聂耳的这些忠告没有得到同人的理解支持，反而引起了轩然大波，聂耳与明月歌剧社成员之间对立。8月初，聂耳离开了工作一年零四个月的明月歌剧社，准备到北平闯一闯。

2. 茁壮成长为革命音乐人

1932年8月11日，聂耳到达北平，住进了云南会馆。见到了昆明老乡、省立师范同学张天虚，在这里接触到了云南青年中较早参加左翼文化运动的知识分子、共产党员陆万美，北平左翼戏剧社的负责人于伶等革命人士，积极参加他们的左翼文化活动。这期间，聂耳报考过国立北平大学艺术学院未被录取，但北平左翼剧社工作者身上的正义、坚定、顽强的革命精神深深地感染了他，让他向党组织更靠近了一步。

1932年11月初，在北平短暂学习工作3个月后，他收到了上海朋友的来信，告知他"联华影业公司"要他回去工作的好消息。20世纪30年代，中国的电影界是革命与反革命、进步与反动势力争夺的阵地，斗争激烈而复杂。在电影界中共地下组织负责人夏衍、田汉的亲自培养下，1933年初，聂耳成为一名中国共产党党员、一名革命战士。

据夏衍回忆，聂耳的入党仪式是在联华影业公司一个摄影棚的角落里举行的。临时找不到党旗，就在纸上画了一面党旗来宣誓。聂耳入党后，在党的直接教育引导下，在继承了中外优秀音乐风格的基础上，以饱满的革命激情，更加忘我地投入创作，写出了一批划时代的音乐作品，开创了我国无产阶级和人民大众的革命音乐的新时代。

聂耳与任光等人成立了"中国新兴音乐研究会"，创作了《开矿歌》《饥寒交迫歌》《码头工人》《卖报歌》《码头工人》《大路歌》《毕业歌》《告别南洋》《梅娘曲》《铁蹄下的歌女》等一系列大众性、民族性歌曲。这些作品在上海乃至全国音乐界引起了强烈反响，掀起了新音乐运动的浪潮。但不得不说的是，在当时的大环境、大背景中，新音乐想要获得立足之地或一席之地绝非易事。聂耳作为开路先锋，必须战胜各种强大的音乐"对手"。

聂耳的新音乐不以技术上的华丽、完美取胜，也不迎合都市消费文化的流俗趣味，而是以朴实的情感呼唤音乐的时代精神。因此，聂耳的新音乐能在各种音乐中开辟道路，用郭沫若的话来说就是"中国革命之号角，人民解放之鼙鼓"。

3. 文化大码头的新音乐开路先锋

追随聂耳的足迹不难发现，上海为他提供了展示音乐天赋的机会。尽管这期间也有磨难和困境，但他最重要的音乐成就几乎都是在上海完成的。聂耳在上海破茧成蝶，实现了自己的音乐梦想。

1930年，上海跻身世界第五大城市，号称"东方巴黎"，是现代中国最大的通商口岸。上海是国际大都会，不同于中国传统社会中的农村和城市。自《南京条约》签订后，上海逐渐沦为外国势力瓜分的约开商埠，租界的切割与治外法权的约定把上海滩变成了华洋杂居的双重世界。上海的十里洋场、外滩和南京路一带成了这个大都市的中心枢纽。"那些标志着西方霸权的建筑有银行和办公大楼、饭店、教堂、俱乐部、电影院、咖啡馆、餐馆、豪华公寓及跑马场，它们不仅在地理上是一种标记，而且也是西方物质文明的具体象征，象征着几乎一个世纪的中西接触所留下的印记和变化。"

想要在上海滩出人头地极为困难，尤其是对一个从昆明走出的青年人来说就更难上加难。聂耳想凭借自己的才华进入上海音乐界没有多少专业上的优势，他的音乐学习不是科班的、系统的学院派训练，而更多是勤奋努力、自学成才，况且当时上海滩已有200余家演艺团体在激烈竞争。尽管聂耳得到黎锦晖的赏识进入明月歌舞剧社，但仅凭个人拼打的话也不太可能成为划时代的音乐家。相反，从聂耳出入的声色犬马的场合看，很容易陷入灯红酒绿、纸醉金迷的欲望生活。就像当时的文章描述的那样："上海的子夜因无数的珠宝而闪闪发亮。夜生活的中心就在那巨大的灯火电焰处。印度手鼓的节拍，色欲的交响乐，上百个乐队的音乐声，曳步而舞，身体摇摆，休止符，欲望的浓烟——灯海里的欲望，那就是欢乐，就是生活。"

聂耳不属于上流社会，也不属于底层社会，他是中间的观察者，既看到了富人的骄奢淫逸，又看到了穷人的饥寒交迫。当然，除了日常生活的洞察外，国家大事更为重要。1931年，沈阳"九一八"事变爆发，聂耳在日记中多次谈及此事，字里行间无不透露悲愤之情。1932年，上海"一·二八"事件爆发，聂耳的内心又受到了很大冲击。聂耳没有因为艰难困苦、国之存亡选择本我的退缩、逃避，或自我的顺从、折中，而是以超我的良知和内在的道德对民众进行唤醒。聂耳在日记中表明了新音乐的思想。

　　"什么是中国的新兴音乐？这是目前从事音乐运动者，首先要提出解决的问题。我们知道音乐和其他艺术、诗、小说、戏剧一样，它是代替着大众在呐喊。大众必然会要求音乐的新的内容和演奏、作曲家的新的态度。他们感觉到有闲阶级所表现的罗曼蒂克的、美感的、内心的情调是不适切的，是麻醉群众意识的。"

　　聂耳对"新音乐"之"新"的理解，是受了革命文学的启发而形成的文艺观念。聂耳在日记中写道："看了几篇革命文学论文，指示给我现在艺术运动的主要任务是要大众化。非集团的，不能和大众接近的是成为过去的东西了，它是在现社会里所不必需的。……今后我的研究和创作文艺的方针将改变了，不再作个人的呻吟或以个人的革命性的表现去影响群众。"聂耳接受的是与马克思主义密切相关的"新民主主义"文艺观，他的"新音乐"在向西方学习的过程中，更多是偏向于法国大革命以来的革命现实主义与革命浪漫主义的音乐，而非西方音乐史上的古典音乐。

1933年聂耳在影片《体育皇后》中演会场医生

　　在电影工业、唱片工业迅速发展的上海滩，聂耳扮演了更为直接和复杂的音乐人角色。从世界电影史的技术发展来看，20世纪30年代的电影刚刚从默片时期转入到有声电影时期。聂耳抓住了机会为《桃李劫》《风云儿女》等电影配乐。一部电影的生产通常分为前期准备、影片拍摄、后期制作、胶片审查四个阶段。聂耳作为配乐者，不是所有事情都是现成的，等着他慢条斯理来做。而是要和导演沟通协调抢工作、抢工期完成任务。从唱片工业发展来看，英资百代公司在上海成立后，拥有着当时最为先进的录音技术。聂耳凭借着一口流利的英语进入百代公司并担任音乐部副主任时，接触到了一整套唱片生产制度。聂耳几乎包办每个环节，包括曲目策划、音乐创作、录音制作、出版发行等。虽然这种唱片制度与今天的音乐发行制度有所差异，但聂耳在市场化、产业化的运转中表现出来的一专多能、多才多艺却是音乐人所要具备的素质。

4. 乡音乡情：《翠湖春晓》与昆明洞经音乐

　　聂耳的音乐种子在昆明发芽，在上海开花。他的民间曲调《翠湖春晓》，是聂耳生命的诗性绽放中开出的音乐花朵。1933年端午节清晨，聂耳连书两信。在致母亲（彭寂宽）的信中写道："现在我想在中国的各地民间歌谣上下一番研究，请三哥帮我收集一些寄来，不论什么小调、洞经调、山歌、滇戏牌子都要。千万急！！！"在致家乡友人张庾侯的信中又写道："我要请你帮忙收集一些云南的民谣、民歌、山歌……我们到杭州去拍外景，倒很有趣，我相信几年后的翠湖，并不亚于西湖。"聂耳对家乡至少展现出了两重牵挂，一是故土的民族民间音乐——乡音，二是"昆明的眼睛"翠湖——乡情。一年之后，1934年6月29日，上海东方百代公司国乐队录制了《翠湖春晓》，实现了聂耳的乡土音乐梦。

《翠湖春晓》处于传统社会与现代文明的交汇之中。就昆明而言，古老的洞经音乐熏陶了聂耳的艺术心灵，让他在新民乐创作中独树一帜；就上海来说，摩登的录音技术和百代国乐队的演奏，让《翠湖春晓》镌刻在了留声机的黑胶唱片中经受时间的打磨。1985年，著名作曲家、中央民族乐团团长刘文金先生又对《翠湖春晓》进行编配，使其在和声、复调等方面有了更为丰富的表现力，再次提升了作品的艺术价值。如今，《翠湖春晓》已是中国民族管弦乐合奏中常演常新、经久不衰的曲目。

5. 唤醒中华民族热血的《义勇军进行曲》诞生

1934年，在夏衍、洪深、蔡楚生等左翼戏剧、电影人士的支持下，上海电通影片公司成立。同年，聂耳、吕骥、任光、张曙等人，在左翼剧联内部成立了音乐小组。同年底，电通公司的第一部影片《桃李劫》上映，主题歌《毕业歌》由田汉作词、聂耳作曲，成了当时上海乃至全国广为传唱的校园流行歌曲。

在《桃李劫》热映之际，田汉写出了《风云儿女》的故事梗概。田汉被捕入狱后，夏衍接过《风云儿女》将其编写成电影剧本。聂耳得知此事后主动来"抢工作"。据夏衍回忆："记得1935年，田汉同志被捕，留在我手边的是一个电通公司决定了要拍的、写在几页十行纸上的《风云儿女》的影片梗概。我替他改写成电影文学剧本，交给了导演。几天之后遇到聂耳，他第一句话就是：'听说《风云儿女》的结尾有一个主题歌？'我给他看了电影剧本，这个剧本的故事是他早已知道的，所以一拿到手就找最后的那一首歌，他念了两遍，很快地说：'作曲交给我，我干。'等不及我开口，他已经伸出手来和我握手了。'我干！交给我。'他重复了一遍，'田先生一定会同意的。'"

《风云儿女》的电影导演许幸之回忆，"我（聂耳）写这个曲子时，完全被义勇军救亡的感情激动着，创作的冲动就像潮水一样从思想里涌出来，简直来不及写。初稿倒是一气呵成的，两夜工夫就写好了。可是写好之后倒花了将近两个礼拜的时间来修改。"

许幸之听了聂耳的试唱后，和他交换了意见。整个曲子谱得很好，激昂、轻快，但"起来，不愿做奴隶的人们！"的起句显得低沉了一些，而最后一句"冒着敌人的炮火，前进！"还不够坚强有力，是否应当减少一些装饰音，形成一个坚强有力的煞尾?

聂耳经过一番思索之后，便拿起桌上的铅笔修改起来。修改后，我们两人不约而同地合唱。起句比原先激昂得多了。末尾原句式是："我们万众一心，冒着敌人的炮火，前进！前进！前进！前进！"改为："我们万众一心，冒着敌人的炮火前进！冒着敌人的炮火，前进！前进！前进！进！"由于增加了叠句，最后三个"前进"以铿锵有力的休止符来煞尾，把那坚决、勇敢、跨着轻快的步伐挺身前进的情绪，表现得更加明快、强烈。

《义勇军进行曲》同《马赛曲》《国际歌》在曲调上有类似之处，聂耳坦言道："是受了它们一些影响的，不过（它）比《国际歌》更明快，比《马赛曲》更激昂。"

为了完成《义勇军进行曲》的修改，躲避国民党反动派的追捕，1935年4月，聂耳乘船从上海到日本，修订了《义勇军进行曲》的曲谱从东京邮寄回国。5月3日，百代公司完成了《义勇军进行曲》的录音，演唱者为袁牧之、顾梦鹤等人。令人遗憾的是，天妒英才，聂耳再也没有回到中国。7月17日，年仅23岁的他在藤泽溺水身亡。

《风云儿女》在上海金城大戏院首映后引起了强烈反响，当时报纸上的一份重要影评写道："故事完全是现实的，所以演来就觉得非常逼真。一九三三年的华北不是很危急的么？热河不是在那年失守了么？在那时候，不是惊醒了许多青年们粉红色的好梦纷纷北上抗日么？……我更喜欢这故事中的一首歌《义勇军进行曲》，唱出到比表（演）出紧张和悲壮得多了。"由此可说，《义勇军进行曲》是具有良知的中华儿女在家国遭难时发出的呐喊。

《义勇军进行曲》一经面世，很快传遍大江南北、五洲四海，成为中国和世界人民反抗日本侵略者的高昂战歌，鼓舞了无数中华儿女用自己的血肉，筑成万众一心，团结御侮的新的长城。多少仁人志士、热血儿女高唱着、呼喊着"把我们的血肉，筑成我们新的长城！""冒着敌人的炮火"的乐曲和口号，为挽救中华民族的危亡，与日本侵略者血战到底。

中华人民共和国成立之时征集国歌，在1949年9月27日，中国人民政治协商会议第一届全体会议上，《义勇军进行曲》被确定为代国歌。1982年12月4日，在第五届全国人民代表大会第五次会议上，被正式确定为国歌。2017年9月1日第十二届全国人民代表大会常务委员会第二十九次会议通过了《中华人民共和国国歌法》，意味着国歌的地位同国家的主权一样神圣不可侵犯。每逢国家举行重大庆典、纪念仪式、国际赛事时，每逢机关、团体、组织举行重要活动时，每逢周一中小学开课时，均会奏唱国歌。这表明，奏响的是东方大国承前启后、继往开来、奋发图强的旋律，奏响的是一个唯一不曾断代的文明古国复兴中华之梦的决心，奏响的是万众一心、众志成城的民族自信心。

　　聂耳去世后不到半个月，中国共产党就发表了"八一宣言"，号召"与苏维埃政府和东北各地抗日政府一起组织全中国统一的国防政府；与红军和东北人民革命军及各种反日义勇军一块组织全中国统一的抗日联军"。中国文艺界为响应号召，提出了"国防文学""国防戏剧""国防音乐"的口号。《义勇军进行曲》作为国防音乐的前奏，以"万众一心，冒着敌人的炮火"的坚定，团结了冼星海、吕骥、任光、刘雪庵、周巍峙、麦新、贺绿汀等一大批音乐家，以大众化的新音乐担负起了唤醒、救亡、教育中华民族的使命。自古以来，音乐就与民族精神和个体情感紧密相连。正所谓"情深而文明，气盛而化神，和顺积中而英华发外，唯乐不可以为伪"。

　　《义勇军进行曲》是挽救垂危国运的音乐，它和《马赛曲》《国际歌》一样，在时代的战火硝烟中以雄浑之音为天地立心，以壮阔之乐为生民立命。

　　在《义勇军进行曲》传唱中，爱国人士、社会活动家刘良模先生起到了关键作用。"1936年6月7日他在上海西门公共体育场，指挥近千名民众歌咏会会员和数千名听众一

《义勇军进行曲》手稿

起高唱《义勇军进行曲》等救亡歌曲，把到场弹压的警察都感动得掉下了眼泪，成为当时报纸上纷纷报道并载入了史册的一件盛事。" 1940年，刘良模到美国留学，在当地组织华侨青年合唱团大力推广中国抗战歌曲。刘良模结识了黑人著名歌手保罗·罗伯逊（Paul Robeson），并用中英文教他唱《义勇军进行曲》。据刘良模先生介绍，"从那以后，罗伯逊就把《义勇军进行曲》作为他到美国各地举行的音乐会上经常唱的节目之一。美国人民也十分喜爱这支歌，他们把这支歌叫作《起来》。后来，我们华侨青年合唱团同保罗·罗伯逊一起录制了一套中国抗战歌曲和中国民歌的唱片，唱片总名称就叫《起来》。出售这套唱片所得的钱，就作为支援中国人民抗战之用"。

1944年，好莱坞米高梅电影公司根据美国女作家赛珍珠的同名小说拍摄了《龙种》（Dragon Seed）。导演为杰克·康威，主演为凯瑟琳·赫本、沃尔特·休斯顿、艾莲·麦克马洪。这是一部中国题材的反法西斯影片，讲述了日本侵华战争爆发后宁静的小村庄遭遇了烧杀抢掠的暴行，年轻的女主人翁小玉带领村民英勇抗争的故事。该片采用了《义勇军进行曲》，米高梅公司拨出500美金作为酬谢，并委托中方国际宣传处转交聂耳继承人。"该处经四方查找，得知聂耳的生母彭氏尚健在，居住在昆明。聂母得知此事后，请陈铸律师出具了身份证明书，函请该处代向美国米高梅公司

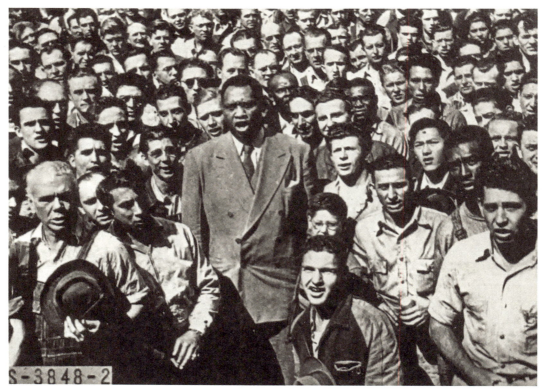

1940 年，美国黑人歌手保罗罗伯逊（中歌唱者）在著名的美国纽约罗易桑露天剧场，演唱了这首动人肺腑的《义勇军进行曲》

洽领，说这笔筹款将全部作为修整聂耳墓地和印刷纪念册之用。"　1945年1月27日，重庆《新华日报》以《米高梅公司酬谢聂耳名曲》为题报道了此事。

1944年，联合国胜利日，美国广播电台编选了"盟国胜利凯旋之歌"，《义勇军进行曲》成功入选。英、法、苏、印等世界反战同盟国广播电台多次播放《义勇军进行曲》，让这雄壮的歌声以钢铁似的坚强、钻石般的透亮享誉全球，成为一首名副其实的世界反法西斯战歌。

五、聂耳文化传承在昆明

聂耳对中国现代音乐，尤其是主旋律音乐的形成发展，产生了广泛和持久的影响。最为著名的是他的《义勇军进行曲》被定为中华人民共和国国歌。也因为国歌的缘故，聂耳成了国家的、民族的重要文化符号。聂耳所获得的殊荣是他生前未曾料想的。在北京，中央音乐学院和中国音乐学院均塑有聂耳铜像，成立了全国性的聂耳冼星海学会；在上海，修建有国歌纪念广场、聂耳音乐广场，"上海之春国际音乐节"频频上演聂耳作品；在昆明，修建了聂耳墓、聂耳亭，复原了聂耳故居等，以聂耳的名字命名组建了昆明聂耳交响乐团，成立了昆明聂耳研究会。20世纪80年代，昆明市和日本藤泽市因聂耳结缘，成为国际友好城市，每年各自都举办纪念活动；两届"中国聂耳音乐周"在昆明的举办让云南音乐大放光彩。21世纪以来，升级为国家级文化活动的中国聂耳音乐（合唱）周已举办六届，成为全国共享的音乐文化品牌；2019年收藏在云南省博物馆的聂耳使用过的小提琴入选"国宝档案"，电影《为国而歌》成为新中国70周年献礼影片。这些活动传承弘扬了爱国主义精神，使人民音乐家聂耳在国家意识形态和当代中国音乐文化的建构中彰显出崇高的地位，成为昆明人民的骄傲。

1. 永恒的纪念地——西山聂耳墓

1937年7月17日，聂耳在日本藤泽鹄沼海滨游泳时溺水身亡。由当时在日的好友张天虚将其遗体在当地火化。云南旅日学生会推选他和郑子平负责料理后事，他们通过日本东京中华留日基督教青年会，将聂耳的骨灰运送回上海。次年，聂耳的三哥聂叙伦到上海将骨灰迎取回昆，让他长眠在魂牵梦绕的滇池之畔、西山之巅。

1937年秋，云南文化名人楚图南等及聂耳家人、生前好友，在聂耳生前最喜爱的地方——西山华亭寺与碧峣精舍之间的山坡上，安葬了聂耳的骨灰，是为最早修建的聂耳墓。墓碑正面刻着由云南文史学家、云南大学中文系教授徐嘉瑞先生题写的"划时代音乐作曲家聂耳"的碑题。碑文开篇写道："聂耳死了，是怎样巨大的一个损失！他是划时代的音乐家，革命的歌手，国防音乐的前哨，在斗争的征途中，他在巨浪中完结了他悲壮的一生。"这篇碑文的一个重要价值在于展示了当时人们对英年早逝的聂耳的评价。

1954年，云南省人民政府重新修葺聂耳墓地时，历史学家郭沫若先生为其书题"人民音乐家聂耳之墓"和墓志铭。

1980年，昆明市政府决定将聂耳墓重新迁址于山清阁与太华寺的太华山山间。这里不仅眼界开阔，风景优美，而且前俯滇池，背靠聂耳生前常到之地西山美人峰，是非常理想的拜谒之地。墓地总体呈月琴状，墓穴建于琴的发音孔位置，墓中安放聂耳的骨灰。墓前平台由24圈石料铺成音波状，象征时代的最强音由这里发出，也寓意着聂耳的生命历程。1985年，又在墓前建造汉白玉聂耳雕像，立于象征七声音阶的七台花圃之上，墓后屏风上刻有反映抗日救亡运动的浮雕。墓穴墨石上横书有郭沫若手书的"人民音乐家聂耳墓"的碑题。1988年，国务院将聂耳墓公布为全国重点文物保护单位。

西山聂耳雕像

为迎接在昆明举办"第三届中国艺术节"，1991年初，昆明市政府再次决定在墓体后面建屏风墙，以万里长城为背景，以《义勇军进行曲》为主题，雕刻大型的艺术浮雕。与此同时，修建了反映聂耳生平事迹的陈列馆，对外开放，为游客和市民提供了参观瞻仰的场所。

2001年，我担任昆明市文化局局长时，决定重新设计聂耳墓陈列馆和更新展览，并对周边环境进行提升改造。陈列馆总体设计风格按照聂耳的成长轨迹，分为"红土高原的骄子、闪光的青春、最后的岁月"三大部分。展览馆用简洁的文字、生动的照片、珍贵的文物以及多媒体音乐，生动再现了聂耳短暂而又传奇的一生。聂耳墓的外部环境提升从原来的较为封闭的样式变成了大气恢宏、十分醒目的开放式，登临聂耳墓，树木葱茏，视野开阔，高大的柏树让这里更加肃穆、宁静，来聂耳墓参观、瞻仰的游人更多了。

2. 圆通山聂耳亭

在圆通山山顶，衲霞屏峭壁的上边，有一座六角形的亭子，被称为聂耳亭，1938年为纪念聂耳由当时的市政公所主持修建而成。聂耳亭建成为木结构六角亭，特请时任云南省通志馆副馆长、白族学者赵式铭题写亭名并创作了一副楹联。其亭名为"聂耳亭"，楹联为"酒罢客将归，一阁峥嵘斜照紫；曲终人不见，数峰香霭暮烟青"，深切表达了对聂耳的缅怀之情。1994年，圆通山公园决定照旧重修聂耳亭，改为钢混结构，重书赵式铭先生旧联，刻挂于亭柱之上。至此，聂耳亭终于得到了恢复，圆通山公园不仅增加了一个新的景点，同时也为广大的人民群众缅怀人民音乐家聂耳增添了一处场所。

如今，聂耳亭依然矗立在圆通山山顶，从这里放眼望去，城市景色一览无余，能感受到昆明城日新月异的变化。现在经常有市民来到这里休闲娱乐，他们在亭子里唱歌、弹奏乐器或小聚，其乐融融。

3. 翠湖聂耳雕像

1985年，由共青团昆明市委发动全市3000多个单位130多万青少年，捐资在城中心的著名风景区翠湖之西南岛上，为聂耳建造了一座坐式雕像。这座聂耳雕像高2.7米，用浙江青田红色花岗岩雕成。聂耳像呈坐势，右手扶膝，左手抬于胸前，面微向左低，头发和风衣

翠湖聂耳雕像

向左卷扬，寓意音乐家成长于暴风狂雨时代，青年有为，意气风发。在高1.7米的枣红色花岗石基座上，镌刻着胡耀邦题书的"人民音乐家聂耳"七个耀眼夺目的大字。

4. 甬道街聂耳故居

集建筑、人文和文物价值于一身的聂耳故居，不仅是昆明珍贵的历史文化名人遗址，也是昆明文化资源的重要品牌，更是国家文化的精神财富。聂耳故居位于昆明老城中心甬道街72号，1912年2月15日，聂耳诞生在这里。多年来各级政府和文物管理部门多次对这里进行了持续不断的保护性修复和维修。早在1986年，昆明市盘龙区人民政府就将其公布为区级文物保护单位。2003年3月，由昆明市人民政府公布为市级文物保护单位。2003年12月18日，又被云南省人民政府公布为省级文物保护单位。历史上，甬道街和附近街道一起，成为商潮起落的街市，近二十年来，在这里形成一个闻名遐迩的花鸟市场。这片由百年老屋和狭窄街道组成的街区，积淀着昆明古城厚重的、丰富而又独特的历史文化，被命名为"文明街历史街区"。聂耳故居成为这个历史街区的亮点之一。

2011年6月18日，修复后的聂耳故居根据整体规划开辟为聂耳故居陈列馆，成为昆明市博物馆业发展中的亮点之一，同时也成为宣传昆明、进行爱国主义教育的重要场所。聂耳故居承载丰富的文物、遗物、史料等展览内容。场景复原按聂耳家在甬道街开"成春堂"时的情形布置。所用物品为了符合时代，采取从收藏人士手中征集或从省博物馆中复制得到的物品。展览内容突出了聂耳在昆明18年的史实和他的创作成就。分为7个部分：第一部分"人民音乐家聂耳"，主要展示了聂耳年谱、国家领导人题词、《义勇军进行曲》从抗日战歌到国歌的史实；第二部分"出生与童年"，展示聂耳出生地——昆明甬道街成春堂、父母及全家合影、母亲言传身教的情况；第三部分"少年与求学"，展示了聂耳在昆明读初小、高小、初中、云南省立第一师范的历程、毕业证书，学习音乐的照片和实物等内容；第四部分"艺术生涯初期"，展示聂耳到上海从事电影、戏剧、写作、参加左翼文化活动的情况；第五部分"创作高潮——替大众呐喊"，展示聂耳创作了《毕业歌》《大路歌》等电影歌曲，《翠湖春晓》《金蛇狂舞》等民族器乐曲，最辉煌的是创作了《义勇军进行曲》等，列出了聂耳所有作品的目录；第六部分"生命的绝响"，展示了聂耳遇难、在昆明西山建墓安葬的照片；第七部分"永久的怀念"，展示了各个时期国内外纪念聂耳的活动。

5. 昆明创作的聂耳题材作品

改革开放以来，云南省昆明市研究聂耳的成果专著主要有：1981年聂耳三哥聂叙伦著的《少年时代的聂耳》、1999年昆明市作家存文学著的长篇纪实文学《聂耳》、2012年昆明市政协编的《伟大的人民音乐家聂耳》、2014年云南师范大学教授吴宝璋著的《人民音乐家聂耳》、2016年云南省博物馆编的《在历史印记中解析人民音乐家》、2018年昆明市聂耳研究会编的《聂耳音乐大众性民族性艺术性研讨会论文集》

和2019年昆明市文史馆编的《聂耳从昆明走向世界》等。

昆明倾力打造聂耳文化品牌的举措不仅仅限于文物的保护和开发利用，在用文艺精品创作方面也取得了显著的成效。从1992年开始，昆明市儿童艺术剧团历经8年时间，创作打磨出了一台以少年聂耳故事为题材的儿童音乐剧《小小聂耳》，让聂耳走进孩子心中。2001年荣获中宣部"五个一工程"奖，至今演出1200场，成为昆明市改革开放以来演出最多的剧目。2019年在中国第六届聂耳合唱周上，昆明聂耳交响乐团创作演出以聂耳作品为内容的原创交响合唱《启鸣之声》音乐会。同年，昆明学院（前身为云南省立第一师范学校）以聂耳日记为主线，创作了《青春洋溢　华彩乐章》校友聂耳作品音乐会。

昆明市还长期坚持不懈开展了纪念聂耳的音乐周活动。早在1982年2月，为纪念人民音乐家、中国无产阶级革命音乐的先驱、中华人民共和国国歌的曲作者聂耳诞辰70周年，由省市文化局、省市文联联合在昆明举办首届聂耳音乐周活动。时任中共云南省委常委、昆明市委书记李原主持了开幕式，省委常委、省委宣传部部长王甸同志致开幕词。他说："举办聂耳音乐周的目的，就是要在新的历史时期继承聂耳的革命音乐传统，学习聂耳的战斗精神，走和工农群众相结合的道路，提倡音乐的大众化、民族化，促进我省音乐艺术的进一步繁荣。"中国音乐家协会副主席赵沨在会上讲话，他说："今天，在无产阶级革命音乐家聂耳同志的故乡——昆明，举行聂耳音乐周，我代表中国音乐家协会向大会表示热烈的祝贺，并希望高举聂耳的旗帜，传承好聂耳精神。"在开幕式上，昆明聂耳合唱团、省歌舞团演出了聂耳的作品。聂耳的二哥聂子明、三哥聂叙伦出席了开幕式。

1985年7月，云南省在昆明市举办了第二届聂耳音乐周的纪念活动。时任中共云南省委书记普朝柱、文化部副部长周巍峙、中国音乐家协会主席李焕之出席开幕式。省长和志强在开幕式讲话中说："云南是聂耳的故乡，我省各族人民有一切理由为聂耳而自豪。我省的音乐工作者，应当沿着聂耳、冼星海开创的革命化、民族化、群众化的道路，发扬高度的爱国主义精神，努力深入生活，努力反映社会主义现代化建设的辉煌成就，为伟大祖国的繁荣富强而放声歌唱。"开幕式后，举行了"聂耳、冼星海作品音乐

近年出版的纪念聂耳书籍

会"，云南省歌舞团、云南艺术学院、昆明聂耳合唱团、昆明市青少年宫少年合唱团演唱了《毕业歌》《大路歌》《卖报歌》《翠湖春晓》《太行山上》《二月里来》等作品。聂耳的三哥聂叙伦也出席了开幕式。

为了进一步传承好聂耳精神，延续历史文化名城文脉，根据市人大代表和政协委员的建议、提案，一致提议把举办聂耳音乐节作为纪念聂耳的群众性活动，市政府积极采纳了这一建议和提案。2009年6月，昆明市第十二届人大常委会第二十五次会议就市政府提请的"举办昆明聂耳音乐节"议案进行了认真审议。会议认为，把举办"昆明聂耳音乐节"活动提高到地方立法的层面，这是提升昆明历史文化名城品牌，让全市人民永远铭记出生在昆明的人民音乐家聂耳伟大功绩的重要举措，也是传承好聂耳与时代同呼吸、与祖国同命运，爱国爱乡、敢为人先精神的需要。会议决定从2010年起，每两年举办一次"昆明聂耳音乐节"，活动时间为一周。活动期间，将通过举行拜谒聂耳墓、聂耳杯群众歌咏大赛、精品音乐会、民族音乐论坛等丰富多彩的活动，将"聂耳音乐节"打造成昆明的城市文化品牌和艺术盛宴。

为了全省打造聂耳音乐文化品牌、推动云南民族文化强省建设、提升云南文化竞争力和文化影响力，省委宣传部向文化部、中国文联申请，把纪念聂耳的音乐艺术活动提升为国家级活动，成为云南乃至全国开展群众性爱国主义教育活动的重要内容和创新载体。2009年6月12日，国家级首届中国聂耳音乐（合唱）周开幕庆典《前进颂》在北京人民大会堂隆重举行。

2011年6月16日，第二届中国聂耳音乐（合唱）周在上海、昆明、玉溪三地联合举办。开幕式大型文艺晚会《人民的声音》在上海大剧院上演，第八届中国音乐金钟奖合唱比赛作为本次音乐周活动的重要内容在昆明举办。音乐周期间，聂耳的诞生地昆明五华区甬道街73—74号"成春堂"昆明聂耳故居及聂耳纪念馆修缮落成并向广大市民开放。聂耳，这位出生昆明的中华人民共和国国歌的曲作者、伟大的人民音乐家的第一生活现场，成为世人关注的热点。

2017年7月17日，第五届中国聂耳音乐（合唱）周在昆明云南大剧院隆重开幕。来自中国交响乐团合唱团、泰国宣蒲合唱团、海南爱乐女子合唱团室内团、香格里拉市红旗小学童声合唱团、富民小水井苗族农民合唱团、昆明高新一小"七彩童年"合唱团、昆明聂耳交响乐团、云南高原秋色艺术团、大理阳光合唱团等39支国内外的表演团体，42名著名艺术家、歌唱家、指挥家，以及2971名演职人员，齐聚红土高原，荟萃滇中大地。以音乐文化为载体，精心举办了聂耳颂歌、盛世和声——聂耳音乐节开幕和闭幕式大型交响音乐会、中国交响乐团合唱团专场音乐会、欧洲经典作品音乐会、全国优秀合唱团合唱展演、指挥大师班等12场精彩纷呈、盛况空前的音乐活动。此次音乐周的举办实现了思想性、艺术性、广泛性的统筹兼顾，专业艺术与群众文化的有机结合，活动内容丰富多彩、规模影响明显扩大、文化品质显著提升。音乐会期间回望了那些激励几代人的优秀音乐作品，演唱曲目体现了云南色彩、中国气派、国际视野。

2019年7月17日至21日，第六届中国聂耳音乐（合唱）周在昆明云南大剧院隆重举行。这届音乐周以庆祝新中国成立70周年为契机，围绕高质量推进区域性国际中心城市建设，谱写好中国梦云南篇章，甄选来自国内的合唱团体加交响乐的呈现班底，融合诗歌、舞蹈、戏剧等多种艺术样式，特色地域的呈现样式，高度凝练聂耳精神，唱响聂耳精神。以《国歌唱响中国梦》为主题的开幕式交响合唱音乐会分为"序幕 山水的呼唤""第一篇章 在新中国的怀抱里""第二篇章 我们的春天故事""第三篇章 走在美好新时代""尾声 同心共筑中国梦"五个部分。

音乐周期间，在甬道街聂耳故居、翠湖聂耳塑像、西山聂耳墓地举办纪念聂耳的少儿合唱专场音乐会，致敬伟大音乐家聂耳，弘扬聂耳精神，加强对少年儿童的爱国主义教育。活动还邀请到昆的南亚东南亚和省内外优秀合唱团队，在昆明市城市中心广场和剧院，举办国际、国内各类专场合唱展演，让活动惠及更多的人民群众。昆明聂耳交响乐团还将演出以聂耳作品为内容的原创交响合唱《启鸣之声》音乐会。昆明学院（前身为云南省立师范学校）以主题晚会《青春洋溢 华彩乐章》演出校友聂耳作品。昆明市聂耳研究会也在西山聂耳墓地举行各族各界市民拜谒活动，唱响聂耳歌曲，传承聂耳精神。通过这一系列活动，充分展示了昆明人民热爱聂耳，永续聂耳精神，体现爱国热情、振奋民族精神、凝聚人民力量、共创美好未来，为在新时代全面

中国第五届聂耳音乐周（合唱）演员合影

推进区域性国际中心城市建设的精神面貌。

6. 昆明聂耳研究会引领传承聂耳精神

2013年9月，以昆明市政协为主导，市社科联、五华区委共同参与发起成立昆明市聂耳研究会。时任昆明市政协主席田云翔当选为会长，市政协副主席汪叶菊、昆明学院副院长熊晶、市政协秘书长周忻、云南师范大学教授吴宝璋等当选为副会长。

昆明市聂耳研究会是专门从事聂耳研究的社会团体。由云南省、昆明市的各级机关、企事业单位、人民团体中的专家学者，以及其他社会组织和公民中热心于聂耳研究的个人组成，是一个有较高层次的研究会。研究会的宗旨是：研究、挖掘、传承聂耳精神，推动聂耳文化遗产的保护利用，丰富历史文化名城内涵，扩大聂耳文化品牌的影响力，提升昆明城市文化品位。昆明聂耳研究会成立以来，专门组织专家学者系统研究了聂耳生平史料，取得了昆明是聂耳的出生地、音乐启蒙地、革命启航地的研究成果，公开出版了《伟大的人民音乐家聂耳》的历史图片和纪念文集；开展聂耳音乐成就的研究和运用，举办了聂耳音乐大众性民族性艺术性研讨会，公开出版了《聂耳音乐的大众性民族性艺术性研讨会文集》；每年7月，昆明市聂耳研究会在西山聂耳墓地举行各族各界市民拜谒活动，唱响聂耳歌曲，传承聂耳精神。

7. 未来建一座与区域性国际中心城市相匹配的聂耳文化中心

从昆明市"十四五"已经规划的文化体育中心来说，设计将对标区域性国际城市、彰显城市文化、突出春城特色，建设一座集昆明文化旅游资源展示、聂耳等名人文化品牌塑造、国际人文交流传播和市民健身活动为一体的公益性综合性文体活动中心，可取名为聂耳文化中心或昆明文化体育对外交流中心。由一厅一馆一中心构成。

功能A：中心建筑之一为聂耳音乐厅。昆明拥有全国唯一一个以聂耳命名的交响乐团，属于国家全标准建制的十大交响乐团之一，是省会城市的音乐文化名片。80年代建团以来，一直没有基本的创作演出场地。若音乐厅建成后，既可成为聂耳交响乐团排练、常年演出的专业音乐厅，也可成为市民群众开展文艺旅游演出的场所。（广州有星海音乐厅、长沙有田汉大剧院）

功能B：中心建筑之二为聂耳文化艺术博物馆。昆明现有聂耳文化资源零散，与聂耳作为国歌作曲者、昆明首席文化名人的地位不相称。目前，北京、上海、广州、深圳等城市都在打造智慧城市、智慧博物馆。因而，本馆的定位不是走传统博物馆的老路，而是跟上时代的步伐，打造具有昆明文化精神的智慧博物馆。从主题来看，一是可将云南省博物馆收藏的6000多件聂耳文物、省市和民间收藏的聂耳资料一并展示出来，实现全景体现聂耳出生昆明、成长昆明、音乐启蒙昆明、革命思想孕育昆明，走向世界的辉煌历程，成为国家、省、昆明市爱国主义教育基地和红色旅游景点。二是可集中展示昆明文化艺术的发展历程以及所取得的重要成就，成为文艺工作者以及市民了解昆明文化的窗口，为文艺的再出发打下基础。

功能C：中心建筑之三为昆明国际人文交流中心，以文化创意产+电子商务、文化创意+科技、文化创意+健康为内容，为文化艺术人才和非遗传承人常年设立艺术展览、艺术培训、文物拍卖等国际文化艺术交流直播平台，面向全球宣传昆明文化艺术、旅游资源、民族民间传统文化，为打造三大城市品牌创建平台。

文化中心建筑外设立综合利用的广场，既可以成为全市开展大型活动的综合场地，又可以成为市民文体活动、健身锻炼、休闲娱乐的场所。以上三大综合性功能，可以将公共文化、旅游、体育、文学艺术、广播电视、对外交流资源融合，最大化发挥这一文化中心的作用。

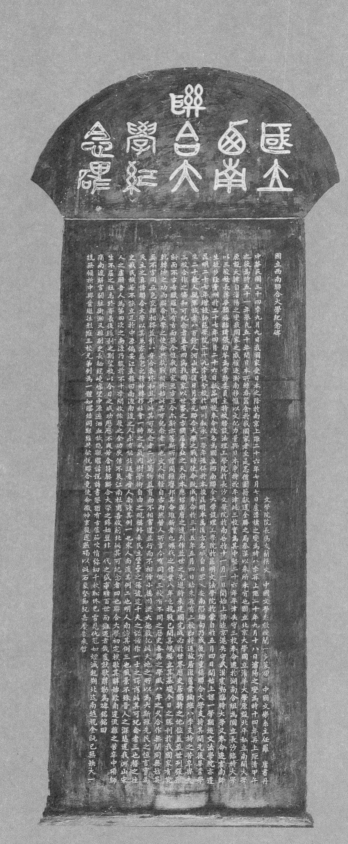

第九章
抗战中的文化名城

　　抗战以来，昆明因地处西南边地的特殊地理位置，成为全国抗战的重要后方基地，大批内地重要的工矿企业纷纷迁来，使昆明迅速成为包括矿业、冶金、机械制造、纺织、化工、光学仪器在内的战时工业基地，形成了海口、安宁、茨坝、马街等四大工业片区。与此同时，国内著名大学，如国立西南联合大学、国立同济大学、国立艺术专科学校、私立中法大学等大学和一批杰出自然科学、社会科学的研究机构也纷纷迁入，各类顶尖人才、学术大师云集昆明，使昆明成为抗战中的文化教育科技名城，促进了昆明民主运动的发展和社会思想的进步。

一、西南联大文化现象

西南联大文化现象是一个具有"国家记忆"性质和世界影响力的文化遗产，是昆明独有的文化标识，具有为"国家留史，民族留记，英才留传"的重要作用，留下了中国教育文化发展史中的传奇故事，成为昆明历史文化名城不可或缺的重要支撑。

1937年，"七七卢沟桥事变"，抗日战争全面爆发，为了避免中华民族文化教育种子遭受战火摧毁，众多华北及沿海城市高校、研究院所纷纷南迁、西迁。其中，由北平的国立北京大学、国立清华大学和天津的私立南开大学联合而成的"临时"大学，从沦陷了的平津一路辗转迁移，最终落脚云南昆明。

1937年8月28日，北大、清华、南开三校校长，接到了来自国民政府教育部的公

西南联大旧址校门

函。公函要求：三校南迁长沙，联合组建长沙临时大学。11月1日，长沙临时大学正式开课。然而，片刻安宁再次被侵华日军的炮声打破。上海、南京沦陷后，长沙危在旦夕。而此时地处边陲之隅的云南凸显出独特的优势。云南省地处祖国西南边陲，位于东亚大陆与中南半岛和南亚次大陆接合部，在第二次世界大战期间，随着国内国际战局的变化，被推到"以一隅而荷全国之重任"的重要位置，既是坚固大后方，又是抗战最前线，即是世界反法西斯东方战场的战略接合部，又是战时中国的对外交通大通道。为保住中华文化血脉，临时大学决定西迁云南昆明，并于1938年4月2日正式更名为"国立西南联合大学"，中国教育史上的一段传奇就此拉开序幕。

一所顶尖一流大师的学校

西南联大在昆明度过的8年战争岁月里，在西南联大条件简陋的教室里，工作着中国最负盛名的大师。学校拥有一批学贯中西的各学科的顶级专家和学术泰斗。自然科学方面有：陈岱孙、陈省身、吴有训、周培源、吴大猷、叶企孙、华罗庚、黄子卿……社会科学方面有：朱自清、冯友兰、罗庸、罗常培、王力、费孝通、沈从文、钱钟书、刘文典、陈寅恪、钱穆、金岳霖、汤用彤、闻一多、潘光旦等300多人。

一所杰出人才辈出的学校

西南联大在颠沛流离中创建，在泥墙铁皮顶教室里，坐在被师生们其取名为"火腿椅"的凳子上，在日寇飞机轰炸的间隙中上课，以极简陋的仪器设备从事研究工作，不但坚持办了下来，而且办得有声有色，在短短的8年多时间里取得了非凡的成就。理工科方面的成就，很多人耳熟能详。例如，我国"两弹一星"的研制开发群体，联大人占了相当比例，"原子弹之父"赵九章、邓稼先出在联大；诺贝尔奖获得者李政道、杨振宁，青年数学家陈省身都出自联大。人文社科方面，西南联大教师们的成就在全国也是领先的。如闻一多研究《诗经》《楚辞》，功力深厚，他利用西南地区民族民俗的活化石，让学术造诣开了新生面。语言学大师罗常培利用云南少数民族地区的特殊条件，开辟了少数民族语言研究新领域，为我国培养了新一代的民族语言研究人才。钱穆著的《国史大纲》堪称历史学经典。这所最穷大学虽然只存在了8年，却被誉为"中国教育史上的珠穆朗玛峰"，与牛津、剑桥、哈佛、耶鲁平列而无愧色。正是从这简陋的铁皮屋里和火腿椅上，走出了2位诺贝尔获得奖得主、8位"两弹一星功勋奖章"获得者、5位国家最高科学技术奖获得者和173位两院院士，以及百余位文坛的大师。在昆办学8年间，有8000

西南联大校训

多学生，毕业生3300多人，投笔参加抗战834人，他们中许多成为中共党员，参加新民主主义革命，成为国家领导人；他们中许多成为中国著名专家教授，他们是：朱光亚、黄昆、刘东生、叶笃正、吴征镒、宋平、彭佩云、王汉斌、汪曾祺、任继愈、吴庆恒等等。

一所学术自由风气鼎盛的学校

在国立西南联合大学纪念碑碑文中冯友兰先生写到"八年之久，合作无间，同无妨异，异不害同，五色交辉，相得益彰，八音合奏，终和且平"。这种合作精神正是联大值得纪念的重要特质，是一种灵魂的契合、心意的相通，以及内在气韵的融合。西南联大能够成为中国历史上空前的一所世界级学术殿堂，除了注意保持三校之间的平衡之外，其辉煌成就的取得主要得益于高效的运行机制、自由的学术氛围和独立的办学理念，而对国族的忧虑、文化的热爱，以及追求理想的信念也是贯穿西南联大始终的精神内涵。

在学校管理方面，高效节俭，教授治学。学校的重大决策由清华校长梅贻琦、北大校长蒋梦麟和南开校长张伯苓共同组成的常委会负责，又称西南联大三常委。三校校长之间亲密合作、相得益彰的大气传为美谈。西南联大成立之初，南开校长张伯苓诚恳地对北大校长蒋梦麟说："我的表，你戴着。"这是天津俗语"你做我的代表"的意思。北大校长蒋梦麟，也颇懂得"无为"之道，他曾经说过一句名言："在西南联大，我不管就是管。"由于张伯苓和蒋梦麟不争名位，同时他们又都在重庆兼有其他工作，因此，主持西南联大的具体事宜，更多地落在了梅贻琦肩上，但他为人谦逊，秉持的是"吾从众"与"无为而治"的原则，遇事总是先请教别人的意见。

在学风方面联大似乎更受到北大传统的影响，秉承了北大蔡元培校长时期提出的"学术自由，兼容并包"的风格，融入了清华"严谨求实"之风、南开的"活泼创新"之风。或曰"如海如云如山"，意即北大宽容如海、清华智慧如云、南开坚定如山。有容乃大，联大以兼容并包之精神，正是在融汇三校的优良学风的基础上，树立起"学术自由之规模"。汪曾祺坦言当年报考联大就是冲着三校自由的校风去的，追求的无非是"潇洒"二字。联大没有让汪曾祺失望，的确是当时中国最自由的大学，对学生而言如是，对老师而言亦如是。

西南联大继承了三校"教授治校"的传统。教授治学保证了教授在学校中的主体地位，学校的教学工作由教授会来体现。联大各院、处长均为教授兼职，所以教授们又直接负有管理学校各方面工作的职责。教授们尽可以按照自己的心意从事教学或科研工作。想研究什么便研究什么，上课可以自行选择教材，安排教学内容，也无须准备教学大纲、教案或者教学进度表之类的材料应付检查。对学生来说联大的学业也很自由，你能够随意地选择任何想学的课程，从容地发掘并发展自己的学术兴趣。学术自由还体现在学生与老师关系的平等。教学中学生不理解或者不赞同教授的观点没关系，师生都可以保留自己的意见。

抗战胜利后，1946年5月，三所学校分别从昆明陆续迁回北京、天津复校，留下了国立昆明师范学院在联大原来的校址继续办学，也成为今天云南师范大学的前身。总而言之，这所集纳了三所名校一流知识人的"临时大学"，在华夏的西南一隅、在近代中国复杂的思想激荡中，将家国情怀、自由精神、民主意识和人文价值熔铸于一炉，形成了非大楼之谓、乃大师之谓的大学精神。1946年离开西南联大时，冯友兰教授撰写了《国立西南联合大学纪念碑》，闻一多教授篆额、罗庸教授书丹，人称"三绝碑"。文中写道："联合大学以其兼容并包之精神，转移社会一时之风气，内树学术自由之规模，外获民主堡垒之称号"，精辟地概述了西南联大教学治校的精髓。

2017年1月24日，李克强总理在参观位于云南师大的西南联大教室旧址时评价西南联大是"中外教育史上的奇迹"："在极端艰难困苦中弦歌不辍，大师辈出，赓续了我们民族的文化血脉，保存了知识和文明的火种。这不仅是中国教育史上的奇迹，也是世界教育史上的奇迹。"

2020年1月20日，习近平总书记考察了西南联大旧址，了解抗战期间西南联大师生教书救国、读书报国的光荣历史。在了解西南联大结茅立舍、弦歌不辍的光荣历史后，习近平深有感触地说，国难危机的时候，我们的教育精华辗转周折聚集在这里，形成精英荟萃的局面，最后在这里开花结果，又把种子播撒出去，所培养的人才在革命建设改革的各个历史时期都发挥了重要作用。这深刻启示我们，教育要同国家之命运、民族之前途紧密联系起来。为国家、为民族，是学习的动力，也是学习的动机。艰苦简陋的环境，恰恰是出人才的地方。我们现在教育的目的，就是要培养社会主义建设者和接班人，培养有历史感责任感、志存高远的时代新人，不负韶华，不负时代。

今天，来到昆明西南联大旧址，走进由梁思成设计的教室，站在杨振宁坐过的桌椅旁，回忆陈岱孙上课的逸闻趣事，重温冯友兰撰写的纪念碑文……仿佛是一场与历史握手的"穿越"之旅。

【链接】西南联大师生故事

梅校长"摆地摊"

已经上课几分钟，梅校长才满头大汗跑进教室，不好意思地向学生们解释说："迟到了几分钟，夫人忙不赢，帮她看了会摊子，同学们见谅！"

联大期间，他一个月的工资只能维持一家人半个月的生活。因为钱实在不够用，校长夫人韩咏华为了维持家里的生计，决定放下昔日的名门闺秀面子和身段去摆摊。她身穿布褂子挎着小竹篮开始摆地摊，叫卖自己亲手制作的糕点。她并不敢去人太多热闹的地方，怕遇见熟人，怕被人认出。在妻子的影响下，校长先生也开始加入了摆地摊的阵营。有时候，夫人忙不过来时，校长梅贻琦也会早起帮忙叫卖。所以才出现了文章开头的一幕。后来，梅贻琦和教授们给地摊糕点取名叫"定胜糕"，意为"抗战定胜"。随着销路的打开，韩咏华地摊糕点也开始走向柜台。她找到一家叫冠生园的糕点店，寄卖她的糕点。定胜糕开始叫响西南联大和昆明城。

闻一多篆刻治印

闻一多先生在西南联大执教期间，一家老少八口（夫妇俩加上5个儿女和1个保姆），开支大，薪水不足以养家，生活捉襟见肘。朋友们便怂恿他以"治印"谋"开源"之道。闻一多早年赴美留学时主攻美术，回国后研究甲骨文、金文与文字训诂，擅长楷隶，小篆别有风致。为纾解生活困难，自谋生计，挂牌摆摊，刻章治印，贴补家用，留下了"文字是我斗争的武器，刻章刀是我挣钱养家的工具"的铮铮之语。闻一多治印的方法是委托昆明城内青云街、华山南路、正义路上的多家笔墨店，在显眼位置张贴治印启事和润例，并代收印章。1946年2月，他在家书中坦言："弟之经济状况，更不堪问……在断炊之威胁中度日……经友人怂恿，乃挂牌刻图章以资弥补。"

李政道"当伙计"

1944年，18岁的李政道从浙江大学转入国立西南联大就读。由于家庭条件非常困难，李政道来到昆明后，除了背着的一包书籍外，全身上下竟然找不到一个铜板。当时，他已经连续好几天没有吃过一顿饱饭了。一天，李政道一个人漫无目的地走在大街上，一阵阵急促的警报猛然响起，附近一家茶馆的老板和顾客全都跑到防空洞躲避。由于大家走得焦急，茶馆里面一片狼藉。看到这种情况后，李政道忽然计上心来，他来到防空洞里找到那家茶馆的老板，不好意思地向人家请求道："让我来帮你打扫茶馆的卫生吧！如果以后再有警报响起，你只管逃跑躲避，茶馆里一切由我负责。"老板不解地问他："你为什么要这样做？"李政道低下头，红着脸回答道："我唯一的要求，就是希望你能让我将客人们吃剩下的饭菜带走，以便填饱肚子。"

老板听了李政道的话后，对眼前这个年轻人的胆识敬佩不已，他不仅爽快地答应了李政道的要求，而且还帮他介绍了其他几家茶馆维持生计。

陈岱孙"停课赏雨"

联大学生宿舍是茅草屋顶。一到下雨天屋顶即漏水，住在上铺的同学把脸盆、水桶、饭盒都拿来接水。教室的条件稍好一些，用铁皮作屋顶，但暴雨打在屋顶上声如急鼓，老师讲课的声音根本听不到。法商学院教授陈岱孙历来以完美掌控讲课时间闻名，每堂课他讲完计划内容后，说一声"下课"，铃声立刻打响，万无一失，令人称奇，可是昆明的暴雨时常打乱他的计划。一次，他正讲到得意处，忽然一阵急雨，声音大得使他无法讲下去。他想了一下，在黑板上写了四个大字："停课赏雨"！同学大笑，陈岱孙一脸无可奈何。

师生"跑警报"

1939—1940年间，昆明上空空袭警报两三天一次，有时甚至一天两次，当时飞虎队尚未来华，昆明上空毫无防空力量，日军又以西南联大为主要攻击目标，警报一响，师生就要立即放下书本跑到地洞，俗称"跑警报"。"跑警报"本是生死关头，却被师生解读得十分浪漫，当年的联大学生汪曾祺写道："'躲'，太消极；'逃'又太狼狈。惟有这个'跑'字于紧张中透出从容，最有风度，也最能表达丰富生动的内容。"国文系教授刘文典说："教授跑警报是为保存国粹，学生跑是为保留下一代希望。"有一次，遇上空袭，正在上课的刘文典，赶紧带着学生往防空洞跑。快跑到洞口时，突然想起陈寅恪眼神不好，不方便跑路。便赶紧沿路返回，寻到陈寅恪，对身边的学生大喊：保护国粹要紧，保护国粹要紧。说完，几个人架起陈寅恪，一路狂奔。为此，陈寅恪做了一副幽默的对联："见机而作，入土为安"。

二、国立艺专——艺术家成长的摇篮

抗战期间，1939年春，当时内迁昆明的高等院校还有由北平国立艺专和杭州国立艺专组成的国立艺术专科学校。从1939年春至1940年底在昆明度过了近两年的教学时光，培养出了一批知名艺术人才。

"我们以热血润色河山，不使河山遭蹂躏。我们以热情讴歌民族，不使民族受欺凌……"这首由国立艺专校长滕固作词的校歌，创作于抗战时期国立艺专师生西迁途中，反映的正是艺专师生把艺术和生命献给抗战的心愿。在西迁途中，国立艺专师生们目睹了民生之疾苦，生灵涂炭，也领略了河山之壮丽，人民之勇毅。来昆后，国立艺专的学子们通过印版画、戏曲等形式积极投身到抗战宣传运动中。

一路西迁，许多人走散，国立艺专到昆明时招收了一些本地学生，当时有100多人，教职工不到20人，设音乐、建筑、西画、国画、图案、雕塑6个系。条件虽艰苦，但教师都是全国著名的专家学者。当时校长是滕固，教务长是方干民，潘天寿主持中国画教学，常书鸿负责西画教学。

刚到昆明时，国立艺专借用当时的昆华中学、昆华小学为校舍，因陋就简，招生上课。1939年末，因昆明校舍困难，又空袭频繁，国立艺专便迁往当时位于今晋宁县的安江村。安江村地处滇池东南岸，曾记载是徐霞客弃舟登岸游云南的地方。抗战时期，这里濒临滇池，湖光山色，风景极佳。学校便借了村中5座祠堂庙宇为校舍，又得安然复课。此后一年多虽战事不断，但国立艺专在此安心教学，不仅各课能依序进行，师生们还创作了很多作品。

毕业于国立艺专的著名国画大师吴冠中先生，回忆起在安江村这段求学时光时曾感叹："这段时期是非常重要非常关键的，大师云集，并使青年学子们能潜心学习，为日后的中国画坛培养了新的一代大师及优秀艺术人才。"

安江村这个美丽小村庄的百姓，除了将村中的玉皇阁等5座古庙租给师生作为课堂，还将家中屋舍也租给师生作为宿舍。当时寺庙光线不好，学生们上午上课，下午就去村子里或附近的盘龙山、滇池边写生，还有的到现在的晋宁区上蒜镇考察戏曲、

晋宁安江村——国立艺专旧址

工艺品、出土的青铜器、民族文化等。油画《开国大典》的作者董希文在国立艺专求学时，就曾以安江村农妇收蚕豆的画面创作了《收豆图》。

如今，在昆明就读过国立艺专的学子已尽数离世，然而，他们的名字却与安江村紧紧地联系在了一起：吴冠中、高冠华、李际科、傅本娴、刘傅辉、黄继龄、阮璞、张权……（其中，昆明学子黄继龄，成为后来昆明工艺美术研究所所长；刘傅辉，1959年参与筹建云南艺术学院，担任美术系油画教研室主任；傅本娴，西南大学画家）他们在历史的断续之交，挽艺术狂澜于既倒，扶教育大厦之将倾，成为中国艺术的坚守者。

国立艺专是抗战时期中国最高艺术学府，迁入昆明后，在艰难困苦的战争环境，难得有两年相对安稳的学习环境，恢复了教学，大师云集，学生刻苦学习，即使在日机不断轰炸的情况下，搬到乡下安江村继续办学，以安江村寺庙为课堂，以盘龙山和滇池为写生创作基地，为延续中华艺术薪火和学习西方艺术作出了卓越贡献，孕育出了当今闻名于世的中国美术学院、中央美术学院、中央音乐学院和清华大学艺术院。国立艺专在烽火岁月传承中华民族艺术文化的使命精神和担当责任，挽艺术狂澜于既倒，扶教育大厦之将倾，将记入中国近现代教育史册，被称为中国现代艺术教育的基石。

今天，进入新时代，昆明建设区域性国际中心城市，历史文化底蕴将是重要的国际交流内容，而国立艺专的历史艺术资源将具有交流合作的国际性和倡导美育提升国民素质的现实教育意义，对昆明的城市形象和文化塑造将有十分重要的意义。

三、飞虎队与"驼峰航线"

抗日战争期间，中国曾得到世界反法西斯联盟许多国家和人民的大力援助。1937年7月7日，日本法西斯发动全面侵华战争，北平、天津、上海、南京等中心城市相继沦陷，东北、东南沿海通道被日军切断。昆明成为国际援华物资转运的重要枢纽，对外交通的战时国际通道，也是缅甸战场和滇西战场的指挥中心。因此日本飞机自1938年以来，经常派飞机轰炸昆明和滇缅公路，昆明人民饱尝流离失所、家破人亡的痛苦。

1941年4月，中美达成秘密协议，由美国总统罗斯福签署命令，允许美国预备役军人和陆军航空队、海军航空队的退役人员前往中国参加战斗。1941年7月，第一批美国志愿队，由美国退役将军陈纳德招募完成，并前往缅甸受训，投入滇黔桂对日作战。8月1日，这支志愿队正式成立，总部设在昆明，陈纳德上校任志愿队指挥官。这支志愿队隶属于中国空军，因此又称"中国空军美国志愿援华航空队"，与中国军民共同抗击日本侵略者，立下了赫赫战功。

志愿大队在昆明的第一次空战是1941年12月20日上午。时日，日军10架轰炸机从河内机场起飞，直犯昆明，负责监视空域的防空情报网迅速探悉并立即报告了中国空军指挥部及美国空军援华志愿大队。陈纳德立即命令第1中队起飞16架战机，抢占高度；第二中队起飞8架战机，正面迎敌。待日军轰炸机群抵昆明东南郊上空，日军飞行员第一次见到巨齿利牙、张开血盆大口的鲨鱼飞机迎面而来，十分惊慌。志愿大队机群先敌出击，一举击落3架、重创6架日军轰炸机。志愿大队无一伤亡，仅一架飞机机翼受伤。9∶0，志愿大队首战告捷，一鸣惊人。昆明人民奔走相告，欢庆胜利。

第二天，一位记者在其报道中以"飞虎"即"飞行的老虎"来形容志愿大队及其志愿队员们英勇的战绩，这一称呼迅即不胫而走，并得到民众的广泛认同。美国报刊很快也采用了这一称谓。"飞虎队"！这是一个恰到好处的灵感想象，志愿队员们也均认同这一称号，并干脆用"Flying Tigers"为自己的队伍命名，志愿大队由此成为后来享誉世界的"飞虎队"。后来，好莱坞沃尔特·迪斯尼协会的罗伊·威廉斯应中国空军将领王叔铭之约，为飞虎队设计了队徽：一只卡通化的孟加拉虎背插双翅，亮出爪子，从代表胜利的"V"字形图案上起跳。飞虎队这一标志后来成了闻名世界的图案。

说起飞虎队的飞机头部为什么又会有鲨鱼的形象呢？后来从美国飞行员的回忆中得知。一名幽默的第3中队飞行员埃里克·希林战前提议能否把大鲨鱼嘴和牙齿画在飞机头部，以吓唬、震慑"小日本鬼子"。陈纳德觉得不仅有趣，而且很有象征意义，可以提高士气并威慑日寇，便同意这个提议。之后，飞虎队每一架战机头部，都变成了"鲨鱼头"。画有这一图案的飞机便成为飞虎队的标记。飞虎队首战之际，珍珠港事件已经发生，陈纳德激动地对其队员们说："日本人已经进攻珍珠港，这也意味着我们再也不必躲在幕后作战了。我们是美国志愿航空队，我们的工作不再仅仅是为中国而战，我们现在也是为美国而战。现在应该是我们对准并打击共同敌人的时候了"。美国航空志愿队在中国、缅甸、印度支那作战7个多月，以空中损失12架飞机和地面被摧毁61架的代价，取得击落约150架敌机和摧毁297架敌机的战绩。1942年7月3日，陈纳德根据美国陆军部和蒋介石的命令，解散美国志愿援华航空队，改隶属美国陆军第10航空队的第23大队，后又隶属第四航空队。

1943年，志愿航空队改为第14航空队，除了协助组建中国空军，对日作战外，

飞虎队在昆明

还协助飞越喜马拉雅山，从印度接运战略物资到中国，以突破日本的封锁，人称"驼峰航线"。航线全长800多千米，横跨喜马拉雅山脉，沿线山地海拔均在4500—5500米，最高海拔达7000米。从印度阿萨姆邦汀江，经缅甸到中国昆明、重庆，运输机飞越青藏高原、云贵高原的山峰时，达不到必需高度，只能在峡谷中穿行，飞行路线起伏，有如驼峰，驼峰航线由此得名。

"驼峰航线"途经高山雪峰、峡谷冰川和热带丛林、寒带原始森林，以及日军占领区；加之这一地区气候十分恶劣，强气流、低气压和冰雹、霜冻，使飞机在飞行中随时面临坠毁和撞山的危险，飞机失事率高得惊人。有飞行员回忆：在天气晴朗的时候，我们完全可以沿着战友坠机碎片的反光飞行。他们给这条撒着战友飞机残骸的山谷取了个金属般冰冷的名字"铝谷"。因此，"驼峰航线"又称为"死亡航线"。

这种运输方式的代价是巨大的，运输一次资源和运输过程途中所消耗的资源形成严重的比例反差，而且一旦出现飞机事故，则损失更是加剧。为了重新打通滇缅公路开辟地面运输通道，航空队还担任运输作战人员的任务，将中国的作战部队，经过运输，送至当时印度进行军事训练，再联合当时国内作战部队，同时出击，反攻日军，恢复失地，打通滇缅公路。

在这条航线上，中美双方3年多共向中国战场运送了70万吨急需物资，人员33477

人，航空队共损失563架飞机，牺牲1500多人以及诸多失踪机组人员，如果加上中国航空公司所损失的飞机和飞行员，这个数字将会更加巨大。虽然牺牲巨大，但是航线的开通意义重大，是继滇缅公路暂时性地断绝之后的又一重要运输线，成为当时维持抗战的空中生命线，是飞行运输历史上的一大奇迹。

【链接】昆明飞虎队纪念馆

昆明人为纪念飞虎队在中国抗战中的功绩，早些年就在市区东风广场旁的一栋白色二层小楼内建起了飞虎队纪念馆。这栋建于20世纪30年代的西式建筑，是当时中国航空公司昆明办事处用房，改建成昆明飞虎队纪念馆，以大量历史照片和文物，展示了飞虎队的卓著功勋和中美人民的珍贵友谊。

纪念馆展示有中国飞行员与飞虎队员共同鏖战长空，也有中国军民在新建维护保护机场、提供生活地勤服务、营救受伤飞行员方面付出的巨大努力的实况。数据显示，为保证飞虎队作战需要，当时的中国军民在短时间内建立若干前线机场和联络机场。其中，飞虎队的主要基地昆明就建设巫家坝、呈贡、寻甸羊街和干海子4个机场。每个机场都有中国警卫部队守卫并有大批民工随时维护修整。

"要想炸毁它们是不可能的，不管日本轰炸机在跑道上炸多少个坑，大群的中国劳工也能在两小时内把它们全部填平。"当年陈纳德将军曾感慨。纪念馆内，众多照片定格在中美军民交谈，中国民众营救美国飞行员等画面。在兰坪执行任务时身患重病的美国飞行员罗伯特·威瑟尔霍夫特，是被众人抬送到小型飞机上的。为了让飞机着陆，当地农民用人海战术奋战了三天三夜，在山谷里碾建成一条临时飞机跑道。

纪念馆建馆以来，每天吸引众多中外游客前来参观，成为抗战期间中美友谊的见证。

【链接】祥云街飞虎楼

时任云南省主席龙云曾在祥云街"新昆明电影院"一侧拨专款为美军修建了"飞虎楼"，而且建造该楼所用洋灰（水泥）都是从印度加尔各答用飞虎队飞机从驼峰航线运到昆明，该"飞虎楼"解放后被划归昆明市商业局，而且至今依然矗立，成为昆明保留下来的历史建筑。

那时，近日楼旁的三市街是昆明最热闹的市中心，为商贾云集的闹市，这里街道不算长，但商店却一个紧挨着一个，除了街道两旁沟通羊市口、同仁街的那几条庭院式巷子外，这些铺面还各有特色。有趣的是，三市街当时的一些店铺最初大都是木结构，夜晚收摊时还要上门板。昆明城的细布商、丝绸商、进口毛料商、染坊商大都集中在三市街，并成立了"布业公会"。三市街的一些商家，在抗日战争期间，偶尔也会做一些舶来品生意，如"美国香烟""美国口香糖""美国酒、巧克力"甚至"美国面粉、奶粉"等，这是因为住在不远处"飞虎楼"的一些飞越驼峰航线的美军军官、士兵会带些"援华物资"拿到三市街换钱。他们还会将美国好莱坞拍摄的最新电影拿到附近的南屏电影院放映。

四、滇缅公路——用生命筑成的国际通道

　　1938年10月武汉会战后，抗日战争进入战略相持阶段。中国东南各省的所有海陆交通几乎全被日军切断，我方军需物资供应短缺严重，形势严峻。当时中国的工业基础薄弱，大部分武器从国外购入，华侨筹集而来的大批急需品、棉纱、汽车等物资，以及国际上的援助，都急需运输到前线，可是所有东南沿海口岸和码头已被日军封锁。为了运送战略物资，必须打通一条安全的陆上国际运输通道。

　　此时，中国只剩下西南的畹町这个国际出入口。（畹町在傣语中是"太阳当顶的地方"。）为了保证国际援华物资能够顺利抵达，自1937年底，云南征集了近30个县约20万人赶修滇缅公路，当时几乎没有任何施工机械设施，全靠人力开辟，仅用了10个月的时间就完工了。由于大多是穿着各种各样民族服装的妇孺老幼日夜在修路，这条公路又被称为"妇孺公路"。1938年底滇缅公路竣工后，大大鼓舞了全国人民的抗日士气，日本的南进计划受阻。用石头建成的畹町桥成了西南边陲交通枢纽，也是中国与外部世界联系的唯一交通运输通道。

　　然而，公路修通后，司机与汽车机修人员却不够，苏联、英国、美国等国家为支持中国抗日，运来了大批技术先进的卡车。但其中的装置、操作说明等却全部是英文，能够看懂并能实际操作的人太少了。而滇缅公路一路上又是高山深河、急弯陡坡，极度考验驾驶者的技术与胆量。当时国内缺乏有经验的大卡车司机和汽车修理工，临时培训一批司机根本来不及。仰光港的进口物资堆积如山，但却很难运回中国。1938年12月，时任军事委员会西南运输处主任的宋子良向"南洋华侨筹赈祖国难民总会"主席陈嘉庚求援，请求他在海外代为招募机工。

　　陈嘉庚先生立即召开南洋总会专门会议，决定采取以下措施：一、在各地华侨报

纸上发布第六号通告招募；二、直接发函给各地属会要求"从速进行办理"，为祖国抗日输送最优秀的志愿者，并在南洋各地成立"南洋华侨机工回国服务团"。通告发出后，陈嘉庚先生还亲自到各埠发表演说，并借助华侨报纸，使通告迅速传遍南洋各地，祖国大陆招募机工的号召一出，新加坡、马来西亚等地南洋各国华侨爱国青年热血沸腾，积极响应。许多父子、兄弟、朋友相约前来报名，有的瞒着父母，还有隐瞒岁数坚决要求回国抗战。大家报名踊跃，回国参加抗战成为当时流行的一种风气。

在这条被誉为"抗战生命线"的公路上，先后有3200余位南侨机工舍弃了海外安逸舒适的生活，不顾个人安危，冒着烽烟战火，夜以继日地向抗日前线运送军需辎重和兵员。

滇缅公路全程1146千米，当时的路况极差，大部分是土路，道路崎岖，地势险恶，一不小心就会车毁人亡。晴天时，车轮过后尘土飞扬，车上必须带跳板，遇上窄路就随时铺设，让车轮凌空开过去。每逢下雨更是泥泞不堪，到处是烂泥陷坑，碰到打滑陷轮时，机工们只好自己去动手砍树、抬石头把车轮从坑中想办法抬出来。他们沿途要翻越海拔3000多米的横断山和怒山，要跨过水流湍急的澜沧江和怒江，还要忍受炎热，穿越疟蚊猖獗、蚂蟥成群，还有数十种毒蛇出没的"烟瘴之地"。碰到塌方或者车子抛锚时，就得停在荒山野岭，食宿无着落，不但要看管好所运物品，还得防止遭到野兽袭击。

除了自然条件恶劣外，日军为了切断这条中国对外交通的动脉，还经常派出飞机对滇缅公路进行轰炸和扫射。每当敌机来轰炸时，南侨机工们只好跑到山林中暂避，等待敌机走后再继续开车。为了躲避日军的轰炸，加紧运输，他们常常是晚上关灯夜驰疾行，给本就在很差路况上的驾驶增加了更大的难度。

1939年到1942年，在滇缅公路上，"南洋华侨机工回国服务团"和国内6000多名卡车司机共向中国各抗日战场输送约50万吨军需物资、1.5万余辆汽车，运送10万中国远征军入缅作战，抢修上千车辆。在那个战火纷飞的年代，在相对安逸的东南亚，这些风华正茂的青年华侨义无反顾回国参战，书写了可歌可泣的爱国情怀。他们中有1000多人直接牺牲在滇缅公路上，用鲜血和生命争取民族独立和人民解放。

五、昆明广播电台
——传播抗战声音的国际电台

抗战期间，国民政府在昆明设立了对内对外宣传抗战的昆明广播电台。1940年8月1日，昆明广播电台正式播音，发射功率为50千瓦，为当时中国功率最大的广播电台。

1937年全面抗战爆发后，中国广播事业遭受重大损失。到1938年底，中国官方的广播电台仅剩六七座，总功率不到11千瓦。为"以资宣传，而利国防"，当时的国民政府中央广播事业管理处决定在"西南边陲，且为国际路线之要隘"的昆明设置强力广播电台，并择定昆明西普坪村为装机之所，市郊潘家湾（今人民西路94号）为发音及办公地址。

抗战期间，昆明广播电台除国语及粤语、厦门语、闽南语、沪语等汉语方言的节目外，还先后开播了英语、法语、越南语、缅甸语、日语、马来语、泰语等外语节目。每一种外语节目和汉语方言节目，均是为了抗战国际宣传，对抗日本广播战而设立。另外，昆明广播电台也与苏联、美国、英国等同盟国广播电台进行交流，适时转播美国之音和旧金山电台（KWLD）等国外电台的广播，还开办了对华盟军广播。昆明电台也经常与重庆的中央广播电台、国际广播电台互相转播节目，而很多时候是中央台和国际台转播昆明电台的节目，某种意义上昆明台取代了重庆两台的宣传作用。

除了激励民族精神、宣传抗日救国外，昆明电台也直接参加了抗战的军事行动。昆明电台与中美空军密切合作，按照对日空战需要随时打开广播为盟军飞机导航。

这期间，西南联大师生成为电台的技术和播音业务的重要支撑。西南联大各学院的师生直接参与制作节目，参与英语、法语和日语等外语节目的播音。据昆明广播电台资料统计，西南联大师生在电台的专兼职人员约占电台编播人员的71.5%，先后应邀到电台演讲的教授有蒋梦麟、查良钊、陈岱孙、马约翰、费孝通、冯友兰、罗常培、罗庸、闻一多、潘光旦等数十人，西南联大戏剧社成为电台戏剧演播的主要团体。

1949年12月，时任国民政府云南省主席卢汉宣布"云南起义"，投向新成立的中华人民共和国政府，昆明广播电台被中共接管。次年3月4日更名为"云南人民广播电台"。

六、昆明电影放映业入市

▼

电影作为20世纪最有影响的艺术创造，它诞生于19世纪末，1895年12月28日，在巴黎的一家咖啡馆地下室，卢米埃尔兄弟向观众展现了他们的新发明——电影与电影放映机。此后，电影放映在伦敦、纽约等城市出现，逐步向全球各地推广。

作为一座与世界接轨较早的城市，在20世纪初滇越铁路开修通的时候，地处西南边疆的昆明，电影就已进入昆明人的生活，并成为当时昆明最为时尚的元素，成为全国放映电影最早的城市之一。1903年，滇越铁路河口至昆明段开始动工建设，大批的外籍人员来到昆明，法方筑路部门带来了小型放映机，最初是由法国人作为招待亲友观看，还不定期晚间在工地露天放映无声电影。

1906年，也就是电影刚刚出现的第11个年头，昆明"水月轩照相馆"的主人蒋楦是昆明第一个经营电影放映业的人。他在翠湖海心亭东侧水月轩照相馆，可容纳近200人客厅放映最早的默片电影，那是昆明第一家经营性的电影院。当时的《滇南钞报》还登出广告招徕观众，每位收银三角。尽管使用单机木架手摇放映机，以煤石灯为光源。作为新生事物的电影，使昆明城区居民感到惊奇，称为看"西洋镜"。因生意兴隆，尽管当年翠湖入夜后，一片黑暗，但打着灯笼、扶老携幼前去观赏电影的人群，络绎不绝。影片来源主要是法国人由滇越铁路带来的无声片。1917年，外资法商百代公司在昆明龙井街开设了电影戏场。据昆明市政协编《昆明市文史资料选辑》（第十九集）记录："自开幕以来，所放影片，因供各界之需求，故于风景滑稽等短剧外，关于第一次世界大战实况居多。"后来，也放映过一些侦探长片。

民国以来，昆明最为时尚的文化元素是看电影，昆明人已经能够通过银幕了解到崇山峻岭之外的大千世界。虽红火一时，但影片供给是个大问题。1923年，法国商人巴海利与昆明影剧院签订供片合同，有计划供片，并对每周供片次数、长度、租金、保证金、意外理赔等作出了规定，也是外国影片私商在昆明发行业的开端。1931年以后，大逸乐影戏院经理廖伯民由广州、上海、香港等地租订中外影片来看放映，创办了昆明第一家私营明谊影片发行公司。1937年以后，美国环球影业公司、英国鹰狮公司、苏联亚洲公司等纷纷在昆明设立代表，代办发行业务，负责到影院监督放映和收纳提成。

百代公司在昆明设立电影片租赁，刺激了本地一些商家新建电影院的热情。这一时期，昆明建起了一大批影剧院，最多时达30多家。名气大的有大中华逸乐、长城、新世界、祥云、大众、昆明大戏院、新滇等影戏院。

南屏电影院

1933年，昆明第一家有声电影院——大中华影戏院开业，首映中国第一部有声电影京剧《四郎探母》，观众之拥挤，业务之兴盛。自此，各影剧院上映的影片逐步由无声转为有声。1940年4月1日，由刘淑清、顾映秋、龙泽清等合资兴办的南屏大戏院营业更是新潮前卫。戏院设计新颖、造型优美、设备考究，有德国放映机、意大利真皮沙发等亚洲一流设备和服务。不仅是硬件，南屏电影院与20世纪福克斯、华纳、环球、派拉蒙、哥伦比亚和联美，全球著名的八大影片公司签订租片协定，在当时的昆明就做到了与好莱坞同步上映第一轮大片，由于当时没有翻译，电影院还请来西南联大外语好的师生，用喇叭在电影院为观众同声翻译。著名影星珍妮·麦唐纳、英格丽·褒曼、亨利·方达、卓别林等上演的《月光下落》《大独裁者》《魂归离恨天》《铸情》等均在"南屏大戏院"上映过。当时好莱坞的米高梅、20世纪福克斯、华纳、环球、雷电华、派拉蒙、哥伦比亚和联美全球这八大著名的影片公司在昆明都有驻昆代表。那是云南电影放映的辉煌时期。

抗战期间，驻昆明的飞虎队员在战斗之余，休闲时光，一下子就喜欢上了这个灯火通明，面积不大，但国际味十足的地方，最享受的事情莫过于在南屏电影院中，欣赏着与美国同时放映的好莱坞大片。随着南屏电影院的火爆，晓东街一时店铺林立，寸土寸金。除了饭馆、咖啡馆、国际照相馆外，还有五花八门的专卖店，专门兜售美国大兵喜欢的土产，包括各色四川丝绸、成都银器、缅甸玉石等等。歌舞升平的各种饭馆、酒吧、俱乐部灯红酒绿，纸醉金迷，形成了当时久负盛名的美国兵大街，爱赶时髦新鲜的昆明市民们，西南联大的学生、飞虎队的大兵、昆明的名媛都去看电影了，当时的昆明成为名副其实的最繁华和最具有国际化的城市。电影也成为昆明人生活中不可或缺的部分，昆明这个名字从陌生到为人知晓，也和电影有着很大的关系。南屏电影院作为当时中国最豪华的影院，有着"远东第一影院"之称。

城市文化通识

昆明

KUNMING CHENGSHI
WENHUA TONGSHI

第十章
文化先驱——昆明的民主爱国运动

　　昆明是一座具有民主革命运动的光荣城市，自近代以来，反对外来入侵和反封建的革命斗争从未停止过，特别是经过辛亥"重九起义"、护国运动洗礼的昆明人民，爱国观念、民主思想深入人心。抗日战争以来，西南联大等内地高校、工业企业、科研机构内迁昆明，更是带来了浓厚的民主科学氛围和团结爱国的奋斗精神，在中共云南地下党的发动、组织、领导下开展的一系列爱国民主运动，使昆明成为闻名于世的"民主堡垒"。

一、"一二·一"民主爱国运动

抗日战争胜利后，中共提出了"和平、民主、团结"的建国方针，主张建立多党合作的联合政府。国民党反动派却倒行逆施，悍然发动全面内战，妄图消灭以中国共产党为代表的人民力量。围绕着中国的前途命运，在中国共产党的领导下，反对国民党专制、反对内战、争取民主与和平的"一二·一"运动在昆明爆发。

1945年11月5日，中共中央号召"全国人民动员起来，用一切方法制止内战"。在中共云南省工委的组织领导下，处于全国民主运动中心的昆明青年学生首先行动起来，投入了反内战、争民主的运动中。

11月25日，中共云南省工委负责人同西南联大党组织研究决定，联合西南联大、云南大学、中法大学与英语专科学校四所学校学生自治会，决定举行时事晚会，原先确定在云南大学，后改在西南联合大学民主草坪，到会者达6000多人。钱端升、伍启元、费孝通、潘大逵四教授就和平民主、联合政府等问题作了讲演。在时事晚会进行当中，国民党反动当局采取掐断电线、鸣枪、放炮等拙劣方式试图阻挠，但四所大学学生自治会准备充分，晚会正常举行。费孝通先生在演讲中说："不但在黑夜中我们要呼吁和平，在枪声中，我们还是要呼吁和平！"大会在反内战歌声中结束。次日，联大民主墙、图书馆四周墙上，贴满了学生连夜赶制抗议书、呼吁书与罢课倡议书。当局在报刊上诬蔑这次活动为"西郊匪警"。紧接着，云大、中法等校3万学生为反对内战和抗议军警暴行宣布总罢课，提出立即停止内战、撤退驻华美军、保障人民民主权利、建立民主的联合政府等口号。学生组织了100多个宣传队上街宣传，遭到国民党特务的殴打和追捕，许多学生受伤。根据中共昆明地下党组织的决定，由"民青"组织大规模罢课，成立了"昆明市大中小学生罢课联合委员会"（简称"罢联"），通过了《为反对内战告同胞书》《致美国政府抗议书》《抗议武装干涉集会告全国同胞书》《告美国人民书》，提出了立即制止内战，要求和平，要求民主；反对外国助长中国内战，撤退驻华美军；组织民主联合政府；切实保障人民的自由权利等政治主张。至12月1日，全市大中学校全部罢课。

1945年12月1日，在时任省政府代主席李宗黄、云南警备总司令关麟征的策划下，派军警、特务、暴徒数百人围攻、殴打云大、西南联大等学校同学。同学们高呼"保卫民主堡垒！"并英勇还击，击退了他们的进攻。昆华工校同学闻讯赶来支援，将暴徒赶出了校门。同学们紧闭大门，用桌椅等加强校门的防御，但暴徒们从门缝里扔进了两颗手榴弹，联大的南菁中学教员于再（共产党员）、昆华工校17岁的张华昌同学、联大师院18岁的李鲁连同学、联大师院女同学潘琰（共产党员）奋不顾身上去抢救其他同学，被手榴弹炸成重伤，先后在医院抢救无效，英勇牺牲，为争取民主献出了年轻的生命。这一天，四位师生死亡，重伤29人，云大、联大工学院、联大附中、南菁中学师生也都遭到特务攻击，又打伤一批学生。这就是震惊全国的"一二·一惨案"。

"一二·一惨案"发生后，昆明学生在中共组织的领导下高举反对内战、要求民主的大旗，走上街头，到工厂和郊区农村，向广大群众控诉国民党反动当局的残酷暴行，激起人们更大的愤怒和仇恨。昆明各大中学校教师集体发表罢教宣言，加入学生斗争行列。文化界人士、市民群众、工商业界人士以至一些知名上层人士，开展了捐款、签名、慰问、吊唁等活动，声援学生的爱国行动，谴责暴徒的恶行。

12月2日，罢联为四烈士举行入殓仪式，各校师生和各界群众6000余人冲破特务的包围、盯梢前往参加。从12月4日起举行灵堂公祭，之后的1个多月，前来吊唁的团体700多个、各阶层民众15万人次（当时昆明市人口约30万人）。公祭期间，共收挽联、悼诗1000多件。灵堂成为悼念四烈士、控诉反动派、教育人民、激励斗志的大课堂。

这期间，全国各地掀起了一场以声援昆明学生运动为主要内容的反内战、争民主的浪潮。中国共产党对运动给予了极大的关注与支持。毛泽东同志在为中共中央起草的党内指示《一九四六年解放区工作的方针》中，号召援助以昆明罢课为标志的国统区正在发展的民主运动。周恩来同志在延安各界群众大会上赞扬"青年是争取和平民主的先锋队"，指出"我们正处在新的'一二·九'时期，昆明惨案就是新的'一二·九'"。

重庆的中共中央南方局机关报《新华日报》最先打破国民党的新闻封锁，刊登"一二·一惨案"真相的报道，接着又连续发表《为昆明死难学生呼吁》《昆明学生流血惨案》《中国青年的光荣》等社论与短评，对昆明学生的爱国行动"表示极大的崇敬"，对他们所遭受的摧残"表示极大的关怀"，"希望全国正义人士给他们以一切可能的援助"。中共中央主办的《解放日报》在延安发表社论，指出"昆明惨案是当前全国政治的一个缩影"，"昆明学生与教授的命运，也就是全国人民的命运，我们声援在苦难中的昆明学生与教授，因为他们奋斗，就是为独立、自由、幸福的新中国的斗争"。各解放区纷纷集会声援昆明学生运动，号召全国人民起来制止内战。上海、重庆、成都、西安、贵阳、武汉、广州、长沙、南京、南昌、杭州、福州、天津、桂林等20多个城市，相继举行了群众性的声援活动。在海外，不少国际友人、国际公正舆论和爱国华侨也以不同方式对昆明学生的正义行动给予了同情和支持。在强大的压力下，当局被迫让步。12月6日，蒋介石发表告昆明教育界人士书，宣布关麟征"停职议办"，李宗黄调离昆明，"一二·一"运动取得胜利。

为安慰死者，进一步控诉国民党反动派的血腥罪行，扩大"一二·一"运动成果，昆明学联坚决要求为四烈士出殡公葬。在运动已取得重大胜利的情况下，中共云南省工委按照中央南方局的指示，领导学联积极准备为烈士出殡，以公葬四烈士来扩大宣传和影响。尽管国民党反动当局百般阻挠，但经过紧张的斗争和周密的筹备，盛大的出殡仪式于1946年3月17日如期举行。3万人的送葬队伍庄严浩荡地通过昆明主要街道，沿途散发昆明学联当天发表的《为"一二·一"死难四烈士举殡告全国同胞书》《告三迤父老书》，再次声讨了国民党反动派的罪行，表达了人们争取自由、民主的坚定信念。历时数月的"一二·一"运动胜利结束。

"一二·一"运动是中国共产党领导的第一次大规模学生爱国民主运动，是继五四运动、"一二·九"运动之后，以青年学生为主体的爱国民主运动的又一个里程碑，是中国共产党与国民党在国统区展开的一场争取各民主党派和人民大众支持的文化战、舆论战、民心战。在"一二·一"运动影响推动下，国民党统治区的民主运动此起彼伏、波澜壮阔开展起来，形成了配合人民解放战争的第二战场，对解放战争的胜利和新中国的建立作出了重要贡献。"一二·一"运动也对云南各族人民争取解放的斗争产生了直接的推动作用，它是中共云南地方组织建立后首次领导的在全国具有重大影响的爱国民主运动，把反内战、争民主的烈火燃烧到全省城乡各地，坚定了云南人民争取解放的信念。在运动中，一批青年得到锤炼，成为云南革命斗争的中坚力量。

"一二·一"烈士墓园

二、爱国人士李公朴、闻一多

抗战胜利后，北大清华和南开回到北京和天津办学。但是西南联大留下的精神火种还在，中国文人从古到今所拥有的爱国情怀却依然存在。原本以为抗战胜利了，和平随之而来，却不知停战协议墨迹未干，内战的烽火燃起。西南联大的学生和教授又一次为民主战。抗战之后，在昆明的爱国民主运动中，西南联大著名爱国民主人士李公朴、闻一多因揭露国民党挑起内战的罪行遭暗杀，为和平民主献出了生命。

李公朴　江苏武进人，号朴如，笔名长啸。爱国主义者、民主战士、中国民主同盟早期领导人、杰出的社会教育家。1928年，他考取美国俄勒冈州雷德大学，半工半读。留学期间，他对美国及世界各国的教育状况进行考察研究，认为学校"是改善社会环境的策源地"。在抗战前办国难教育，抗战时办抗战教育，抗战后办民主教育，并积极投身于反内战、争民主运动。著有《全民动员论》《抗战教育的理论与实践》《走上胜利之路的山西》《华北敌后——晋察冀》等。

在西南联大期间，在昆明组织"青年读书会"，出版《青年周刊》。1942年，在昆明创办北门书屋，传播马列主义思想，1943年创办北门出版社，两年多时间里出版了各类进步文艺读物30余种，并在地下印刷厂翻印了毛泽东的《新民主主义论》《论联合政府》，朱德的《论解放区战场》等书。1944年10月，中国民主同盟云南省支部在昆明成立，李公朴当选支部执行委员。1946年5月4日，西南联大正式宣布解散，当日第一批学生复员北上。1946年7月11日，西南联大最后一批复员学生，早晨7点离开昆明北上。晚上9点钟，被誉为抗战七君子之一、民盟中

李公朴

央委员、昆明各界民主运动的组织者和参加者李公朴，被国民党特务用无声手枪射杀在昆明大兴街学院坡，于7月12日凌晨在云南大学医院因抢救无效逝世，年仅44岁。

李公朴牺牲后，中共中央领导人毛泽东、朱德联名发表唁电："先生尽瘁救国事业与进步文化事业，威武不屈，富贵不淫。今为和平民主而遭反动派毒手，实为全国人民之损失，抑亦为先生不朽之光荣。"

闻一多　湖北黄冈人，原名闻家骅，又名多、亦多、一多，字友三、友山。爱国主义者，民主战士，中国民主同盟早期领导人，中国共产党的挚友，诗人和学者。闻一多是20世纪中国著名诗人、学者、民主斗士。1912年13岁时以复试鄂籍第一名的成绩考入北京清华留美预备学校（清华大学前身），在清华度过了十年学子生涯。喜读中国古代诗集、诗话、史书、笔记等。1919年五四运动的爆发，闻一多紧随校园运动的潮流。他激情难捺，手书岳飞《满江红》，贴于学校饭厅门前，之后，毅然投身于这一伟大斗争中，发表演说，创作新诗，成为"五四"新文艺园中的拓荒者之一，并作为清华学生代表赴上海参加全国学生联合会成立大会。1922年7月，他赴美国留学，先后在芝加哥美术学院、珂泉科罗拉多大学和纽约艺术学院进行学习，在专攻美术且成绩突出时，他更表现出对文学的极大兴趣，特别是对诗歌的酷爱。他热心于新诗的创新与理论研究，积极倡导新格律诗，以《红烛》《死水》两部诗集，开一代诗风。他创作的著名爱国诗篇《七子之歌》，在20世纪末澳门回归祖国时唱响中华大地。

1938年来到昆明西南联大任教，全面抗战八年中，他留了一把胡子，发誓不取得抗战的胜利不剃去，表示了抗战到底的决心。因目睹国民政府的腐败，于是愤然而起，积极参加反对独裁，争取民主的斗争。1945年为中国民主同盟会委员兼云南省负责人、昆明《民主周刊》社长。1945年12月1日，昆明发生国民党当局镇压学生爱国运动的"一二·一惨案"，闻一多亲自为死难烈士书写挽词："民不畏死，奈何以死惧之"。出殡时，他拄着手杖走在游行队伍前列，并撰写了《"一二·一"运动始末记》，揭露惨案真相，号召"未死的战士们，踏着四烈士的血迹"继续战斗。"一二·一惨案"发生后，他更是英勇地投身爱国民主运动，反对蒋介石的独裁统治。

1946年6月29日，民盟云南支部举行社会各界招待会，他在会上宣布民盟决心响应中共的号召，坚持"民主团结，和平建国"的立场，号召"各界朋友们亲密地携起手来，共同为反内战，争民主，坚持到底！"1946年7月15日，昆明学联以治丧委员会的名义在云大至公堂召开"李公朴遇难经过"报告会，大家不让闻一多出席。闻一多不能放弃伸张正义的责任，坚持要去。他坚定地说："这怎么行，李先生尸骨未寒，我们做朋友的都不出席，怎么对得起死者！如果因为反动派的一枪就畏缩不前，以后还有谁愿意参加爱国民主运动？李先生明天就要火葬了，这是一个重要的群众大会，我可以不发言，但一定要去。"大家拗不过他，只好作罢。李夫人会上介绍李公朴被暗害经过时，悲痛欲绝，讲不下去。坐在主席台上的闻一多再也按捺不住，走上前去扶着李夫人坐下，昂然站在讲台前面，发表了著名的"最后一次演讲"。

闻一多

闻一多满怀激情、横眉怒对地说道："你们杀死一个李公朴，会有千百万个李公朴站起来！你们将失去千百万的人民！""正义是杀不完的，因为真理永远存在！""我们不怕死，我们有牺牲的精神，我们随时像李先生一样，前脚跨出大门，后脚就不准备再跨进大门！"闻一多的演讲获得到会人员一次又一次掌声。演讲结束后，闻一多又到《民主周刊》社参加记者招待会。在返家的路上，在家门口西仓坡遭遇暗杀。

闻一多在最后演讲中多次提到"人民"二字，充分体现他崇尚"人民至上"爱人民的思想。为人民他抱定"民不畏死，奈何以死惧之"的精神，未被敌人枪弹吓倒，仍以呐喊来表达心中怒火，替人民发声，痛斥国民党反动派的残暴。毛泽东主席曾这样高度评价闻一多先生："拍案而起，横眉冷对国民党的手枪，宁可倒下去，不愿屈服，表现了我们民族的英雄气概。"

三、"七一五"爱国运动

1948年"七一五"爱国运动是在中共云南省工委、昆明市工委的领导下，昆明广大师生积极响应"中共中央提出的反对美帝国主义扶持日本侵略势力复活"而举行的爱国、民主运动。

1948年6、7月间，中共云南省工委和中共昆明市工委领导昆明大中学生，开展了声势浩大的反对美国扶植日本侵略势力复活的运动（简称"反美扶日"运动），这是继"一二·一"运动后，云南党组织和昆明党组织领导的又一场声势浩大的爱国民主运动。经过昆明大中学生长达数月的顽强斗争，"七一五""反美扶日"爱国民主运动最终取得胜利。千千万万名青年学生在运动中经受锻炼和考验，提高了觉悟，走向了革命。

1945年8月抗战胜利后，美国除了援助国民党政府在中国发动内战外，增加了扶植日本侵略势力复活，把日本作为"反苏防共"的基地。美国不顾世界舆论的谴责，从政治、经济、军事各方面扶植日本。美国的扶日政策，引起了中国人民的强烈不满。

1948年4月30日，中共中央在纪念五一国际劳动节的口号中号召："全国工人阶级和全国人民团结起来，反对美帝国主义者干涉中国内政，侵犯中国主权，反对美帝国主义者扶植日本侵略势力的复活！"5月上旬，中共云南省工委和中共昆明市工委响应党中央的号召，在昆明开展"反美扶日"运动。党组织开展"反美扶日"运动的决定，在昆明广大青年学生中引起积极的反响，他们纷纷要求学联组织一次全市性的活动，以声援上海、南京等地的运动。昆明学联决定于17日全市大中学生罢课一天，召开"反美扶日"大会。当局获悉后，立即以省政府的名义发出命令禁止游行示威，并威胁"抵抗游行者，准宪警逮捕法办"，同时以代电发往云南大学、昆明师院、云南省教育厅、云南省警备司令部，要求各校严加管训学生，防止学生参加集会游行。

6月17日清晨，昆明陷入一片白色恐怖，军警封锁了郊区学生进入市内的主要道口，云南大学附近军警密布，交通断绝。全市40余所大中学校的近万名学生冲破重重阻挠聚集到云南大学，于当天10时召开了昆明大中学生"反美扶日"大会。大会愤怒声讨美帝国主义者扶植日本侵略势力复活的罪行，宣读《全国学联为反对美帝扶植日本告全国同胞书》，通过了《昆明学生反对美帝扶植日本侵略势力复活并抗议京沪暴行罢课宣言》。同学们对反动当局一系列的阻挠限制非常愤慨，会上强烈要求举行示威游行。游行队伍高呼"反对美帝扶植日本"的口号，行进到美国领事馆示威，学联代表向美国领事递交了《昆明学生联合会致美领事转杜总统函》的抗议信。傍晚，反动当局在学生分散回校途中，逮捕了参加游行的大中学生29人。

6月18日，学联组织了77人的请愿代表团，到警备司令部要求释放被捕学生，遭到无理拒绝，反动派又逮捕了2名请愿代表和2名负责联络的学生。在中共云南省工委、中共昆明市工委的领导下，学联决定继续斗争，成立"昆明学生反扶日反迫害联合会"，组织突击大队到各中学发动群众，坚持罢课，同时向省内外发出大量文告，揭露反动派的罪行，呼吁社会各界制止暴行。学联还派出许多宣传队，上街向人们宣传"反美扶日"的意义，控诉反动派的无理行为。

7月15日凌晨4时左右，2000多名军、警、宪、特在警备总司令何绍周亲自指挥下，进攻集中于云南大学会泽院和南菁中学的学生。学生们从睡梦中惊醒，用石块棍棒同敌人展开英勇顽强的斗争。经过数小时的抵抗，南菁中学当天中午被军警攻下，400余名学生全部被抓捕，许多同学惨遭毒打。守卫在云南大学会泽院的同学，凭借有利地势，退至三楼，与军警奋力搏斗，坚守了两天一夜。16日下午，敌人又在云南大学抓捕400多名学生。16日晚，国民党云南省政府主席卢汉来到云大，答应不殴打师生。学联负责人为保护师生，答应下楼，当局即拘捕了全部学生800多名。被拘捕的师生大部分被送入"夏令营"，加以看管，其中76名师生（中共党员34名）全部集中到云南省特种刑事法庭监狱关押。他们在狱中建立了临时党支部，号召"把监狱变成战场，把监狱变成熔炉，把监狱变成学校"，领导被捕人员和敌人开展斗争。

中共云南省工委、中共昆明市工委随即和狱中党支部取得联系，一方面领导监狱和法庭的斗争，另一方面积极争取社会各界的声援与支持，组织营救被捕师生，到12月，当局不得不释放了全部师生。

"七一五""反美扶日"爱国民主运动锻炼和培养了党的干部和爱国青年，从1948年秋后至1949年春末的半年中，1300多名经历过多次学生运动锻炼的积极分子被接收参加了中国民主青年同盟，130多名民青成员参加了中国共产党，发展、壮大了革命力量。"反美扶日"斗争还促进了学生运动与工、农运动的结合，运动后有上千名党员、民青成员和青年积极分子到全省各地农村参加党领导的人民武装斗争，走上了知识分子与工农相结合的道路，为争取云南的解放发挥了重要作用。

四、文化先贤熊庆来、李广田

熊庆来（1893—1969年），字迪之，云南省弥勒人。熊庆来幼时读私塾，1907年考入昆明的云南方言学堂。1913年，他考取公费赴比利时学习矿业。后就读于巴黎大学、马赛大学等校并获蒙柏里大学理科硕士学位。1921年回国后，任教云南工业学校及路政学校。不久赴南京，参加创办东南大学算学系。1926年经叶企荪推荐受聘清华，熊庆来授课、编讲义并参与建系。1927年，正式任系主任。1930年，代理理学院院长兼代地理系主任。1931年，他又到法国庞加烈研究所研究函数论。1932年，完成《关于无穷级的整函数及亚纯函数》论文，获法国国家理科博士学位。1933年回国，继续在清华大学任教。

1937年，省立云南大学发生学潮，校长空位，龙云四处物色人选，经夫人顾映秋等人的推荐，派人与熊庆来洽商，应允他提出的争取云大改国立，省政府不干预学校行政、人事增加经费的条件。熊庆来即接受聘请，离开清华，于8月1日到云大视事。

熊庆来

熊庆来总结在东南、清华大学办学经验，既以清华为蓝本，又从云南实际出发。在办学方向上，认为必须尊重学校已奠定的历史基础，并从云南地方的实际条件和需要出发，明确表示云南大学的使命为"培养中学师资，造就地方实际建设人才，并就本省天然物产加以研究（如采矿冶金、植物学等），以期蔚为西南学术重心"。熊庆来对学校的定位，确定了学校的办学方向，把云大的发展目标定在成为西南学术重心，是基于云南的区域和政治地位，云南与西南各省在历史上就有的密切联系提出来的。这个目标前几任校长未曾提出过，但又不好高骛远。熊庆来在办学中实事求是的精神和脚踏实地的工作态度，成就了云大第一次辉煌，成为当时中国15所著名大学之一。

熊庆来根据云南地处边疆、多民族等历史特点和抗战后方的现实，将文法学院中的"中国文学系"改为"文史系"，增设"社会系"；将理工学院分为理学院、工学院，在理学院中从云南多种气候带动植物繁衍的特点出发，听从严楚江建议争取植物系留云大并发展为生物系；因云南有色金属矿藏丰富及抗战建设需要，在工学院中加强矿冶系，充实土木系；从云南医疗卫生落后及适于农林，但又缺乏医护、农林技术人才的实际出发，积极筹建医学院和农学院。在建立医学院上，熊庆来极力利用云南地方近代历史上形成的西医以法国医学派别为主这个有利条件，为医学院找到教师、设备、资助来源和学生实习、就业的方便。从这个实际条件出发，筹办医学院就以法派专家为主，形成云大医学院法派医学教学的特点。

当时尽管办学十分艰难，然而熊庆来对云大仍寄予很大希望，对办好云大抱坚定信念和乐观态度，他曾作《云南大学校歌》一首。歌词是："太华巍巍，拔海千寻；滇池森森，万山为襟。卓哉吾校，与其同高深。北极低悬赤道近，节候宜物又宜人。四时读书好，探研境界更无垠。努力求新，以作我民；努力求真，文明允臻。以作我民，文明允臻。"这歌词倾注了他对云大的热爱和希望，反映了他"求新""求真"的办学思想。在云大12年间，熊庆来历尽艰辛，"在个人生活极艰苦之时""学校环境极动荡之际"，仍兢兢业业，为国育才，奋力办好云大。

李广田（1906—1968年），号洗岑，原名王锡爵，后过继给舅父李汉云，改名李广田。山东邹平人。

幼年上私塾、乡村小学、县城师范讲习所，酷爱文学。毕业后曾在县立第三高等小学任教半年，于民国十二年（1923年）去济南考入山东省立第一师范学校，1926年加入共产主义青年团，参与学生运动，1928年曾一度被捕，北伐军进入济南后得释。1929年考入北京大学预科，开始发表诗歌创作，1931年由预科转入北京大学外文系，学习英国语言文学。在北大，与卞之琳、何其芳相识，并合作完成了诗集《汉园集》（于1936年初出版）。其时北大校园在今北京城内沙滩汉花园，于是三人后来被称为"汉园三杰"。

李广田

1935年，李广田大学毕业时，出版了散文集《画廊集》，然后回山东济南第一中学教国文，又编辑出版了散文集《银孤集》和《雀蓑集》。

1937年抗日战争爆发后，李广田与夫人王兰馨辗转南下，写下了沿途的感受，后集结为《圈外》（又名《西行记》）出版。1941年初，他被介绍进入西南联大叙永分校任教，同年9月随叙永分校迁昆，并昆明西南联大本校。在叙永半年多写成的散文，后编成《回声》一书出版。到昆明后，任教于西南联大中文系，将自己的作品精心编选，结集为《灌木集》出版，又出版诗集《地之子》。

在西南联大的几年，李广田在诗歌、散文、小说、诗歌评论、文艺批评、文学理论等若干领域都有相当的成就。他因迫于战时生活的艰苦，除在西南联大授课外，还在校外兼课，出版了短篇小说集《金坛子》、散文《日边随笔》。他在联大讲授文学概论等课程，并参加进步学生组织的文学社团活动。中文系学生组织的"冬青社"聘请了闻一多、李广田为导师；"文艺社"也请李广田做导师，并指导《文艺》壁报出刊。

1944年5月，李广田增补为昆明文艺界抗敌协会理事，并参与联大新诗社的活动，完成长篇小说《引力》的创作，在《文艺复兴》杂志上连载，后翻译成日文，在日本出版。1945年底，昆明爆发了震惊全国的"一二·一"爱国民主运动，李广田积极投入运动，接连几天在"一二·一"四烈士灵堂守灵，写下了诗歌《我听见有人控告我》、杂文《不是为了纪念》等战斗的篇章。1946年7月，李公朴、闻一多先后被暗杀，李广田十分气愤，他对自己的学生说："我们要和反动派拼到底！"当他获悉自己也被列入国民党特务暗杀的黑名单时，毫无畏惧，继续战斗。

1946年8月，李广田离开昆明，复员北上，先任南开大学副教授，热情关心、积极支持学生运动。1947年秋，转到清华大学任教授。1948年7月，在清华大学加入中国共产党。1949年1月，北平解放后不久，担任清华大学中文系主任、校务委员，出席全国文学艺术工作者第一次代表大会，当选为大会主席团成员、全国文联委员、文协理事。1950年6月，出席在北京召开的第一次高等教育工作会议，受到毛泽东主席和周恩来总理的接见。随后又出席北京市文艺工作者代表大会，当选为北京市文联常务理事及组织联络部部长。11月，担任清华大学副教务长，分管留学生和文科教学、科研工作，还参加了编选《闻一多选集》《朱自清选集》，并为之作序。

1952年下半年，全国高校进行院系调整，清华大学改为多科性高等工业学校，调李广田到云南大学任副校长，主持日常工作，校长由当时云南省省长周保中兼任。李曾说过："我对于教育工作、文学工作是不厌倦的，我愿意终生献身于此。"此后的16年里，他再也没有离开云南大学。李广田对共产主义教育事业一片赤诚，倾注了全部精力。除做繁重的行政事务外，他经常到课堂听课，倾听学生意见，参加教研室活动，和师生交换意见，鞭策大家。

1957年，李广田被任命为云南大学校长。他在行政教学工作之余，写了一批诗歌，集为《春城集》出版。

1962年先后发表了《山色》《不服老》《同龄人》《花潮》《或人日记抄》等散文，其中尤以《花潮》名噪一时，是他后期散文的代表作。这一时期，他还先后整理了撒尼人长诗《阿诗玛》、傣族叙事诗《线秀》、傣族民间传说《一滴蜜》等。后来《阿诗玛》搬上银幕，他应邀担任影片的文学顾问。

李广田的文学创作众多，后来汇集成《李广田文集》《李广田诗选》《李广田散文集》等出版。

第十一章
清末近代昆明文化名人撷英

昆明自清末开埠以来，开眼看世界，开放办教育，勉励精英出国留学，著书立说，传承文化，出现了一批成就辉煌的文化名流，这里选取影响昆明文化的陈荣昌、袁嘉谷、缪嘉蕙、方树梅、栗成之、廖新学、徐嘉瑞、张天虚等8位代表性人物作一一介绍。

一、陈荣昌（教育家、书法家）

▼

《昆明市志》第七十五卷《人物传》载："陈荣昌（1860—1935年）字小圃，号虚斋，晚号困叟，昆明人，1883年中二甲进士。清朝末年，历任翰林院编修、武英殿纂修官、国史馆协修官、顺天府乡试同考官、山东及贵州提学使、云南经正书院山长（院长）、云南高等学堂总教习（校长）、云南劝学所所长、云南教育总会会长等职。民国以后避居不仕，主要从事学术研究和业余文化教育工作。陈荣昌的教育成就在云南近代史上具有重大的影响。"

陈荣昌"少则颖慧，及长则勤勉"。自幼天资聪颖，好学上进，受家庭尤其是他的父亲影响很大，青少年时，便已才华出众，声名远播。光绪八年（1882年），应乡试，22岁的陈荣昌考中乡试第一名解元。次年（1883年）中二甲第27名进士。

陈荣昌处于清朝末年和民国初年教育思想大变革时期，虽然出身科举，并不拘泥守旧，而有革新思想，致力于云南文化教育事业。1897—1903年，陈荣昌任云南经正书院主讲、后为山（院）长，注重培养人才。1902年，他提议选送云南学子钱良俊、李培元等10人赴日本留学，开云南籍学生留学外国的先河。1903年，清廷开考经济特科，下令各省举荐人才应试。时任云贵总督魏光焘首推陈荣昌，而陈荣昌力挺门下弟子袁嘉毂。结果，袁嘉毂不负众望，名列榜首，成为云南历史上第一个经济特科状元。这年，他还在五华书院基础上创办了云南高等学堂这所新式学校，他任总教习（校长）。云南高等学堂吸收西式教育方式，开设了数学、物理、化学、植物、动物、法律、英文、日文、法文等学科，吸引了全省许多青年才俊前来投考就读，后来成为辛亥革命干将的李根源、罗佩金、李曰垓、顾品珍、赵又新、唐继尧、李鸿翔等都成为他的学生，这批学子大都到了日本留学，成为影响云南近代历史的风云人物。

陈荣昌

陈荣昌博学多识，毕生致力于研究中国传统文化，对诗词章句、经史策论有较深造诣，著述甚丰，留存广泛，在云南文化界享有盛誉。其著作有《陈氏全书》《虚斋文集》《虚斋诗集》《桐村骈文》《困叟段净土集》《滇南陈荣昌诗册》《滇诗拾遗》《经正书院课艺》等 30 余种，200 多卷。

陈荣昌国学功底深厚，是一位知名的文献方志学家。清末担任国史馆协修，参与《清史》编纂工作。1914年，在云南省长唐继尧的倡导下，成立辑刻《云南丛书》处，负责地方文献的收集、整理、编纂和刊刻工作，他被聘为名誉总纂，并担任《续修昆明县志》总纂。《云南丛书》共1212卷，该项工程由启动到结束，历时30余年。这对云南地方文献的系统整理、保存与传播具有深远意义和巨大影响，丛书被誉为"滇省文献的荟萃"和"云南的四库全书"。

陈荣昌在传承中华书法上继承创新，主张"笔笔要有来历，有法度"。文章贵在博览，书法贵在博见，不能流入浅薄，只有在继承传统的基础上，才能产生创新的观点。不论是在北京、贵州还是山东或昆明任职期间，他在繁忙的工作之余坚持临摹名家真迹，且终生不辍，因此他能帖写各家各派、多种多样的字体，尤以颜体楷书成就最高。早在经正书院主讲时，慕名索书者就很多，至晚年避居乡村，全靠卖字为生，求书者更是络绎不绝，得其墨迹者，莫不视为至宝，因而他的字迹流传甚广，云南城市、乡村、名胜、古迹，到处有他的墨迹。袁嘉毅曾赞誉其书法："至于隶楷章草，钟、王、欧、褚、米、黄、赵、董，无一不学，无一不精。尤以南园为宗，颜鲁公之后，南园一人而已，南园之后，公一人而已。间临秦篆碑，皆非寻常蹊径，一缣一宝，天下早有定论。"

《云南会城护国门碑记》是他的一部代表作。此碑书法完全体现了"颜钱"书体精髓，用笔清劲腴润，结体匀稳谨严，与颜真卿《多宝塔感应碑》笔法一致，不失规矩。对"颜钱"书法有深入研究的云南书家张诚说："从颜真卿到钱南园，再到陈荣昌，可以清楚地看到颜体书系正宗的师承关系和发展脉络，这一体系是在中国书法近1300年的发展过程中，通过这些杰出的书法家的不懈努力逐步形成的。"可以说，陈荣昌正宗继承发展了颜真卿书法的端庄平和和钱南园书法的姣丽多变，把颜体书法推向了较为完备的阶段，这在全国并不多见。

陈荣昌有着云南大山人刚正坚毅、敢于斗争的性格，他爱国爱乡，不畏权贵。1900年，他积极支持昆明反洋教斗争，与地方开明绅士商议散发传单，揭露法国侵略者罪行；建议派遣留学生赴日本学习军事，训练新军；他领衔上书云贵总督，建议将昆明自辟为商埠；他上书弹劾云南洋务总办兴禄丧权辱国、贪污腐化。1908年，在云南人民反对英法攫取云南七府矿权的斗争中，他提出自办矿务，保护民族资本，赢得了家乡人对他的敬仰。

二、袁嘉榖（云南唯一经济特科状元）

袁嘉榖

袁嘉榖（1872—1937年），字树五，号树圃，晚年自号屏山居士，云南石屏人。1892年22岁，离开石屏到昆明，入五华经正书院研习，后成为陈荣昌学生，先后乡试中举，会试中进士。清光绪二十九年（1903年），清廷进行了历史上唯一一次废除科举后的经济特科考试。据了解，经济特科的考试与一般科举考试不同，它不以八股见长，而是以经世济民、治理国家的方策为主，更注重学以致用。出人意料的是，在全国应试的306人中，袁嘉榖夺得经济特科一等第一名，大魁天下，是为"经济特元"，为云南填补了状元空白。消息传来，四方轰动，"钱王"王兴斋等人士在金汁河畔建了一座"聚奎楼"，由总督魏午庄手书"大魁天下"一匾高悬楼上，老百姓则只叫它"状元楼"。袁嘉榖中状元之后，先任京官，入翰林院任编修、协修等。

袁嘉榖经历了科举考试与现代教育制度两个历史阶段，并成为这两种教育制度的代表人物。1904年7月，袁嘉榖赴日本考察学务、政务，著《东游日记》四卷。回国后，他任国史馆协修，并在学部编译图书局专管教科书事。1909年9月，他升任浙江提学使。1911年，辛亥革命后离浙归滇，先后任省都督参议，云南图书馆副馆长、东陆大学国文教授，编修完成了民国云南重要著作《新纂云南通志》《云南丛书》，主编《滇文丛录》等，成为传播云南历史的重要文献。袁嘉榖在昆明的一大贡献为，在整理、收集、研究云南历史时，考证了在晋宁昆阳月山发现的明代大航海家郑和为父亲马哈只恭立的墓碑，成为证明郑和为云南晋宁人的历史证据。

昆明袁嘉榖旧居位于翠湖北路玉龙堆。1920年，袁嘉榖在此建房，1923年后任东陆大学教授，一直在此居住至终老。昆明袁嘉榖旧居是袁嘉榖晚年的住宅，成为他历史转变的见证，具有较高的文物价值和历史价值。2011年公布为市级文物保护单位。2019年公布为省级文物保护单位。

三、缪嘉蕙（工笔女画家）

缪嘉蕙（1842—1918年），字素筠，昆明人，清末女画家。缪嘉蕙自幼习书画，由于训练有素，勤奋好学，才华过人，年轻时她便已在云南、四川一带小有名气。其作品笔墨清新、设色典雅、形神毕肖，尤以花鸟工笔画为佳；她也工小楷，字迹秀拔刚健，超凡脱俗。为避战乱，缪嘉蕙迁往四川，投靠在四川西充做官的哥哥缪嘉玉，仍以卖画为生。

据因慈禧太后晚年热衷于学画习字，并乐于将自己的字画赏赐大臣。由于求字画者众，慈禧应接不暇，便想到找女画家进宫为其代笔。1889年，慈禧下诏各省选送女画家入宫，缪嘉蕙得以入选进宫。在宫中，各种藏画甚丰，缪嘉蕙得以有机会见识到许多古代佳作并从中学习，她日日勤奋绘画，除教慈禧绘画，主要是代慈禧作画，以花鸟画为主，也画山水、人物及扇面等。慈禧对其钟爱有加，令其居储秀宫，除被封为御廷女官，还免其跪拜大礼，后又升为三品女官。当时，以慈禧名义赏赐给大臣的花鸟扇画，多半出自缪嘉蕙的手笔。缪嘉蕙的画也会托人捎到北京琉璃厂去出售，由于是御用画家，加之其作品确实属上乘之作，在市场上可以卖到很高的价钱，至今都为玩家和博物馆收藏。

郭沫若先生曾诗赞缪嘉蕙："苍天无情人有情，彩霞岂能埋荒井？休言女子非英物，艺满时空永葆名。"

缪嘉蕙绘画

四、张天虚（左翼文学家）

张天虚（1911—1941年），原名张鹤，又名剑平。中共党员，著名"左联"作家。1911年12月8日出生在昆明呈贡龙街，祖上是书香门第，家境殷实。张天虚天资聪慧，1924年14岁时考入云南省立一中。此时，留校做图书管理员的李国柱在省立一中秘密组建了"云南青年努力会"，张天虚被吸收入会，开始受到革命思想影响。张天虚思想活跃，积极参加革命活动，不久就加入了共青团。1928年，张天虚考入东陆大学预科八班。在校期间，他参加了地下党的外围组织"互济会"。而这一年，在省立一师读书的聂耳在朋友郭辉南的介绍下，也参加了"互济会"。两人在此相遇，成了最亲密的战友。

1929年7月11日，昆明城发生了一场惨绝人寰的昆明北门街火药大爆炸惨案。聂耳和张天虚一道积极参加"互济会"的救援赈灾和抗议活动。他们的行踪引起了国民党特务的注意，二人都上了当局的黑名单。为了躲避追捕，1930年夏秋，聂耳与张天虚分别离开昆明，先后到了上海。

张天虚到上海后，加入了左翼作家联盟，开始用论文、散文、新诗、小说等各种形式进行文艺创作。1933年，他加入了中国共产党。在上海期间，张天虚全身心地投入《铁轮》的创作，两年中三易其稿，终于完成了这部47万字的长篇小说，成为当时"左翼"文学的重要代表作。《铁轮》深刻揭露了军阀统治下旧中国农村社会的黑暗。郭沫若为该书作序，《东流》丛刊作了连载，引起国民党当局注意。1935年3月，为逃避国民党当局的追捕，党组织安排张天虚离开上海到了日本，在东京早稻田大学就读社会系。

张天虚

据聂耳的三哥聂叙伦在《悲痛的回忆》中记录，1935年4月18日，聂耳到东京后，"一下火车，就乘汽车直奔天虚的住所，他们同住在一起，畅叙了别情，交谈了对祖国革命事业美好前景的看法，一同游览了东京的名胜古迹。7月9日，聂耳应友人之约到藤泽度假，张天虚与聂耳准备短暂分别后重聚。谁知这一别竟成了永别。7月17日，聂耳在藤泽鹄沼海滨游泳时不幸遇难。张天虚听闻噩耗，悲痛万分，迅速赶赴聂耳遇难现场料理后事"。经历一番交涉与磨难，聂耳的遗体才得以火化。张天虚带着聂耳的骨灰回到东京，与同住的留学生召开了一个小型追悼会。张天虚含着悲痛写下6万字的《忆聂耳》，文中赞美聂耳："独当一面的一代艺人，聂耳是当之无愧！"他还主编出版了《聂耳纪念集》，收集了聂耳的不少手迹、日记，保留了很多珍贵资料。

1936年初，张天虚把聂耳的骨灰、小提琴、日记、衣服等遗物护送回上海，由聂耳的三哥聂叙伦带回昆明。在日本东京，张天虚参与了郭沫若创办的大型文艺刊物《东流》的编辑、撰稿工作，成为"左联"东京分盟的活跃分子。1937年8月，张天虚奔赴延安，参加了由丁玲任主任的西北战地服务团。他创作的宣传全民抗战思想的独幕话剧《王老爷》首演时，毛泽东曾送给他一支钢笔，以示奖励。1938年，党中央派张天虚等人进入国民革命军第60军第184师，临行前朱德送给张天虚一部留声机作为工作之用。在部队他一手拿枪一手拿笔，创办了中国第一张油印军报《抗日军人》。张天虚所在第184师的师长是云南抗战名将张冲，他参加了台儿庄战役、徐州会战、鲁苏皖豫突围等战役。在频繁的战斗中，他负责战地宣传，写下了《运河的血流》《血肉筑成的长城》《活捉铁乌龟》《火网里》等许多记录中华儿女为民族独立而战斗的纪实通讯，这些作品先后发表在茅盾主编的《文艺阵地》、老舍主编的《抗战文艺》等报刊上，鼓舞官兵们抗战的信心。

张天虚是一位现实主义作家，他带病撰写社论、随笔百余篇，除长篇小说《铁轮》外，还完成了10余万字的中篇小说《五月的麦浪》。1941年8月10日，张天虚因病在昆明去世，年仅30岁。他的遗体安葬在亲密战友西山聂耳墓旁。郭沫若为其撰写了墓志铭，最后写道："西南二士，聂耳天虚。金碧增辉，滇洱不孤，义军有曲，铁轮有书，弦歌百代，永示壮图。"

五、方树梅（方志文献学家）

方树梅（1881—1968年），文献学家、藏书家。字臞仙，号师斋，一号雪禅，一号盘龙山人，晚号红豆老人，云南晋宁人。他的家乡"南荔草堂"在晋宁区晋城镇西

方树梅

北1千米处的方家营村，乃方树梅先生致力于云南文献抢救、收藏、研究和治学著述的主要基地。

方树梅青年时期好学上进，秉承父业藏书所爱，1905年考入昆明优级师范学堂，专攻国学，并有心搜集滇南文献。1908年，编纂成《晋宁乡土志》，选为高小课本，后在家乡晋宁办学。他搜集编成《滇南书画录》《担当和尚诗集》《钱南园先生年谱》，彰显先贤功德。由于其对方志研究的成果，后入云南通志馆任编审干事，负责编写《云南通志长编·艺文志》。

1934—1936年，在云南通志馆的支持下，北走寻访搜罗滇云文献，他足迹遍历广东、广西、上海、苏州、南京、安徽、江西等省（区、市），拜访文人学者，寻访古旧书肆，抄录大量珍贵的外地记录云南历史的资料和书籍，为《新纂云南通志》的编写和其学术研究奠定了坚实的文献基础。其《归来》诗述曰："南北搜罗愿不违，一肩文献尽珠玑，平生最大快心事，多少先贤伴我归。"他参与编撰的《新纂云南通志》，将自开滇至清宣统、辛亥年为止云南2000多年来的地理、历史、社会、文化发展的历程展现在读者面前。

1942年，方树梅受聘为云南大学文史教授，立身治学，精心传教，讲授云南古代各个时期社会形态、典章制度、宗教信仰以及风俗习惯，旁征博引，资料丰富，很受学生欢迎。方树梅修志述史，治学严谨，著书丰厚，先后编纂有《明清滇人著述目录》《滇南碑传集》《滇南红豆集》《滇南近代诗抄》等，将生平所写文章编成《学山楼文集》10卷。方树梅尽瘁乡邦文献几十年，将访求到的云南文献百余种千余件捐赠藏于云南省图书馆和云南大学图书馆。

六、栗成之（滇剧艺术家）

栗成之（1880—1952年），原名崇信，云南昆明人。滇剧艺术家，被称为"滇剧泰斗"。自幼酷爱听唱滇戏，少时，跟班戏班子学演滇剧，练功刻苦，由一名酷爱滇戏的小票友起步，走到滇剧演员的最前列，一跃而摘取了"滇剧泰斗"的王冠。

栗成之扮相有板有眼，嗓音洪亮圆润，行腔舒展大方，念白清晰有力，做工潇洒细腻，表达出神入化，尤以善用眼神表现人物感情，堪称一绝，唱、念、做、打，表演俱佳，形成自己的风格做派，成名之作有《七星灯》《胭脂雪》《四进士》《醉金殿》等，被誉为"滇伶大王"。

栗成之为传承滇剧耗尽毕生心血，在剧目、表演、理论、戏德、育人等方面均有重大贡献，他除了坚持演出外，还从事戏曲理论的研究工作，吸收百家之长，借鉴京剧，川剧等其他剧种，创造出独树一帜的声腔流派。他创办第一个

滇剧《七星灯》中栗成之（左）饰演诸葛亮

滇剧改进科班，培养训练滇剧人才，培养出许多优秀滇剧青年演员，对发展滇剧贡献颇大。编著《滇剧指南》12册，收录经他整理改编的滇剧传统剧目，并附有他的艺术见解和表演心得。他录制的滇剧唱片，行销海内外，深得百姓和西南联大刘文典、钱穆等知名教授的追捧，成为"滇萃"文化的代表。

七、廖新学（雕塑国画艺术家）

▼

廖新学（1900—1958年），中国现代雕塑的先驱之一，云南美术史上第一位赴法国学习雕塑和绘画的艺术家。昆明市富民人。廖新学出生于富民县永定镇一个贫苦农民家庭，每日看到母亲刺绣、做童装总是要绣花朵、绣小动物，萌发了喜爱画画的初衷。生活在农村，他就地取材，用木棍、木炭、石块、手指作画笔，画山画水，画人物、画花草鸟兽。他17岁独自离开家乡，凭借着对艺术的追求，来到昆明市华山南路"如真相馆"当学徒拜师学画。出师后在护国路开设"新学美林画馆"，逐步打下了肖像画、动物画、风景画、雕塑、摄影等艺术门类的基础。他还曾向当时在云南省立美术学校任教的吉川保正先生学习雕塑，为他日后到法国留学奠定了最初的西洋雕塑基础。1929年，廖新学受聘为昆明民众教育馆艺术部主任，这一时期的作品有

廖新学

《昆明大水灾》《昆明火药库爆炸》《农民插秧》《鱼家生活》等。

1932年，廖新学考入南京中央大学美术系，在徐悲鸿教授指导下学习素描。1933年，廖新学由云南选派赴法国留学，第二年考入法国国立高等美术学院专攻雕塑和绘画。他刻苦学习，成绩优异。1937年制作的半身女雕像获法国春季沙龙金奖。1943年，他美术学院毕业后，在巴黎从事美术创作，其间辗转意大利、英国、瑞士、比利时等国，学习西方绘画技术，创作出了许多优秀作品。1945年，他创作的《白孔雀》《黑天鹅》等大型雕塑作品，荣获国际"沙龙艺术之友"金奖作品，《掷铁饼者》《牧羊人》等获得法国沙龙的金、银奖。同年，在法国独立艺术协会的支持下，他在巴黎举办"廖新学中国画展"，当时的《巴黎报》以英法文版评价说："廖新学是欧洲最有影响的中国画家之一""中国美术家中的天才"。

1948年，廖新学学成归国，居住在昆明。他对新中国投入了真诚的爱，除了搞好自己的艺术创作外，他全身心地投入到发展云南美术事业、开创云南美术教育事业中。他是云南现代美术的奠基人、云南新美术教育的开拓者。历任云南昆明师范学院艺术部教授、主任，云南省文联第一届副主席。出版有《廖新学画选》。凭着对艺术的执着、勤奋以及过人的才华，廖新学在法国期间，其作品曾9次荣获法国春季沙龙的金、银、铜奖。时任云南油画学会主席、艺术家姚钟华评价：廖先生的油画浑厚淳朴，有浓厚的乡土气息，充满了对故乡的爱。他那些风景写生，技巧纯熟，吸取了印象派到新印象派的手法，也深受巴比仲画派的影响，但表现了亲切自然的感受。他的静物画很富张力，如那些大丽花，饱满而艳丽。也许他从小生活在农村，有一种农民特有的健康、吉祥、鲜活、艳丽的审美情趣，是在西方静物画中见不到的。

廖新学先生逝世后，他的家人、学生将他的艺术作品、历史照片及相关资料捐赠给了云南省博物馆，共计1458件。这批珍贵史料，对研究学习西方绘画艺术、传承中国国画艺术有较高的价值，后学者也可以从中学习廖新学先生勤奋刻苦、矢志不渝的精神和品质。

八、徐嘉瑞（文史学家）

徐嘉瑞（1895—1977年），字梦麟，昆明市人。1895年出生在大理州邓川县一个书香门第家庭，从小勤奋好学，得父亲指点，6岁时便背熟了"四书""五经""十三经"《唐诗三百首》等，尔后在大理书院跟着父亲学习，1911年15岁时，考入省城昆明云南工矿学堂。这时正值辛亥革命，学堂里气氛焕然一新，学生个个剪去了头上的发辫，刮成了光头。他努力学习，抱着毕业以后开矿山、当工程师的愿望。谁知才上了几个月的课这个愿望就破灭了，由于辛亥革命废除了帝制，新政府解决不了学堂的经费问题，废除了公费生制度，徐家也交不起学杂费，他只得改读省立师范。由于徐

徐嘉瑞

嘉瑞勤奋好学、博览群书，1913年以国文科第一的成绩毕业于师范学校。此后近十年的时间，徐嘉瑞的工作是在昆明陆军医院做司药，同时还自学英语和日语。做司药工作期间，为了不在工作中出现差错，逼迫着熟悉药品的标识，他认真自学拉丁文、日文、英语。这样既熟悉了药品，对工作有利，又增长了知识。他挤出时间博览群书，昆明图书馆是他去得最多的地方，经常到那里看书，为他后来走上文学道路奠定了坚实的基础。这时他逐步在文坛上初露头角，在一些报刊上发表了一些诗文。

1919年，五四运动风暴刮到了云南，冲击着云南文化界，激起了徐嘉瑞的热情。他积极投身到五四新文化运动中，成为云南宣传五四新文化运动的代表人物，鼓动学生反对卖国条约，宣传反帝反封建思想，提倡民主自由，实践新文化主张。首开白话文讲学风气，受到学生的热烈欢迎。当时云南学联的报纸《学生爱国会周刊》，宣传新思潮，他积极投稿。1921年他带头在《滇潮》上发表白话新诗《农家生活》。他是云南最早发表新诗的人之一，开辟了云南新诗的先河。自1923年起，徐嘉瑞先后在昆明成德中学、省立第一中学和省立女子中学任教。那时，受五四运动的影响，他接受了新思想，在学校中积极参加民主与科学的宣传工作。在新文学思想的倡导下他打

破了研究中国文学传统格局，用白话文写出了第一部著作《中古文学概论》。这本书1924年在上海出版，该书由胡适作序，一时轰动文坛。

1927年，徐嘉瑞在昆明秘密加入中国共产党，负责学运、情报和宣传工作，抗战前曾任昆明民众日报社社长、云南大学教授等。抗战时期，任中华全国抗敌协会云南分会主席，主编诗刊《战歌》，曾在华中大学、暨南大学任教。他以新诗、戏剧唤醒人民大众，激励抗日救亡，是云南"大后方"抗日文化团体的组织者和领导者之一。

抗日战争胜利之后，徐嘉瑞除了从事教学和学术研究工作外，又积极投入到反内战、争民主的斗争之中。1945年12月，昆明爆发了"一二·一"学生惨案事件，他支持学生的正义斗争，还参加了罢教、为遇难学生送葬等抗议示威游行活动。云南和平解放后，他长期担任云南省文学艺术界领导，为云南省的文化事业建设作出了贡献。他先后担任昆明师范学院校管会主任、西南军政委员会委员、云南省教育厅厅长、省文联主席、省人民政府委员等职。

徐嘉瑞作为文史学家，他的著作涵盖了中国文学史和中国文学研究、云南民族文化研究、旧体诗词与新诗创作、戏剧和戏剧研究、戏剧创作、杂文以及翻译等方面。主要有《中古文学概论》《近古文学概论》《云南农村戏曲史》《金元戏曲方言考》《大理古代文化史稿》《徐嘉瑞诗词选》等著作，歌剧《望夫云》，花灯剧《姑嫂拖枪》《驼子拜年》等。他还曾为好友聂耳在西山的墓碑题写了第一块碑文，还成为用白话文注释昆明大观楼长联的第一人。

城市文化通识

昆明

KUNMING CHENGSHI
WENHUA TONGSHI

第十二章
昆明城风貌格局及街巷楼坊

　　昆明城郭的总体自然风貌，可称"四围环山一湖水"。孙髯在大观楼长联里这样写道："东骧神骏，西翥灵仪，北走蜿蜒，南翔缟素。"这里描述的，实际上是围绕昆明坝子周边的四座山，"东骧神骏"为东边的金马山；"西翥灵仪"为西边的罗汉山（今西山）；"北走蜿蜒"为北边的长虫山；"南翔缟素"为南边的白鹤山。就是因为这四山环绕，加上"五百里滇池奔来眼底"的恢宏气势，构筑了昆明城自然、生态、和美为一体的"山环水抱"吉象。真可谓：滇池渺渺一幅画，太华巍巍万卷诗，四围环山溪流涌，彩云蓝天映古城。

一、昆明城的风貌格局——龟蛇相交气脉存

昆明建城已有2000多年的历史，最早可追溯到战国时期的苴兰城（亦称庄蹻故城）；西汉时期，昆明属汉设的益州郡，郡治在滇池县（今晋宁区晋城镇）；唐代中叶，蒙氏南诏国入滇，建拓东城，随后的段氏主政大理，更名鄯阐府，延续拓东府治；明朝洪武年间，云南最高军事行政长官沐英主政云南，开始扩建昆明城。现今的昆明老城格局，就是明朝洪武年间定下的雏形，并向四周逐步扩展而形成的。

昆明城的选址考究，形胜气魄宏大。自然形成背靠长虫山，左依金马山，右接碧鸡山，滇池为案前水系的形态。

一般来说，我国古代的城池一般都只有东、南、西、北四座城门，就连天子之都的北京也是如此，而偏偏明代修筑的昆明城却有六座城门，而且这座砖城呈方形略扁，其形状颇似一只俯伏在昆明坝子上的"灵龟"，这究竟是怎么一回事呢？长久以来，昆明民间一直流传着这样一个故事……

【链接】龟城由来

史料记载，1382年明朝皇帝朱元璋派义子沐英征讨云南，攻入昆明，改中庆路为云南府，昆明取代大理彻底成为云南的首府。据史料记载，昆明城在古代最宏大的一次规划布局就是在这一年。当时镇守云南的沐国公沐英进入昆明之后，从南京宫廷请来了著名堪舆家（风水先生）汪湛海来规划昆明。

汪先生到昆明后，"审山龙，察地脉，别阴阳，定子午"，将昆明规划为"龟蛇相交，产生帝王之气"的古城。其实，汪先生那时找到的"山龙"和"地脉"，就是现今围绕昆明和承载昆明的各种山。

据记载，汪先生找到的昆明城的"来龙"是长虫山，即蛇山，也是昆明的主山。汪先生找出来龙后，认为"此为艮（代表山）龙向乾（代表天），乃为地脉中极为难见的紫微龙"！遂将昆明城设计构筑为龟形，龟头朝南，最早称崇正门，上有近日楼；龟尾朝北，称保顺门，上有望京楼。龟之四足分别是：大东门（又称咸化门），为龟之左前

足；小东门（又称永清门），为龟之左后足；大西门（又称广威门），为龟之右后足；小西门（又称洪润门），为龟之右前足。以"城在蛇山之麓，与蛇山之气脉相接"，而形成龟蛇相交之态。而汪先生找到的"地脉"，就是现今的五华山，他以五华山为昆明主脉，正义路作为贯穿南北的中轴线。清代建成的云贵总督府（现胜利堂）、巡抚衙门、藩台（管民政和财赋的布政使）、臬台（管司法的按察使）等衙门一律坐北朝南，一字排开。昆明老城池的格局，也就由此形成了。

"蛟龙升天云为家，灵龟伏地春更新"。"龟城"落成后，汪湛海站在五华山上环顾四周，深为自己的杰作感到得意，他仰天笑道："龟蛇有灵，必将泽佑这片沃土，五百年前后，云南赛江南！"昆明城建好后，汪湛海让手下在城内埋下三块石头，分别写着"五百年后云南胜江南""五百年后有王者兴""万事此地当占先机"。如今，昆明城独特的山、水、城相间，"龟蛇相交"的城市形态依稀可辨。这是华夏大地唯一一座天人合一、顺应自然的灵龟之城，也成为当今中国十大风水最盛之城。

老城格局："北圈三山畔一湖，山望湖楼绕一线"（螺峰山、五华山、祖遍山，翠湖）。圆通山、翠湖、盘龙江、篆塘、大观河、大观楼等串联形成的古城至草海之间的特色景观通廊，形成山水融合、灵动龟城的绿肺。

城中轴带："南串四坊立两塔，中依五华一神庙"（金马、碧鸡、忠爱和天开云瑞坊，东、西寺塔）。正义路、三市街、文庙街、文明街、甬道街等南北向传统街道，串联天开云瑞坊、忠爱坊、金马坊、碧鸡坊、东寺塔、西寺塔、文庙等地标。

老街照壁

街巷纵横："街巷楼坡映民居，商埠人气两相旺"。北部街道多取五华山水和文教设施，得名华山南路、文林街、青云街和华山西路、华山东路、北门街和螺峰街、圆通街等。南部街道因商业兴旺和衙门居多，得名三市街、东寺街、南强街、威远街、长春路、武成路、金碧路等。这些南北街巷内，自然形成的民居主要是汉族的"一颗印"样式民居。

昆明"一颗印"民居始于明代，成熟、定型于清代早期，多为"三间两耳倒八尺"的四合院形式：正房、耳房、门廊组成四合院，中间围成院落，昆明人称"天井"，其平面方正整齐，如印章盖地，俗称"一颗印"。昆明"一颗印"民居一般以土、木、石、砖、瓦等材料建成，得来方便，既可单层，也可双层；既可奢华，也可简朴；既可建为独栋，也可建为连排。结构多为横梁穿架、土基砌墙、青瓦覆顶，围墙厚实，天井较宽。其外封内敞，又多坐北向南，正屋高踞，春天暖阳融融，夏天躲避暴晒，秋天又防风沙，冬天阳光直照，十分讲究。早年官绅大户人家的"一颗印"，多建为外廊式大四合院，耳房外扩，成"四合五天井""走马转角楼""三坊一照壁"的大"一颗印"格局，如今尚存的有文明街马家大院、景星街懋庐、钱王街王炽府、云南省茶博物馆等，结构装饰极为考究，门坊、楼顶、柱梁、门窗、栏杆常镂空精雕，饰以彩塑彩绘，或为历史故事，或为山川风物，或为绮繁图案。

昆明一颗印老宅

二、昆明城的街道——底蕴丰厚有故事

一座城市的名气，并非只有高楼大厦、商场林立才能作为其标签。而一砖一瓦的民居，一桥一河的影子，文化遗址的夕阳，细细端详，满是岁月的光华……

昆明的街、巷、路、楼也都有属于它们的故事。现在使用的很多街名，当年是"因历史地名得名""因历史事件得名""因特殊意义得名"的，当时，街道周边设有官府衙门、有名的市场、有特点的建筑物、有历史纪念的名称都是街名的来源。

我们从昆明城的东西南北中选择一些有代表性的街道来解读。

1. 用历史地名得名

鱼课司街： 东起书林街，西至东寺街，唐南诏时，此地设管理水产、征收鱼税的衙门，鱼课司街由此得名。

巡津街： 南起双龙桥，北达金碧路，俗称大河埂。因清代在此设置巡查汛情的岗哨，故名巡津堤，街也因此得名。

甬道街： 南起景星街，北至光华街，清代云贵总督衙门出入通道，名为甬道，故为街名。

威远街： 清朝时的藩台衙门驻地，声威远扬，故名。

文林街： 明清时贡院（云南大学）在此，考生多经此地，因"文人如林"而得名。

青云街： 翠湖东路接圆通街口，西北抵翠湖北路和文林街一段。此街明、清时贡院在此街西北段（即今云南大学校内）。凡考生，须进入贡院考试及第为举人后方能赴京应试，故此路取青云直上之意而称青云街。

端仕街： 南起庆云街，北接威远街，清代因此地有衙门"断事司"得名断事司街，因多有官府眷宅，有为官端正之意，改名端仕街。

府甬道： 南起北仓坡，北至文林街，明清时期是云南府署大门前通道，故名。

钱局街： 南起翠湖南路，北至文林街，清代云南开局制钱，名宝云钱局，故得街名。

文明街： 形成于1917年，民国市政当局将旧粮道衙门部分拆除，新建了一条连接光华街和景星街的街道，因街道北端建有"南国文明"坊，所以得名文明街。1920年，朱德担任云南省警察厅厅长时，曾和云南市政公所一道督建文明街，街道建筑、铺面规划统一后，显示出新街新气象，故而被称赞为"文明新街"。

【链接】云南府明清时铸币

云南产铜，东川更有铜都之称。故对于铸造古代通行之制钱有着得天独厚的自然资源条件。据《续文献通考》记载，明弘治十六年，朝廷命云南每岁铸造弘治通宝铜钱若干，由此开云南铸币之先河。此后嘉靖、万历、崇祯间，云南皆奉旨铸币以利通行。

清顺治十六年清军平定云南，次年，在云南府设立宝云局（今钱局街处），安炉七座，鼓铸顺治一厘、背云铜钱，拉开了清代在云南铸币的序幕。

清光绪三十二年，朝廷批准了云贵总督关于在云南设立龙元局，效法西方铸造机制货币的奏疏。云南地方政府派员在上海购买了全套设备、就宝云局隙地改建厂房，拉开了云南生产机制货币的历史，从此昆明钱局街上又多了造币厂这一重要金融机构。当时的滇版光绪元宝、宣统元宝、唐继尧像半开银元等机制货币即该厂在清末、民国时期铸造。

抗战期间，上海沦陷，原中央造币厂在昆明、桂林等地设立分厂，云南省造币厂逐步改组为中央造币厂昆明分厂，负责铸造国民政府及云南地方政府发行的机制货币，其间曾多次遭到日寇轰炸。

新中国成立后，中央统一制币权，加之在整顿金融之后，银、铜等金属货币退出流通，所以云南宝云各局、造币厂铸造制钱，机制银元、铜元之事成为历史。随着昆明城市的不断发展与建设，如今宝云局与造币厂遗址已经消失，只留下钱局街这一街名见证这里数百年的铸币历史。

老昆明有句歇后语"钱局街呢烟囱二气"，为什么会有这样的说法呢，是因为这里有一座造币厂，里面有两根烟囱会冒烟，自然就成为钱局街名称的由来。

2. 用历史事件得名

庆云街： 东起护国路，西至正义路，曾称登仕街，因清时多居官员家属及商人，易登仕途而名。后因1911年农历九月九日"重九"起义，推翻清朝在云南的政权（以总督衙门为象征）时，相传连续几天出现彩云和景星，象征喜庆吉祥，而改名为庆云街。

光华街： 东起正义路，西至五一路，1911年辛亥重九起义后，以光复中华之意得名。

民权街： 在长春路（今人民中路）与大绿水河（巷）之间，1911年辛亥重九起义后，以振兴中华之意得名。

民生街： 东至云瑞西路，西达五一路，1911年辛亥重九起义后，以孙中山三民主义中民生主义而得名。

正义路： 城区中轴路，南起三市街，北达五华山，1911年辛亥重九起义后，以伸张正义于天下之意，将南城门改为正义门，并将贯通南北的道路取名为正义路。

护国路： 南起金碧路，北至长春路，因1915年袁世凯称帝，云南发动护国首义，出师讨袁，取得成功，故而得名。

靖国路： 北起顺城巷（红旗小学旁小巷），南至金碧路。1917年张勋复辟，孙中山在广州成立护法军政府，唐继尧在滇响应并通电全国，成立滇黔川靖国军，任总司令，出师护法。后人纪念此举，将此地的一桥命名为靖国桥，街以桥名。

3. 用特殊意义得名

岔街： 今省体育馆后门，明代为通往滇南和贵州的道路岔口。

北京路： 原为太和路，1966年贵昆铁路通车，云南从此有了出省铁路，此路两端都是火车站，取"边疆连北京"之意而得名。

青年路： 此路是1954年昆明市的共青团员青年学生利用假期和周末开展义务劳动，拆除旧城墙，填平污水沟所建，故命名为青年路。

书林街： 南连玉带河，北至金碧路，明末清初，因街与元代建文庙接近，是读书人驻留处，另有四川人在此印书，因而得名。

三市街： 元代昆明最繁华之市场，云集马市、牛市、羊市而得名。

三市街东接南屏街、宝善街、南强街，南连金碧路，北与正义路相接，西与顺城街相连，约300米。

元代昆明设中庆城时，形成贩卖牛羊、马匹、猪禽的集市。这里早在明末、清初时就是昆明最热闹的市中心，到了民国则更是发展为商贾云集的"闹市"。三市街的一些商家，在抗日战争期间，偶尔也会做一些"舶来品"生意，如"美国香烟""美国口香糖""美国酒、巧克力"甚至"美国面粉、奶粉"等，这是因为住在不远处"飞虎楼"的一些飞越"驼峰航线"的美军军官、士兵会偷偷"夹带"一些"援华物资"拿到三市街"换钱"。现今以三市街为中心位置向各个方向辐射的各种商场，成为昆明中心商圈的核心。可谓，"三市汇聚　商圈之冠"。

富春街： 今美辰百货两旁小街道，因明末清初从江南迁居昆明的人多聚居此地，想念家乡风景如画的富春江而得名。

宝善街：西起正义路，东至盘龙江。明清时，西段为珠宝市场，街中今同仁街口护城河上有桥，曾名珠市桥；东段称南教场，后改称宝善街。

南昌街：南起庆云街，北至威远街，长约140米。清时街名老郎宫，以戏剧艺人聚会的庙宇得名。1920年以街居小南门内并寓昌盛之意而改称南昌街。在庆云街与护国路交叉口处，向右拐进去就是南昌街。街口的几米处，是始建于1898年的迤西公清真寺。

三、昆明城的楼坊——饱经风霜载历史

▼

自有秦砖汉瓦以来，中国建筑便承载了这个民族的文化、历史、信仰和审美。至今还能看到的古老建筑，哪怕是断壁残垣，我们都能从中感受到，中国传统建筑不单是工匠技艺，更有建造者所遵循的规制、法度以及所蕴含的人文历史牌坊，曾是最高荣誉象征，统治者以传统礼教作为衡量人们行为的准则，对功勋、科第、德政及忠孝节义等进行表彰。昆明老城的楼坊记载着深厚的历史。

状元楼：今拓东路市博物馆斜对面，省体育馆与金汁河交叉处。清代时，在此处修了一座三层的桥楼，一来可远眺从东进入昆明城的行人；二来可供行人避雨遮日，歇脚休息。刚修楼时叫"魁楼"，取进入昆明第一楼之意。清光绪二十九年（1903年），石屏学子袁嘉穀获得经济特科一等一名，成为云南数千年历史上唯一一个状元。时任云贵总督魏光焘为其题书"大魁天下"金匾悬挂于楼上，这楼便赋予了"状元"的含义，久而久之，民间便叫此楼为"状元楼"。

民国时期状元楼

穿心鼓楼：吴光范先生编著的《昆明地名博览辞典》记载：在昆明城区圆通山之

东，北京路与圆通街、穿金路交接处一带，因元代建鼓楼，用以作为通信工具，击鼓为号，战时传报军情，平时传报灾情等，楼下有甬道通行，俗称"穿心鼓楼"，现今楼已毁而地名存。据有关文献记载，穿心鼓楼应是元代由滇阳驿（现波罗村）进入中庆路鸭池城（元代的昆明城）的标志性建筑。

近日楼：明洪武年间，明太祖朱元璋派沐英等将领率众出征云南，大败元军。随后，令沐英镇守云南，驻昆明。其间，他主持对昆明土城进行了大规模扩建，从南京请来风水师，规划设计将方圆10里全部用青砖石料筑成形似神龟的砖城，开了六道城门。其中南门楼为近日楼前身，名为"向明楼"。清康熙年间，云贵总督范承勋以改朝换代之名，将南楼以"举头红日近，回首白云低"之意，更名为"近日楼"。同在康熙年间，云南巡抚王继文大笔一挥，重题写"近日楼"三个大字。此外楼上楼下还悬挂着众多名人名家的题字楹联，飘逸奔放又气势磅礴。辛亥革

民国时期近日楼

命后，滇越铁路开通，近日楼附近的三市街、宝善街、顺城街十分热闹，既是交通要道熙来攘往，又是南来北往的客商经商必选之地。

抗战时期，美国大兵因酒后开车，坐三轮车不给钱等坏习惯，被昆明市民抗议时，美军司令部也是在近日楼下定时设立军事处罚岗，形成百姓围观，也成为当时一道风景。

同时期，近日楼一带就成为昆明民主运动的主要阵地，当时反内战、争取民主自由的游行、示威活动必经之地，标语、口号、漫画、文章贴满了近日楼的城墙，影响极大。

云南和平解放后，1950年2月，中国人民解放军从拓东体育场入城，经拓东路、金碧路，穿过金马碧鸡坊，陈赓、宋任穷两位将军登上近日楼，见证了昆明进入一个新的时代。

之后，20世纪50年代，随着昆明城市道路扩建，近日楼被拆除。进入21世纪，重新规划实施昆明历史文化名城保护工作。2002年，在恢复东、西寺塔历史文化街区中，在昆明城中心中轴线间重建近日楼，楼上匾额采用清康熙年间云南书法家阚祯兆所书"近日楼"三个金色大字。

金马碧鸡坊："金马山上开茶花，碧鸡关下看彩霞。百花装点昆明城，云霞映红百姓家"。这首质朴的歌谣，流露出了昆明人对金马碧鸡的向往和眷恋，浓缩了昆明

人对故乡深深地爱。

金马、碧鸡二坊曾是昆明城内人文景观和城市的标志。位于昆明城传统中轴线的南端，即今天金碧路与正义路交叉口，始建于明代宣德年间。东为金马坊，西为碧鸡坊，二坊相隔约数十米，均为门楼式木构牌坊，飞檐翘角。明朝末年，大西军攻打昆明时，毁于战火。清康熙年间重建，后又损毁。光绪十年（1884年）云贵总督岑毓英主持再次重建的金马碧鸡坊，至民国保留完好，民国时期曾作修葺。新中国成立后，一直完整保留。遗憾的是，1966年，在"文化大革命"中，两坊被当作"四旧"横扫，完全被拆除。

金马碧鸡坊民间最迷人的传说是"金碧交辉"：明宣德年间建造的这座木质金马碧鸡坊精美绝伦、设计精准。每年中秋时节，日落时分，太阳的余晖从西边照射到西面的碧鸡坊上，使它的倒影投到东面街上。此时，从东方升起的月亮，光芒照射到东面的金马坊上，使它的倒影投到西面街上，两个牌坊的影子，渐移渐近，最终交汇到一起，传说这样的奇观要60年才会出现一次，故称"金碧交辉"，曾是昆明的"八景"之一。

1998年，为迎接'99昆明世界园艺博览会，在金碧路改扩建过程中，昆明市人民政府重建了金马、碧鸡二坊，为两座木构斗拱牌楼，形体相近，金马坊上画骏马，碧鸡坊上画凤凰，二坊上覆金色琉璃瓦，雕梁画栋，精美异常，已成为昆明城市的景观标志。整座牌坊寓意为"金马腾飞、碧鸡呈祥"。

忠爱坊： 在昆明市中心的繁华闹市中，伫立着一座牌坊——忠爱坊。忠爱坊与金马、碧鸡二坊鼎足立于三市街口，重现了老昆明"品字三坊"的盛景。

1274年，元世祖忽必烈经过深思熟虑，选派赛典赤·赡思丁为云南首任平章政事。他在任内为地方施仁政、兴事业。如始修建了松华坝水库，疏挖海口河，以解决滇池水倒灌入城之苦；修建了云南第一座文庙，兴儒学，推行教化礼仪，移风易俗；建明伦堂和学舍，办起了第一所有文献资料可证的官办学校。这些善举，赢得老百姓的赞誉。为感戴其"忠于君而爱于民"的功绩，老百姓在中庆城里立了个"忠爱"牌坊，寓意为"忠君爱民"。后来忠爱坊历经明、清、民国多次损毁又多次重建，说明了赛典赤深受人们的爱戴和敬仰。为迎接1999年昆明举办世界园艺博览会，恢复重建金马碧鸡坊的同时，昆明市决定在市中心三市街北口重建忠爱坊，供市民和

忠爱坊

游人瞻仰。

天开云瑞坊： 从史料和老照片获知，昆明老城曾有"天开云瑞"坊，设在今天正义路中段，即威远街和光华街的交汇处。天开云瑞坊，建于清康熙二十七年（1688年），当时匾额题为"怀柔六诏"（南面）、"平定百蛮"（北面）。道光八年（1828年），云南布政使王楚堂重修牌坊，为缓和民族矛盾，改题为"天开云瑞"（南面）、"地靖坤维"（北面）。牌坊南北面各有两座硕大的红砂石狮子。一对面南，位于坊额"天开云瑞"之下，另一对面北，端坐于坊额"地靖坤维"之下，默默地守护着古老的昆明城，整座牌坊寓意"国泰民安"。

民国时期天开云瑞坊

四、昆明城的小巷——市井生活体现中

文化巷： 古为城北偏僻荒地，荨麻丛生，故称"寻麻地"。20世纪50年代昆明的大学、院校扩建，成为连接云南大学、昆明师范学院（今云南师范大学）、昆明工学院三所高等学府师生往返市中心和学校的通道，师生们大都喜欢在此地开设的书吧、茶馆、饰品店读书、交流、购物，谈笑风生，释放自我，故得名文化巷。

东寺街西寺巷： 老昆明童谣唱道"东寺街，西寺巷，茅斯拐拐呢小楼上"，讲的是老昆明街巷中，老百姓的油、盐、柴、米生活。2002年，这里恢复重建了近日楼、老昆明街区，雕塑了五件栩栩如生的市井生活场景，活灵活现地为我们展示了过去的昆明生活。这一时期，昆明电视台以老昆明生活为原型，拍摄了方言电视连续剧《东寺街西寺巷》，受到了市民的广泛赞誉。

大小梅园巷： 北通螺峰街，西达华山西路，这是一条220米长的林荫小巷，曲径通幽。小巷内曾居住有被誉为天下第一长联的大观楼长联的作者孙髯翁。他喜好在寓所庭院内广植梅花，以梅示志，写下"万树梅花一布衣"的诗句。于是这条小巷便以"梅园"为名。1909年，朱德来昆求学讲武堂，参加辛亥革命、护国运动等民主革命期间，在这里的水晶宫红花巷4号和小梅园巷3号居住，留下了宝贵的历史遗存和资料，现为朱德旧居，列为云南省文物保护单位。

财盛巷： 城区正义路东，北起人民中路，南至威远街，连云兴巷，长240米。清代成巷时，以巷内有财神庙得名财神巷。

云兴巷： 南起庆云街，北抵威远街，与财盛巷相连，长236米。居此巷的外地富商颇多，大家共议，为求在云南事业兴旺，这巷就叫云兴巷。

中和巷： 原来昆明最长的一条巷，连接翠湖和武成路及景虹街，内又有吉星巷等三条支巷，石屏会馆、昆明二幼均在巷内，以儒家思想"致中和"而得名。

利昆巷： 《昆明地名博览辞典》记录道：利昆巷在昆明城区五华山西侧，华山西路的坡头处，长90米。因巷内曾为创办石龙坝水电站的耀龙电灯公司，以办电是有利于昆明人民之举取名。

染布巷： 东起钱局街，西至大西城巷，长120米。以清末邱姓人家在此巷开设染布和纱帕的染房得名。

昆明的小巷之多，历史故事之多，让人数不胜数，还可不断探寻。

五、昆明城的桥——山水环绕映古城

古时，昆明是一座水城，城内河道纵横，盘龙江、金汁河、大观河、运粮河等河道均通往滇池，老城区的桥主要是建在母亲河盘龙江上，河水从北绕东至南，蜿蜒曲折，流入滇池，有名、有趣、有故事的桥有油管桥、敷润桥、交三桥、南太桥、得胜桥、双龙桥、洪化桥等。

交三桥： 青年路与人民路中段盘龙江上的桥。古时大东门外明通河这一带两岸的人们来往靠渡船，很不方便。有个叫"焦三"的人捐资修了这座桥。人们为了纪念和感谢这位善人，便将桥取名"焦三桥"，到了民国时期，谐音成了"交三桥"。

抗日战争时期，昆明作为重要的抗日根据地，从1938年9月28日开始，日军对当时中国重要的战略后方——昆明，进行肆无忌惮的轰炸，持续了5年。 1941年12月18日，日军飞机在昆明交三桥、麻园、席子营、北沙河埂、吹箫巷和环城东路一带共投下23枚炸弹，炸死365人，史称"交三桥惨案"。

如今的交三桥是昆明城市中心的交通要道，也是重要的金融机构所在地。北京路与人民路交叉延伸，地铁1、2号线穿梭而过，出行方便，商贸发达。

敷润桥： （一说为溥润桥）今在圆通大桥下，是连接米厂与灵光街，通往穿心鼓楼的必经之路。此桥元代初建时为三孔石桥，清代重修，时为小东门出昆通往北部方向的桥。那时小东门旁的米厂心街，靠圆通山一段的街道上，聚集着许多商埠、店家、客栈，此地客商居民甚多。正因为如此，不知从何时起，桥面的人行道上，也变成了自由市场。来来往往的人们摩肩接踵，随心购物，人声鼎沸，热闹非凡。

南太桥： 今青年路与东风东路口盘龙江上的桥。市中心横跨东风东路、东风西路，联系护国路、青年路的交通枢纽。始建于20世纪50年代，历经新中国成立以来，见证了昆明建设、发展、改革开放的辉煌。

得胜桥：今青年路与金碧路交叉口盘龙江上的桥。

【链接】得胜桥与闹市商埠————————————————

得胜桥始建于元朝时期（1297年），由云南平章政事也先不花主持修建。桥建成之时，正逢朝廷改元大德，所以得名"大德桥"。1393年重修，改名为"云津桥"。清代康熙平定吴三桂，清将赵良栋带领两千多人猛攻云津桥，桥毁坏严重。1828年（道光八年），官府重修该桥，改名为"得胜桥"，意为清将赵良栋在此打败吴三桂军队而取名得胜。这里是旧时昆明的水陆交通要道，商贾云集，市井繁荣，商业兴旺，自古有"一桥飞贯日之虹"的美誉，元人王升赞叹"千艘蚁聚于云津，万舸峰屯于城根；致川陆之百物，富昆明之众尾"，说的就是当年得胜桥的繁盛景象。

1905年3月，昆明官绅陈荣昌、罗瑞图、王鸿图等向云贵总督丁振铎呈交了一份禀帖。大意说：省城南门外的得胜桥，是官、商人等来往的必由之路，"货物骄集，市廛栉比"，而且与预定的铁路站邻近，要求比照鲁、湘等省的先例，开辟以得胜桥为中心的一片区域，作为商埠。1909年11月，新任云贵总督李经羲到任后，滇越铁路即将面临通车，他以为一定会带来商业繁荣的局面。于是和云南布政使沈秉堃、交涉使世增等，筹议有关辟建商埠的事。12月，李经羲再次向清廷呈具奏折，请求援借拨开

得胜桥旧照

办商埠经费，终获准。得胜桥特殊的位置与意义，后来一直被历届政府所重视，1915年，护国军讨伐袁世凯也是选择在这附近作为出发点，"得胜"两个字，寄托太多，这座桥也成了昆明人流连之地，20世纪80年代昆明工人文化宫就建在这里。2004年，昆明市区重新调整四区行政区划，也以得胜桥为中心一分为四。

双龙桥：过去是昆明城区与郊区的分水岭。一座连接巡津街与塘双路，称双龙桥；一座贯通环城南路，是为环南桥。据记载，双龙桥始建于清代，因桥东、西两侧有白龙、黄龙二庙，另有双龙寺一座，桥上雕有双龙，故名"双龙桥"。后来庙、寺俱毁，桥也于1957年由三孔桥改扩建为四孔桥，但双龙桥名沿用至今。

油管桥：今环城北路与龙泉路口处。抗战时，为增加盘龙江两岸的运输能力，美

军采用无缝钢管在环城北路上快速建起一座高承载力的铁桥。当时老百姓不知无缝管称呼，以油管桥称呼至今。

洪化桥：今云南省图书馆东前方，翠湖南路连接人民中路一条不到200米的道路，就是洪化桥的现存地址。茫然四顾，不见河水，也不见桥。但在历史长河中，它也曾熠熠生辉。

吴三桂之孙吴世璠在昆明继位，改元"洪化"。将原来翠湖西岸的平西王府改名"洪化府"。门前洗马河上的石桥也改成了"洪化桥"。如今，沧海桑田，日月变迁。那座石桥早已不见踪迹，但仍留下了一条道路和"洪化桥"的名字。

六、昆明城的坡——文化风骨留印记

昆明城地势北高南低，城中的坡多位于北面的圆通山、五华山、祖遍山、磨盘山周边，称为十三坡，分别是北仓坡、西仓坡、学院坡、贡院坡、逼死坡、荩忠寺坡、永宁宫坡、先生坡、丁字坡、牛角坡、沈官坡、小吉坡、熟皮坡。

十三坡的来历可追溯至明洪武十九年（1386年），云南镇守沐英建砖城，将圆通山、五华山、祖遍山、海菜子（翠湖）等地划入龟城内，才有了昆明城内"山在城中，城在湖中"的水城景观。在历经600多年变迁后，有的成为历史记忆，有的不复存在。如，五华山东北麓原有一永宁宫，附近的坡道就被叫永宁宫坡。随着永宁宫消失，坡名亦不复存在。又如，祖遍山南有一片盛产木材涂杉树的坡地，坡上每年堆满被砍伐的树皮，民间称此地为"树皮坡"，后来亦被叫作"熟皮坡"，坡名今已不存在。现存五华山、翠湖周边的坡，个个充满文化气息。

学院坡：是1946年西南联大教授、著名爱国人士李公朴先生遭国民党特务枪杀殉难处，现在圆通街与青云街交会处，今改名大兴坡。坡脚翠明园小区门口立有"李公朴先生殉难处"石碑。

贡院坡：因清代贡院设在此而得名（贡院是清朝科举考试的地方），现昆明云南大学正门西面上坡一段，文林街一部分。1923年建盖会泽院时修建了台阶，南段称龙门道，95级阶分3段，有3道龙门。坡底有腾蛟坊和起凤坊，是贡院大门。

西仓坡

先生坡

西仓坡： 现在钱局街中段和府甬道南头下到翠湖西路，东起翠湖北路，北通府甬道，长220米，西高东低。清道光八年（1828年）建太平仓，俗称大西仓，取名太平巷。清末，改为西仓坡，一直沿用到现在。1946年7月，西南联大教授、著名爱国人士民盟负责人闻一多先生在此地自己家门口遭国民党特务枪杀殉难。此地立有"闻一多先生殉难处石碑"。

先生坡： 现在树勋巷下到昆明翠湖北路一条巷。南起翠湖北路，北至文林街，长115米，北高南低。清代时，每逢乡试，各府州赴贡院应试秀才多住巷内驿馆。

小吉坡： 现昆明市教师进修学院下到翠湖北路一条巷。南起翠湖北路，北至文林街，长87米，北高南低。小吉坡原来是一片荒坡。清代以后，官吏士绅纷纷在此建房，以佳言吉语取名小吉坡，这里多为砖木结构庭院式建筑。

丁字坡： 现云大正门东边上到昆明北门街云南省歌舞团一条巷，东北起北门街，西南至青云街，坡长120米，宽3.5米。清代是沿贡院东围墙通往北城门的小道，丁字坡因与北门街相交呈"丁"字形而得名。此地住过不少名流志士，朱自清先生就在此居住过。

北仓坡： 地近北城门称北仓，现北门街中段通圆通山麓螺翠山庄一条巷。西起北门中街，长380米。

逼死坡：现昆明华山西路北段，也叫篦子坡、升平坡，华山西路的北段。明永历帝被吴三桂逼得在金禅寺上吊自杀，故此得名。此地立有"明永历帝殉难处石碑"。

苁忠寺坡：北起翠湖南路东段西侧，南接黄公东街和登华街。坡长53米，宽3.4米，石路面坡道，因寺得名。苁忠寺始建于清嘉庆九年（1804年），主祀关圣帝，旁祀清以来阵亡的官兵，因此得名。

牛角坡：俯瞰就像一副牛角，现节孝巷。青年路中段连接华山南路，俯视小巷和左右两边街道，形状就像一副牛角。牛角坡就是现今的节孝巷，一条昆明的老巷道，两旁的建筑物依稀看得出近百年前昆明老旧房子的样子，巷道内39号普通民居1926年成为中共云南地下党召开第一次会议的建党旧址，现今成为云南省文物保护单位。

沈官坡：现中和巷内石屏会馆下到昆明翠湖南路一段。坡名或由此地一姓沈的大富人家而得名。清代时石屏人在此建石屏会馆，供商人、赶考学子下榻。

总之，昆明这座具有2000多年历史的文化名城，我们从它留下的建筑、街巷、道桥故事中，感悟到它的文化风骨，吸附着它的文化基因，想必一定会为我们传承好这座城市的文化精神打下了良好的基础。

牛角坡

城市文化通识

昆明

KUNMING CHENGSHI
WENHUA TONGSHI

第十三章
昆明诗赋楹联散文集萃

　　诗词、楹联、散文是中国传统文化的璀璨部分。昆明这座历史文化名城、山水文化春城、多元文化边城，历代咏她的诗词、楹联、散文等雄文华章，繁星夺目。经过历史的锤炼和洗涤，这些诗词楹联为历史文化名城昆明增添了一批文化财富。"高原明珠"滇池、"睡美人"西山、"天下第一奇观"石林、"天下第一汤"温泉、"天地奇观"九乡洞天，婀娜奇秀，如诗如画的自然之美，让人倾情；古滇遗址、金碧交辉、翠湖春晓、双塔烟雨、圆通樱潮等历史典故，如痴如醉的人文故事，让人倾心。因为四季如春的独特气候，冬无严寒，夏无酷暑，"天气常如二三月，花枝不断四时春"，誉有"春城"美称。自古以来多有官宦政要、文人墨客毫不吝啬地用赞美之词，把自己的感悟用审美之笔，写下了许多诗歌、散文、楹联，融入山水楼台、民风民情中，赋予它深刻的文化内涵。这里精选一些代表作来品读。

一、移金马碧鸡颂 西汉·王褒

持节使王褒,谨拜南崖(南疆),敬移金精神马,缥碧之鸡:处南之荒,深溪回谷,非土之乡,归来!归来!汉德无疆。兼乎唐虞,泽配三皇。黄龙见兮白虎仁,归来!归来!可以为伦。归兮翔兮,何事南荒也。

【作者王褒】

王褒(公元前90—前51年),字子渊,别号桐柏真人,蜀郡资中人(今四川省资阳人)。生前为汉宣帝文学侍从,谏议大夫。汉代最具有文学情趣的赋家,作品表现出的唯美意识,在当时赋坛独树一帜。他的主要作品有《洞箫赋》《九怀》《甘泉宫颂》《碧鸡颂》《僮约》等十六篇。

据《汉书·王褒》记载:汉宣帝时,有方士盛言益州(指滇池地区)有金马碧鸡之神,可祭祀而至。宣帝使王褒为谏议大夫,持节前往求之。只可惜当时诸蛮叛乱,道路闭塞不通,王褒并没有到达南中,而只到达了川西一带,故写了这篇诗赋遥祭。这篇诗赋后来成为昆明历史上有关金马碧鸡传说源头,之后一直在昆明历史上广为流传。

二、游避风台与清平官赋 唐·寻阁劝

避风鄙阐台,极目见腾越。悲哉古与今,依然烟与月。自我居震旦,翊卫类夔

契。依昔经皇运，艰难仰忠烈。不觉岁月幕，感激星回节。元昶同一心，子孙堪贻厥。

【作者寻阁劝】

　　寻阁劝是唐朝南诏国第四任国王，又称骠信。自小就从师郑回学习汉文化，所以他的汉文造诣比较高，他是南诏统治者中第一位写汉诗的人。曾于公元808年星回节在鄯阐府（系指南诏大理国东都昆明）与唐朝文学家赵叔达等游避风台时有感而发，写下了一首五言律诗《游避风台与清平官赋》，这首诗收入《全唐诗》，开创了西南少数民族运用汉文学形式创作的先河。

三、滇池赋　元·王昇

　　晋宁之北，中庆之阳，一碧万顷，渺渺茫茫。控滇阳而蘸西山，瞰龟城而吞盘江。

　　碧鸡峭拔而岌嶪，金马逶迤而玲珑；玉案峨峨而耸翠，商山隐隐而攒穹。五华钟造化之秀，三市当闾阎之冲；双塔挺擎天之势，一桥横贯日之虹。千艘蚁聚于云津，万舶风屯于城垠，致川陆之百物，富昆明之众民。

【作者王昇】

　　元代诗人，白族，字彦高，大理国贵族后裔，曾任大理、中庆（昆明）学正，以文章政事名于滇中。这篇赋收录于明景泰《云南图经志书》，文字优美，对仗工整，朗朗上口。描写了滇池的宏伟气象，秀丽风光，中庆城商船汇集云津，商家涌动城垠、民众安居富足的八景，生动贴切，引人入胜，是描写滇池昆明最早的作品。根据当时的各种史料记载，《滇池赋》的问世，一下子令当时的文人对云南的整体文学水平刮目相看。

四、马可·波罗行纪（节选）

▼

　　《马可·波罗行纪》117章中，有关云南昆明的记载是："渡此河（金沙江）后，立即进入哈剌章州（指大理）……行次五日毕，抵一主城，是为国都，名称押赤（昆明），城大而名贵，商工甚众。人有数种，有回教徒、偶像教徒及若干叶思托里派之基督徒。"

　　"尚有一湖（指滇池）甚大，广有百里，其中鱼类繁殖，鱼最大，诸类皆有，盖世界最良之鱼也。"

　　这段游记记载的内容是，1274年，元朝在建立云南行省后，赛典赤任云南平章政事，将云南行政中心由大理迁往滇中中庆城（昆明），又称押赤城，工商经济发展，民族宗教关系和睦，建孔庙兴儒学，成为"城大而名贵"的壮丽大城。

【作者马可·波罗】

　　马可·波罗（1254—1324年）意大利旅行家、商人，他是世界历史上第一个将地大物博的中国向欧洲人作出报道的人。他在中国17年，行游过新疆、甘肃、内蒙古、元大都（北京）、福建、浙江、江苏、四川、云南等地，在他的游记中以100多章的篇幅，记载了40多个城市，对当时中国的自然和社会情况作了详细描述。因此，马可·波罗被誉为"中世纪的伟大旅行家"、中西交通史和中意关系史上的友好使者。

五、游太华山记（一）　明·徐霞客

出省城，西南二里下舟，两岸平畴夹水。十里田尽，葭苇满泽，舟行深绿间，不复知为滇池巨流，是为草海。草间舟道甚狭，遥望西山绕壁东出，削崖排空，则罗汉寺也。又西十五里抵高峣，乃舍舟登陆。高峣者，西山中逊处也。北上有傅园；园西上五里，为碧鸡关，即大道达安宁州者。由高峣南上，为杨太史祠，祠南至华亭、太华，尽于罗汉，即碧鸡山南突为重崖者。盖碧鸡山自西北亘东南，进耳诸峰由西南亘东北，两山相接，即西山中逊处，故大道从之，上置关，高峣实当水埠焉。

《徐霞客游记》是以日记体为主的中国地理名著。此篇《游太华山记》又是古代记昆明西山最详尽的游记名篇。徐霞客乘船穿行草海，在高峣登陆，谒太史祠，以后游山腰的华亭寺、太华寺、罗汉崖；从千步崖下到龙门村，沿湖岸往南考察金线泉；又攀上小石林，寻黑龙池，登绝顶美女峰。徐霞客搜寻之广，游履之全，令后来者叹为观止。

【作者徐霞客】

徐霞客（1587—1641年），名弘祖，字振之，号霞客，江苏江阴人，明代地理学家、旅行家。

徐霞客向往云南，钟情云南，行走云南。明末崇祯十一年（1638年）五月初十入滇，崇祯十三年（1640年）正月间离开云南。一年零九个月，630多天，行走曲靖、昆明、玉溪、红河、楚雄、大理、丽江、保山、德宏、临沧10余个州市近50个县区，写下了25万余字的《滇游日记》，占60多万字《徐霞客游记》的40%。云南是徐霞客一生旅游和地理考察的终点，是他在家乡以外生活时间最长的省。徐霞客追寻文化先贤名迹，在昆明西山谒拜杨太史祠，在建水、保山、大理凡与杨升庵相关的足迹，他都满怀虔诚，去寻访拜谒，在大理感通寺写韵楼"同升庵遗墨"，表达对杨升庵的尊敬。徐霞客在云南的地理探索，人文情怀、旅游考证，是他人生著作最多的地方，是云南地理认知历程中的丰碑。把云南美丽的自然风光、奇特的地形地貌、多彩的民族风情记录于书，向外界介绍云南，世代流传。

六、滇海曲（二首） 又三首 明·杨慎

（一）

蘋香波暖泛云津，渔栅樵歌曲水滨。
天气常如二三月，花枝不断四时春。

（二）

湖荡鱼虾晨积场，市桥灯火夜交光。
油窗洞户吴商肆，罗帕封颐僰妇粧。

春　望

春风先到海东头，春兴催人独上楼。
最是晚来凝望处，曲堤烟柳似皇州。

山茶花

绿叶红英斗雪开，黄蜂粉蝶不曾来。
海边珠树无颜色，羞把琼枝照玉台。

忆江南·滇春好（四首）

滇春好，韶景媚游人。拾翠东郊风袅袅，采芳南浦水粼粼。能不忆滇春。

滇春好，百卉芳山茶。海上千株光照水，城西十里暖烘霞。能不忆滇花。

滇春好，翠袖拂云和。雅淡梳妆堪入画，等闲言语胜听歌。能不忆滇娥。

滇春好，最忆海边楼。渔火夜星明北渚，酒旗风影荡东流。早晚复同游。

【作者杨慎】

　　杨慎（1488—1559年），字用修，号升庵，四川新都人。明朝正德年间内阁首辅杨廷和之长子，出生于书香世家。

　　杨慎是明朝时期对云南历史文化贡献最大的内地文化学者。杨慎一生存诗词2000多首。昆明人记得杨慎，更多发端于这组诗《滇海曲》里的著名诗句："天气常如二三月，花枝不断四时春。"诗句归纳了昆明的气候与花事，精准贴切，简洁得体，堪称古今描绘春城第一人。《滇春好》是杨慎赞美滇池风光风物，追溯云南历史，抒发人文情怀的代表作，文字优美，评说贴切。后在《春望三绝》中，他又写道："春城风物近元宵，柳亚帘拢花覆桥。欲把归期卜神语，紫姑灯火正萧条。"由此我们说，是杨慎第一次生动定义出昆明"春城"的概念，同时，也第一次形象诠释了昆明花城的盛景。

七、大观楼长联　清·孙髯

　　五百里滇池，奔来眼底，披襟岸帻，喜茫茫空阔无边。看：东骧神骏，西翥灵仪，北走蜿蜒，南翔缟素，高人韵士，何妨选胜登临。趁蟹屿螺洲，梳裹就风鬟雾鬓；更蘋天苇地，点缀些翠羽丹霞。莫孤负：四围香稻，万顷晴沙，九夏芙蓉，三春杨柳。

　　数千年往事，注到心头，把酒凌虚，叹滚滚英雄谁在？想：汉习楼船，唐标铁柱，宋挥玉斧，元跨革囊。伟烈丰功，费尽移山心力。尽珠帘画栋，卷不及暮雨朝云；便断碣残碑，都付与苍烟落照。只赢得：几杵疏钟，半江渔火，两行秋雁，一枕清霜。

　　一听到这副长联的吟诵，就会让人想起在风景秀丽、山水如画的昆明大观楼前，悬挂着的这副名闻遐迩、脍炙人口的"海内第一长联"。这副长联，上联描写滇池风

大观楼

物，下联追述云南历史，对仗之工，气魄之大，意境之美，文辞之雅，确实无可匹敌，前人之褒奖，实不为过。

【作者孙髯】

孙髯（1685—1774年），字髯翁，祖籍陕西三原，生于清康熙二十四年乙丑岁（1685年）。因其父在云南任武官，随父寓居昆明。博学多识，乾隆年间，曾为昆明滇池大观楼题楹一幅，计180字，号称天下第一长联、海内长联第一佳作，被后人尊称为联圣。

孙髯从小就有名，古诗文写得极好。出游之时，随身总是带着书。看到科举考场要搜身，掉头就走，从此不问科举，终身为民。孙髯好梅花，曾自制一印章，上刻"万树梅花一布衣"。今天昆明五华山北坡有大梅园巷，原来是一个梅园，相传就是孙髯居所。孙髯还曾溯流而上，考察金沙江，提出"引金济滇"的设想，又考察盘龙江，写成《盘龙江水利图说》。目睹官吏榨取民财，百姓流离失所，滇中深藏隐患，孙髯更忧国忧民，登大观楼，心绪难平，激愤如潮，于是奋笔疾书，为我们留下了"海内第一长联"。长联尽摹滇池景象，极言千年滇史，状物则物势流转，辞采灿烂，文气贯注；写意则意气驰骋，沉郁顿挫，一扫俗唱。在文禁森严的雍乾之际，孙联一出，振聋发聩，四方惊动，昆明士民，竞抄殆遍，蔚滇中盛事。此长联20世纪50年代获毛泽东主席读后，曾盛赞该长联"从古未有，别创一格"。

八、昆明名胜古迹楹联

西山楹联选

一水抱城西，烟霭有无，柱杖僧归苍茫外；

群峰朝阁下，雨晴浓淡，倚栏人在图画中。

——明·杨慎（华亭寺天王殿外廊）

青山之高，绿水之长，岂必佛方开口笑；

徐行不困，稳地不跌，无妨人自纵心游。

——明·钱南园（华亭寺天王殿内）

置身须向极高处，举首还多在上人。

——近代·赵藩（三清阁）

举步维艰，要把脚跟立稳；置身霄汉，更宜心境放平。

——佚名（龙门）

大观楼楹联选

千秋环抱三杯水，万里云山一水楼。

——明·嘉庆进士宋湘（大观楼北面门侧）

曾经沧海难为水，欲上高楼且泊舟。

——清·云南提督马如龙（大观楼近华浦门亭）

果然一大观，山水唤凭栏；睡佛云中逸，滇池海样宽。

——郭沫若

金殿楹联

金殿凤凰鸣晓月；玉阶鹦鹉醉春风。

——清·黄嘉兴（金殿铜柱）

帝道满三千，上谷龙飞，无双玉宇无双地；
天台高百尺，东林竹舞，一半青山一半云。

——佚名（金殿太和宫棂星门）

铁笛无声，知音者忠言贯耳；
黄粱未熟，睡着的切莫翻身。

——清·吴崇仁

铜瓦一殿，肖若武当，此地升香同享帝；
铁壁诸关，屹然腾越，前代筹边大有人。

——近代·赵藩

艳说茶花是省花，今来始见泛红霞。
人人都道牡丹好，我道牡丹不及茶。

——郭沫若《咏茶花》

黑龙潭楹联

千岁梅花千尺潭，春风先到彩云南。
香吹蒙凤龟兹笛，影伴天龙石佛龛。

——清·云贵总督阮元

荷风送香气，竹露滴清响。
山光悦鸟性，潭影空人心。

——清·袁嘉毅

茶花一树早桃红，百朵彤云啸傲中。惊醒唐梅睁眼倦，衬培宋柏倍姿雄。
崔嵬笔立天为纸，婉转横陈地吐红。黑水祠中三异木，千秋万代颂东风。

——郭沫若《游黑龙潭》

翠湖楹联

赤鲤跃碧波，吞却三分明月；

红莲开翠海，托来一瓣馨香。

——清·李霆锐

十亩荷花鱼世界；半城杨柳拂楼台。

——清·凌士逸

百亩碧漪经雨洗；四堤绿柳任风流。

——现代·赵翼荣

圆通寺楹联

百尺高楼，一片岗峦千点树；

满城春色，半边海水四边山。

——清·孙髯

步步小心，须念石头路滑；

层层着眼，方知峰顶人高。

——清·孙髯

落眼山光个个青，荷花两岸影娉婷；

半宵雷雨秋风路，梦醒犹疑在北溟。

——清·师范

近日楼一联

东西双塔，金碧两坊，云灿星辉，光于中夏；

烟火万家，湖山千里，忧先乐后，式是南邦。

——清·袁嘉谷

九、赞美昆明的美文

▼

昆明的气候是多少城市都羡慕不来的。夏无酷暑，冬无严寒，阳光明媚，繁花似锦，万里无云，只有到了昆明才真正理解"碧空如洗"这一成语。

写昆明城市的美，你会用怎样的方式？杨朔、老舍、李广田、汪曾祺、林徽因、沈从文、冰心……这些大家笔下，都曾有过对昆明的描摹。聆听这些文字，你会发现，这座城市太让人着迷；品味这些墨香，留存的是抹不去的记忆。

1. 杨朔《茶花赋》（节选）

今年二月，我从海外回来，一脚踏进昆明，心都醉了。我是北方人，论季节，北方也许正是搅天风雪，水瘦山寒，云南的春天却脚步儿勤，来得快，到处早像催生婆似的正在催动花事。

花事最盛的去处数着西山华庭寺。不到寺门，远远就闻见一股细细的清香，直渗进人的心肺。这是梅花，有红梅、白梅、绿梅，还有朱砂梅，一树一树的，每一树梅花都是一树诗。白玉兰花略微有点儿残，娇黄的迎春却正当时，那一片春色啊，比起滇池的水来不知还要深多少倍。

这是一篇描写昆明春色的佳作。作者通过描写昆明茶花美，见景抒情，见物托志，热情地赞颂创造祖国美的勤劳质朴的劳动者，歌颂了祖国无限美好的未来。全文写茶花美是客，写祖国美是主，作者采取以客衬主、以客显主的方法，精心构思，使文章诗画并茂、神韵悠然。

【链接】昆明市花——山茶花

1983年3月10日，昆明市人大常委会决定将云南山茶花定为昆明市花。云南山茶花既是昆明市花，也是云南群芳之首。早在唐宋云南南诏、大理时期，就在宫廷和昆明民间推广栽培。到元明时，茶花已在云南西部、中部城乡广种植，尤其是昆明的佛寺道观、风景胜地，茶花成为普遍栽培的观赏植物。杨慎在诗中说："海光珠树无颜色，羞把琼枝照玉台。"

【作者杨朔】

杨朔（1913—1968年），原名杨毓瑨，山东蓬莱人。曾任全国政协委员、中国作协理事。杨朔一生创作成就巨大，其散文最为突出，被文化艺术界公认为新中国成立之初17年间（1949—1966年）最有代表性的散文作家之一。代表作品有《荔枝蜜》《香山红叶》《茶花赋》等。

2. 汪曾祺《翠湖心影》（节选）

　　昆明和翠湖分不开，很多城市都有湖。杭州西湖、济南大明湖、扬州瘦西湖。然而这些湖和城的关系都还不是那样密切。似乎把这些湖挪开，城市也还是城市。翠湖可不能挪开。没有翠湖，昆明就不成其为昆明了。翠湖在城里，而且几乎就挨着市中心。城中有湖，这在中国，在世界上，都是不多的。说某某湖是某某城的眼睛，这是一个俗得不能再俗的比喻了。然而说到翠湖，这个比喻还是躲不开。只能说：翠湖是昆明的眼睛。有什么办法呢，因为它非常贴切。

　　翠湖这个名字起得好！湖不大，也不小，正合适。小了，不够一游；太大了，游起来怪累。湖的周围和湖中都有堤。堤边密密地栽着树。树都很高大。主要的是垂柳。"秋尽江南草未凋"，昆明的树好像到了冬天也还是绿的。尤其是雨季，翠湖的柳树真是绿得好像要滴下来。湖水、柳树、粉紫色的水浮莲、红鱼，共同组成一个印象：翠。

汪曾祺《昆明的雨》（节选）

我想念昆明的雨。

我以前不知道有所谓雨季。"雨季"，是到昆明以后才有了具体感受的。

我不记得昆明的雨季有多长，从几月到几月，好像是相当长的。但是并不使人厌烦。因为是下下停停、停停下下，不是连绵不断，下起来没完。而且并不使人气闷。我觉得昆明雨季气压不低，人很舒服。

昆明的雨季是明亮的、丰满的，使人动情的。城春草木深，孟夏草木长。昆明的雨季，是浓绿的。草木的枝叶里的水分都到了饱和状态，显示出过分的、近于夸张的旺盛。

这是毕业于抗战时期昆明西南联大的才子汪曾祺20世纪80年代回到昆明写的一篇回忆性散文。文中作者从画家的视角和情怀出发回思昆明往事，用雅洁自然的语言展示了昆明特有的民俗风情，倾诉了其对那段诗意往事无尽的眷恋之情。该文被作为范文选入中学教材。

汪曾祺先生是写昆明作品最多的散文作家，除了《翠湖心影》《昆明的雨》外，还有《昆明的花》《昆明的菜》《昆明的吃食》《昆明的果品》《泡茶馆》《跑警报》等8篇，字里行间都是他对昆明的欣赏、眷恋与怀念，由于他的神来之笔，昆明的故事悠然地向人们走来，仿佛一幅幅写意的画面。

【作者汪曾祺】————————————————————

汪曾祺（1920—1997年），江苏高邮人，中国当代作家、散文家、戏剧家。1939年考入西南联大中国文学系。直到1946年才离开这里。这段时光是他一生中最重要的时光，因此总在文章中写到西南联大的经历。毕业后，曾在昆明当过教师，并不断在杂志上发表诗歌、小说。作品有《范进中举》《受戒》《晚饭花集》《逝水》《晚翠文谈》等。

3. 李广田《花潮》（节选）

昆明有个圆通寺。寺后就是圆通山。从前是一座荒山，现在是一个公园，就叫圆通公园。公园在山上。有亭，有台，有池，有榭，有花，有树，有鸟，有兽。后山沿路，有一大片海棠，平时枯枝瘦叶，并不惹人注意，一到三四月间，真是花团锦簇，变成一个花世界。

星期天，我们也去看花。不错，一路同去看花的人可多着哩。进了公园门，步步登山，接踵摩肩，人就更多了。向高处看，隔着密密层层的绿荫，只见一片红云，望不到边际，真是"寺门尚远花光来，漫天锦绣连云开"。花开得正盛，来早了，还未开好，来晚了已经开败，"千朵万朵压枝低"，每棵树都炫耀自己的鼎盛时代，每一朵花都在微风中枝头上颤抖着说出自己的喜悦。"喷云吹雾花无数，一条锦绣游人路"，是的，是一条花巷，一条花街，上天下地都是花，可谓花天花地。可是，这些说法都不行，都不足以说出花的动态，"四厢花影怒于潮"，"四山花影下如潮"，还是"花潮"

好。有风，花在动，无风，花也潮水一般地动，在阳光照射下，每一个花瓣都有它自己的阴影，就仿佛多少波浪在大海上翻腾，你越看得出神，你就越感到这一片花潮正在向天空向四面八方伸张，好像有一种生命力在不断扩展。而且，你可以听到潮水的声音，谁知道呢，也许是花下的人语声，也许是花丛中蜜蜂嗡嗡声，也许什么地方有黄莺的歌声，还有什么地方送来看花人的琴声，歌声，笑声……这一切交织在一起，再加上风声，天籁人籁，就如同海上午夜的潮声。

昆明四季如春，四季有花，可是不管山茶也罢，报春也罢，梅花也罢，杜鹃也罢，都没有海棠这样幸运，有这么多人，这样热热闹闹地来访它，来赏它，这样兴致勃勃地来赶这个开花的季节。

这篇散文从圆通山海棠花开得正红说起，从静态与动态、视觉与听觉相结合，形象地描写出了海棠花旺盛的生命力。散文还浓墨重彩地描写了老人、青年、孩童看花的不同表现，并写出了各色人等看花的故事。

圆通花潮景观，古往今来，一直是昆明城市保留下来的文化遗存。每年春天，海棠、樱花竞相开放，市民和海内外游客都会来到圆通山观花潮、聚朋友、唱花灯。从2005年起，"圆通樱潮"被列为昆明市非物质文化遗产，年年举办花潮节，成为昆明历史文化名城的人文风景。

【作者李广田】

李广田（1906—1968年），山东邹平人。号洗岑，笔名黎地、曦晨等，现代散文家。1935年毕业于北京大学。1941年秋至昆明，在西南联大任教。新中国成立后任清华大学中文系主任、副教务长；1952年调任云南大学副校长，1957年任云南大学校长，并兼任云南省作家协会副主席、中国科学院云南分院文学研究所所长等职。与此同时，他仍然从事散文写作，文字技巧和思想内容较前更趋洗练和成熟，常于诗情画意的描写中，透示出富于哲理的意趣。出版有散文集《汉园集》《画廊集》《银狐集》《灌木集》等。

4. 沈从文《云南看云》（节选）

云南因云而得名。……云南特点之一，就是天上的云变化得出奇。尤其是傍晚时候，云的颜色，云的形状，云的风度，实在动人。

云南的云似乎是用西藏高山的冰雪，和南海长年的热风，两种原料经过一种神奇的手续完成的。色调出奇的单纯。唯其单纯反而见出伟大。尤以天时晴明的黄昏前后，光景异常动人。完全是水墨画，笔调超脱而大胆。天上一角有时黑得如一片漆，它的颜色虽然异样黑，给人感觉竟十分轻。在任何地方"乌云蔽天"照例是个沉重可怕的象征，唯有云南傍晚的黑云，越黑反而越不碍事，且表示第二天天气必然顶好。

云南的天很蓝、云很白。这篇散文透过对大自然景物"云"的描绘，抒发了作者的社会理想和审美理想，构思颇具匠心，开头对"云"的描摹，写出了地理、风俗、人情的描绘，趣味较浓。

【作者沈从文】

沈从文（1902—1988年），原名沈岳焕，字崇文，湖南凤凰县人，中国著名作家、历史文物研究者。曾在西南联大、北京大学任教。著有小说有《边城》《长河》等，历史专著有《中国古代服饰研究》等，写昆明的散文有《云南看云》《昆明冬景》《记忆中的云南跑马节》《怀昆明》等。

5. 冰心《忆昆明——寄春城的小读者》

四十年前，我在昆明住过两个春秋，对这座四季如春的城市，我的记忆永远是绚烂芬芳的！这里，天是蔚蓝的，山是碧青的，湖是湛绿的，花是绯红的。空气中永远充满着活跃的青春气息。今日，我遥望南天，祝愿住在祖国春城的小朋友们，不辜负你们周围灵秀的湖山所给予你们的美感和熏陶，努力把自己培育成一个德、智、体、美四育兼优的少年，准备把我们的祖国建设得更伟大而美好。

1982年夏天，昆明《春城晚报》在《大观》副刊新增了"儿童之页"，为小读者们提供灯下读物。副刊主编、著名儿童文学作家吴然先生给北京的朋友、儿童文学作家聪聪去信，请他在方便的时候代向冰心老人约稿。过了半个月，聪聪就寄来了冰心的这篇散文。

【作者冰心】

冰心（1900—1999年），原名谢婉莹，福建省福州市长乐区人，中国民主促进会（民进）成员。诗人，现代作家、翻译家、儿童文学作家、社会活动家、散文家。主要作品有《冰心小说散文选集》《小桔灯》《晚晴集》等。

冰心先生与昆明十分有缘分。1938年秋，冰心先生的丈夫、燕京大学社会学系教授吴文藻先生，应云南大学校长熊庆来先生之邀，受聘于云南大学任社会学系教授兼系主任。于是，夫妇二人带着小儿女，匆匆离开北平。他们抵天津，从海路到上海，再转香港，取道越南，从越南乘小火车沿滇越铁路进云南，终于来到昆明。

冰心先生对昆明情有独钟，当时在螺峰街居住时，写下的散文《摆龙门阵》，深情道出："昆明那一片蔚蓝的天，春秋的太阳，光照地晒在脸上，使人感到故都的温暖。近日楼一带很像前门，闹哄哄的人来人往。近日楼前就是花市，早晨带一两块钱出去，随便你挑，茶花，杜鹃，菊花……还有许多不知名的热带的鲜艳的花，抱一大捆回来，可以把几间屋子都摆满……"

在呈贡居住时，冰心写下了她的又一经典名篇《默庐试笔》。她感慨地说："我现在真不必苦恋着北平，呈贡山居的环境，实在比北平山郊的环境还静，还美。"她还说："回溯平生郊外的住宅，无论是长短居住，恐怕是默庐最惬心意。"（摘自冰心《默庐试笔》）

6.老舍《滇行短记》（节选）

昆明的街名，多半美雅。金马碧鸡等用不着说了，就是靛花巷附近的玉龙堆、先生坡，也都令人欣喜。靛花巷的附近还有翠湖，湖没有北平的三海那么大，那么富丽，可是，据我看：比什刹海要好一些。湖中有荷蒲；岸上有竹树，颇清秀。最有特色的是猪耳菌，成片地开着花。此花叶厚，略似猪耳，在北平，我们管它叫作凤眼兰，状其花也；花瓣上有黑点，像眼珠。叶翠绿，厚而有光；花则粉中带蓝，无论在日光下，还是月光下，都明洁秀美。

昆明终年如春，即使不精心培植，还是到处有花。北平多树，但日久不雨，则叶色如灰，令人不快。昆明的树多且绿，而且树上时有松鼠跳动！入眼浓绿，使人心静，我时时立在楼上远望，老觉得昆明静秀可喜；其实呢，街上的车马并不比别处少。

至于山水，北平也得有愧色，这里，四面是山，滇池五百里——北平的昆明湖才多么一点点呀！山土是红的，草木深绿，绿色盖不住的地方露出几块红来，显出一些什么深厚的力量，教昆明城外到处人感到一种有力的静美。四面是山，围着平坝子，稻田万顷。海田之间，相当宽的河堤有许多道，都有几十里长，满种着树木。万顷稻，中间画着深绿的线，虽然没有怎样了不起的特色，可也不是怎的总看着像画图。

这篇散文写于1941年。1941年8—11月，老舍在友人罗常培的陪同下到西南联大讲学和休养，游历了昆明的各处风景名胜和大理等地，写出了系列散文《滇行短记》。老舍这人素讲义气，重友情，朋友众多。老舍来到云南，倾心于云南的山水风光，每看到一处风景，都给予他强烈浓厚的美感，都使他动情沉醉。他赞美滇池"天上白云，远处青山，眼前是一湖秋水，使人连诗也懒得作了。"他还想在中秋之夜，"到滇池去看月，包一条船，带着乐器与酒菜，泛海竟夜"。他赞美翠湖："湖中有荷蒲；岸上有竹树，颇清秀。"

【作者老舍】

老舍（1899—1966年），原名舒庆春，字舍予，另有笔名絜青、鸿来、非我等。因为老舍生于立春，父母为他取名"庆春"，北京人。中国现代小说家、作家、人民艺术家、北京人艺编剧。曾受邀赴英国、美国讲学。曾任北京市文联主席、中国文联副主席、中国作协副主席。代表作有《骆驼祥子》《四世同堂》《茶馆》《龙须沟》等。

7. 林徽因《昆明即景·茶铺》

这是立体的构画，描在这里许多样脸。在顺城脚的茶铺里，隐隐起喧腾声一片。各种的姿势，生活，刻画着不同方面：茶座上全坐满了，笑的，皱眉的，有的抽着旱烟。老的，慈祥的面纹。年轻的，灵活的眼睛，都暂要时间茶杯上停住，不再去扰乱心情！一天一整串辛苦，此刻才赚回小把安静。夜晚回家，还有远路，白天，没有工夫闲看云影？不都为着真的口渴，四面窗开着，喝茶，跷起膝盖的是疲乏，赤着臂膀好同乡邻闲话。也为了放下扁担同扁背。向运命喘息，倚着墙，每晚靠这一碗茶的生趣。幽默估量生的短长……

这是立体的构画，设色在小生活旁边，荫凉南瓜棚下茶铺，热闹照样的又过了一天！

林徽因一家到昆明后起先住在巡津街的"止园"，不久又搬到巡津街9号。巡津街是昆明的一条老街，原先叫大河埂，后来在此设岗巡视水情，名巡津堤，至清末逐渐形成街道，于民国初年得名巡津街。1910年滇越铁路通车后，不少外国人办的医院、洋行、酒店汇集于此。沈从文在文林街的时候，沈的住所常有人聚在一起聊天，那间"矮楼房成为一个小小的文艺中心"。林徽因大约是常客：很健谈，坐在稻草墩上，她会海阔天空地谈文学，谈人生，谈时事，谈昆明印象。

林徽因对昆明的最后记忆是1946年2月，林徽因从重庆乘飞机回到昆明，住北门街唐家花园后，给在重庆的友人费慰梅写信说："我终于又来到了昆明！""来看看这个天气晴朗、熏风和畅、遍地鲜花、五光十色的城市。"重返昆明后感觉非常好，印象更深刻。她把这次住的北门街唐家花园叫作"梦幻别墅"。并称赞道："昆明永远是那样美，不论是晴天还是下雨，我窗外的景色在雷雨前后显得特别动人。"

【作者林徽因】

林徽因（1904—1955年），原名徽音，祖籍福建福州，出生于浙江杭州。林徽因是清华大学教授，为中国第一位女性建筑学家，抗战时期在昆明居住，是著名建筑学家梁思成之妻。她也是文学家，著有散文、诗歌、小说、剧本、译文和书信等，代表作品有《你是人间四月天》《莲灯》《九十九度中》等。

总之，历代文人、墨客写下昆明的诗词、楹联、散文浩瀚丰富，多彩壮丽，无论是题写在公园名胜，还是深藏在古镇禅寺，大多深含着厚重的历史文化故事，传承着这座城市的文化精气神，成为这座城市的精神财富。

城市文化通识

昆明

KUNMING CHENGSHI
WENHUA TONGSHI

第十四章
昆明音舞戏剧概说

　　昆明地区的音乐舞蹈源远流长，历史悠久，最早的歌舞乐活动始于远古时期，当属音乐舞蹈。官渡区石虎滩出土的新石器时期文物——夹砂灰陶的肩沿上便有人类原始舞蹈图饰。在呈贡天子庙、晋宁石寨山出土的大量春秋晚期至西汉的青铜器上，镌刻有各种舞蹈形态，以及各种乐器图案，反映出滇王国地区民族的歌、舞、乐的景象。汉武帝时，司马相如在《上林赋》中有"文成颠歌"的描写："滇，益州滇县，其人能作西南夷歌也，颠与滇同也。"西汉设置益州郡后，汉文化来到滇池地区，历经唐、宋、元、明、清历代与云南各民族文化不断融合，形成了云南多民族文化的结构。1276年，元朝将云南行政中心由大理迁到昆明。云南行中书省设立在昆明。至此，昆明正式成为全省政治、经济、文化中心。昆明地区的各民族习俗的歌舞活动逐步丰富，到了明清时期，民间小曲与地方民歌小调相结合逐步形成了花灯。清代中叶，昆明由于商业兴盛发展，外省会馆、行业会馆纷纷建立，各地流行的戏曲声腔随戏班而来，曲调、板式趋于地方化，逐步形成了滇剧。

一、音　乐

古代音乐源于先民在生产劳动中创造的原始艺术形态，由劳动声响和劳动呼声发展而来。昆明东郊彝族子君村人吹奏的陶制乐器"阿乌"和富民县出土的土洞箫，与周代埙类（古代陶制乐器）乐器相似。从昆明地区发掘的历史文物来看，富民和官渡出土了周代的陶制吹奏乐器；呈贡的汉代墓葬中有抚琴陶俑，说明昆明在汉代以前就有了丝竹乐器；晋宁石寨山滇王墓中出土了六管葫芦笙、铜鼓、编钟、锣，均属春秋晚期至西汉之物。这些实物都是古代昆明地区的先民们歌舞活动的真实写照。

昆明民族民间音乐的发展，自2000多年战国时期庄蹻入滇以来，即与中原文化保持着广泛、密切的联系。明清以来，大量内地汉族移民入滇，带动了昆明地区民族民间音乐的发展，特别是对地方戏剧的影响极大。如花灯音乐中不仅有许多曲调来自内地，而且明清小曲更是花灯唱腔的主要部分。滇剧的丝弦、胡琴、襄阳等三大声腔，即分别源于秦腔、徽调和汉调。大约明朝嘉靖年间，从四川传入的"洞经"音乐，曾广泛流传于云南各地，至今昆明、大理、丽江仍有演唱。

近代云南新音乐活动始于昆明，伴随着近代新式学堂中的乐歌而出现。1906年，留日学生创办的《云南》杂志，发表过学堂歌《云南大纪念》，在昆明的大、中、小学传唱。辛亥革命后，学堂歌曲在昆明更为流行。1927年，云南最早的艺术专科学校，位于华山东路双塔寺的云南省立美术专门学校音乐科教唱了由法国人柏西文提供的《国际歌》，这是最早传入昆明的外国歌曲。1928年，聂耳在云南省立第一师范读书时，谱写了他的处女作《省师附小校歌》。1930年至1935年，聂耳在上海先后创作了《前进歌》《毕业歌》《大路歌》《开路先锋》《新的女性》《义勇军进行曲》等30多首歌曲，在全国传唱。1937年全面抗战爆发后，昆明成为大后方、民主堡垒，音乐创作和歌咏活动十分活跃，许多大中学校、音乐团体都相继组建了歌咏团队和合唱协会，演唱抗战歌曲和聂耳创作的歌曲。

新中国成立以来，昆明地区出现了音乐家组织的学术性、专业性音乐团体，与艺术类专业的师生共同开展了以传承民族文化、体现民族特色的音乐创作活动，整理了一批云南民歌，如，弥渡山歌《小河淌水》、晋宁的汉族民歌《送郎调》、呈贡小调《大河涨水沙浪沙》等，在工厂、农村、部队、学校广泛传唱，来自全国的一些专业作曲家也加入云南本土作品的改编创作中来。如1956年，作曲家麦丁将路南撒尼民歌《远方客人》改编为合唱《远方的客人请你留下来》，中央民族歌舞团带着此歌参加匈牙利布加勒斯特第六届世界青年联欢会演唱，荣获金质奖。

这一时期一批反映云南各民族精神风貌、歌颂中国共产党和毛泽东主席的歌曲，如《有一个美丽的地方》（杨非词曲）、《北京有个金太阳》（禾雨词曲）、《阿波毛主席》（陈士可词、张难曲）、《姑娘生来爱唱歌》（金重词、朱里千曲）、《马儿呀，你慢些走》（李鉴尧作词）、《阿佤人民唱新歌》（杨正仁词曲）等，在全国各地传唱。

改革开放以来，昆明地区的音乐创作和群众性进入繁荣时代。1982年，为纪念人民音乐家聂耳诞生70周年，云南省暨昆明市举办了自新中国成立以来第一次大型音乐活动——首届聂耳音乐周，进入以群众性歌咏活动推动合唱水平提升的时期，紧接着又连续举办了几届。1984年，昆明市音乐协会成立，汇聚了云南一大批音乐人才，组织开展了许多群众性歌咏活动。从这年开始，昆明市文化局与有关部门创办了"春城歌咏节"，内容有音乐会、声乐、器乐的专业和业余歌手大奖赛，民歌手演唱比赛，范围涉及城市、农村、工矿企业、机关、部队、学校，每年一届均有上万群众参与。

2009年，经中宣部批准，中国文联、中共云南省委、云南省人民政府、中国音乐家协会联合主办了首届中国聂耳音乐（合唱）周，至2023年，中国聂耳音乐（合唱）周共举办7届，由昆明市、玉溪市轮流承办，对推进云南合唱事业的蓬勃发展具有重要意义。首先是本土合唱水平显著提升。各合唱团在多次比赛中积累经验、强化训练，从演唱群众歌曲上升到演唱四声部以上有技术含量和难度要求的艺术歌曲。

云南是歌舞音乐的海洋，有很多值得挖掘、整理、创作的音乐素材。在改革开放40多年的历程中，云南省、昆明市创作排演了《葫芦信》《追求》《青铜魂》等歌剧，《郑和与海》《丽江情缘》《阿诗玛》等音乐剧，体现出了云南独特的历史文化、民族文化、名人文化、红色文化等，使之在舞台上绽放出了艺术的光彩。

昆明市民族歌舞团创作的大型民族歌剧《青铜魂》是一部展现昆明古代滇池地区青铜文化的作品。编剧李良振、刁成志，作曲万里、陈应祥、黄波，主演郭廷飞、姚嘉。全剧以青铜工匠阿牛与战俘王姬月娇的情感故事为主线，人们追求和平幸福的美好向往。2000年，由昆明市歌舞团和昆明市交响乐团联袂首演。2002年，经修改完善，该剧赴哈尔滨参加第三届中国歌剧（音乐剧）观摩演出，获优秀剧目奖及8个专项奖。

这一时期昆明市文化局培养出了一大批如作曲家万里、欧建宁、陈应祥、杨晓萍等，歌唱家何纾、姚嘉、杨云燕、何佳等音乐人才，为文化精品创作奠定了基础。

2005年，为纪念伟大的航海家、外交家、和平使者郑和七下西洋600周年，昆明市文化局组织创作了音乐剧《郑和与海》。这是一部思想精深、主题鲜明、弘扬民族文化的作品。主创人员为：周忻创意，黄自廉编剧，万里作曲。该剧有以下几个特点：一是云南第一部本土百老汇式音乐剧，充分展示了我省的音乐、声乐资源优势，创作演出全部由云南人自己担纲。二是本土音乐与时尚元素相结合，土风和现代并重，融现代舞、当代舞、民族舞、古典舞为一体的新型表演形式。三是创排以剧组制形式运作，剧组成员全部采取公开对外招聘录用，荟萃了云南专业文艺团体和社会优秀艺术人才。四是大型实景舞美让人身临其境，东南亚风光尽收眼底；华美时尚服装影响舞台服饰观念变革，更带给观众美的享受。

20世纪80年代，昆明音乐界最有影响的事件是，1987年4月，经昆明市政府批准，昆明成立了西南首家职业交响乐团——昆明乐团。邀请时任中央乐团团长严良堃、杨鸿年，青年指挥家李心草、英国指挥家理查森·布莱恩等来昆排练和公演交响音乐会，演奏了包括施特劳斯、莫扎特、贝多芬、舒伯特、勃拉姆斯、门德尔松、柴可夫斯基、德沃夏克等世界著名音乐家的经典作品，成为享誉全国的十大交响乐团。之后30多年来，昆明交响乐团致力于推动云南民族交响乐的创作发展，以《彩云音诗》为品牌，先后演奏了云南本土作曲家陈勇的交响组曲《铜鼓魂》、一夫的《昆明序曲》、夏良的双长笛《舞曲》、区建宁的管弦乐《阿哩哩》、宋役的交响音诗《讲武堂遐想》等。

音乐剧《郑和与海》

　　2010年，昆明交响乐团与云南省歌舞剧院交响乐团重组建成了以聂耳名字命名的昆明聂耳交响乐团，进入新的发展时期。近十年来，既演奏了一批本土作曲家创作的作品，如交响诗《聂耳》（涂正明曲）、交响幻想曲《那座山》（那少承曲）、交响曲《高原情怀》（陆棣曲）、《阿诗玛幻想曲》（吴玉年曲）等，还邀请国内优秀作曲家创作一批云南题材的交响乐作品，如钢琴协奏曲《哀牢狂想曲》（张朝曲）、交响组曲《滇池——母亲湖之恋》（关峡曲）、交响组曲《阿诗玛》（邹野曲）、交响曲《讲武堂记忆》（崔炳元曲）等。在演出中，还特邀百余位国内外著名指挥家、演奏家、歌唱家登上春城舞台与聂耳乐团同台激情共演，为春城市民献上了一场场精彩、难忘、丰盛的"文化大餐"。

　　在交响音乐艺术普及方面，乐团每年公益演出达100多场，结合脱贫攻坚、创文、文化惠民等多个主题，常年穿梭于各州市、县区、社区、乡镇。交响乐的优美旋律响彻学校、军营、养老院、企业等各行各业，甚至在田间地头都能看到他们认真演奏的身影，深受春城人民和广大乐迷的欢迎。

　　昆明交响乐团还积极参加全国高层次音乐展演活动，多次参加北京国际音乐节、中国西部交响乐周、上海音乐节等音乐节演出活动。先后到越南、日本、新加坡等东南亚国家进行交流演出。通过这些活动，扩大昆明对外文化交流，宣传推介昆明，使昆明聂耳交响乐团成为能够与世界同行交流合作的城市文化品牌，成为全世界了解昆明文化的窗口。

　　2014年8月乐团赴新加坡参加国际比赛获两个金奖、五个银奖，2016年7月又斩

昆明聂耳交响乐团演奏聂耳创作的《翠湖春晓》

获四个金奖，受到了大赛组委会和新加坡观众的好评，实现了云南交响乐国际比赛获奖零的突破。2019年，以庆祝中华人民共和国成立70周年为主题，由著名作曲家邹野根据聂耳作品改编创作了大型交响合唱《启鸣之声》反响巨大，荣获全省新剧目一等奖。

2019年10月1日，在中华人民共和国成立70周年之际，昆明聂耳交响乐团和艺术总监兼首席指挥黄屹受邀前往北京参加"国庆70周年联欢活动·千人交响乐"，与16支乐团共同在天安门广场奏响中国交响最强音。

二、舞　蹈

▼

昆明地区的舞蹈始于民间，历史悠久，源远流长。从官渡区发现的新石器时期文物——夹砂灰陶缸的肩沿上可看到人类原始舞蹈的纹饰；晋宁石寨山出土的大批青铜器上有各种形态各异的舞蹈形象，有男、女独舞俑，8人坐唱4人乐舞俑，18人环舞俑等，特别是"双人盘舞扣饰"，2名舞者腰佩长剑，脚踩盘旋的长蛇，手持盘子翩翩起舞，形象逼真。呈贡发掘的东汉墓内有抚琴和吹箫陶俑。这些舞蹈纹饰和舞俑的实物是昆明地区古代先民歌舞活动的真实写照。唐宋年间民间舞蹈已盛行，至元代，昆明地区已有火把节的活动记载，明代记载了昆明地区的"社火""百戏"及民族民间歌舞活动。清乾隆年间逐步形成花灯歌舞，并于同治、光绪年间盛行于昆明、官渡、呈贡、晋宁、宜良等地，一直沿袭和流传下来。

民国时期，至新中国成立前，昆明地区的花灯歌舞和民族民间舞蹈工作者以及大、中、小学校师生，围绕抗日救亡爱国运动、反对内战、争取民主的政治斗争开展了各种文艺活动，演出了《渔光曲》《大刀进行曲》《卢沟桥问答》《金凤子开红花》《团结就是力量》《兄妹开荒》《苦难的中国离不开共产党》等歌舞，振奋人心，鼓舞斗志。

新中国成立后，在群众歌舞活动的基础上，昆明地区组建了云南省歌舞团、昆明市花灯歌舞团和部队等专业团体，各县都有县文艺工作队，创作了大量民族舞蹈节目，其中路南彝族舞蹈《阿细跳月》曾到欧洲8个国家表演，嵩明花灯歌舞《大茶山》

于50年代参加莫斯科第七届世界青年联欢节获表演奖，花灯舞蹈《万盏红灯》《喜迎春》《十大姐》还被列为北京舞蹈学院的民间舞教材。

党的十一届三中全会后，改革开放的号角吹响，文艺繁荣的春天来临，昆明形成了专业团体舞蹈比赛提升水平、各类舞蹈节庆活动齐头并进、群众性广场舞蹈健身锻炼的格局。

1979年，云南民族歌舞会演在昆明举办，全省25个少数民族都有本民族舞蹈节目，并由本民族演员参加。1988年，云南省在昆明东风广场和东风路上举办了首届民族艺术节和民族舞蹈游演活动，规模宏大，内容丰富，检阅了绚丽多彩的云南各民族民间舞蹈。在民族民间舞蹈巡游中，昆明市展演的彝族大三弦舞、花灯扇舞、秧佬鼓舞，乡土气息浓郁，场面恢宏壮观，深受国内外来宾的欢迎和称颂。

1992年1月，文化部在昆明举办了国家级文艺盛会第三届中国艺术节。云南省歌舞团的巅峰之作舞剧《阿诗玛》，作为开幕式演出，赢得各方面好评，连续荣获文化部第三届文华大奖、中宣部"五个一工程"奖。1994年，再获"中华民族二十世纪舞蹈经典奖"，创造了云南在中国舞蹈发展史上的辉煌。

改革开放以来最值得一提的是昆明民族歌舞团。1978年，昆明在原昆明市花灯剧团歌舞队的基础上组建了昆明市文工团，1981年改为昆明市歌舞团。建团后40多年来，学习、创作、排演了大量云南题材的民族舞蹈、舞蹈诗、歌剧、音乐剧。20世纪80年代的优秀作品有：马远敏创作的主题歌舞集《我的高原人》，云南民族服饰展演晚会《日月风火》，舞蹈作品《澜沧江船歌》《石林回声》；周培武、马文静创作的舞蹈《出征》《版纳三色》等，在全国、全省多次获奖，培养出了杨多奇、姚忠福、高岚等一批舞蹈骨干人才。

20世纪90年代的优秀作品有：马文静创作的舞蹈《蜻蜓》获全国首届少数民族舞蹈比赛编导一等奖；《牛角舞》获文化部文华奖；《姑娘的披毡》获全国舞蹈比赛"荷花奖"铜奖；《洗麻歌》获文化部"群星奖"金奖，培养出了何文婷、段秉媛、张艳华等一大批舞蹈人才。

进入21世纪，由于旅游业的快速发展，旅游歌舞演艺"云南模式"在全国文化产业发展中起到了领军作用，昆明市歌舞团不负众望，敢为人先在全国率先创作了旅游歌舞晚会《阳光大地》，晚会以传统的民族舞蹈文化为载体，串联各民族歌曲，变叙事为主为抒情为主，创作出极富诗情画意和生活气息的场面佳作，这就是昆明市民族歌舞团创新发展的飞跃，成为云南第一个旅游歌舞晚会的示范。

2005年，昆明市民族歌舞团又在全省创新改制为昆明市歌舞剧院有限公司，一批年轻有为的编导近年来创作了旅游歌舞《有一个美丽的地方》，舞蹈诗《孔雀树》，民族舞剧《云水传奇》《茶马古道》，音乐剧《馨香之城》等为代表的一批艺术精

昆明市歌舞团经典群舞《红鱼》

品。该团以其独特的民族风格和地方特色，加上演员们娴熟的舞蹈技巧，多次在中国文联舞蹈"荷花奖"、国家民委"孔雀奖"及全国舞蹈比赛和CCTV舞蹈比赛大奖中崭露头角，并多次为中央首长及外国元首进行专场演出，培养了杨洲、何文婷、曾婷婷、李络莹等一批优秀编导和舞蹈演员。

此外，歌舞团还分赴美国、英国、日本、新加坡等近18个国家及港澳台地区进行交流演出，受到了广大观众及同行的热烈欢迎和高度赞扬。尤其是在2006年赴美国参加由国务院侨办组织的"文化中国 七彩云南"活动中，该团创作并演出具有云南民族特色的大型歌舞晚会《七彩云南》获得圆满成功。整个演出把云南独特的民族文化展现了出来，并为"文化中国 七彩云南"活动增添了许多光彩。

三、花 灯

▼

花灯艺术从民间发源，是农业经济的产物，其表现形式正好与农耕文化的特征相生相伴，它与云南当地的经济发展、地理环境、历史文化有着密切联系。花灯表现的是民间故事和曲调，是云南许多地区民间广为流传、群众喜爱的演唱形式。演唱分为演出型与自娱型两种，在庭院、广场、公园、田间地头、街头巷尾都可见又唱又跳、生动活泼的表演。昆明花灯是云南花灯的一个主要支系，是昆明地区汉民族为主的民间歌舞小戏。

昆明花灯的形成与人民的生产劳动、生活习俗有重要的关系。早期人们从事田间劳动及滇池周围的渔业生产、欢庆丰收、祈神求雨、迎土主等活动，相应产生了秧佬鼓、秧歌、渔歌、渔高跷等"社火"民间活动，对花灯的形成和发展起到了很大的作用。

昆明自唐代以来，中原内地的民俗、民风逐步传来，特别是元1253年，元世祖忽必烈征服大理国，1254年将云南的统治中心从大理东迁至中庆府（昆明），设立云南行中书省后，作为"社火"（古代流传的民间信仰、酬神祭祀的礼仪活动）的观灯唱灯习俗沿袭流传下来。明代以后，每年春节至元宵期间，由灯会（灯班）组织，昆明大街小巷都要挂出各色彩灯、耍狮、耍龙、踩高跷、跑旱船、打秧鼓等，其中唱花灯就是主要内容之一。

云南地方史籍中，有不少描写灯节盛况的诗文。明代文学家杨升庵在《晋宁观社将归留别诸君子》诗中道："花月春城夜色悠，金轮太子四门游，九枝灯下开华宴，百戏棚中夺彩筹，南北相去姝不远，绿波红屿更轻舟。"杨慎在《观秋千》诗中说："滇歌僰曲齐声和，社鼓渔灯夜未央。"诗中提到的"滇歌、僰曲"，即汉族的与少数民族（古代对西南地区少数民族称"僰"）的歌曲，都在同一社火中出现。明代景泰年间，沐英之孙沐璘《滇南记事》中有诗记载："漫说滇南俗，人民半杂夷；管弦春社早，灯火夜街迟"。明末清初，顺治六年（1649年），李定国率大西军进入昆明，据《滇南志略》记载："是年元宵，大放花灯，四门唱戏，大酺三日。"这些诗句记载的都是对昆明花灯社火盛况的描写。

昆明花灯音乐的传统曲调，主要来自明清小曲，如打枣干、金纽丝、桂枝儿、倒板浆等曲牌，有的吸收了昆明当地自编的民风民俗故事、民间歌舞秧佬鼓、百戏、社火活动，有的融入当地民歌，如猜调、金鸡调、八街调等。花灯乐器主要为滇胡、三弦、月琴、扬琴、古筝、胡琴、唢呐、竹笛等民乐，打击乐有锣、钹、小鼓、八角鼓、木鱼、提手等。90年代后，有的花灯歌舞剧，还创新使用了大提琴、单簧管、双簧管、长笛、大管等西洋乐器。

昆明花灯，传统剧目一般可分为三类：一是小歌舞，以抒情为主，无故事人物情节的说唱歌舞，如《秧佬鼓》《板凳龙》《夫妻花鼓》《元宵花鼓》等；二是小演唱，抒情兼叙事，有简单情节和叙事，如《姑娘算命》《绣荷包》《瞎子观灯》《货郎卖线》等；小戏剧，有人物、情节和故事，如《乡城亲家》《打鱼》《贾老休妻》《劝赌》《长亭饯别》《王大娘补缸》等。由于花灯长期生于民间、长于民间，花灯演出时，大都在春节、元宵节、庙会期间，打谷场上演出，称为"团场""团灯""簸箕灯"。民间对花灯有三句话："乡里生，乡里长，乡里人把它养"，充分表明花灯是在农村里创始培育出来的。

在表演形式上，花灯以载歌载舞演唱为主，道具为手帕、扇子，动作就是"崴"。"崴步"和"十字步"是花灯舞蹈的基本步法。花灯戏中角色以小生、小旦、小丑（合称"三丑"）为主，老生、老旦及娃娃生为辅。旦角重"崴"、"颠"（如颠毛驴）、"甩"（甩提帕、甩手）、"拐"、"扭"；生角重

"矮""转""耍"。这些表演角色均由男生扮演，表演诙谐，十分热闹。

《明史·沐英传》载："洪武十四年秋（1381年），太祖命傅友德为帅，蓝玉、沐英为副，率兵三十万征云南。"之后，明军大量入滇戍边屯田。昆明今天不少地名仍保留着屯边痕迹，如王家营、吴家营、金刀营、大树营等皆是。内地移民的大批到来，与本地居民杂处，原籍地的戏剧声腔亦传入昆明，与昆明民间花灯歌舞融合，在昆明府城郊的东庄、大树营、小坝、小菜园等地以及呈贡、宜良、晋宁、安宁、嵩明等均建有灯会、灯班、灯棚等自发民间组织，用《打枣竿》《金扭丝》《倒扳浆》等明清小曲演出《乡城亲家》《瞎子观灯》《打鱼》等。据《云南通志》记载，由于演出地点为"择广场演唱，以资群众围观"，形同簸箕，被称为看"簸箕灯"。

抗战期间，1938年，时任戏剧工作者王旦东和花灯艺人熊介臣等人组建了昆明第一支花灯表演队伍，取名"农民救亡灯剧团"，创作演出了《张小二从军》《茶山杀敌》《新四郎探母》《汉奸报》等宣传抗日内容的花灯戏，先在昆明昆华民众教育馆（今文庙）首演，观众甚多，盛况空前。紧接着还到滇西、滇南40多个大小县城演出，历时一年多。1946年，花灯艺人熊介臣等人在昆明开设了第一家花灯彩排茶室——"庆云茶室"。之后，又出现了"华丰""太华春""聚盛""太和"等彩排茶室，成为当时居民的文化消费活动。

新中国成立后，党和政府把民间花灯艺人组织起来，成立了昆明花灯工作者联谊会。1951年，又在联谊会的基础上，正式成立了集体所有制性质的民间职业剧团——昆明人民灯剧团。建团后，招收了第一批女学员，结束了花灯一直以男演女的历史。在新文艺工作者的参与下，先后整理、改编了一批传统花灯歌舞和小戏，如《十大姐》《大茶山》《三访亲》等。1958年7月，昆明市第一个专业表演剧团——昆明市花灯剧团成立。在党的"百花齐放，推陈出新"方针的指引下，传承创新、改编移植了一大批花灯剧目，如《红松林》《小二黑结婚》《哑姑泉》《摸花轿》等，成为城乡群众喜闻乐见的艺术形式。

党的十一届三中全会后，云南省和昆明市花灯演唱艺术有了较快发展，金重、杨明、戴旦、周培民、苏庆煌、张晓秋等省市戏剧工作者改编、创作、导演了许多花灯剧，繁荣了花灯艺术事业，做了不少有益的工作。这一时期，昆明市花灯剧团改编演出了《孔雀胆》《陈圆圆》等历史剧，排演了《老牛筋相亲》《书记请客》等现代戏，受到城乡群众的欢迎，荣获云南省戏剧调演优秀奖，在省市花灯剧团里涌现出了史宝凤、袁留安、熊长林、王玉霞、黄美蓉、雷琴书等花灯名角。1982年，昆明市在文庙创办了昆明市少年文艺学校，开设了花灯科、花灯班，为花灯艺术事业输送新鲜血液。

昆明市县区中，唱花灯最痴迷的要算嵩明县，作为云南花灯的发源地之一，嵩明拥有文化部授予的"花灯之乡"的称号。嵩明传统花灯节目《夫妻花鼓》中有"年年有个正月正，唐王造下这班灯。男子妆灯像罗汉，女子妆灯赛观音"的唱词，说明嵩明花灯源自唐代，劳动人民把当地的民歌小调、歌谣和民间故事自编自演，用唱、跳、舞、崴的形式，体现人们在生产生活中的喜怒哀乐和精神寄托。嵩明花灯的经典剧目有《破四门》《老爹背孙女》《包二娶亲》《闹新房》等。嵩明民间花灯演出团队上百支，乡村和社区群众都会唱花灯、耍大龙。逢年过节唱花灯时，常与龙舞（俗称"龙灯"）、狮舞（俗称"狮灯"）、蚌壳舞（俗称"蚌壳灯"）、腰鼓舞、跑旱船、滇毛驴、踩高跷、大头宝宝戏柳翠等民间艺术表演结合，悉数登场表演，锣鼓喧天，龙腾狮跃，歌舞升平，这些民间花灯深深扎根于人民群众中。

最值得称赞的是，1997年8月，嵩明县举办了首届花灯艺术节，重头戏是花灯主题《秀嵩欢歌》展演，以嵩明县特色经济为主线，开场以花灯群舞"秧鼓催春""红灯放彩"打头阵，灯扇传情，表现传统花灯人人参与的热闹场面；"鲤鱼嬉戏""玉叶吐金"方阵，灵气十足，表现烟农丰收，绽开笑颜的面貌；"花果飘香""泉水叮咚"方阵，表现水源区人民保护大自然的奉献精神；"八月酒歌"方阵，体现了杨林肥酒中华老字号声名远播，走向世界。全场以龙腾狮跃为尾声，代表32万人民的32条神龙凌空劲舞，点水翻身，穿花抱柱，50多对雄狮追逐嬉戏，神态逼真，形成龙灯狮灯大团场的高潮。

花灯艺术节期间，县城南北街举办了"火树银花不夜天"为题的花卉灯展一条街，渲染出了嵩明县新兴花卉产业的锦绣前程。新编大型历史花灯剧《古滇天民》上演，宣传了明代嵩明人、著名药学家兰茂不慕功名、济世救民、著书传世的壮举。这次艺术节充分展示嵩明花灯的艺术魅力，文化部将嵩明县命名为"花灯之乡""龙狮

农村集镇"簸箕"花灯

之乡"，嵩明花灯也跻身为云南省非物质文化保护行列。

2001—2004年，是昆明市花灯艺术剧团创作、演出的顶峰时期。昆明市花灯剧团率先探索开展市场化演出，他们自编自导的花灯剧《小河淌水》和民族民间歌舞，从走昆明城乡开始，足迹遍及省内大部分州市，又应邀赴上海、江苏、浙江等省市进行商业演出，为昆明市探索了剧团改革发展的新思路。2002年昆明市文化局抢抓机遇，大胆创新，精心服务，支持昆明市花灯剧团在原有花灯剧《小河淌水》基础上，全新提升为精品剧目——大型花灯歌舞剧《小河淌水》，使

花灯歌舞剧《小河淌水》

之成为昆明市第一个国家舞台艺术精品扶持项目。这部花灯歌舞剧采取改革创新思路，公开开放剧目。主创团队公开聘请全国一流编导与本市优秀编导人员合作，时任文化部艺术司领导于平亲临指导，昆明市文化局周忻、秦桂珍任艺术总监，盛和煜、黄自廉编剧，卢昂、王亦功导演，冯咏梅、李爱荒、周文琳、景彦主演。全国遴选音乐、舞美、服装设计、灯光设计人才，全省公开招聘男女主角的模式，为打造艺术精品提供了广泛选择人才的基础，剧目上演采用市场运作，率先实行公开售票，演出40多场，收入80多万元，成为云南省第一部既做到了专家评审叫好，又成为观众口碑叫座的精品。2003年正式经过文化部、财政部专家评审入选第一批国家舞台艺术精品30台剧目。2004年全面荣获了第八届中国戏剧节8项大奖，即曹禺戏剧文学奖、编剧奖、导演奖、表演奖、音乐奖、舞美奖，昆明市文化局被特别评为伯乐奖。花灯歌舞剧《小河淌水》成为云南省文艺界最有创新成果的文化品牌。

四、滇　剧

滇剧是以昆明为中心的云南地方戏曲剧种。云南自古地缘处于我国西南边疆，从

汉代以来与内地文化的相互交流、彼此交融始终未断。13世纪以来，云南成为元中央政权的一个行省，与内地的文化交流更加频繁，在戏曲文化交流中，滇剧得以产生。早在明代昆明嵩明杨林人兰止庵曾写过《性天风月通玄记》剧本，这是目前已知的云南最早的戏剧创作活动。

根据《昆明市志·文化卷》记述，清代以来，随着云南矿业的开发，外省的工商业者云集昆明，加之昆明商贸业的发展，外省会馆、行业会馆的普遍建立，各地流行的戏曲声腔和戏班随着本地商帮的商业活动向昆明乃至全省流动。每逢节庆、商务集宴，他们都会上演各自的地方戏，这样一来，内地的各种戏曲便传入云南。从滇剧中的丝弦、胡琴、襄阳三大声腔来分析，丝弦源于秦腔，胡琴源于由腔演变成的徽调，襄阳源于楚调（辛亥革命后改称汉剧），三种声腔，从省外传入云南后，结合云南的方言语音、土风调式、民间音乐，交流融合形成了滇剧。

清代，可以说是滇剧孕育、形成发展到逐步兴盛的时期。据《中国戏曲志云南丛书·昆明戏曲志》记载，清代以来，以昆明为中心的滇戏班出现。康熙年间，昆明修建乐王庙的碑记上已出现石虎班、大赞班、长乐班、左小班社的名称。道光年间，昆明已有专业戏班，如洪升、永泰、乐福等。至光绪年间，滇班先后计有泰洪、福寿、福生、庆寿、永庆、金玉、荣华、富贵等8个专业滇班，出现了众采云集、群芳斗艳的场面。可谓"神庙做会，官绅宴集，纯用滇角登演"，一时间看滇戏成为当时的社会风尚。演出方式，一是主要应邀官府、会馆喜庆、祝寿、宴客等活动唱堂会戏；二是每逢节假在庙宇、集镇广场、戏台演出的节庆戏；三是平时在庙宇、农村谷场四周围场演出，设专人收钱，再放观众入场的拉门戏；四是在城镇、农村茶馆定点打围鼓清唱的围鼓戏。

滇剧的声腔，是由戏曲丝弦腔、胡琴腔、襄阳腔三大基本曲调和杂曲小调组成的多声腔剧种，属于梆子、皮黄系统。在戏中声腔运用上，既有高昂激越的丝弦腔，又有委婉曲折的胡琴腔，还融入潇洒明亮的襄阳腔，刚柔相济，曲调多样，和谐统一。滇剧常用乐器，弦乐有滇胡、据琴、三弦、月琴等，管乐有唢呐、竹笛、笙等，打击乐有小鼓、堂鼓、大锣、小锣、提手、碰铃、梆梆等。滇剧角色行当分为：生行，分小生、红生、武生、老生等；旦角，分小旦、花旦、青衣、闺门旦、老旦等；净行，分唱工花脸、架子花脸、摔打花脸等；丑行，分方巾丑、武丑、老丑、小丑、童丑等，行当齐全，角色分明。

民国文化人罗养儒在《滇剧杂谈》中说道，滇剧演唱者"丹田气足，喉爽声润，音清自圆，婉转悠扬"，唱做俱绝冠一时。这一时期，滇剧在昆明已成为各阶层人士喜爱的、社会影响最大的剧种。据《云南省志·文化艺术志》记载，辛亥革命前后，云南留日学生组织革命团体，在东京创办的《云南》杂志上提出改良社会须改良戏曲的主张，并刊登新剧剧本，昆明福升班班主翟海云响应滇剧改革的倡议，排演了《取金山》《辽阳大战》等改良新滇剧。民国期间，滇剧戏班众多，名伶辈出。最享盛名的就是昆明的"滇剧泰斗"栗成之。他吸收百家之长，借鉴京剧、川剧等其他剧种，创造总结了滇剧流派，出版了《滇戏指南》，培养滇剧人才，录制滇剧唱片，行销海外，成为"滇粹"代表。1936年，上海的百代公司和胜利公司，曾在沪、昆两地录制多种滇剧唱片，广泛吸收滇剧名角名票参与灌片，保留了一批滇剧声腔资料。抗日战争爆发后，中华全国戏剧界抗敌协会云南分会组织滇剧演员义演，演出了《弦高救国》《卧薪尝胆》《大报仇》《保国图》等剧目。

新中国成立以后，党和政府非常重视滇剧艺术的发展。1951年，省里成立了云南省人民实验滇剧团，各地州市在原有班、社的基础上也相继建立了国营滇剧团。1952年，全省贯彻中央人民政府政务院《关于戏曲改革工作的指示》，在当地文化部门的领导下，经过"改人、改戏、改制"的活动，提高艺人的思想觉悟，破除旧戏班陈规陋习，解放了艺术生产力。在这段时期，一些文科类大学毕业生被分配到了各地滇剧团，记录、整理了一批传统剧目。

1956年5月，在原云光滇剧社和大观彩排茶室两个民间职业滇剧社的基础上，昆明市滇剧团成立。建团初期，招收了第一批团代班学员，依靠老艺人，采取拜师学艺、老带新的方式，自发培养了本团一批滇剧人才。这年排演的滇剧《牛皋扯旨》成为市滇剧团第一个获文化部调演优秀剧目奖的剧目。《借亲配》由长春电影制片厂拍摄成为舞台艺术片。建团以来，市滇剧团移植、改编、创作上演的古装戏和民间传说故事剧近百个，《杨门女将》《青儿闹西天》《卖画杀舟》《三上轿》等滇剧，成为经常在城乡演出，群众欢迎的剧目。

1966—1976年，"文化大革命"期间，滇剧被认为是"四旧"受到摧残。滇剧团只能移植京剧《沙家浜》《红灯记》《海港》《杜鹃山》等样板戏，传统剧目演出绝迹。

党的十一届三中全会后，滇剧艺术得到恢复发展，昆明滇剧团先后上演了传统剧目《逼上梁山》《蔡文姬》《十五贯》《火焰山》《杨排风》等剧目，青年演员杨宝、汪美珠、陈婷芸、杨茂崭露头角。1988年，市滇剧团排演了新编历史剧《钱南园》，在第二届滇东北戏剧节上获演出一等奖、编剧一等奖等多项奖。从这年开始，经过十年修改打磨、十易其稿，四次重排，剧名原为《钱南园》，后曾改名《盛世遗恨》，最终定名《瘦马御史》。1999年，功夫不负有心人，十年磨一戏，修成正果，在第六届中国戏剧节上，荣获曹禺戏剧文学奖优秀剧目奖及表演、编剧、导演、舞美设计、音乐设计等单项奖，并获得中宣部第七届"五个一工程"奖、文化部"文化新剧目奖"，实现了昆明市戏剧表演在中国戏剧节奖项中零的突破。钱南园主演周卫华，成为昆明市第一个获得国家戏剧演员最高奖"梅花奖"（16届）和上海戏剧"白玉兰奖"的双冠演员。盛和煜、文建民、王之墀、杨茂、何莉飞等一批编导、演员均获奖项，成为昆明滇剧的四梁八柱。后来，滇剧《瘦马御史》被中国京剧院移植为京剧《瘦马御史》，同样获得中宣部"五个一工程"奖、文化部"文华奖"、中国京剧节金奖。昆明滇剧团名声大振，先后赴北京、上海、杭州、沈阳等地演出，创造了昆明文化精品创作上的辉煌。

为了推动昆明对外文化交流，受市政府指派，昆明市滇剧团应邀瑞士苏黎世市里特贝格博物馆邀请，参加了该馆举办的中国艺术节演出滇剧，这是昆明滇剧第一次到欧洲演出，让欧洲人得到欣赏，传播了中华传统文化。

2004年，昆明市滇剧团还排演了谢幕之作《陈圆圆与吴三桂》。该剧由省剧协作家、云南艺术学院教授陶增义编剧。剧本从吴三桂"冲冠一怒为红颜"一直写到陈圆圆出走，生动形象地表现了吴三桂与陈圆圆之间的爱与恨，刻画了吴三桂自私狭隘、野心勃勃、骄横残忍的性格，彰显了陈圆圆无私无畏、大义凛然的家国情怀。这台滇剧的导演和主要演员均为滇剧团的青年演员担纲，他们是导演王鹰、吴三桂饰演者王斌、陈圆圆饰演者王润梅，他们不负众望，敢于创新，成功地完成了剧团的新老交替，剧目上演后受到观众和专家的好评，获得了昆明市文化艺术"茶花奖"一等奖和省新剧目展演银奖。

滇剧《陈圆圆与吴三桂》

随着社会发展和文化生活多元化，传统戏曲的发展面临不少困难。但是，新媒体平台传播的模式，正兴起一股戏曲风潮，越来越多的网民通过直播、短视频、线上互动，与传统的京剧、滇剧、花灯、方言剧在云上直播、交流。在新媒体的助力下，戏曲的传承将开拓出一条新的传播之路。这些传统戏曲引起的"国潮""国风"的复兴迹象代表着一种趋势，促使大家在推动中华优秀传统文化创造性转化、创新性发展上，进行更多的探索和实践。

城市文化通识

昆明

KUNMING CHENGSHI
WENHUA TONGSHI

第十五章
昆明的民风民俗节庆

　　昆明是人类发祥地之一，距今三万前就有人类生息、繁衍在滇池地区。据历史文献《史记·西南夷列传》记载，古滇池周围的人们"皆编发""随畜迁徙"。从晋宁石寨山出土的青铜器中可以看出古滇国各民族生产、生活的习俗。春秋战国以后，内地汉族逐步进入滇池地区。之后汉唐时代起，昆明内地移民开始增多，本土文化与中原文化相互交融。元、明、清以后，大批移民以军屯、民屯、戍边的形式来到云南昆明。民国编纂的《昆明市志》记载："本市住民，溯厥本源，系从庄蹻及沐国公入滇而寄籍者十居七八。旧籍皆隶两湖、江南等处。所谓老户概属土人，久已移居城外数十里或百余里之村寨间，市内绝无遗存。计其入籍世系，远者数十代或十数代，最近亦不下五六代。"他们不仅带来了内地的生产技术，也流传了内地的文化。在城镇农村节庆社火（会火）活动中，逐步形成了既有江南的民间歌舞、时尚小曲，北方的戏曲、舞狮舞龙、武术杂耍、高跷旱船、秧佬鼓、荡秋千、霸王鞭等民俗文化，又有本地少数民族特有的摔跤、斗牛、爬刀杆、打陀螺等竞技体育活动。随着时代的变迁，不同民族的民俗活动与体育竞技表演相融合，形成了昆明自己饶有风趣的风俗习惯和独具特色的传统节庆。

一、昆明的民风

　　昆明是一个多民族的边疆省会城市，历代各族人民和睦相处，共同发展，经济文化相互交流，使昆明的民风民俗既有内地汉族文化的特征，又有鲜明的边疆少数民族的色彩。昆明人从容淡定的生活态度，乐观豁达、随遇而安的性格心理，很大程度上源自得天独厚的自然环境。

　　在历史发展的进程中，昆明形成了"民性纯良"的民风。这样的民风溯源于优越的自然环境、和谐的民族相处和远离中心的地缘。青山绿水、蓝天白云、四季如春的自然生态，滋养了温和好客、礼尚往来的品质；多民族文化相互尊重、和谐共存的地域，带来了耿直憨厚、真实质朴的性格；移民文化与本土多元文化的交融，构成了谦虚包容、从不排外的地域特质。在外地人眼中，昆明人温和厚道、做事实在、易相处；在昆明人眼中，外地人聪明能干、吃苦耐劳、会赚钱。正可谓一方水土养一方人。

　　据《昆明市志》（第七十二卷《社会》）记载，民国《昆明市志》表述昆明民风为："纯善谨慎，息事泯争，各务生业，各守本分，且思想缜密，举措敏捷。"其表现为：

　　一是，温和纯朴，从不排外。昆明气候得天独厚，四季如春，夏无酷暑，凉风习习，冬无严寒，日日暖阳，自然环境培育了昆明人的温和性格。外地人到昆明的感觉是昆明人好处，不欺生。自古以来到昆经商者众多，很容易与本地人相处。一般昆明人不愿远离家乡，被称为"家乡宝"。清道光《昆明县志》曾记载："吾滇人重去乡，昆明为尤甚。县中自士大夫之服官于外，惟乡举赴礼部试，乃出里门。否则，井田桑麻以终老田间为乐也。"

　　二是，热情好客，以礼相待。昆明是个多民族的边疆省会城市，市域境内居住着彝族、回族、白族、苗族、傣族、壮族、哈尼族、满族等众多少数民族。与少数民族共同居住的影响，昆明人平易近人，包容相待，即使是初次见面之人，只要来到昆明，便以礼相待。

　　三是，刚正不阿，注重名节。昆明虽地处边关，古代以来在很多朝代出现了一些谏政朝廷弊政的官员，如明代文德武功、一身正气的四朝宰相杨一清；改革官场弊政、公正律己的巡抚严清；清代不畏权贵、疾恶如仇的谏官钱南园；铮铮铁骨、上疏弹劾的监察御史段曦，他们刚正不阿、敢于直言、注重名节的言行影响着这里的人们，这种风气成为近代昆明"重九起义"、"护国首义"、"一二·一"运动、"七一五"爱国民主运动的社会基础。

昆明人也存在性格不足的另一面，其表现为：

第一，温婉有余而进取不足。昆明人的性格像温吞水，"悠悠呢"过日子，大把时间用来"烤太阳""冲壳子（聊天）"。行事风格慢半拍，等等看，左顾右盼、循规蹈矩较为常见。

第二，身居高原而视野短见。昆明偏居边疆，与政治经济文化中心相隔甚远，产生浓厚的"坝子意识"，做事更多地注重眼前，缺乏超前意识和长远打算。交通处于云贵高原腹地和全国最南中心城市的交通折返点，造成信息反馈缓慢和视野短见的局限。

第三，容易满足而故步自封。昆明自然环境优越，气候四季如春，适宜人居，极易使人产生满足感，为湖光山色所累，置身其中而不能拔，衍生慵惰之情，小富即安，悠闲自在，经常高估自己，超越不了自我。

二、昆明人的礼仪

▼

昆明地区的各民族人民，民风淳朴，十分好客，有句俗语说："山潮水潮不如人来潮。"好客质朴的昆明人，从来都相信这个道理，好客必然带来好人缘，好人缘带来好运气，好运气则旺家门。

昆明人迎客礼节。汉族邀请的客人即将到来时，家住农村的主人要亲自迎候在村（寨）路口；家住城中的主人迎候在自家院门口，专门等待客人，望见客人了，就握起双拳向客人作揖示礼。苗族邀请的客人，主人会在寨门口邀约好一大波亲戚朋友，用一只牛角杯，给客人一一献上"栏寨酒"，以示尊敬。彝族邀请的客人，主人会带上一支精悍的民族小乐队迎候着，远远望见客人的身影时，就奏响乐器，待主人上前接转客人后，乐队跟在主客人的背后，一路吹吹打打，把客人径直送进家门。外乡人如果无意进入昆明地区任何一个民族村寨，又恰好碰上村中办喜事、祭祖或举办节庆活动，不管来人身份如何，都会受到贵宾般的接待，参加这些活动，非常荣幸。

昆明人好客，古往今来是出了名的。明代大旅行家、地理学家、文学家徐霞客来到昆明，身无分文，却在本地学者和老百姓的支持和关怀下，游遍云南山山水水，写出了不朽之作《徐霞客游记》，记载了云南的山川风貌、民风民俗。明代状元杨慎，被朝廷贬谪流放云南，昆明学者毛玉将自家的碧鸡精舍赠予他居住，云南各地学者和百姓为其提供各种生活条件，为他在云南写下鸿篇巨著提供了保障。

昆明人待客真诚，待客吃饭必有酒。招待客人、节日庆典、红白喜事、朋友团聚等活动时，遵循"酒香拢亲友，无酒不成宴"的民俗。敬酒时，先从长辈开始，双手捧杯。倒酒时，自己面前的第一杯叫坐杯酒，须先行喝下，然后才能为别人倒酒。为人倒酒，得先把自家的空杯子倒满，方可把客人的酒杯倒满。如果不喝酒，一般情况下不要为别人倒酒和敬酒，昆明地区的彝族、苗族、白族等民族，还流行唱敬酒歌为主客助兴。歌声一起，开怀畅饮，气氛就浓。

昆明人极重礼貌，见人打招呼，问候成常礼。每天，问候语常挂嘴边。早上见面要问好，问"你家（取音jie，与普通话的您相近）早！"中午、晚饭前碰面时，问"你家格请啦？"（吃过饭了吗？）晚间见面要问安，问"你家格寝安啦？"这类相互问候完毕后，再聊其他话题，礼数才算尽到。

如今，虽然时代在变，礼尊问候长者的"你家"传统，仍在延续中。

三、昆明的民俗节庆

▼

昆明地区各民族的传统节日活动多源于生产生活、宗教祭祀及纪念活动，民族文化的多样性，导致民间节庆的多样性。随着时代的发展和生活环境的变化，各民族保留下来的传统节庆活动主要有春节、金殿庙会、盘龙寺庙会、大香会、元宵节、清明节、端午节、中秋节、苗族花山节、彝族火把节等等，下面介绍昆明地区主要传统民间节庆的内容和特色。

1. 春节

中国四大传统节日之首 。春节，即农历新年，一年中第一大节。俗称新春、新岁、岁旦等，口头上又称过年、过大年。

春节是中国民间最隆重盛大的传统节日，是集祈福攘灾、欢庆娱乐和饮食为一体的民俗大节。春节以祝祈新年为中心，除旧布新、拜神祭祖、驱邪攘灾、祈求丰年等形式展开，内容丰富多彩，热闹喜庆，年味浓郁，凝聚着中华文明的传统文化精华。

昆明人过春节，俗称"过大年"，既热闹又别具特色。过年之前，要做的事很多，主要有以下习俗：

（1）扫尘清洁。春节前，各家各户把院落和住房上的门楼、庭院、梁柱、屋顶、墙壁面上的灰尘全部打扫干净，把所有屋内家具、灯具全部统统擦洗一遍，清清洁洁迎接新的一年。用意是要把一切"穷运""晦气" 统统扫出门，寄托了一种辟邪除灾、迎祥纳福的美好愿望。

（2）做米花团。用糯米做大小米花团，米花团被染成红、黄、蓝三色。大的有排球那么大，专供佛堂上用，小的米花团给小孩玩或泡米花茶待客，一来增加喜庆气氛，二来寓意团团圆圆。

（3）摆放鲜花。昆明四季如春，鲜花四时不断。兰花、红梅、金橘、茶花、报春花等鲜花随意选择，放置家门口或厅堂，取意四季花常开，家运时时好。

（4）采购年糖。准备丰盛的瓜子、花生、蜜饯、香榧、橘子、黄果、干柿饼、梨、枣、桂圆肉等干果，取意丰盛有佳，五谷丰登。昆明的干果有一绝贡品叫杂糖（又叫什锦南糖），500克一包。每包中包括：软皮糖、寸金糖、牛皮糖、象眼糖、鸡骨糖、花生糖、核桃糖、小米糖、面酥糖、麻片等十余种。

（5）购买新衣。年关前无论长幼男女，人人都要备上一套新衣裤和一双新鞋，取意新的一年走出一条新路，家运财运添新绩。

（6）燃放烟花。提前备足各式烟花爆竹，当三十晚上12点来临，家家户户的鞭炮和礼花声此起彼伏，过年的氛围达到了最高潮，将人们新春的愉悦氛围在一阵阵鞭炮声中变得更加浓郁。除夕夜放爆竹已有两千多年的历史，寓意吓走年兽，驱病除魔，大吉大利。

（7）贴春联。门楣更换春联，家门挂上红灯笼，贴上大福字。春联都是红底黑字或者红底金字，加之各种纹饰，符合新春的喜庆和欢乐，表达美好的祝愿和吉祥如意的寓意。

（8）烧年夜饭。除夕年夜饭菜肴十分丰盛，鸡鸭鱼肉样样都有，一锅长菜绝不可少。长菜多用腌肉汤加青菜、白菜、豌豆尖、青蒜、韭菜、粉丝，都不能切断，叫"长长久久，清清白白"。还要炒一碗饵块，这是昆明人春节大餐的又一绝。用白米浸泡后煮熟用杵舂制而成饵块，传说官渡子君村人舂制的饵块最正宗。清代文人有诗道："时近年节且上街，近日楼前买红梅，瞥见子兜裙屣，上市传呼饵块来。"

年夜饭象征着一年团圆，家庭和美。有的人家三十晚上，在家门口倒放带梢叶的甘蔗一棵。次日，翻过来，取意新的一年"翻梢"。农村人家还在堂屋铺上青松毛。

（9）唱花灯听滇戏。整个春节期间，从初二开始，春节期间，农村集镇街头，舞龙灯、狮灯、划旱船、甩霸王鞭、对小调，随意观看和自行加入游演队伍，自得其乐。最热闹的就是村中搭台或直接在谷场上唱花灯，听滇戏，男女老幼均爱看。

2. 金殿庙会

在昆明人心中，金殿庙会是个非常重要的传统民俗节日。金殿古时为道观。农历正月初九，传说是道教众神之王的玉皇大帝的生日。每年的这天，民间均要举行盛大祭祀活动，亦为昆明民众传统庙会。

金殿庙会——赏茶花、唱滇戏

每年的正月初八至初十，昆明市民与近郊村民携家带口地涌向金殿赶庙会，赏茶花，还可以游山踏青。老百姓自发地跳花灯、唱山歌、舞龙灯、对调子、洞经音乐演奏，热闹非凡，还可以品尝昆明各种名特风味食品，选购喜爱的小手工艺品。

罗养儒在《云南掌故》里写道："每年之正月初九日金殿有会，圆通寺亦有会。金殿之会开办三日，以初八到初十。届期，不止太和宫内闹热，既距金殿五六千米之小坝亦极闹热，且悬祖师圣迹图于小坝之土主庙内，俾众观览。祖师殿上则谈洞经（乐曲），锣鼓笙箫，如响于云际。在初九日，真满山皆人，吃食摊数达至百，诚是一盛会也。"

3. 盘龙寺庙会

盘龙寺庙会是昆明春节期间最热闹的民间宗教祭祀场所，位于滇池东岸晋宁区晋城盘龙山，距离昆明市区约40千米，与昆明西山、宾川鸡足山并称为云南三大佛教圣地。每年春节正月初一至正月十六，庙会期间香客如潮、花香遍野，呈一方盛况，印证了世人"自古滇中香火最旺数盘龙"之说。

盘龙寺观依山势而建，山门内有一、二、三天门，迎仙桥、睡佛殿、吕祖殿、祖师殿、大雄宝殿、玉皇阁、药师殿等20多院，供奉释、道、儒三教诸神，尤以盘龙祖师殿、药师殿、观音殿香火最盛。寺宇四周林木繁茂，以茶花、松柏著名。原有万松寺，现建观海楼，登高可远眺滇池风光。

晋宁盘龙寺

每年农历八月初一还会举行"盘龙会"。届时来自各地的善男信女蜂拥而至。更有海外游客千里迢迢慕名前来，朝山拜佛，祈求庇佑。寺庙内外，人山人海，锣鼓鞭炮之声不绝于耳。在此期间，还有传统花灯、歌舞、山歌小调等民间的文艺节目表演。此乃滇中地区最盛大的庙会之一。

4. 大香会

大香会是昆明宜良县一项有600多年历史的传统民俗活动，由最初的大香祭祀逐步演化为集祭祀、娱乐、赶集、文艺表演为一体的庙会，每年正月期间流行于昆明宜良县古城镇关帝庙、耿家营古戏台、古城土主寺，以及阳宗海管委会阳宗镇等地。宜良古城镇的大香高约10米，径口约2.1米。因其巨大，尤显壮观，民众争相观看并参与活动，故而得名"大香会"。

宜良大香会

大香会通常由德高望重的老者主持，有较为规范的议程。大香会依托寺庙举行。仪式一般包括制香、巡香、迎香、祈福、点香。借正月烧香，祈求五谷丰登、六畜兴旺、风调雨顺、国泰民安。其间，人们舞龙灯、耍狮、划旱船、崴花灯、唱滇戏、对调子，演关帝戏、踩高跷、耍龙灯、颠毛驴、铁滚等。各种名特小吃摆满道路两旁和广场四周，民间手工艺品琳琅满目，充满了浓郁生活气息和深厚的文化底蕴。大香会的启动时间有早有晚，最早为正月初三，正月十六点燃大香之时，庙会气氛达到高潮。

5. 元宵节

元宵节，又称上元节、元夕或灯节，时间为每年农历正月十五。正月是农历的元月，古人称"夜"为"宵"，正月十五是一年中第一个月圆之夜，所以称正月十五为

"元宵节"。根据道教"三元"的说法，正月十五又称为"上元节"。

昆明地区的元宵节习俗自古以来就以热烈喜庆的观灯习俗为主。主要活动有赏花灯、吃汤圆、猜灯谜、放烟花等一系列传统民俗活动。此外，舞狮子、踩高跷、划旱船、唱花灯、唱滇戏到此节达到高潮。民国以来，翠湖、大观楼从春节以来便会举行灯展、灯市，销售各色走马灯。大街小巷，各家各户孩子会拿出纸糊的各色灯笼比试玩耍。民国《昆明市志》记载："城内于三牌坊，城外于通济桥西，忠爱坊南，皆为灯市。放夜嬉游记如曾，三市街头箫鼓遍，儿童争买走马灯。"

6. 三月三耍西山

三月三，古称上巳节，又称女儿节、桃花节。此时正值春花烂漫、春和景明，是古代汉族女孩的成人礼。古诗云："上巳春嬉，临水而行，郁郁青青，撷草采兰，踏歌起舞，兰汤沐浴，祛除邪气。"三月三，也是中国最早的情人节，在古代《诗经》中早有记载，比西方的情人节早1000年。

唐朝诗人杜甫的那句"三月三日天气新，长安水边多丽人"就是其摇曳绮丽之风情的真实写照。

昆明人三月三亦称踏青、赏花节。每年农历三月初三，昆明人有"耍西山"的习俗。古往今来，是时，亦为春游踏青的时节，百花吐艳，春深似海，四方民众云集聚会，男女唱山歌、对小调、跳花灯、耍龙舞狮、野餐赏景，妙趣横生，热闹非凡。

现今，三月三耍西山的传统习俗仍为昆明人所喜爱，每年的这天都会有数万人去耍西山。西山区政府每年这时总会组织开展大型民俗文化活动，在玉兰园、聂耳墓园广场进行文艺表演或民俗展示。"三月三·耍西山"艺术节上不仅有花灯、滇剧、葫芦丝演奏、民族舞蹈、山歌小调等各种民族民间艺术表演，还有非物质文化遗产传承人献上绝技，游客的喝彩声不绝于耳。

7. 清明节

中国四大传统节日之一。这一节日是为逝去亲人扫墓祭祀、缅怀祖先的春祭活动，不仅有利于唤醒家族尊祖敬宗的共同记忆，还可促进家族成员的孝道亲情。

昆明的清明节和内地礼节相同，此节是为祖先和逝去亲人上坟扫墓，是祭祀祖先的时间。扫墓的头天，需准备好香烛、黄白纸钱、坟标等物，还需准备些祖先喜好的食品，如蒸、炖、卤、炸制好的冷荤菜和素菜，水果、糕点、蜜食及烟茶酒等。

到了墓地，先在祖先坟头插上坟标，周围插一围香，擦洗墓碑，再摆上各种贡品和鲜花，然后按老幼男女顺序叩拜行礼，口中低声祈祷。之后，在指定区域焚烧纸钱，最后再行礼告别。

8. 端午节

中国四大传统节日之一。每年农历五月初五，端午节，又称端阳节、龙舟节、重午节等，是集拜神祭祖、祈福辟邪、欢庆娱乐和饮食为一体的民俗大节。端午节也是流行于中国以及汉字文化圈诸国的传统文化节日。

端午习俗内容丰富多彩，各地因地域文化不同而又存在着习俗内容或细节上的差异。昆明端午节习俗主要有大门贴画祈福、挂艾草驱邪、午餐主食粽子。每家自包的粽子，一般把糯米用粽叶包成上尖下圆的角黍，煮熟后用细麻绳解成薄片，蘸红糖浓汁而食。同时，伴食煮大蒜、煮蚕豆、煮鸡蛋、腌鸭蛋等食品。城里的主妇会从中药店买驱虫香料，用布缝成"香袋"，让孩子佩戴以辟邪，或放入衣柜以驱虫防蛀。城郊的农民还会用麦秸染成红、绿、黄色，编成三角的"菱角"，作为玩具进城售卖。

端午这天，盘龙江上还有龙舟竞渡，锣鼓喧天，呐喊声震。古诗描写道"两岸人声笑不休，满河箫鼓闹龙舟"，被称为昆明八景中的"云津竞渡"。

9. 中元节

中元节为农历七月十五，昆明民间流行七月半中元接祖。从正月十五上元节至七月十五，一年刚好过去半年，且正值秋收季节，故以此日为祭祀死者、悼念祖灵的最恰当的节日。民间传说此日是冥间的祖先回家探亲的日子，子孙要做好接祖、祭祖、送祖的祭事。仪式包括：敬备家宴供品、各味果食，挂"引泉"（用彩色纸、金纸做成的贡品），敬香迎祖进门；叩拜行礼、追思祭祖、送钱财（用绵纸糊成的钱财袋子，内装锞锭、冥衣、纸钱）、安排用餐；然后焚香化纸钱、放河灯，送祖回冥。

清代人朱庆椿在《竹枝词》中写道："七月中元接祖期，鸡冠掩映水红枝。糖莲献罢分邻里，花样谁家更入时。"

10. 中秋节

中秋节和春节、清明节、端午节共称为中国四大传统节日。中秋节是流行于中国及世界华人地区的传统文化节日，也称"仲秋节""团圆节"。中秋节起源自古人对月亮的祭祀，是中华民族祭月习俗的遗存和衍生。最早从上古时代产生，普及于汉代，定型于唐朝初年，盛行于宋朝以后。

农历八月十五，是一年中月亮最圆之日。在传统文化中，月亮和太阳一样，这两个交替出现的天体成了先民崇拜的对象。以月之圆兆人之团圆的中秋节，是寄托思念故乡、思念亲人之情，祈盼丰收、幸福，成为丰富多彩、弥足珍贵的文化遗产。

昆明地区的中秋节与内地习俗大同小异，也是赏月，吃月饼，全家团聚。不同之处是：昆明人家每户都要提前做一个"阖家欢大月饼"，中秋夜当晚，全家人每人一块，还配有麻仁、枣泥、红豆、火腿、五仁等月饼，再配上炒板栗、煮毛豆、芽豆、各色瓜果等美食，十分丰盛。

踏着皎洁的月光，人们衣着华美，全家同行，或游街市，或在市内圆通山、翠湖、大观楼、西华园、海埂、滇池湿地等公园，登高观月、泛舟赏月、对月吟诗、饮花酒、玩花灯，其乐融融。

11. 苗族花山节

昆明地区苗族传统的盛大节日，又称"踩花山""跳花""耍花山"，苗语称"厚道"，即"坡会"，是苗族祭祀祖先、缅怀英雄、维系民族情感的纽带和传承民族文化的重要节日。各地节期不一，昆明地区一般是在农历五月初五，也有的苗族同胞选在正月初一至十五期间举行。

关于花山节的起源，有两个传说。一说，古代时苗族人民的祖先蚩尤与黄帝、炎帝三大部落间战争不断，一次战争结束后，成功突围的苗族先民爬上高山，当时正值农历五月初五，百花开放，于是每年此时爬花杆、吹芦笙跳舞以示怀念，故有"花山节"之称。另一说，古时苗族先民战败，被迫迁徙。在迁徙过程中，每到一个宿营地，苗族首领都要竖杆升旗，传令前后人马就地扎营休息。苗族定居下来后，为纪念民族团结战斗的光荣历史，每年此时，都要穿上节日盛装，在住地立杆竖旗，举行对歌、跳芦笙舞、爬花杆等活动，以示怀念。节日期间，苗族男女盛装参加活动，节日活动内容有举斗牛、跳芦笙舞、唱对歌、爬花竿、射弩、拔河、盛装服饰短跑、斗鸟等。

最引人注目的是爬花杆，表演者先是吹芦笙绕花杆，跳上一圈芦笙舞，然后一跃翻身爬上花杆，头朝下，双脚交叉绞住花杆，吹奏芦笙后又是一个鲤鱼翻身，如此反复至花杆顶端，把双脚伸出杆头亮相，犹如一朵莲花开在杆顶上，造型惊险优美。芦笙表演也别具一格，打滚、倒立、翻跟斗、堆宝塔等技巧，表现了苗族人民聪明、智慧、顽强的民族精神。

2014年，苗族花山节经国务院批准列入第

苗族花山节

四批国家级非物质文化遗产保护名录。

12. 彝族火把节

每年农历六月二十四前后，北斗星斗柄上指，彝族人民都要过火把节，又叫"星回节"，俗有"星回于天而除夕"之说，与古代彝族十月太阳历有关。火把节是彝族同胞维系民族情感的纽带和传承传统文化的重要节日，对彝族同胞来讲，就是"过年"，一般历时三天，因其热烈欢腾的过节气氛被誉为"东方狂欢节"。

在昆明市石林彝族自治县、禄劝彝族苗族自治县，每年农历六月二十四这一天，四乡八寨的彝族人民穿着节日的盛装，扶老携幼、欢天喜地地来到节日欢庆地点。首先是举行文艺表演。各个文艺队在欢快乐曲声中依次进行精彩的表演。接着是进行摔跤、斗牛比赛。比赛开始时，彝家人用特殊而崇高的礼节向参加比赛的大力士和勇猛善斗的斗牛的主人敬酒，预祝他们取得比赛的胜利。然后，斗牛爱好者把两头体魄健壮、两角锋利的大牯牛牵进斗牛场。一声令下之后，两头斗牛在场上两角相抵，怒目圆睁，你来我往地展开较量，直到决出胜负为止。人们给胜出的牛披红挂彩，由主人牵着绕场一周，周围群众纷纷向主人表示祝贺。而在摔跤场上，则是另一番热闹的景象。大力士们龙腾虎跃，斗智斗勇，推、拉、背、抱、勾、挑等各种技巧全部用上，整个比赛紧张激烈，扣人心弦，令观众看得如痴如醉。借参加火把节的时机，青年男女则在摔跤场外的树林中谈情说爱，结交伴侣，互相倾诉爱慕之情。

天黑了，火把节夜游活动开始了。人们手持点燃的火把，奔走于田野之间、街道之间，消灾祈福，表达对幸福美好生活的向往和追求。同时，人们燃起一堆堆篝火，在热烈的气氛中，小伙子弹起欢快的大三弦，吹起悠扬的竹笛，姑娘们拍着巴掌，和着乐器的旋律，跳起奔放热烈的大三弦舞。在彝族聚居地，火把节是盛大的全民狂欢节。

2008年，彝族大三弦舞被国务院列入第二批国家级非物质文化遗产保护名录。

石林彝族火把狂欢节

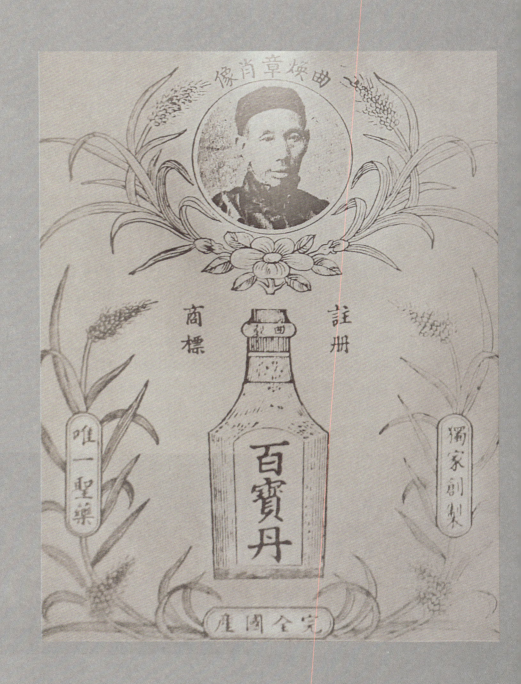

第十六章
昆明中华老字号品牌

　　老字号是拥有世代传承的独特产品、精湛技艺和服务理念，具有较高知名度的品牌。我们通常所说的老字号，包括"中华老字号""云南老字号""昆明老字号"。在年限上，三个层级的老字号分别要求为1956年前、1979年前、30年以上历史的商号或商标。

　　说起"老字号"，昆明总有说不完的故事。每一块"老字号"的招牌，都是一段传奇。每一家"老字号"都与百姓生活息息相关，都凝聚着历代工匠的勤苦智慧，饱含了孜孜以求的技艺传承，延续着昆明的文化根脉和民俗风情，记录着城市发展留下的足迹，让我们选其精华，细细道来……

一、云南白药——药业老字号三冠王

▼

云白药商标

云南白药，是中华老字号、云南老字号、昆明老字号三冠王。创始于1902年，由云南民间中医曲焕章创立。他在行医过程注重探索各种草药配制之后的变化与用途，勇于创新。他既注意学习和继承中国的传统医学知识，又重视博采众长，遍尝上百种草药，经过多年的反复试制、改进和验证，创制出对治疗跌打损伤、内脏出血有奇特功效的云南白药（百宝丹），还有虎力散、撑骨散。据云南地方史学家吴宝璋在《近代云南文化史》中记载：百宝丹，医治刀枪伤及跌打伤最有效，"凡外伤，只要身软不死，虽人事不省，先入百宝丹，再服虎力散，气将绝者渐苏，血流注者渐止"，"内部有子弹者，改用撑骨散，各二次，子弹自能撑出，如伤轻者半月收功；伤重者月余复原！"

1933年，"曲焕章大药房"在金碧路落成，开始规模化生产和销售曲焕章万应百宝丹。1937年，全面抗战爆发后，滇军出征前，曲焕章捐赠百宝丹3万瓶，以治疗战伤，功效奇显，被誉为"伤科圣药"，此后，百宝丹行销海内外。

中华人民共和国成立以后，1955年，曲焕章妻子缪兰瑛由衷地感谢共产党和政府的关怀和照顾，并为了使百宝丹有更大的发展，将百宝丹药方和技术献给国家。经时任昆明市人民政府卫生局批准，原曲焕章大药房库存药品、药材、物资等作价收买划归国营昆明市制药厂，"曲焕章万应百宝丹"改名为"云南白药"，确定了白药生产的工艺和质量标准，任命缪兰瑛为技师，负责白药生产的技术指导，动工兴建白药车间。

1970年，周恩来总理对云南白药的生产情况相当关心，要求云南省委抓好白药生产发展的工作，并做了三条指示：一、建立一个相当生产规模的云南白药专厂；二、建立云南白药专门的研究机构；三、云南白药原料植物由野生引为家种。1971年，云南白药厂在昆明西坝建成。

1993年，云南白药厂改制为云南白药实业股份有限公司。11月6—9日"云白药"A股顺利发行2000万股，原始股价3.38元，12月15日"云白药"A股在深圳证券交易所挂牌上市，成为云南省第一家上市公司。改革之后的云南白药开始推出新产品，以生产为导向，焕发新生机，创可贴、云南白药牙膏等产品相继问世。2004年，云南白药牙膏横空出世，在一年内销售额突破1亿元。

2011年10月，云南白药从生产了40年的昆明西坝51号正式转场至呈贡区，整体搬迁项目的实施，促进了公司的产业升级、管理升级和服务升级。2011年12月，云南白药产业基地落成，开启新的百年创业，提出"新白药·大健康"产业战略，打造以"药"为主，医疗卫生、营养保健、健身休闲等多个领域共同发展的大健康产业平台。近几年里，云南白药先后推出洗发水、面膜、精油皂、护手霜等一系列产品，大健康产品体系搭建成效显著。到2020年，云南白药在巩固传统品牌的基础上，实现了飞速发展。企业营收由改制前的2.32亿元增长到327.43亿元，增长140.13倍；利润总额由0.45亿元增长到55.16亿元，增长121.58倍。现在的云南白药，共有药品事业部、健康品事业部、中药资源事业部、云南省医药有限公司等板块，产品包括云南白药胶囊、创可贴、气雾剂、牙膏等500多种，成为云南昆明名副其实的中华老字号龙头企业。

云南白药经过120年的发展，不仅存活下来，而且不断焕发出新的生机和活力。企业数字化转型是必由之路。2020年，云南白药建立了"数字三七平台"，通过数字化追溯重构产业链，将三七从粗加工的农产品升级为高品质、标准化的工业品。2021年，对标工业4.0，建成据称是全球领先的牙膏智慧工厂，打造了定制化研发、智能化生产、现代化物流的示范园区。2023年7月，云南白药集团入选《财富》中国500强排榜，位列370位。2023年9月，云南白药集团通过了商务部中华老字号复核。

二、吉庆祥、桂美轩、冠生园
——一块月饼成就三个中华老字号

　　昆明的糕饼行业有三个中华老字号，即吉庆祥、桂美轩、冠生园。吉庆祥1907年诞生，已经有115年的历史，注册商标吉庆牌；桂美轩创建于1936年，走过86载，注册商标桂美轩；冠生园1939年来到昆明，也有83年的历史，注册商标梅花牌。他们的主要产品都是各式月饼、各式糕点，又各有特点，是昆明人的糕饼最爱。

　　看了"吉庆祥"三个字，很多人会把它解读成是吉利、喜庆、祥瑞的祝福语，认为这是古人图吉利、祈福求财的常用惯用之语，那你就错了。这个店名来源于 3 个人的名字。清光绪年间（1907 年），陈惠泉、陈惠生两兄弟决定创办一个糕点铺，但资金不够，便请其妹夫资助。得到妹夫的支持，陈记糕点铺就创立起来了。有了店铺，得有个名字，叫个什么呢？陈惠泉的小名叫小庆，陈惠生的小名叫小祥，其妹夫的名字叫袁吉之。于是店铺的名字就从三人名字中各取一个字，叫"吉庆祥"。当时，云南著名书法家陈荣昌还给吉庆祥书写了"吉庆祥陈记"的招牌。

　　昆明最早的糕点铺叫"合香楼"。陈惠泉曾经在合香楼做工，他的姐姐是合香楼胡家媳妇，因而陈惠泉创办的吉庆祥，继承了部分合香楼的制作工艺和传统。成立之初就以制作滇式糕点为主，而硬壳火腿月饼则是最具代表性的产品。其原料精选宣威火腿，全手工制作，用传统手工纸包装，称为云腿月饼。

　　1956 年，昆明市商业局把合香楼、萃香楼、德美轩等16 家昆明比较有名的糕饼铺并入吉庆祥，进行公私合营改造，取名昆明吉庆祥糕饼糖果厂，仍然生产经营传统的滇式月饼、糕点和糖果。百年老字号云腿月饼，选料认真，火腿选用2年左右的宣威火腿，面粉选择本地虹山面粉，下料时火腿丁几分熟、尺寸大小都有相应的要求；手工制作，小麦粉、食用油、蜂蜜为主要原料，做饼皮，火腿丁为主料，辅以蜂蜜、白糖为馅心，在高温下烘烤15分钟而成，口感要达到"酥而不碎、香而不燥、油而不腻、甜而不拗"，百年来，一直在市场上十分畅销。早年，著名文学家汪曾祺先生在西南联大期间，吃到过吉庆祥月饼，惊呼赞之："昆明吉庆祥火腿月饼天下第一。"

改革开放以来，吉庆祥历经几次国企改制后，迎来了新的发展机遇。在保留了传统的手工制作火腿月饼、苴饼、重油蛋糕、面筋沙琪玛等20余种经典产品的基础上，吉庆祥还开发了裱花蛋糕、西点欧包等精致的西式糕点，满足年轻一代消费者的需求。2006年，吉庆祥被商务部认定为首批中华老字号企业，成为昆明糕点行业三个中华老字号企业之一。

中华老字号——吉庆祥

巧合的是吉庆祥的同行桂美轩，其几个重要发展阶段都起于"6"的年份：创建于1936年，公司合营于1956年，划归国企于1966年，改革于1986年，荣获"中华老字号"称号于2006年，正所谓"六六大顺"。

桂美轩始创于1936年，创始人叫任明卿，其先祖姓桂，是一个读书人，并不是商人，但他家祖上的老厨师会做糕点，他拜老厨师为师，并在老昆明玉带河边的复兴村创办了桂美轩糕饼作坊。用祖姓桂字为店名的第一个字，可以理解为光宗耀祖的愿望，也可以理解为每逢中秋思念亲人，还可解释为中秋八月桂花香，希望店铺美名远扬的意思。

中华老字号——桂美轩

中华老字号——冠生园

抗战期间，昆明成为大后方，

学校南迁，商人南移，援华美军飞虎队驻昆，使昆明一下子人流量剧增，带来很好的商机。任明卿把握这一机会，使"桂美轩"在十多年内就声名远扬。任明卿给"桂美轩"立下"诚信为本，让利于民"的经营宗旨，当时昆明"四河六坝，八街十六巷"就广为流传："桂美轩最实惠，点心好吃价不贵，壹两贰的饼子只当壹两卖。"

1956年，当时"桂美轩"的掌门人任治平响应政府号召，将桂美轩实行公私合营，结束了私营时代，在政府的支持帮助下，与当时昆明其他八家糕点坊共同组建成昆明市桂美轩糕点厂，在护国路以前店后厂的方式生产经营。之后一段时期，"桂美轩"不断更新技术，提升工艺水平，改进配料，产品质量和风味享誉四方。其中云腿月饼、鲜花饼、芙蓉糕、面筋沙琪玛等10多个产品荣获部、省、市优质产品奖，成为昆明传统糕点行业的佼佼者。沙琪玛、云腿"四两坨"昆明多家糕点铺都生产，各有千秋，但"桂美轩"的"四两坨"别具一格，深受消费者喜爱。

2006年深化国企改革，重组成立了昆明桂美轩食品有限公司，新掌门人为陈静。重组后的桂美轩顺应时代，建立了适合企业的管理机制。在传承原有特色的基础上，陈静带领技术团队开发鲜花、普洱茶、野生菌等新式月饼，积极开拓华北、华东、华南等市场。随着市场份额扩大，桂美轩原有厂房已不能满足生产需求。2009年，桂美轩扩大企业规模，在呈贡工业园新建标准化厂房，引进自动化生产设备。目前，桂美轩在昆明市拥有7个门店，每个门店系列产品达110多种。随着直播带货兴起，陈静也鼓励店员利用互联网平台推介经典产品，提升品牌影响力。

多年的奋斗拼搏，让桂美轩荣获一连串称号。2006年，桂美轩被商务部认定为首批中华老字号企业；2007年，"桂美轩"商标荣获云南省著名商标认定；2009年被评为"改革开放30年传承创新优秀企业"称号；2016年荣获"中华老字号掌门人杰出贡献奖"、昆明市非遗传承人。

再说，昆明冠生园。源起上海，荣耀昆明。冠生园品牌始建于1915年，至今已有100多年的历史。1915年广东人冼冠生，在上海创立了广东口味的店铺"冠生园"，除现蒸热卖广式糕点外，还附设饮食部，兼营粤菜和广东腊味，独特的南国风味被顾客所称赞。1938年，为躲避战火，冼冠生将成套设备运往昆明，从上海和杭州聘请的师傅也随迁昆明，将"冠生园"落地金碧路。1939年，第一家冠生园门店在昆明极为热闹的金碧路正式开张营业。除制作精致的糕点外，广味叉烧和奶油馒头也是其看家货。当昆明冠生园的叉烧包、糯米鸡的香气在金碧路上弥漫开来时，大批食客被吸引。店内，烧腊和叉烧包已经摆上桌，整只烤乳猪和金黄的烤鸭刚刚出炉，香气四溢。广东的商人来到这里时，惊讶地以为是回到了家。就连习惯于吃米线、油条的老昆明人也会来这里吃上一次制作精美、花样繁多的广东早茶。1939年，广式月饼随着昆明冠生园的建立传入云南，昆明冠生园食品有限公司生产的广式月饼，在传统广式月饼的配方上进行了改进，使产品既保留了广式月饼原有风格，又带有云南地方特点。

早在1945年，冠生园就进行了鲜花食用研发，是最早做出鲜花月饼的企业。同时，昆明冠生园还先后开发出云腿椒麻月饼、云腿蛋黄月饼、云腿鲜花月饼等十多个口味。此外，其生产的饼干、蜜饯以及纸包鸡、叉烧包、烧卖等食品小巧玲珑，口味鲜美独特，广受市民喜爱，冠生园餐厅也成为昆明当时"时髦"的象征。

冠生园生产的"梅花牌云腿月饼"，从1982年至今，远销出口港澳地区，产品深受海内外人士的好评。改革开放40多年来，公司生产的各式糕点、月饼、粽子先后多次荣获"中国驰名品牌""中国著名品牌"等称号。2006年，冠生园与吉庆祥、桂美轩一道，成为昆明糕点行业三大中华老字号企业。

三、建新园——一碗米线甩起来

在小红书、美团、大众点评上，昆明城中心宝善街建新园店是不少外地游客极力推荐的美食打卡点，吸引着来自天南地北的尝鲜者。在昆明，每天早晨各路上班大军的早点或是午餐，十有八九是一碗米线。

米线是昆明人喜爱的风味小吃，因为对米线的情有独钟，由此演绎了许多关于米线的故事和传说。昆明建新园这个中华老字号就是一个，它承载了祖祖辈辈昆明人对米线的追求和厚爱。

1906年，平时就喜欢吃米线的三个昆明读书人放下"四书五经"改弦更张，邀约一起，在昆明宝善街租下铺面，开了个煮品店叫建新园，最先推出"肠旺米线"。结果由于味道好，生意开张就红火起来。于是三个合伙人又就在今天的宝善街一栋砖木结构的楼房铺面开了又一个"三合春"煮品店，专卖焖肉米线。

1956年，国家实行公私合营，"三合春"与"建新园"重新组建为"建新园"，取"建设新的餐饮之园"之意，专营煮品肠旺米线和焖肉米线。之后，建新园与端仕小锅米线、福华园卤制品、米厂心米线成为昆明市饮食公司旗下的著名品牌。

中华老字号——建新园

　　诞生于市井之间，注定是一道大众美食的米线，成为昆明人一种思乡的符号，牵引着游子回家的念想。无论南来北往的昆明人去到哪里，回到家乡的第一需要，便是甩上一碗冒着热气、味道最浓的米线。如今宝善街虽然高楼林立，但你可以轻而易举地找到建新园老店。二层楼的木结构房，门头上挂的建新园木质牌匾十分显眼。经常是门店前排着长长的膜拜人群，老店主营外地人喜欢的过桥米线，也有本地人爱吃的肠旺米线、焖肉米线、凉米线以及各式各样的小吃卤品。

　　建新园米线有三绝，第一绝为肠旺米线，用猪肉筒子骨、老鸡、老鸭、老鹅熬制成"三禽骨肉汤"，在米线中加上血旺、卤豆腐、卤肠子做"帽子"，吃起来，十分爽口。第二绝为焖肉米线，用猪腿肉切成1厘米左右的小块，煸炒至变色，然后沥油捞出，放入大蒜炒匀，加入昭通酱烩炒至肉丁和大蒜酥烂，即做成焖肉，配上豌豆苗、高汤，吃起来，香而不腻。老昆明人最钟爱的凉米线堪称第三绝，将胡萝卜丝、韭菜、花生碎和脆哨一样不少放在大碗酸浆米线上，再泼上特制的油辣子和拓东甜酱油，用筷子一搅拌，哗啦一下送入口中，顿时感到酸甜可口、爽滑顺溜，美哉美哉。

　　历经百年不衰的米线店建新园，2006年被商务部认定为第一批中华老字号企业。在2009年的第十届中国美食节暨第八届国际美食博览会上，建新园的过桥米线摘得饮食行业最高荣誉"中国美食节金鼎奖"和"中华老字号百年名小吃"称号，成为一块云南餐馆界响当当的金字招牌。2015—2017年期间，建新园先后被评为中国驰名商标和云南省非物质文化遗产。

从清末创立传承至今，建新园116载风雨兼程，把闹市区一个不起眼的滇味小吃店发展成为拥有60家门店的老字号品牌，建成了统一的生产加工配送中心，让这碗卖了一百多年的米线焕发了新活力。

四、拓东酱油——昆明人的味觉记忆

外省人做菜，若需要甜味，会把糖当作配料直接加入。只有昆明人做菜，一瓶拓东甜酱油家家户户少不了。昆明人，几乎是吃着拓东酱油拌饭，用拓东酱油烹调的小炒肉、凉米线、炒饵块等数不胜数的美食长大的。很多昆明人的记忆里还有拎着大桶小瓶去拓东酱油老厂排队打酱油的场景，曾经成为昆明街头的一道独特风景线。

拓东酱油的前身是始创于1684年（清康熙二十三年）的永香斋酱园。早在清朝时期，昆明就有了酱园，其中以永香斋酱园名气最大，其生产的甜酱油和云南玫瑰大头菜名声响亮，所生产的云南玫瑰大头菜曾于1915年荣获巴拿马万国博览会金奖。永香斋酱菜厂早年位于南坝，也叫过南坝酱菜厂，但永香斋酱油和玫瑰大头菜的制作工艺流传了300多年，经历了时代的更迭、制度的变革、社会的动荡等种种变故和磨难，依旧坚强地生存下来。通过数十代人的不懈努力，凭借可靠的工艺、上乘的品质、公道的价格，以及人心至善、诚信为本的坚持，这一老字号品牌经受住了时间的考验，并得到了消费者的广泛推崇。

拓东酱油的出现。据《昆明市志·商业卷》记载，抗日战争期间，一些浙江绍兴商人来到昆明开起了酱园，生产上海风味酱油进行销售，当时市场上有本地的滇、川风味酱油，也有上海风味的酱油。1956 年，国家实行公私合营，政府将当时几个有名的酱园整合起来，组成国营大陆酱菜厂。由于

中华老字号——拓东酱油

大陆酱菜厂的厂址位于拓东路上，昆明人就把从那里购买的酱油称为"拓东酱油"。1961年，大陆酱菜厂更名为拓东酱菜厂。1998年9月，蔬菜公司经资产重组将昆明拓东酱菜厂与永香斋酱菜厂合并，合并后的两厂建设成为昆明酿造总厂。2011年7月，改制后的昆明酿造总厂正式更名为昆明拓东调味食品有限公司。

改革开放以来，面对市场上海天、李锦记、千禾等酱油产品的竞争，拓东公司凭借传承的工艺、上乘的品质、实惠的价格，让旗下的酱油和酱菜继续赢得了市场认可。其中，云南玫瑰大头菜远销新加坡、马来西亚等国外市场。

经过三百多年的传承和发展，拓东公司现已发展成为中国调味品著名品牌50强、中华老字号企业。酿造的"拓东"酱油和食醋，先后获得中国知名调味品信誉品牌、中国驰名商标、云南名牌、云南省著名商标等荣誉。现企业拥有"拓东""永香斋""昆湖""滇池""山茶花"等不同类别的8个注册商标，主要有酱油、食醋、酱菜、酱咸菜四大类30多个产品。

五、德和罐头——百年匠心

1921年，为了在家乡创办实业，让家乡的特产火腿变成商品，宣威人浦在廷借鉴西方工业生产技术，在宣威开办了兄弟食品罐头公司，引进了云南工商史上最早的罐头生产线，让云南火腿以罐头的方式展现给世人。

浦在廷的确是一个成功的商人，短短几年，公司就兴盛起来。作为当地的一个大商人，浦在廷积极投身军界。蔡锷发起护国运动，讨伐袁世凯，打仗需要钱，他在宣威设立了兵站，委任浦在廷为兵站负责人，负责筹措粮草等军需物资。云南军政统帅唐继尧鉴于浦在廷的功绩，手书"急公好义"匾额送给他。孙中山发起北伐运动，浦在廷更是积极响应，把家中的生意交给弟弟，跟随北伐军担任了军需处处长。

1923年，孙中山先生尝到了宣威火腿，觉其色鲜肉嫩，味香回甜，食而不腻，倍加赞赏，留下了"饮和食德"的题词。以宣威火腿制成"云腿"罐头的工厂，也取名为"德和罐头厂"。从此宣威火腿名声大振，远销东南亚、日本等国家和港澳地区，现在还出口欧美许多国家。

20世纪40年代，传统长方形的"云腿"罐头问世，产品有云腿大片、云腿腱肉、云腿小片。"德和"长方形"云腿"罐头在设计印刷商标时，充分考虑到了商标的美观性和宣传效果，创制了德和商标，音义译成英文为"TEHHO"，这就是沿用至今的"德和"的商标。

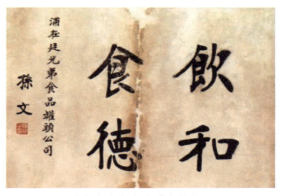

孙中山先生为宣威火腿题词

为了扩大销售，浦在廷等人来到了昆明崇仁街成立了昆明德和罐头食品股份有限公司，并将德和罐头厂设立在昆明弥勒寺100号。新中国成立后，德和罐头公司生产不断发展，日产云腿罐头达2000罐，有英国商人从伦敦直接下单订货，德和罐头公司的产品不仅在国内市场上站稳了脚跟，而且走向了国际市场。

改革开放以来，罐头产品已发展成为肉类、水果类、蔬菜类、乳制品类、禽蛋类、水产类、软包装类七大系列产品。

2011年企业被中国商务部认定为"中华老字号企业"，2012年荣获云南省著名商标，2015年德和肉类罐头被授予云南名牌，2018年荣获云南省绿色食品"20佳创新企业"，2019年被评为"中国罐藏食品领先品牌"，2019年德和云腿罐头和云腿午餐肉罐头入选中国传统食品标志性产品名录。

据公司年度报告，2019年，经过多次市场调研，德和罐头公司改变传统的销售模式，开启线上、线下的全域销售模式。在线上销售方面，德和罐头公司在天猫、京东、拼多多等销售网站进行全渠道销售，还签约了5名主播，每天定时在天猫直播销售产品。在线下销售方面，德和罐头公司在昆明人流量比较大的小区和商场附近新开了

德和品牌的各种产品

德和黑猪和德和罐头公司两种类型的直营门店。截至目前，在昆明已有15家德和罐头公司直营店、23家德和黑猪生鲜店。

销售渠道拓宽后，德和罐头公司销售额也快速增长。2019年以前，德和罐头公司的销售额仅有1亿元左右；2020年，德和罐头公司的销售额达到了4.5亿元，2021年的销售额超5亿元。

六、福林堂——百姓钟爱的中药铺

▼

福林堂是昆明地区历史最长、最负盛名、规模最大的老字号中药店，位于昆明老街光华街31号，始建于清代1857年。

其建筑平面布置及结构设计合理精巧，外观造型独特，文化景观效果极佳，地方传统特点鲜明。商铺为扇形八面风硬山顶三层木结构，是典型的砖木结构转角建筑。屋面为单檐青色筒板瓦顶，两硬山垂直相交，前檐口为"伞檐"弧形，正脊在屋顶中部以90度角倒圆相交。由商铺、楼梯间、医务用房组成，商铺于街道交叉口处，平面布局依街势而建成扇形，楼梯间与医务用房相连，平面呈一字形，是昆明老街上的地标建筑，是云南现存历史最悠久的药店之一。1995年，第一批荣获"中华老字号"称号。其店堂建筑本身早年是昆明市文物保护单位，2013年5月被国务院公布为全国重点文物保护单位。福林堂成为昆明全国重点文物保护单位和中华老字号"双料王"。

"福林堂"一名，取"杏树成林，福泽后代"之意。福林堂的创办人李玉卿，祖籍湖北黄冈。其随父李德来到云南，因深谙医道，于咸丰丁巳（1857年）在光华街创建福林堂药店。经过四代人的苦心经营，从初开张时小小的"簸箕堂"店铺，发展成为民国时期昆明最负盛名的中药店。正是以其药材地道、品种齐全、选料认真、加工精细、疗效显著的特点，并凭借兼售药材和成药，且有医术高明、医德崇高的名医当堂坐诊，现时开方，就店抓药，一气呵成，极为方便，福林堂以极高声誉从同行中脱颖而出，成为昆明药材业中翘楚。

在西医传入以前，昆明人有病都是看中医。中医只管看病开方，抓药还得上药店，所以药店在人们生活中是不可缺少的。老昆明的中药店不少，据民国初年的统计，大约有120家，著名的有福林堂、大安堂、百寿堂、百福堂、百龄堂、利济堂、六和堂、寅生堂、颐元堂、太和堂等等。福林堂经营十分人性化，门店两侧对联，写的是"遵法炮制生熟饮片，精工修合丸散膏丹"的经营策略。进得店堂，中柱上还有一副直匾，写的是："本堂药料选办最精，参茸燕桂必择其优，饮片丸散精益求精，药真价实包换来回。"黑漆的木柜台里面，是贴墙顶天立地的壁橱。壁橱没有门，却嵌满小抽屉，总有好几百个，里面都分门别类地装着各种各样的药材。大约因为有的药不宜放在木质抽屉里，所以还有许多瓷坛也装满了药材。

福林堂为了方便顾客，有坐堂医生在店堂坐诊，当堂开方，就店抓药，一气呵成，很是方便。店伙计忙着抓药，顾客就坐在春凳上等候。有时药材需要临时在铜擂钵里春一下，就听得叮叮当当一阵响，药香立刻充满店堂。配齐了药，每一味包作一小包，再用印有堂名的大纸总包成一包，用棉线扎好，还结一个提扣，方便顾客手提。

福林堂自创办一个半世纪以来，店址一直未变，而且依然保持了古色古香的传统风格和"一条龙"服务模式。中医坐堂问诊是福林堂百年来的传统，力塑"名店、名医、名药"形象，这一点也是福林堂的"一绝"。1956年国家实行公私合营后，福林堂一直归属昆明市药材公司。改革开放以来，经过几轮国企体制改革，2000年，

中华老字号——福林堂

香港新世界中国实业项目有限公司与云南医药集团合作，在原昆明市药材公司分立改制的基础上重组昆明福林堂药业有限公司。目前，福林堂已成为跨省全国连锁性药业公司，网点逾百家，分布云南、贵州、上海、杭州、北京等省市。业务范围包括：中西医药产品、医用保健品的研发、生产和销售；中药材、保健茶、农副产品、食品、日用品、化妆品、护肤品的生产和销售；餐饮及健康咨询服务；医疗诊所服务等。公司正以"树立中华民族品牌、发展多元连锁经营"的战略，致力成为"地道药材专家"，倡导时尚健康品质生活，弘扬福林堂"福泽杏林"的创号初衷，以服务爱心回报社会。

七、杨林肥酒——云南绿酒独享有

自古以来，绿水青山培育了云南人天性耿直、豪爽爱酒的食俗性格。"春节到、送肥酒，年夜饭、喝肥酒"的歌谣，述说着自己的"绿酒文话"。这瓶色泽翠绿的名酒是云南首屈一指的历史名酒，也是中国现存的绿酒之一，享有"杨林肥酒，天下独有"的美誉。

在听取云南非物质文化遗产杨林肥酒传承人、国家一级酿酒师、国家注册高级品酒师、滇酒大师、云南杨林肥酒有限公司总经理邵正解密杨林肥酒古法酿酒的工艺时，你会得知每坛杨林肥酒，都要历经泡粮、蒸粮、出甑、摊凉、翻粮、加曲加酶等12道匠心工序，纯粮制曲；甄选大枣、拐枣、陈皮、丁香等13位药食同源药材，黄金调配"翠绿如玉，酒香醇厚，入口绵甜，酒体圆润，生津隽永"的特有风味。

跨越三个世纪的绿酒探秘，凝聚数代云南人的情感记忆，从原料选取到酿酒工艺，从辉煌历史到涅槃重获新生，杨林肥酒的故事为你娓娓道来……

明代的杨林，东临烟波浩渺的嘉丽泽，南有苍翠巍峨的五龙山，土地肥沃，灌溉方便，又是省城昆明通往黔桂、湖广、京沪的必经之地，商贸兴盛，人来人往。周边的象山不但苍翠欲滴，而且流泉飞瀑随处可见。甘美的泉水、充足的粮食、满街的商客，使杨林的酿酒业十分兴盛。杨林城南有一个城隍庙，庙中的地上原有一块巨大而又平滑的花石头，传说兰茂醉酒时，就爱躺在这块有山茶花镶嵌的花石头上睡觉。有一次，兰茂醉酒躺在这块花大石上，梦见仙人指点，酒醒后竟写出一方特别醇厚、强身健体、滋补养生的美酒良方，它就是杨林肥酒良方。

来到云南龙润集团杨林肥酒厂历史博物馆，进车间现场参观和品味杨林肥酒得知，杨林肥酒的配方确实来源于明代兰茂著的医学名著《滇南本草》。杨林肥酒始创于清光绪六年（1880年），杨林水官街有一家经营酒的"裕宝"商号，老板姓陈名鼎。陈老板与镇上开书店的戴砚农老板十分要好，后来两家还结成了儿女亲家。陈鼎常到戴家向博学多才的戴砚农请教药材性味、药理基本知识，并探讨健身药酒的配方。戴老板建议陈鼎参照兰茂"水酒十八"的制作工艺，配制一种健身的保健药酒。于是，陈鼎便根据兰茂"水酒十八方"和"药酒仙方"的制作工艺，采用自酿的纯粮小曲酒为酒基，将党参、丁香、拐枣、陈皮、桂圆、大枣等18味中药加入浸泡，又从小茴香、豌豆尖、青竹叶等绿色植物蒸馏提取绿色素，配加蜂蜜、蔗糖调味封缸陈酿10年以上等工序，制成了色泽碧绿如玉、观感透明清亮、口感味醇甜美的"杨林肥酒"。当年杨林肥酒出窖时，最先进入云南州县市场和餐馆，竟然好评如潮，很快畅销于省内外。过往杨林的文人墨客、达官贵人都要带上几斤地道的杨林肥酒与家人和朋友小聚时痛快畅饮。自此之后，"杨林肥酒"以其绿色和保健养生之特色独享天下，终获"杨林肥酒，天下独有"的美称。

杨林肥酒曾经从杨林驿道入京进贡，参加1914年云南省第一次物产品评会并荣获一等奖。1992年参加巴黎国际名优酒展评会并荣获国际银奖。2011年5月，杨林肥酒由商务部授予"中华老字号"称号。2013年12月，杨林肥酒荣获"省级非物质文化遗产"称号。

如今，杨林肥酒的百年薪火传给了云南龙润集团，这是一种文化福报和初心，更是一种责任和担当。龙润传承创新，匠心独具，在杨林肥酒系列产品的基础上又先后

中华老字号——杨林肥酒

开发出云南绿、不依不饶、春晖、风轻云淡等健康名酒，带领企业走过辉煌，越过低潮，即将在新时代绽放出更耀眼的光彩。

八、精益眼镜——精益求精

▼

中华老字号——精益眼镜

昆明正义路正义坊旁有一家创建于1937年抗日战争初期的精益眼镜店，自当时从上海引进至今店面没变，始终享有百姓口碑，是云南省历史最悠久的老字号眼镜零售标杆企业。这家位于正义路的旗舰店，600多平方米的经营面积配套先进的验光、加工、检测设备，现代化的验光室、隐形眼镜佩戴室，引进国内外超过300个品牌的镜框、镜片及隐形眼镜，在昆明地区同行中首屈一指。作为云南省眼镜行业唯一的国有改制企业，公司的经营理念是"精益求精"，专业视光学眼镜验配服务，主要产品有：光学框架眼镜、隐形眼镜及其护理产品、角膜塑形镜、RGP、太阳镜、近视太阳镜、老花镜及私人定制眼镜。

2011年，昆明精益眼镜被认定为"中华老字号"，同年获"云南老字号"称号，连续多年获"昆明市知名品牌"称号。

九、昆明中药——最具影响力的双冠企业

昆明中药厂有限公司创建于1956年，原名昆明中药厂，简称"昆中药"，是云南最早的专业化的中药制药企业，云南十大最具影响力品牌，云南省优秀文化品牌建设先进单位。

追溯昆中药的历史，可查至明代，至今已有630多年的历史。明代初年，明军入滇把中原医药带进云南，并在云南落地生根。昆中药产品最早的制售人是明洪武十四年（1381年）入滇军医朱双美。他的后代世袭医职，一直制售至新中国成立之后。"双美药号"成为昆中药最早的起源店。据《昆明市志长编》卷七记载：明洪武十四年军医朱双美，随沐英入滇。落籍昆明后，其子分售两项成药：一项是小儿化风丹；一项是朱氏善用酒水，其制法处方，系南京内府秘方。

清道光六年（1826年），昆中药人采云南之道地药材，启《滇南本草》之配方，采用"前店铺，后作坊"方式，以"体德堂"等为号，精工修合出了一批精品中药。"郑氏女金丹""再造丸""糊药"等已是当时的"驰名产品"。清咸丰、同治、光绪年间，昆中药各老号先后推出了清肺化痰丸、阮氏上清丸、感冒疏（苏）风丸、舒肝散、天麻（祛风）丸、金花（消痤）丸等特色产品，这些产品因疗效

中华老字号——昆明中药

确切而广为使用，传承至今。1908年，由22味中药配制的"翟玉六止咳丸"问世，并名噪全国。"止咳丸"由清代光绪年间云南名医翟玉六在家传秘验方基础上创制而成，由昆中药生产。

1916年，名医曲焕章创制"百宝丹"，后发展成为"百宝丹胶囊""百宝丹擦剂"等名品。曲焕章之子曲嘉瑞后来曾出任昆中药厂厂长。1922年，由昆中药生产的"桑菊银翘散"在昆明问世，该产品由云南名中医姚印轩创制，素有"东方盘尼西林"的美誉。昆中药人严守"精工修合丸散膏丹，遵法炮制生熟饮片"的制药信念，谨遵"信、德、义"的商业信条，诚信经营，历久弥坚。

1956年，昆明中药业全行业实行公私合营，将原双美号、万松草堂、体德堂、福林堂、大安堂等82家老字号药铺和43家行商，合并组建"公私合营昆明市中药材加工厂"，进入工业化生产时期。

改革开放以来，昆中药逐步发展成为中国中药五大老字号之一。昆中药与北京同仁堂、苏州雷允上、广州陈李济、湖南九芝堂一起，同为我国中药行业的代表企业，在药道、药品、药艺、药理、药规、药铺和药史方面具有重要的传承价值。2003年，云南省国有医药企业实现大整合，昆中药加盟昆药集团，成为昆药集团旗下的核心中成药制造企业，我国中医药行业中的标杆型企业，代表了先进中药企业的发展水平。

600多年来，栉风沐雨，春华秋实，一代又一代的昆中药人坚守"毋减毋糙修精品、勤心勤力志康宁"精神，艰苦奋斗，不断进取，积极求索，稳步发展，取得了令人瞩目的成就，获得累累殊荣：2011年被商务部认定为中华老字号企业，2014年被国务院公布为国家级非物质文化遗产保护单位、中国质量诚信企业、国家知识产权优势企业、国家高新技术企业、博士后科研工作站、云南省企业技术中心、云南十大历史品牌、纳税大户等。

如今昆中药马金铺新生产基地占地172亩，以绿色、环保、节能、简洁、现代的理念进行设计，引进智能化质量检测设备、中药生产设备，拥有片剂、丸剂、颗粒剂、胶囊剂、散剂、糖浆剂、搽剂、酒剂、膏滋剂、合剂等10个剂型，覆盖中药生产的前处理、制剂、外包生产线和饮片生产线，全部通过国家GMP认证，实现了中药提取生产线、中药塑制法生产线、包装连线、物流等过程的智能控制。

昆中药市场热销的"精品国药"有参苓健脾胃颗粒、舒肝颗粒、口咽清丸清肺化痰丸板蓝清热颗粒、感冒消炎片、止咳丸、暖胃舒乐颗粒等，还有金花消痤丸、感冒疏风丸、郑氏女金丹、益气健肾膏、生三七丸、熟三七丸、口咽清丸（阮氏上清丸）、止泻利颗粒、桑菊银翘散等，这些产品多次荣获国优、部优、省优称号。让出厂的每一个产品都是"精品"，这是昆中药人的庄严承诺，也彰显了百年昆中药的深厚底蕴！

　　老字号作为历史悠久，传承独特产品、技艺、服务和理念，取得社会广泛认同的品牌，蕴含着深厚的中国传统文化、礼仪道德以及商业诚信。昆明的这14家"中华老字号"，除以上讲述的12家"中华老字号"外，还有云南无敌制药有限责任公司、云南保元堂药业有限责任公司，均为药品生产企业。总体来看，这些中华老字号发展比较平稳，影响力、诚信力和社会认可度较高，但也面临多元发展的新兴企业的激烈竞争，缺乏社会资本的投入、营销策略单一、管理团队的老化、战略思维与执行能力不足等问题。

　　为促进老字号创新发展，释放老字号消费潜力，近年来商务部等8部门发布《关于促进老字号创新发展的意见》，采取加大老字号保护力度、健全老字号传承体系、激发老字号创新活力、培育老字号发展动能等措施，为昆明市的中华老字号增添了动力。广泛运用热门短视频、直播带货及"互联网+""线下展会""线上直播"等方式，还邀请专家学者同台论道等，有针对性地进行市场化营销推广。一些老字号还与文旅产业联姻，在风景旅游区设立体验店，在昆明老街开设专卖店。目前，潘祥记、东方书店、文古堂、孔雀银楼、云南白药、精益眼镜、云子围棋、凤牌红茶等中华老字号和云南老字号企业已入驻。

第十七章
昆明私家藏书楼及书店

13世纪中叶，云南行省中庆路（昆明）开始采用雕版印制书籍，内地私家藏书的风气开始影响昆明，明清期间，一些有识之士收藏古籍诗书，建起了藏书楼，向求学者开放，为社会教育做善事。

一、清末民初的私家藏书和藏书楼

王思训，昆明人，字畴五，号永斋。康熙四十五年（1706年）进士，进京为官，任翰林院侍读。王思训博览群书，俸禄悉以购书。著有《滇乘》等，告老还乡时，载万卷书归。回乡后建楼庋（gui）藏，题名"赐书堂"。

严廷中，宜良人，字秋槎，是清代嘉庆、道光间云南文人较杰出者。著有《药栏诗话》《红蕉吟馆诗存》。官任两淮盐运司，所过名山大川，皆有吟咏。归故里后建红蕉吟馆，收藏所聚书籍。

李坤，昆明人，字厚安，号雪道人，清朝进士。善诗文，喜字画。著有《滇诗拾遗补》，建"浪花楼"，收藏了许多昆明的地方文献。

李文汉，嵩明人，字星槎，号素庵，宣统二年（1910年），考入云南陆军讲武堂，后加入同盟会，参加云南"重九"起义和反袁护国战争。北伐失败后，他应邀回滇兴办教育，潜心读书著书，并将多年收藏的线装书万余卷（册）捐给云南省图书馆，为地方文献资料的传承作出了积极贡献。

秦光玉，呈贡人，字璞安，号瑞堂，别号罗藏山人。清末考入经正学堂，后赴日留学。从光绪末年担任云南高等学堂教习起，历任优级师范、两级师范学堂监督（校长）兼教务长，省立第一师范校长，云南国语（普通话）讲习所所长，曾参与创办成德中学、求实中学、五华中学、五华文理学院，门生弟子遍及各地。民国初年，他被任命为云南省教育厅厅长，他却认为"行政不如著书，居官有碍治学"，不是他的初衷，一年后便辞去官职，致力于兴办文化教育事业。

秦光玉强调学校教育应紧跟时代潮流，既要继承中国传统文化的优良部分，不可妄自菲薄，又要吸收西方现代科学技术，不可故步自封。他任高等学堂教习时，与陈荣昌、孙光庭一道，改变了旧书院只授经史八股的旧制，除文史外，也讲授"格致"，即自然科学、史地及外语，还着意选拔优秀学生出国深造。他认为普及国语是促进教育事业的关键。1920年，"云南省立国语讲习所"成立，他担任所长，为国语之推广做了有益的贡献。教学中，秦光玉注意培养学生独立思考能力，告诫学生不能食古不化，做古人的应声虫；强调以身作则，身教重于言教。

秦光玉先后担任过云南省图书博物馆馆长，他编纂的《续云南备征志》，与师范的《滇系》、王崧的《云南备征志》并列为三部云南史料集。他在"罗山楼"书阁中留下了《滇文丛录》《滇南名宦传》《滇谏官录》《滇谚》等手稿，他还参与了《云南丛书》《新纂云南通志》的编纂工作。

在私人藏书家中，晋宁人方树梅可谓是先贤中最杰出之人，他一生致力于到全国各地搜访云南地方文献。民国年间，他北游访书，历尽艰辛，足迹遍及广东、广西、上海、苏州、南京、山东、陕西、安徽、江西等省（区、市），拜访文人学者，寻访古旧书肆，抄录大量珍贵的外地记录云南历史的资料和书籍，为《新纂云南通志》的编写和其学术研究奠定了坚实的文献基础。云南历史上在朝廷为官最高者"四朝元老"杨一清的《石棕诗抄》《阁谕录》便是在京城访得，在天津访到明万历李元阳编修的《云南通志》原刻印本，在山东访得万历吴允中校刻本兰茂的《韵略易通》等有关云南的重要文献。辛亥革命后，方树梅回到家乡晋宁，建藏书楼，名曰"学山楼"，藏有经、史、子、集图书、字画4万余卷，所保存下来的这些文献资料大部分整理成《学山楼丛书》，流传下来的很多文献资料藏于云南省图书馆和云南大学图书馆。

据《昆明市志·第九分册·文化》记载，清初江西人王杰三在马市口（正义路北段）开设"务本堂"书店，成为昆明第一家经营性书店。最初翻印出售"四书""五经"等科举用书，此后，五华坊（正义路中段）、书院街（华山南路）、庆云街一带相继开设了四知堂、文雅堂、文渊堂、荣焕堂等书店（铺），刻印销售《百家姓》《千字文》《唐诗》《增广贤文》《古文观止》《滇南本草》等地方史志和医学书籍。

二、民国年间昆明书店

20世纪二三十年代，昆明的书市主要集中在光华街、文明街和甬道街一带，当时这儿是市内有名的商业街区，青石板铺设的街道两边鳞次栉比地排列着一栋栋传统中式、西式或者中西合璧的楼房，一楼临街的各种商铺里经营着各式各样的商品。很多书店先后在光华街上开业，如商务印书馆、五华山房、中华书局、开明书店、世界书局、正中书局等，文明街上的则有东方书店、新滇书局、龙门书局等。这些书店规模较大，除少数经营旧书外（如五华山房），大多经营新书业务。有的书店经营的书籍内容较为狭窄，或是侧重于学校教材，或是侧重于国学古籍，还有的只经营自己出版发行的图书杂志（如"中华书局"），所以读者面不是很广，主要对象是昆明各大专院校的师生。

民国初年，商务印书馆云南分馆成为当时昆明最大的书店，经营《四部丛刊》《万有文库》《辞源》等工具书，以及各种文史哲、理工、医农等方面教科书。随后，中华书局在昆明也办起了书店，自营本版书籍、学校教科书、社会科学、自然科学类书刊。全面抗战爆发后，内地文化教育机构的南迁使得昆明的书市繁荣了好长一段时间，有中共地下组织在光华街开办的开明书店昆明分店、在华山南路开办的生活书店昆明分店、新知书店昆明分店，主要销售世界名著、语言文学类图书，并秘密销售《共产党宣言》《辩证唯物论入门》《资本论》《大众哲学》等进步书籍，但时常遭到国民党当局的查封和扣留。当时昆明文化界比较有影响的书店有开明书店、东方书店、北门书屋等。

三、北门书屋

▼

追溯昆明历史上的书屋，最为有名的莫过于北门街上的北门书屋了。这个由著名七君子之一的李公朴先生开办的书屋，一度名家汇聚，成为那个年代昆明民主进步思想的见证地。

北门书屋

北门书屋旧址位于昆明市五华区北门街68—70号。位于翠湖东北，圆通山西麓的北门街，民国时期因有"唐家花园""北门书屋"等人文景观，是老昆明著名街巷记忆之一。

北门书屋为中式砖木结构两层楼房，系当时工商界知名人士李琢庵建盖。1935年，李琢庵在昆明北门街买下一块地皮，建了十个铺面，两层楼房。

建成后时值全面抗战爆发。1938年，北大、清华、南开三所大学迁来昆明，组成国立西南联合大学，该校教授雷海宗、潘大逵、张景钺、崔芝兰等租赁居住。

1941年，忧国忧民的西南联大教授李公朴打算开一间书店，一方面维持生活，另一方面传播进步思想，可是缺乏资金，在北门街找到李琢庵，两人一拍即合。李公朴联系知名书店供货，李琢庵投资半开银币4000元，将书店设于楼下，取名"北门书屋"，不收租金，提供给李公朴先生，经销三联书店、华侨书店、上海图书杂志公司等出版的进步文化书刊。由于北门街接近西南联大及云南大学，书屋以两校师生为主要服务对象。1943年，李公朴、张光年等又在书屋对面创办了北门出版社，邀张光年、楚图南、闻一多、曾昭抡、潘光旦等任编辑，出版进步书刊，曾翻印毛泽东的《新民主义论》《论联合政府》，对社会影响很大，成为民主同盟组织和进步学生、知识界人士的聚会场所。国民党反动派对李公朴的言行举措非常忌恨，曾强迫李琢庵收回北门书屋房屋，但李琢庵不为所动。1946年7月，李公朴、闻一多教授相继被国民党特务杀害后，书屋被迫关闭。

四、东方书店

▼

东方书店的创办与五四运动的影响有关。1919年5月，那场影响了百年中国历史的五四运动爆发时，在北大读书的王嗣顺亲身参与其中，受新思想熏陶甚深。1925年，毕业于北京大学外语系的昆明人王嗣顺先生回昆明，执教昆华女中及基督教青年会补习学校，积极宣扬新思想。受民主和科学的"先声"滋润，于1926年创立了"东方书店"，选址文明街，销售"三民主义"等进步书籍，也收售古旧图书。抗战时期，西南联大迁昆，闻一多、李公朴、费孝通等学者及学生经常光临东方书店，购买新书，查找资料，交换旧书，将此地当作知识传播场和集散地。

如今我们所看到的东方书店是在昆明文明街52号原址复建而成。刚走到书店门口，一副对联醒目地跃入眼帘。"古来最长久人家无非积德，天下第一等好事还是读书"。

这家书店的主理人李国豪是媒体记者转型，多年采访报道昆明，使他对昆明的

东方书店

历史文化情有独钟。后来干脆辞去记者之职，来到文明街传承主理东方书店，他的书店主要是售卖、交换、收藏云南昆明的历史文化书籍，自己家的藏书也上架让读者阅读，一下子便把书店的口味变得与众不同，既有味道，又有吸引力。

民国图书专柜重在挖掘、整理西南联大、飞虎队、讲武堂、护国运动等具有云南鲜明特色的历史，契合百年东方书店的历史，弘扬中华优秀传统文化。古旧藏书专区为藏书人和爱书人代藏图书，同时荟萃名家典藏，让那些躲在书房一角落满灰尘的好书再次流动、鲜活，以防爱书人不得已把书称斤卖或者进入纸浆厂，使好书承载的优秀文化流失不见。

兴许是因为老街环境的衬托，在东方书店里坐着读书是一种不寻常的体验——靠窗的座位上有丝丝阳光倾洒进来，书中的文字总有些可爱之处，每当读到有趣处，手中书籍稍稍合起，尝一口桌上的咖啡，原来是书店的咖啡传承了西南联大时期师生的口味。

据李国豪介绍，当年作家汪曾祺最爱喝下午茶，而史学家钱穆喜欢咖啡，所以店里为读者推出了普洱茶和咖啡两种不同的"西南联大下午茶"，供来客选择。

读书看到的是别人的故事和思想，寻找、发现、获得的启迪则是自己的，时不时和朋友交流一下心得，总是会有所获。

李国豪说，他的这个书店，不是一个图书的大卖场，也不是CBD里挂着书店名头的一个文化项目，他理想中的书店，应该像所有人的一个大书房。"在这个大书房里，常年举办各类文化沙龙，利用媒体人的策划能力和敏锐嗅觉，举办名家签售、文化讲坛、诗歌沙龙等，聚焦前沿观念，应用媒体整合优势资源，围绕'百年东方书店'，讲述昆明故事，梳理云南文脉。我们的目标是，将东方书店打造成昆明具有地标意义的文化空间。"

联大师生周末常到东方书店读书游玩、交流思想，汪曾祺、林徽因、朱自清、闻一多等名士都是这里的常客，汪曾祺的散文中曾描述过这样一段场景：

昆明的旧书店集中在文明街，街北头路西有几家旧书店。我们和这几家旧书店的关系，不是去买书，倒是常去卖书。汪曾祺在《读廉价的书·旧书摊》一文中记载：

我在西南联大时，时常断顿，有时日高不起，拥被坠卧。朱德熙看我到快十一点钟还不露面，便知道我午饭还没有着落，于是挟了一本英文字典，走进来，推推我：起来起来，去吃饭！到了文明街，出脱了字典，两个人便可以吃一顿破酥包子或两碗闷鸡米线，还可以喝二两酒。

五、当今城市藏书楼和特色书房掠影

改革开放以来，昆明国有事业单位的新华书店改制成为国有企业，仍然占据城乡文化市场，民营图书发行业雨后春笋快速发展起来。他们大都以私企和股份制模式组建和营运，特别是互联网的运用，让图书企业在传承文化的基础上致力于创新发展。新知图书集团就是一个走向世界、全国跨区域连锁的民营文化企业，春晓书店、东方书店、璞玉书店、大象书店等成为特色城市书房。

【韶山藏书楼】——新知的民间藏书楼

昆明新知集团有限公司是以图书、音像制品经营为主的连锁发行企业。1991年成立以来，始终坚持"文化报国、诚信天下"的理念，不断拓展服务网络，在云南、四川、贵州、湖南四省以及柬埔寨金边、老挝万象、马来西亚吉隆坡、缅甸曼德勒、斯里兰卡科伦坡、尼泊尔加德满都、泰国清迈建立了71个连锁书城。集团经营总面积16万平方米，经营图书品种35万多种，员工2200余人。走出去的新知华文书局已经成为传播中华文化、加强对外文化交流与合作的重要平台。公司被中宣部和商务部、文化部、财政部、新闻出版广电总局认定为"国家文化出口重点企业"，金边华文书局和万象华文书局分别被认定为"国家文化出口重点项目"。

李勇是一个具有家国情怀、抱负远大、敢当大任的新时代藏书人，他写了一本自传叫《一生做好一件事》，讲述了自己的奋斗目标。这件事就是读书、找书、卖书、藏书，然后以一个安静的空间展示读书之道。建藏书楼，可谓是李勇的毕生追求。从21世纪初开始，他在家乡昆明呈贡韶山冲开始建设藏书楼，这里依山傍水，曲径通幽，四季葱绿，月月花开，静谧香醉，书香与花香融为一体，取了一个优美的名字叫

花千骨——韶山书院

"花千谷阅读小镇"。目标是，经过三代"新知人"百年持续不断的努力，建成"藏够2000万册、价值50个亿的图书"的韶山藏书楼，为国家和社会留下一笔宝贵的知识财富。

李勇说："建成后的韶山藏书楼将成为世界上较大的民间藏书楼，成为独具魅力的文化交流平台和文化休闲胜地。它会像一座熠熠生辉的文化金字塔，积累传承人类文明的宝贵财富，随着后人对知识对文化的重要性的认识越来越深入，越来越理解，越来越重视，后人会自觉来维护它、保护它，它就可以是一千年甚至是一万年的文化财富，这就是我为新知寻找到的相对永恒的一个归宿。"

【璞玉书店】——当下与未来同在

以书为大，是璞玉的特色，也是创造增量之道。璞玉书店坐落在东风东路山茶坊文化产业产业园内，这是一个前卫时尚的多功能文化空间。一是带着教育基因和满足家庭阅读需求。由专业选书人，从全球 1500 余个出版社、70多万种书籍中逐一挑选每本

璞玉书店

书籍，引进国际优秀童书大奖作品以及国外优质出版的英文原版绘本、百科，每月精选全球TOP200杂志并持续更新，藏书数量 10 余万册。二是购书范围广大，阅读空间更是广阔多元，有迭代亦有沉淀的人文智识空间。三是读书会，与你一同探索城市阅读需求的当下与未来。四是举办读书会、新书发布会、音乐会，为文化青年搭建平台，提供交流学习机会。

【春晓书店】——为读者开启与世界沟通的窗口世界

春晓书店，从2004年创办以来，经过20年打拼，已发展成为主营业额超过2亿元的

云南省内大型的综合性图书发行商。长期以来公司致力于打造"有品位、有内涵、有责任的最美书城"，倡导"悦读·阅回味"的文化精神，得到了政府部门、相关专业机构及读者用户的认可。荣获了国家新闻出版署颁发的"文明店堂"单位、中国市场品牌管理中心颁发的"中国AAA级重质量守信用企业"称号。多年来，春晓图书在发展的同时，不忘对社会的回报，积极向社会捐书捐款，资助各种社会公益活动的资金累计达200多万元。长期坚持开展捐赠"春蕾图书室"和"书香昆明"全民阅读活动。

现在最大的书城位于滇池路南亚风情第壹城的春晓图书南亚国际书城。市政协委员、公司董事长李龙提出："做有品位、有内涵、有责任的最美书店"的发展理念，为读者开启与世界沟通的窗口世界。这座书城，书吧与咖啡厅的完美结合，从你一进门就映入眼帘。在这个相对固定的空间中，时间仿佛凝结，心灵趋于恬静、灵感时而迸发、思维更加活跃。在一排排书架间漫步，可以感受到知识的浩瀚与无垠，悠然从时光隧道走过，感受宁静致远的美好。

春晓书店

【猫猫茶书馆】——茶城最美茶书馆

猫猫茶书馆，位于昆明雄达茶城，有一百多种国内外的茶学图书在售。据茶文化学者周重林介绍，从2017年2月开业至今，这个小书店已销售600万码洋的各类茶书。《茶叶战争》《易武与古六大茶山》《绿色黄金·茶叶帝国》《普洱熟茶教科书》等书很受茶友们欢迎。央视新闻"品味书香，夜游中国"曾来到了猫猫茶书馆，以"打卡中国第一茶城的最美茶书馆——观书、品茗、聊茶"为主题进行了一小时左右的直播。在周重林先生的带领下，此次直播围绕"看见茶文化"茶书展展柜

雄达茶城——猫猫茶书馆

内容、茶文创产品、中秋喝茶小事项等话题展开。茶书馆馆藏的1888年版《茶经》，1935年首版首印《茶叶全书》，英文、日文、法文版《茶之书》等珍稀茶书让观众大开眼界。猫猫茶书馆此次在央视新闻的直播亮相，既是茶文化面向大众的一次宣传，也是对云南茶文化与外界的一次重要对话

【西西弗书店】——文创产品与你同行

位于广福路爱琴海购物公园的全国连锁的知名实体书体品牌——西西弗书店主要售卖文学、时尚畅销小说、外文类书籍。书店里有西式咖啡吧，各种口味应有尽有，除了咖啡还有其他软饮和西点。还有一些让人爱不释手的特色文创产品。

【旅游书馆】——阅读云南旅游的伴侣

云南作为旅游大省，办起了旅游书店，秉承"游阅山水、坐谈古今"的理念，140平方米的阅读空间宽阔明亮，在这里，可以坐在宽敞大桌和独立台灯下阅读或写字，书架旁的大靠背椅烘托了氛围感。宽敞的公共沙发区给人惬意的感受，书架上挂的壁画，都是出自云南艺术家的手笔。浅淡书香里，不同年龄段的人汇聚于此，都能觅得乐趣。

值得一提的是，在云南旅游图书馆可以沉浸式阅读云南，图书馆有刻着昆明各街道名字的文创冰箱贴，有滇越铁路主题儿童区，还有云南咖啡产区示意图以及众多云南旅游相关画册，馆内陈列的世界各地原版旅行图书共十二大类超5万册，还有包括《中国国家地理》《云南民宿》等在内的旅行指南类书籍、亲子旅行体验与绘本、旅行地图、游记、旅游文学、旅游从业者工作指南等。

如今，昆明城市特色书店和阅读空间现已遍布城市各区文化中心、大型商场、文化街区和社区，成为市民、游客读书休闲的好去处。书店各展所长，打造阅读主场。如文化巷的麦田书店、卡夫卡书吧，总是会偶遇知名学者文化名人；公园前卫西路1903的言几又书店时尚设计，外文原版书籍应有尽有；广福路爱琴海的西西佛书店，清新格调，配一杯咖啡悠享时光；官渡区世界书局，宛如走入一座历史与现实的藏书馆。

【书香昆明文化品牌活动】

以推动全民阅读、建设书香昆明为理念的书香昆明系列活动是云南省和昆明市的知名文化品牌活动，从2012年至今已举办十二届，成为组织、服务、推广全民阅读的

书香昆明颁奖仪式

重要平台，为昆明营造了浓郁的阅读氛围，影响了数百万读者，深受各界好评。

书香昆明系列活动已走过十载，每届都评选"云南十大好书"，写昆明的一批好书，如于坚著的《昆明记·我的故乡我的城市》，李霁宇等著的《昆明人文穿越丛书》，余斌著的《西南联大·昆明天上永远的云》，杨杨著的《昆明往事》，周忻主编的《大美昆明》《百味昆明》，昆明市文史馆主编的《聂耳：从昆明走向世界》等等先后获奖。2022年第十届书香昆明系列活动内容更丰富、规模更大、辐射面更广、创意与体验感更强，包括五大板块百余项活动：阅读之声——春城好声音系列、阅读雅集——读书会系列、阅读青春——高校书香系列、阅读之光——好书与阅读空间评选系列、阅读盛宴——嘉年华系列。推出了"六个一"活动：制作一张中国春城好声音专辑，拍摄一部书香十年宣传片，举办一系列好书及阅读空间评选、一系列读书会和一场阅读嘉年华，推出一套文创产品。通过坚持不懈开展书香昆明活动，带动了全民阅读，引领了城市文化风尚，打造了城市阅读文化IP，推动了公共文化服务落到实处，为学习型城市建设创造了新平台。

第十八章
昆明的物质文化遗产

　　城市是人类发展进程中的伟大创造，保护好城市的文化遗产是当今国际社会的基本共识。世界上任何一座历史悠久的城市，都积淀了深厚的城市文化底蕴，遗存有丰富的历史街区、文物古迹和传统民居，荟萃了宝贵的文化遗产。

一、文化遗产的内涵与外延

▼

　　城市历史文化遗产是延续城市文脉、传承民族精神的载体。保护城市历史文化遗产，既是城市高质量发展的题中之义，也是珍视文化财富的重要体现。城市历史文化遗产，既是物质财富，更是精神财富。

　　中华文化遗产承载灿烂文明，传承历史文化，维系共同精神家园，也是我们民族的根和魂。党的十八大以来，习近平总书记高度重视文化和自然遗产保护工作，从留住文化根脉、守住民族之魂的战略高度作出一系列重要指示和全面部署，并且身体力行，频频实地考察。2016年4月，习近平在对文物工作作出指示中这样强调保护文物古迹的重要意义："文物承载灿烂文明，传承历史文化，维系民族精神，是老祖宗留给我们的宝贵遗产，是加强社会主义精神文明建设的深厚滋养。保护文物功在当代、利在千秋。"

1. 世界通行文化遗产概念

　　文化遗产是历史留给人类的文化财富。从存在形态上分为物质文化遗产（有形文化遗产）和非物质文化遗产（无形文化遗产）。物质文化遗产是具有历史、艺术和科学价值，以物质形态被保留下来的文化财富；非物质文化遗产是指各种以非物质形态存在的、与百姓生活密切相关且世代相承的传统文化及其表现形式。

　　根据《保护世界文化和自然遗产公约》（简称《世界遗产公约》），物质文化遗产包括古遗址、古墓葬、古建筑、石窟寺、石刻、壁画、近代现代重要史迹及代表性建筑等不可移动文物，历史上各时代的重要实物、艺术品、文献、手稿、图书资料等可移动文物，以及在建筑式样、分布均匀或与环境景色结合方面具有突出普遍价值的历史文化名城（街区、村镇）。

2.中国文化遗产概念

　　《国务院关于加强文化遗产保护的通知》（国发〔2005〕42号）于2005年12月22日下发。这一通知首次明确了我国历史文化遗产概念，指出：文化遗产包括物质文化遗产和非物质文化遗产。

3. 中国文化遗产图标

物质文化遗产是具有历史、艺术和科学价值的文物，非物质文化遗产是指各种以非物质形态存在的与群众生活密切相关、世代相承的传统文化表现形式。

中国文化遗产标志

《中华人民共和国文物保护法》认定的文物包括以下五个方面：

① 具有历史、艺术、科学价值的古文化遗址、古墓葬、古建筑、石窟寺和石刻、壁画。

② 与重大历史事件、革命运动或者著名人物有关的以及具有重要纪念意义、教育意义或者史料价值的近代现代重要史迹、实物、代表性建筑。

③ 历史上各时代珍贵的艺术品、工艺美术品。

④ 历史上各时代重要的文献资料以及具有历史、艺术、科学价值的手稿和图书资料等。

⑤ 反映历史上各时代、各民族社会制度、社会生产、社会生活的代表性实物。

二、昆明历史文化名城文化遗产的范围

昆明这座历史文化名城的文化遗产由城外"大三山一水"（金马山、碧鸡山、长虫山、滇池）、城内"小三山一水"（五华山、祖遍山、螺峰山、翠湖）的山水自然风貌和各类型文物共同组成，主要聚集区为三个历史文化街区、三个博物馆文化群落、九个历史文化地段等。

三个历史文化街区即文明街历史文化街区、南强街历史文化街区、晋城古镇上下西街历史文化街区。

三个博物馆文化群落即翠湖周边博物馆群落、官渡古镇片区非遗技艺博物馆群、龙泉宝云片区文化名人博物馆群。

九个历史文化地段即官渡古镇历史文化地段、祥云历史地段、云南大学历史地段、震庄历史地段、翠湖周边历史地段、大观公园及其周边地区历史地段、龙泉宝云历史地段、呈贡历史文化地段、晋宁古滇文化地段。

【链接】历史文化名城、历史文化街区、历史文化地段概念

历史文化名城，是指经国务院批准公布的保存文物特别丰富并且具有重大历史价值或者革命纪念意义的城市，具有自然山水形胜格局、空间格局和尺度、自然景观等要素，且各个要素保存的真实性、完整性较好的文化遗产综合体。

历史文化街区，是指经省、自治区、直辖市人民政府核定公布的保存文物特别丰富、历史建筑集中成片、能够较完整和真实地体现传统格局和历史风貌，并具有一定规模的区域。

历史文化地段，是指保留遗存较为丰富，能够比较完整、真实地反映一定历史时期传统风貌或民族、地方特色，存有较多文物古迹、近现代史迹和历史建筑，并具有一定规模的地区。

近年来，昆明在奋力推进区域性国际中心城市建设进程中，不断擦亮历史文化名城这张"金字招牌"，不断提升历史文化名城风貌，不断加大历史文化资源普查认定力度，并以专项规划为指导，按计划重点推进历史文化街区划定、历史建筑确定工作，初步形成历史文化名城资源保护支撑体系，并建立了昆明市历史文化名城保护地理信息系统。

2014年11月27日，省政府正式批复《昆明历史文化名城保护规划（2014—2020）》，通过坚持全域底线保护，建立了面向市域的文化遗产空间刚弹性相结合的管控方针，确保各类历史文化遗产有效保护和管控。积极推进历史文化街区、名镇、名村申报和规划编制工作，着力提升历史文化街区、历史文化地段品质。认真落实昆明历史文化名城的保护要求，形成了多层次的规划控制体系，为片区保护规划的编制提供了参考依据。为有计划、有重点地做好文物修缮维护工作，昆明严格按照"不改变文物原状"的文物维修原则制定专项保护规划，确定修缮方案，实施文物修缮工程。全市全国重点文物保护单位、省级文物保护单位维修保养率达到100%，市级文物保护单位维修保养率达到92%，县级文物保护单位维修保养率达到81%以上。目前，全市作为旅游景点、博物馆纪念馆等展览场所、文化活动场所、居住、办公等功能的不可移动文物和历史建筑共1695项，不可移动文物利用率达到69.2%，历史建筑利用率达到50%。

2020年5月1日起施行新修订的《昆明市历史文化名城保护条例》明确，昆明市历史文化名城的保护对象除了不可移动文物、地下文物、名人故（旧）居等传统文保单位和项目外，还涵盖了散落在民间的各类历史文化遗迹，哪怕是一口古井、一堵围墙也有了申报成为保护对象的资格，为昆明提升"历史文化名城"品牌的影响力增添更多底气。

截至2023年底，昆明市各级文物保护单位共计683项（686处），其中全国重点文物保护单位27项（29处）、省级文物保护单位73项、市级文物保护单位154项、县（市）区级文物保护单位430项，文物类型涵盖了古代文化遗存、近现代文化遗存、民族文化遗存、墓葬、石刻等多个类别，能够清晰地反映昆明历史文化的发展历程。

三、昆明市全国重点文物保护单位

按照国务院公布的时间顺序，截止2023年，昆明市的全国重点文物保护单位共计27项（29处）。

◆【地藏寺经幢】

昆明地藏寺经幢现存于昆明市博物馆内，昆明旧时的古幢公园也因古幢的存在而名扬四方。古幢因于城东的地藏寺旧址上出土而获其名，又因系大理国议事布燮袁斗光为超度大理国鄯阐侯高明生而建，故又称大理国经幢，俗称古幢。

古幢为方锥形石幢，幢由五段紫砂石精雕细刻而成，通高6.5米，幢体呈七层八面，宝塔形，层级间有界檐。在基座与第一层之间的界檐上，以汉字直行楷书镌刻有《造幢经》及《佛说般若波罗蜜多心经》等多篇经文。第一层四大天王像身后，以梵文（也有学者说应为古藏文）阴刻有《尊胜陀罗尼经》外，整个幢身层次分明地雕满佛教密宗佛、菩萨、天王、力士、鬼奴及地藏储神像共300尊，大像高约1米，小像不足3厘米，比例协调，刀法遒劲，线条流畅，造型生动优美，备受国内外推崇赞誉，素有"滇中艺术极品"之称，实为中国绝无仅有之艺术杰作。它具有很高的研究、保护、文化、观赏价值，是我国民族宗教史、文化史、佛教艺术史、唐宋时期南诏大理国时期政治、经济、文化、佛学研究极其珍贵的文物史料。

1982年3月，国务院将其公布为第二批全国重点文物保护单位。

◆【太和宫金殿】

太和宫金殿位于昆明市东郊的鸣凤山麓，距市区8千米，初建于明万历年间，明崇

金殿

祯十年（1637年）铜殿迁宾川鸡足山，清康熙十年（1671年）平西王吴三桂重建现存这幢重檐歇山式真武铜殿，铜殿重250吨，边长6.2米，高约6.7米，是中国最大的铜建筑，它比北京颐和园万寿山的金殿保存完整，比湖北武当山金殿规模大，是我国现存最大的纯铜铸殿，铜殿在骄阳下殿宇熠熠生辉，耀眼夺目，故人们称为金殿。其造型精美，冶铸技术高超，为研究我省明清以来的冶金铸造技术提供了重要的实物例证。

吴三桂在镇压农民起义后，率师进踞昆明，重建金殿。现在金殿大梁上尚可看到"大清康熙十年，岁次辛亥，大吕月（即十月）六日之吉，平西亲王吴三桂敬筑"铜铸字样。里面的佛像、匾联、梁柱、层面、门窗、盘龙、装饰等均用铜铸成。金殿的阶梯、地板、栏杆均是别致的大理石镶砌。整个殿宇宏伟庄严，美观大方。殿外筑有城墙、城门、城垛。城上有楼。

1982年3月，国务院将其公布为第二批全国重点文物保护单位。

◆【云南陆军讲武堂旧址】

云南陆军讲武堂旧址位于云南省昆明市翠湖西岸承华圃，始建于1909年8月，原系清末训练新式陆军军官的学校，是中国较早的军事学校之一，共设有步、骑、炮、工四科。1909—1928年，讲武堂共举办19期，到讲武堂学习的学员共达4000余人，同盟会会员李根源任教育长，后来任校长。1911年辛亥革命武昌起义后，蔡锷、李根源在昆明举行重九起义，1915年蔡锷又领导了反袁护国起义，在这两次起义中，讲武堂的师生都发挥了巨大的作用。讲武堂的毕业生中，很多成为杰出的中国革命将领和外国领导人，如朱德、叶剑英、周保中，以及朝鲜的崔庸健、韩国的李范奭等。

旧址现存讲武堂主楼，是走马转角楼式的二层砖木结构建筑，东楼长118.44米，西楼长119.60米，南楼长116.74米，北楼长116.78米，东南西北四楼各宽为东、西楼约10米，南、北楼约7米，高约12米；南楼中部的阅兵楼高15米，宽约13米。南北楼原为学生宿舍，西楼为教室，东楼是学校本部教职员办公处。校内原有大铁门、警卫

云南陆军讲武堂

室、禁闭室等。

1988年1月，国务院将其公布为第三批全国重点文物保护单位。

◆ 【聂耳墓】

在昆明西山太华寺与三清阁之间，有一片缓坡，松柏森森，绿树丛中，长眠着人民音乐家聂耳。他的墓地呈琴状，主体为琴盘，墓穴琴颈，道上7个花台，呈琴品状，象征着7个音阶；道上的24级石阶，示意着他仅活了24岁。

聂耳，原名守信，字子义，一作紫艺。1912年2月15日生于云南昆明甬道街一个叫成春堂的清寒医家。自幼喜爱音乐，能奏多种乐器。中学时代即加入中国共产主义青年团，参加革命活动。1933年由田汉介绍加入中国共产党。1935年，取道日本赴苏联。不幸于7月17日在日本神奈川县藤泽市鹄沼海滨游泳时溺水逝世。聂耳创作了歌曲《义勇军进行曲》《前进歌》《毕业歌》《开路先锋》《码头工人歌》《新的女性》和民族器乐《金蛇狂舞》《翠湖春晓》等40余首作品。

聂耳原葬在高峣至华亭寺之间山路西侧上方，墓系青石镶砌，简单朴素，有徐嘉瑞撰写的碑文。1954年，昆明市人民政府进行培修时，由郭沫若撰写碑文。1980年，根据广大人民群众的要求，重建新墓，同年5月13日，迁葬于此。1985年又在墓前建造汉白玉聂耳雕像，立于7台花圃之上，墓后屏风上刻有反映抗日救亡运动的浮雕。墓穴

西山聂耳墓

墨石上横书有郭沫若手书的"人民音乐家聂耳墓"的碑题。2001年，昆明市文化局决定扩建墓园，并对周边环境进行提升改造。聂耳纪念馆总体设计风格按照聂耳的成长轨迹，分为"红土高原的骄子、闪光的青春、最后的岁月"三大部分。展览馆用简洁的文字、生动的照片、珍贵的文物以及多媒体音乐，生动再现了聂耳短暂而又传奇的一生。

聂耳生在云南昆明，死于日本藤泽。市民为纪念聂耳，表达中日两国人民的友好情谊，在鹄沼建有聂耳墓园。昆明—藤泽于1981年结为友好城市。

1988年1月，国务院将其公布为第三批全国重点文物保护单位。

◆ 【金刚塔】

金刚塔坐落于昆明市东郊的官渡古镇，是中国现存年代最久的一处砂石构筑的典型喇嘛式佛塔。

官渡金刚塔

金刚塔建于明天顺二年（1458年），清康熙三十五年（1696年）和1982年曾进行过两次修葺。该塔全部以砂石砌筑，塔基呈方形，高4.8米，边长10.4米。基台下有东、西、南、北4道券门十字贯通，可供人通行。基台上建有5座佛塔，属于金刚宝座式塔。基台中部为主塔，通高16.05米，塔座为方形折角须弥座，四角各雕有力士像1尊。四面石上均雕刻有反映佛教内容的狮、象、孔雀、迦楼罗等形象。须弥座上为7层石雕莲瓣的覆莲座，上承覆钵形塔身。塔身四面均开有壶门，内刻石佛像一尊。塔身之上有方形须弥式塔脖。塔刹上有十三天相轮、伞盖、垂八铃铎和四天王像。再上为石制圆光，四面有小铃铎。刹顶为宝瓶、宝珠。整座石塔典雅壮观，主塔与小塔之间布局协调，雕工细腻。

元明时期（13—17世纪）出现了一些为简化礼佛而兴建的过街塔和门塔，反映了佛塔逐渐世俗化的趋势，妙湛寺金刚塔就是其中的典范，对研究喇嘛式佛塔建筑的发展具有重要意义。

1996年11月，国务院将其公布为第四批全国重点文物保护单位。

◆ 【石寨山古墓群】

石寨山古墓群位于昆明市晋宁区，是战国（公元前475—公元前221年）至汉代（公元前206—公元220年）滇王及其家族臣仆的墓地，是石寨山文化最早发掘的具有代表性的遗存。石寨山高约33米，南北长500米，东西宽200米。山顶有新石器时代的贝丘遗址，面积约5000平方米。

1955—1996年，先后在这里进行5次大规模考古发掘，清理古墓50座；出土文物4000余件，是1949年以来云南考古工作的最大发现。其中1955—1957年的第二次发掘尤为重要，共清理古墓20座，在第六号墓中出土了金质篆书的"滇王之印"，轰动国内外考古界，从而也印证了《史记·西南夷列传》记载的西汉元封二年（公元前109年）武帝"赐滇王玉印"的史实。

从石寨山墓群出土的文物与《史记》《汉书》的记载相印证，可以说明，晋宁石寨山古墓群是滇王及其亲属、臣属的墓地，而且秦汉时期滇国的统治中心在晋宁一带。同时也为研究滇池地区的古代民族史、冶炼和宗教习俗等提供了极为珍贵的实物资料。

2001年6月，国务院将其公布为第五批全国重点文物保护单位。

◆ 【筇竹寺】

筇竹寺位于昆明西北郊玉案山上。在大雄宝殿的角上有一块元朝延祐三年（1316年）立的圣旨，其内容为敕封该寺住持玄坚为"头和尚"，要求官员军民予以保护，并赐存《大藏经》。筇竹寺之所以出名，是由于寺内保存着被认为是五彩泥塑艺术珍品的五百罗汉彩塑。

在我国的寺庙中，有五百罗汉塑像的为数不少。但是，筇竹寺的五百罗汉却与众不同，很有特色。筇竹寺的五百罗汉塑于清光绪年间，是四川民间雕塑家黎广修和他的5个徒弟共同塑造的。为了塑造这五百尊罗汉，他带领这5个徒弟，呕心沥血，经历7个寒暑才告完成。这些罗汉各有各的神态、装束，无一雷同，但却与一般佛寺里那种程式化的塑像迥然不同。众多的罗汉似佛非佛，似僧非僧，有文有武，有老有少，有怒目的金刚，有慈眉的菩萨，有赤脚的行者，有沉思的比丘，更多的却像是现实生活

筇竹寺

中的各式人等。据说，黎广修在塑造过程中，常常深入昆明社会，观察各种人物的神态表情、言谈举止，作为创作素材。因此，他能摆脱雕塑佛像的传统程式，通过宗教题材，表现当时不同阶层人物的生动形象和内心世界，在雕塑艺术上取得高度的成就。

2001年6月，国务院将其公布为第五批全国重点文物保护单位。

筇竹寺墓塔位于云南省昆明市五华区黑林铺街道西郊玉案山筇竹寺内，是自元代至民国时期部分圆寂僧侣的墓塔群。

筇竹寺墓塔由20座墓塔组成，散点分布在筇竹寺院西面山坡上，占地面积2000平方米，墓塔单体占地面积约5平方米，有元代砖塔、明代砂石塔、清代民国青石塔等。元代砖塔在一个方形的平台上砌叠成多角对称几何形的底座，上部为钵体形墓体，最上面为锥形塔刹。明代砂石塔，没有明确的纪年，方形的台基上为莲瓣纹六方形的须弥座，须弥座上是覆钵形塔体，塔体上是束腰莲盘及半球体的塔刹。墓塔的墓主均是筇竹寺重要的寺僧，最具代表性的是元代著名的雄辩法师、玄坚法师墓塔和清代住持僧梦佛法师的墓塔。

筇竹寺墓塔建筑类型多样，具有各个时代典型的墓塔建筑风格，清晰反映了云南地区墓塔发展的历史脉络，具有较高的历史价值。

筇竹寺墓塔并入第五批全国重点文物保护单位筇竹寺。

◆【王仁求碑】

王仁求碑位于安宁市南20千米的鸣矣河乡小石庄村西葱蒙卧山东麓。王仁求碑系王善宝立于唐武周圣历元年（698年）十月十日，极具历史与（书法）艺术价值。碑名"大周故河东州刺史之碑"，成都闾丘均撰文，王善宝书丹。碑砂石质，通高4.01米，碑身高2.03米，宽1.17米，厚0.36米。圆首，上镌碑名10字，并浮雕双龙及佛像一龛，碑文正书34行，行17—51字不等，计1628字，加碑名10字，合计1638字。碑文赞述王仁求任河东州刺史期间，一面建议唐廷设置姚府以西20余州，并对之开发管理；一面又助唐将讨平阳瓜州刺史蒙俭与土酋和舍之乱，而立有战功。王仁求生年不详，安宁郡人，西爨白蛮大姓酋长，出身使持节河东州诸军事，河东州刺史，加上护军。卒于咸亨五年（即高宗上元元年，674年），王氏死后24年，王善宝始为之安葬、立碑。碑文中使用了武则天创造的新字。河东州建置不见于新旧《唐书》，其地当在元代赵州（今大理市凤仪镇）一带，地处西爨白蛮与阳瓜州乌蛮辖地之间。碑文所记此史实可补正史缺遗，同时亦证明了唐廷对云南边疆的治理及其政令的实施，另外，也反映了王仁求对唐廷的忠贞。

2006年6月，国务院将其公布为第六批全国重点文物保护单位。

◆ 【马哈只墓碑】

马哈只墓碑位于昆明市晋宁县昆阳镇月山郑和公园内，石碑通高1.65米、宽0.94米、厚0.15米。碑额呈圆拱形，上书小篆"故马公墓志铭"6字。龟趺碑座。石碑正文四周，阴刻着缠枝蒂莲花纹。正文楷书14行，共284个字。字迹略有残损。

碑文叙述了马哈只的先人家世、生卒年月、生平德行、家庭子女及郑和的情况。郑和的祖父和父亲均名"哈只"。中文"哈只"一词，本由阿拉伯语音译过来，意为"巡礼人"，即朝圣者。马哈只去世时，郑和年仅10岁左右。父亲丧葬之事，皆由长兄马文铭经办料理。永乐三年（1405年），郑和已升为内官监太监，请大学士礼部尚书李至刚撰写了父亲的墓志铭，但时逢第一次下西洋的前夕，郑和只得将碑文寄回云南昆阳镌凿于石，立在父亲墓前。

马哈只墓碑

关于郑和的家世出身，以往的文献史料盖不翔实。由于《故马公墓志铭》的发现，世人方知郑和是云南昆阳人以及郑和的家世出身等情况，补充了文献史料记载的诸多不足。此碑是郑和研究中不容忽视的、价值极高的实物资料。

2006年6月，国务院将其公布为第六批全国重点文物保护单位。

◆ 【惠光寺塔和常乐寺塔（东、西寺塔）】

惠光寺塔和常乐寺塔又称东、西寺塔。东寺塔，在昆明市书林街南段。原在常乐寺内，常乐寺称东寺，故名东寺塔，常乐寺早毁。西寺塔在东寺街南段原惠光寺内，惠光寺称西寺，故名西寺塔，惠光寺已毁，仅存寺塔。据史书记载，东寺塔与西寺塔同为唐代南诏弄栋节度使王嵯巅所建，始建于唐大和三年（829年），历时30年，于大中十三年（859年）竣工。清道光十三年（1833年）昆明地震，东寺塔倾塌。现存东寺塔为清光绪八年（1882年）动工修复，在三皇宫旧址仿西寺塔式样、规模重建。东寺塔系四方形13层密檐式空心砖塔，高40.57米，底层南面辟门，从第二层起檐上四面均开有券洞，每洞内置石雕佛像1尊。塔的顶部上立有4只铜铸金翅鸟，故又称金鸡塔。与西寺塔东西遥相对峙。

1984年重修西寺塔，在塔砖上发现有"天启十年正月二十三日段义造砖处题书"17个字。"天启"为南诏劝丰佑年号，其最末一年为859年。因此可见东寺塔与西寺塔的始建年代，实物资料与史书记载大致相符。明代东、西寺塔曾被改建为灯塔。明弘治十二年（1499年），西寺塔因地震毁半，5年后重修，现塔通高35.54米，塔形与大理崇圣寺塔主塔相似，为四方形、13层密檐式空心砖塔。砖上有汉文、梵文经咒和窑户印模。虽经历代较大修葺，仍不失原有形制。

2006年6月，国务院将其公布为第六批全国重点文物保护单位。

◆ 【曹溪寺】

曹溪寺坐落在安宁温泉凤城山腰，始建于宋大理国时期（1127—1253年），后渐荒废。明嘉靖三十一年（1552年），就原基础仿宋元风格重建。清同治八年（1869年），再毁兵灾。光绪七年（1881年）"住持续慎募修"。大殿为重檐歇山式，黄琉璃瓦顶，梁柱以斗拱为支撑点，全系木结构。柱头低矮，建筑高度与建设面积比值较小，整座殿堂稍呈偏形，虽数次修葺，但主要的梁柱却一直没有换过，近年维修，在大梁上还发现宋代字迹。

曹溪寺在建筑艺术中利用了天文知识，设计出"曹溪映月悬宝镜"的奇观。寺内有四十七尊佛像，唯"华严三圣"像弥足珍贵。它是国内现已罕见的宋代木雕造像。佛像大小和真人相似，面容慈祥，形象生动，加之雕工精湛，刀法细腻，更具文物价值。

寺内文物甚多。明崇祯皇帝朱由检御笔书的"松风水月"碑。明代状元杨慎所撰《重修曹溪寺记》由萧屯集唐代著名书法家李邕的字体镌刻而成的"曹溪寺志录碑"，此碑被称为昆明三绝碑。

2006年6月，国务院将其公布为第六批全国重点文物保护单位。

◆ 【安宁文庙】

安宁文庙位于安宁市连然街道连然街中段（今安宁市博物馆内）。据《重修安宁州文庙记碑》载，安宁州文庙建于元成宗大德六年（1302年），明宗天历二年（1329年）毁于兵燹，至元三年（1337年）宣威将军、中庆路达鲁花赤当道间主持重建。又据地方志载，经明永乐元年（1403年）、宣德二年（1427年）、天顺元年（1457年）、崇祯二年（1629年）及清康熙五十五年（1716年）等多次扩建，安宁文庙已建成占地面积约4500平方米的宏大规模，当时有文明坊、照壁、泮池、金声玉振坊、棂星门、大成门、大成殿、崇圣祠以及东西两院、黉门、乡贤祠等7进6院共22座建筑物。至今，文庙大部分建筑已无存，仅存主体建筑大成殿和崇圣祠。

2006年6月，国务院将其公布为第六批全国重点文物保护单位。

◆【真庆观古建筑群】

真庆观古建筑群位于昆明市盘龙区拓东路与白塔路交叉口东北角，是现存昆明市区占地面积最大、保存明清两代建筑较多、较完整的古建筑群，对云南的建筑史、艺术史、宗教史及云南与中原文化交流史的研究具有重要价值。

真庆观始建于元代，原名"真武祠"。明宣德六年（1431年）重建，更名"真庆观"，明正统九年（1444年）增建了真庆观前殿及东西回廊，清乾隆五十四年（1789年）重修。真庆观由前殿、紫微殿、老君殿等建筑物组成。三殿均坐北朝南，由南至北建在同一轴线上。中轴线两侧是前殿与紫微殿连接的东西回廊。紫微殿为面阔三间的土木结构建筑，单檐歇山顶，占地面积320平方米，整个建筑保留了明代建筑风格，殿中供奉紫微大帝（紫微即太阳之意）。紫微殿后面是老君殿（两侧建有相对称的东、西厢房），因历史上多次修葺，现仍保留着元代建筑风格，殿中供奉太上老君。真庆观紫微殿东侧为都雷府，建于清康熙年间，都雷府古建筑保留了清代早期的建筑法式特征，较完整地保留了精美的地方风格彩绘，具有较高的价值，是昆明历史文化名城的标志性建筑群之一。

2006年6月，国务院将其公布为第六批全国重点文物保护单位。

◆【石龙坝水电站】

石龙坝水电站位于昆明市郊的螳螂川上，是中国最早兴建的水电站。电站于1910年7月开工，1912年4月发电，最初装机容量为480千瓦。

石龙坝水电站是1908年（清光绪三十四年）由昆明商人王筱斋为首招募商贾、集资筹建的。引水渠长1478米，利用落差15米，引用流量4立方米每秒，安装两台向德国西门子公司订购的、单机容量240千瓦的水轮发电机组，用22千伏输电线路向距电站32千米的昆明市供电。1932年扩建，增设一台720千瓦机组。1935年又将最初安装的两台240千瓦小机组拆除，增设第二台720千瓦机组，使最终规模达到1440千瓦。由于只利用落差15米，仅为河段总落差的一半，故在1924—1939年间，又引用尾水，再利用落差15米，先后建成二厂和三厂，装机容量分别为1000千瓦和480千瓦。石龙坝水电站经过三四十年新建、扩建和改建，到1949年，全厂总装机容量为2920千瓦。

中华人民共和国成立后，对石龙坝水电站进行了彻底改造：另建新厂房，将原来的7台小机组拆除，改为两台单机容为3000千瓦的机组，全厂总装机容量达到6000千瓦。1954年，新厂房建成，安装第一台瑞士产的机组投产；1958年7月1日，第二台中国产机组发电。改建后的电站利用落差31米，引用流量24立方米每秒，至今仍在运行。

2006年6月，国务院将其公布为第六批全国重点文物保护单位。

◆【国立西南联合大学旧址】

国立西南联合大学旧址位于昆明市五华区一二一大街云南师范大学校区内。现存国立西南联大纪念碑、"一二·一"运动四烈士墓、西南联大纪念亭、西南联大校舍、西南联大图书馆等重要遗迹。1937年7月，全面抗战爆发后，北大、清华、南开三校南迁昆明组建西南联合大学，在抗日后方培养人才，历时8年。重要遗迹西南联大纪念碑，石材为质地墨石，由首、座、身和拱券亭组成，碑额为"国立西南联合大学纪念碑"11字，由

西南联大旧址

闻一多题写。碑文由联大文学院院长冯友兰撰文，中文系主任罗庸书丹。碑文记载了西南联合大学组建的缘由、南迁经过、八年办学历程，以及北回概要，是研究西南联大校史的珍贵史料。现在建有"一二·一"运动纪念馆专门陈列展示"一二·一"运动史，并建立了西南联大博物馆，专门陈列西南联大史料。

2006年6月，国务院将其公布为第六批全国重点文物保护单位。

◆【抗战胜利纪念堂】

抗战胜利纪念堂即人民胜利堂，位于云南省昆明市文明街历史保护街区中，具有很高的历史、艺术、科学价值，并得到了很好的保护，至今保存完好。

胜利堂建在原云贵总督府的旧址上，1944年动工兴建，最初名为"志公堂"，随后改为"中山纪念堂"，1946年1月建成后交由"云南省参议会"使用，纪念堂定名为"抗战胜利堂"，并由省政府主席卢汉撰写了"抗战胜利堂碑记"。1950年，云南省人民政府在胜利堂召开了全省各族、各界第一次人民代表大会和党代会，决定改"抗战胜利堂"为"人民胜利堂"，并在胜利堂中央广场立下"人民英雄纪念碑奠基石"，以纪

念千百年来为中国人民革命事业而献身的英雄们。

抗战胜利纪念堂构思巧妙，寓意深刻。主体建筑平面为战机造型，寓意着抗日战争时期以"驼峰航线"为代表的战略空运的辉煌业绩。整体平面布局为一庆功的酒杯，两侧的弧形房屋建筑为杯壁，云瑞公园作为杯座，表达了抗战胜利的喜悦和庆祝之情，具有浓

抗战胜利堂

郁的时代特征，胜利堂的整体建筑艺术可谓昆明近代建筑艺术的典范。

2006年6月，国务院将其公布为第六批全国重点文物保护单位。

◆【丹桂村中央红军总部住地旧址与金沙江皎平渡口】

丹桂村中央红军总部驻地旧址位于寻甸县柯渡镇丹桂村委会丹桂村红军长征柯渡纪念馆内，柯渡纪念馆于1975年征集筹建，1977年10月正式开馆，占地面积1543.5平方米，建筑面积980平方米，有"中央红军总部驻地旧址"和"毛主席长征路居旧址"两个展区。

金沙江皎平渡口位于禄劝县皎西乡皎平村委会金沙江畔，距县城145千米。渡口自古有之，因1935年红一方面军长征从此过江，为摆脱国民党几十万追兵，达到北上抗日的目的起决定性作用。皎平渡因此而得名。

2013年5月，国务院将其公布为第七批全国重点文物保护单位。

◆【福林堂】

福林堂位于昆明市五华区文明街街口，在文明街、文庙直街、光华街十字交叉路口，铺面为弧形，土木结构，三层楼房。清咸丰年间，由江西人李复初始建。李复初家祖上是江西药材商人，福林堂创建之初便是经营中药、丸药，由于经营有方，药材选材过硬，货真价实，诚实无欺，世代相传，使福林堂生意十分红火，逐渐成为昆明药材业的首户，也是昆明地区历史悠久的药店之一。至今，福林堂依旧是昆明闻名省内外的中华老字号药店。

2013年5月，国务院将其公布为第七批全国重点文物保护单位。

◆ 【大观楼】

大观楼位于昆明市西山区草海畔，距市中心约6千米。始建于康熙年间，因其面临滇池，远望西山，尽览湖光山色而得名。入园后可游览涌月亭、凝碧堂、揽胜阁、观稼堂等楼台亭树。园中最具观赏价值的大观楼临水而建，楼高三层，其中题匾楹联佳作颇多。由清代名士孙翁所作180字的长联，垂挂于大观楼临水一面的门柱两侧，号称"古今第一长联"。

2013年5月，国务院将其公布为第七批全国重点文物保护单位。

◆ 【河泊所遗址】

河泊所遗址位于昆明市晋宁区上蒜镇河泊所和金砂村，是一处滇文化和汉文化的遗存丰富的大型遗址。

遗址总面积约400万平方米，核心区面积约100万平方米，遗址居住区、祭祀区、玛瑙等工艺品加工区、金属铸造区等功能区划井然。考古发现房屋基址、水井、灰坑、瓮棺等遗迹。房屋类型多样，包括半地穴式、地面起建和干栏式房屋等。出土陶器、石器、金属器、木器等文物，以及水稻、粟等植物遗存和动物骨骼。遗址出土"滇国相印"封泥与石寨山墓地出土的"滇王之印"相印证，显示该遗址所在区域可能为滇国的王都所在地。

河泊所遗址保存了滇池盆地人类生活和滇池变迁的历史信息，跨度时间长，遗址保存完整，是云南地区面积最大、最为重要的聚落遗址，为滇国历史和滇文化研究提供了重要资料。

2019年10月，国务院将其公布为第八批全国重点文物保护单位。

◆ 【赛典赤·赡思丁墓】

赛典赤·赡思丁墓位于云南省昆明市内，是元代著名政治家赛典赤·赡思丁的真身墓和衣冠墓。

真身墓位于盘龙区松华坝马耳山马家庵村，坐北朝南，墓园面积约1900平方米。墓室下部石砌，上有封土，旁有一墓，传为赡思丁之子墓。

衣冠墓位于官渡区民航路五里多小学内，又称咸阳王·赡思丁墓，修建于清康熙年间，民国时期重新修葺，面积约160平方米，墓冢坐北朝南，砌筑在一方形高台上，平面呈长方形，长3.09米，宽2.45米，墓室下为台状基座，上有中国传统瓦顶。赛典赤·赡思丁原籍中亚不花剌，元初建立云南行中书省后，首任平章政事，在任6年，兴利除弊，大胆改革，对云南的社会、经济和文化建设都作出了重大贡献。

赛典赤·赡思丁墓是中外文化交流的实物载体，对研究元代云南政治、经济、文化具有重要的历史价值。

2019年10月，国务院将其公布为第八批全国重点文物保护单位。

◆ 【海口川字闸】

海口川字闸位于昆明市西山区中滩街滇池出水口处，原名"屡丰闸"，建于清道光十六年（1836年）。海口河是滇池唯一出水河道，明弘治十四年（1501年）疏浚海口河后，河床降低，河中的两个石滩露出水面，将河水一分为三，形成"川"字形河道。海口川字闸由北闸、中闸、南闸组成，分跨于被大、中、小滩分隔形成的海口河三股河道之上，故称"川字闸"。

海口川字闸全长149米，共20孔。南闸保存状况较好，长77米，10孔，每孔高3米，跨度6米，拱券为纵联砌置法；中闸长50米，7孔；北闸长22米，3孔。闸面宽3米，两旁设拦马石，可以供人马通行，每孔两侧桥墩设沟槽，可启落木板。大规模疏浚海口河时，即用双层木板夹土阻断水流，疏浚后除土起板，水即畅流。既省筑坝之繁劳，也对保持滇池的水位发挥了关键作用。

海口川字闸皆为石砌，是昆明地区体量较大、使用时间较长、发挥作用较大的古代大型水利工程设施，具有储水、泄洪、灌溉、通行的功能，是古代人民治理昆明城与滇池水患最重要的实物见证，具有较高的历史和科学价值。

2019年10月，国务院将其公布为第八批全国重点文物保护单位。

◆ 【温泉摩崖石刻群】

温泉摩崖石刻群位于昆明市安宁市温泉街道螳螂川东岸。明代以来，众多文人名士在此留下大量石刻题记。

石刻群随山就势呈线性块状分布在凤山环云崖的石壁上，由171方石刻组成，包括明代题刻7方、清代题刻91方、民国时期题刻44方，29方年代不详，分布面积长约600米，平均高约20米。大部分题刻内容为咏景抒怀，部分题刻内容与中国近现代重大历史事件相关联，涉及抗日及体现社会底层困苦忧患等题材。

温泉摩崖石刻群题刻数量多，时间跨度长，内容丰富，形式多样，石刻群与山体岩洞浑然一体，是自然景观与人文景观完美结合的典范，具有较高的历史、艺术、科学和社会文化价值。

2019年10月，国务院将其公布为第八批全国重点文物保护单位。

◆ 【云南大学会泽院】

云南大学会泽院位于云南省昆明市五华区翠湖北路2号云南大学东陆校区，建成于

1924年，是云南大学前身——民国"私立东陆大学"的重要组成部分。

会泽院建筑为砖混结构，二层，局部三层，建筑面积3953平方米；块石墙基，外墙转角及门窗四周均以细凿青石宽窄交替镶砌；95步大型青石台阶顺坡而筑，气势宏伟；大门前廊的四根巨型希腊罗马混合柱式圆柱更显主体建筑高大、雄壮。

云南大学会泽院见证了云南现代高等教育的肇始与发展，作为昆明第一座大型西式建筑，是近代中西方建筑艺术在云南融合发展的重要见证。

2019年10月，国务院将其公布为第八批全国重点文物保护单位。

◆ 【昆明卢氏公馆】

昆明卢氏公馆位于云南省昆明市五华区翠湖南路4号。

卢氏公馆由老公馆和新公馆（包括原院落），以及附属水塔、围墙组成，占地面积约5600平方米，建筑面积约1800平方米。老公馆建成于1933年，平面呈八角形，两层，砖石结构，是带有典型西方古典建筑特征的别墅建筑，占地面积500平方米，使用面积1000平方米。新公馆建于20世纪40年代，紧邻老公馆，为现代建筑风格，两层，占地面积400平方米，建筑面积800平方米。

卢氏公馆是时任云南省主席卢汉主持兴建的私宅。1949年12月9日晚，卢汉以召开重要军事会议为名，在公馆内扣押了国民党军政要员，宣布起义，为云南和平解放发挥了关键作用。

昆明卢氏公馆是当时云南政治经济军事风云动荡变幻的焦点，见证了云南起义、云南和平解放等重大历史事件，是研究和展示云南近代政治、军事史的重要实物例证；两栋卢氏公馆的建筑风格各异，建造工艺精湛，是云南近代具有代表性的别墅式宅邸，具有较高的历史和艺术价值。

2019年10月，国务院将其公布为第八批全国重点文物保护单位。

◆ 【凤凰山天文台近代建筑】

凤凰山天文台近代建筑位于云南省昆明市官渡区凤凰山上，1938年8月始建，1939年2月建成，1959年添建太阳黑子观测室。

凤凰山天文台近代建筑包括A、B、C三栋，呈三角状分布，其中A栋（办公用房、变星仪圆顶室、太阳分光仪观测暗室）、B栋（办公用房）为抗战时期建筑遗存，C栋（太阳黑子观测室）为社会主义建设时期所建。建筑群总占地面积约3500平方米，建筑面积456平方米。其中A栋建筑占地面积597.32平方米，建筑面积223.86平方米；B栋建筑占地面积159.21平方米，建筑面积142平方米；C栋建筑，占地面积83.26平方米，建筑面积89.9平方米。A栋和B栋建筑，均为砖木结构，青砖墙体，屋面为板筒青瓦；C栋建筑为砖混结构，红砖墙体，金属开启式观测穹顶。

1937年抗日战争爆发后，中央研究院天文研究所由南京紫金山天文台迁至昆明东郊凤凰山，并新建了天文台，"国立中央研究院天文研究所"改名为"凤凰山天文台"，即今中国科学院云南天文台的前身。

凤凰山天文台近代建筑作为紫金山天文台的延续，是当时西南地区唯一的综合性天文设施，也是我国罕有的在抗日战争时期仍能坚持开展天文观测的研究机构。建筑记录了天文台在特殊时期发挥的历史作用，见证了我国天文观测技术的发展历程，具有重要的历史和科学价值。

2019年10月，国务院将其公布为第八批全国重点文物保护单位。

◆ 【中央电工器材厂一分厂旧址】

中央电工器材厂一分厂旧址位于云南省昆明市西山区春雨路615号（厂区内）。

旧址包括厂房车间、堆料间和材料间，总占地面积约14274平方米，建筑面积为7065平方米。厂房车间为一座钢排架现浇钢筋混凝土屋架结构建筑，建筑面积4866平方米，是当时国内最大的装配式钢排架、现浇钢筋混凝土三角形和梯形房架结构的单层厂房。堆料间、材料间均为砖木结构，建筑面积分别为1833.5平方米、160.9平方米。

中央电工器材厂一分厂由英国绝缘电缆有限公司的工程师布莱克设计，1936年3月开始筹建，1938年迁到抗战大后方昆明马街。1939年7月建成投产并生产出我国第一根裸铜导线（电缆雏形），从此开创了我国自己独立生产电线电缆历史。

中央电工器材厂一分厂是我国最早的电线电缆生产企业，被誉为"中国电线电缆工业的摇篮"。该厂作为抗日战争时期我国的重要军工厂，厂房车间内还完整保留了2次日机轰炸时留下的痕迹，既见证了日军的暴行和中华民族的苦难，也见证了我国电缆工人在战火硝烟中不惧艰险、保家卫国的高尚情怀。

2019年10月，国务院将其公布为第八批全国重点文物保护单位。

四、昆明市省级文物保护单位概述

▼

　　截至2023年底，昆明市的云南省级文物保护单位73项。文物类型涵盖了古代文化遗存、近现代文化遗存、民族文化遗存、墓葬、石刻等多个类别，是昆明历史文化的宝贵财富。

　　下面选取部分云南省级文物保护单位解读，其余全部列表本书附录。

◆ 【王德三、吴澄、马登云三烈士墓】

　　王德三、吴澄、马登云三烈士墓位于昆明市盘龙区茨坝街道辖区黑龙潭公园内，1983年迁葬于龙泉观右边山坡上。墓地坐北向南，可近观龙泉坝，远望昆明城。三烈士墓墓体呈圆弧形，雕有花圈。墓前甬道植有雪松和翠柏等常绿植物，墓四周护有石栏杆。墓地四周青松密布，环境幽雅。

　　王德三、吴澄牺牲时分别是中共云南省第一届省委书记、省委委员。马登云烈士是云南回族第一代中共党员。他们先后于1929年、1930年被国民党反动派杀害，后迁葬于黑龙潭公园。三烈士墓由墓道、墓道台地和墓地平台三部分组成。占地面积660平方米。此墓地为纪念革命先烈、缅怀革命传统留下了重要的实物资料，是进行爱国主义教育的重要场所。

　　王德三，云南祥云县人，生于1898年，1925年入党，1926年南下广州，任黄埔军校政治部宣传科科长。1927年回云南工作，历任中共云南省特委、省临委书记、省委书记等职。1930年秋，云南军阀追随蒋介石镇压革命，党内出现叛徒，王德三同志不幸于同年11月19日被捕，12月31日在昆英勇就义。

　　吴澄（女），昆明人，1900年生。1926年初，李鑫奉命由广州回云南建立党组织，于当年11月建立中共云南特别支部，吴澄任书记，后任省特委委员、省临委委员、省委委员。1930年11月和她的伴侣李国柱（时任中共云南省委委员、团省委书记）一起，因叛徒出卖被捕入狱，12月31日在昆惨遭杀害。

　　马登云，昆明人，回族。1910年生，1927年入党，是云南的早期党员之一。1929

年在一次集会上散发传单被捕，后被杀害。

1965年三烈士墓被云南省人民委员会公布为第一批省级文物保护单位，也是昆明市最早的云南省文物保护单位。

◆ 【朱德赠映空和尚诗文碑】

朱德赠映空和尚诗文碑位于昆明市东郊昙华寺公园内，该碑系1922年朱德离滇前书赠昙华寺住持映空和尚的诗文刻石，碑高1.22米，青石质，楷书，15行，行30字，计331字。此碑记录了时任云南省警务处长及省会警察厅长朱德来到昙华寺品茗对弈，观赏兰花，与住持映空和尚交往中，写下这篇诗文。诗文真实地反映了朱德同志当年不满军阀统治，探索革命道路的思想状况，是研究无产阶级革命家朱德早年革命思想发展的重要史料。同时，也对映空和尚"词严义正、一尘不染"的人品欣然好评。1922年，收到诗文的映空和尚将朱德诗文刻成石碑，以示纪念。

1983年，云南省人民政府将其公布为第二批省级文物保护单位。

◆ 【兰茂墓及兰公祠】

兰茂墓及兰公祠位于嵩明县杨林镇老城村委会南街村。兰茂墓及兰公祠是我省明代著名的音韵学家、医学家兰茂（1397—1470年）的墓园及祠堂，兰公祠分为前院、祠堂、后院三部分。祠堂始建于1470年，历代均有修葺，民国年间重修为由正殿、东西厢房、门楼组成的四合天井式建筑。兰茂墓位于祠堂后院，为弧形条石砌成圆形土冢，墓直径4.7米，高2米，墓碑题刻为袁嘉谷撰书。

1983年，云南省人民政府将其公布为第二批省级文物保护单位。

兰茂墓及兰公祠

◆ 【朱德旧居】

朱德旧居位于昆明市五华区华山西路水晶宫红花巷4号和小梅园巷3号。水晶宫红花巷4号旧居，坐北朝南，中式土木结构四合院，原是云南陆军讲武堂教官马标的私人房产。1921年，朱德出任云南省警察厅长，马标将此房转让给朱德，同时还购得房后空地和几间旧房，由朱德与其挚友李云谷设计建成中西式外走廊砖木结构楼房一幢。楼后建一小花园，建成小梅园巷3号。小梅园巷3号宅院为两层砖木结构楼房，楼上楼下全由走廊连接贯通，浑然一体，错落有致。楼房后是一高坡，坡前还有一空地。

朱德旧居

花园遍植主人喜爱的梅、兰、竹、菊。朱德把这座花园住宅题名为"洁园"。这个看来普通的命名是有其深意的，既表达了朱德对当时军界官场腐败黑暗的种种现象的不满，寄托了洁身自重的理念，也表达了他对革命理想的向往与追求。"洁园"，是朱德在战乱时期一个温馨的家，有着幸福的家庭生活。

1987年，云南省人民政府将其公布为第三批省级文物保护单位。1995年在旧居陈列有朱德在滇历史展览。

◆ 【云南贡院】

云南贡院位于昆明市五华区云南大学校园内。始建于明景泰四年（1453年），弘治十二年（1499年）迁建今址。明清时，曾经多次修缮和扩建。南北中轴线上有明远楼、至公堂、衡鉴堂：前为外帘，后为内帘，东西两侧为整齐排列的号舍，称东文场和西文场，是明清现代举行乡试的考场。贡院中轴线保护完好，还有一批相关文物保存完好。至公堂坐北朝南，面阔五间，进深四间，前出廊，土木结构硬山顶，廊檐为卷棚式。至公堂内存清康熙三年（1664年）《重建贡院碑记》碑一通。考棚坐北朝南，长53米，宽11.3米，上下两层，建筑面积1199平方米。单檐歇山顶，通面阔53.19

云南贡院

米，通进深10.4米，高7.92米。其结构为砖木结构。房屋外侧均有外廊贯通。1923年在此创办东陆大学，1934年改名为云南大学至今。

1987年，云南省人民政府将其公布为第三批省级文物保护单位。

◆ 【龙潭山古人类遗址】

龙潭山古人类遗址位于昆明市呈贡区大渔街道邓家庄村东南约200

米处的龙潭山。该遗址系一座二叠纪灰岩构成的馒头形孤山。1975年发现，1977年、1982年、1983年、1994年多次调查发掘，由第一、二、三号地点构成。清理发现了"昆明人"化石、石制品若干及10多种哺乳动物化石数千件。经碳十四测定，距今31300＋19000年。对研究我国西南古代人类的起源、发展和第四纪地层的划分、对比有重大科学价值。

1987年，云南省人民政府将其公布为第三批省级文物保护单位。

◆ 【龙泉观与黑龙宫】

龙泉观与黑龙宫位于昆明市盘龙区茨坝街道，北郊12千米黑龙潭公园内龙泉山麓，又称黑龙潭古建筑群。

古建筑群可分两组：一组在潭西。此地元初有庙，明洪武二十七年（1394年）改建为龙神祠（即今之黑龙宫又称下观），景泰四年（1453年）重修，清康熙二十九年（1690年）、光绪八年（1882年）大修。新中国成立后多次维修。另一组在潭东山麓，称龙泉观，一名紫极玄都，又称上观。延西东中轴线有门楼、雷神殿、北极殿、三清殿、玉皇殿等建筑，有大小十三个院落，其中门楼尤其精美，观内存宋柏、元杉、明茶，有"三异木"美称。明龙门派长春真人刘渊然谪滇时，曾在龙泉观传道。现观内存有他的符箓碑（系清嘉庆重刻）。此外，清同治年间三韩（朝鲜）李侍尧线刻唐梅碑、阮元诗碑、张三丰行状碑、道光铜铸八卦炉等等，皆为珍贵文物。

1993年，云南省人民政府将其公布为第四批省级文物保护单位。

◆ 【盘龙寺】

盘龙寺位于晋宁区晋城街道盘龙山，始建于元至正七年（1347年），为莲峰和尚所建。明清重建和重修，现存主体建筑大雄宝殿重建于道光二十六年（1846年），其建筑形式、结构、装饰具有清代寺观建筑特色。

据《徐霞客游记》记载："盘龙山莲峰祖师，名崇照，元至正间以八月十八日涅槃……至今日以此为盘龙会。"盘龙寺观庙宇依山势构建，山门内有一、二、三天门，迎仙桥、唾佛殿、吕祖殿、祖师殿、大雄宝殿、玉皇阁、伽蓝殿、药师殿等20多院，供奉释、道、儒三教诸神，尤以盘龙祖师殿、药师殿、观音殿香火最盛。寺宇四周林木繁茂，以茶花、松柏著名。现建高大的观海楼，登高可远眺滇池风光。盘龙寺环境极其清幽，每年七月十七日和八月十八日为盘龙庙会，游人众多，是人们休闲览胜旅游胜地。

1993年，云南省人民政府将其公布为第四批省级文物保护单位。

◆ 【一得测候所】

一得测候所，又名太华山气象站，位于昆明市西郊太华山美人峰顶，由著名气象学家陈一得先生于1937年创建。一得测候所坐北朝南，为砖木结构的西式楼房，三层九间，建筑面积286平方米，配有水银气压表、日照计、风向标、测雨表、自动气压计、温度计、气象器、天文观测器、地震器等数十种仪器。此外，还存有自1911年以来昆明地区的天文和气象资料。

陈一得（1886－1958年），名秉仁，字彝德，号一得，云南盐津人。1927年，陈一得先生在钱局街53号自费建立了云南省第一个"私立一得测候所"，积累了大量的天文和气象资料。他首创"步天规"，绘制了第一张"昆明恒星图"，参与实测了云南真子午线。1937年，昆明气象测候所建成后他被聘为气象台长。新中国成立后，陈一得历任云南气象学会主席、云南省博物馆馆长、全国科协理事。陈一得先生去世后，葬于马街白花山。

1993年，云南省人民政府将其公布为第四批省级重点文物保护单位。

◆ 【圆通寺】

圆通寺是滇池地区现存佛寺中建造最早、历史最为悠久的佛寺，唐永泰元年（765年），南诏在滇池北岸筑拓东城时便在拓东城东北郊螺峰山山崖下修建补陀罗寺，补陀罗寺即为圆通寺的前身。"补陀罗"是梵文译音，意译是"开着小白花的光明山"，为观音道场。"圆通"是观音三十二名号之一，"补陀罗""圆通"都是供奉观音的寺院。补陀罗寺存在了400多年，毁于元初的战火，元大德五年（1301年）至延祐六年(1319年)，元人用了18年时间在补陀罗寺废墟上重建了规模较大的寺院，并更名为圆通寺。清康熙八年（1669年），吴三桂统治云南时进行过一次大的修葺，山门南移至今圆通街面，并建"圆通胜境"牌坊和八角亭，奠定了今日圆通寺的基本格局。圆通宝殿是中心正殿，面阔7间，重檐歇山式建筑。经过历代修葺增建，逐渐形成今天别具一格的建筑群。在佛教内容上汇集了我国佛教的三大体系，代表了云南佛教体系完备的特点。如今的圆通寺虽然地处闹市，院内依旧是青山叠翠、宝殿彩坊、水榭长廊，闹中求静，别有洞天。

1998年，云南省人民政府将其公布为第五批省级文物保护单位。

◆ 【钱沣墓】

钱沣墓位于盘龙区龙泉街道清水河村北。

钱沣（1740—1795年），字东注，号南园，云南昆明人。清朝著名清官、书画大家。清乾隆三十六年（1771年）进士，授翰林院检讨，历官通政司副使、提督湖南学

圆通寺

政、江南道监察御史、通政司参议加太子太保、吏部尚书、协办大学士等。

钱沣敢于言事任事，以任内弹劾和珅、毕沅、匡泰等权臣贪吏而"声震海内"。堪称刚正不阿、为官清廉的典范。晚年热心家乡水利事业，考察整治盘龙江、金汁河、银汁河等，为地方称道。工书画，书学颜、欧、褚等笔法，以颜为本，苍劲雄健。行书参米芾笔意，风神独绝。画马尤为驰名，凛然俊肖，世争宝之。传有《勒马图》《秋风归牧图》《三马图》。诗文造诣较高，著有《南园诗存》《南园集》等。墓为钱沣与原配秦氏合葬墓，旁为侧室鞠氏墓。建于清道光年间，墓碑已佚。墓为圆形，直径5米，外壁青石垒砌，高1.75米，有封土堆。1992年和2003年两次重修。

2003年，云南省人民政府批准公布为第六批省级文物保护单位。

◆ 【护国桥】

护国桥位于昆明市五华区护国路中段，始建于1919年，为纪念1915年云南首义讨伐袁世凯复辟帝制的护国运动而得名，桥长23米、宽17.5米，是一座中西合璧古朴典雅的双拱石桥。桥面东西两侧各嵌石雕龙头，桥拱穹顶上镌刻有"护国桥民国八年孟夏月建造"的字迹。

1915年，袁世凯复辟帝制，在蔡锷、唐继尧、李烈钧等人领导下，云南于12月25日通电全国反对袁世凯复辟称帝，宣布云南起义，成立军都督府，编组护国军出师讨伐。在南方各省响应下，迫使袁世凯下台，取得护国运动的胜利。护国桥、护国门、护国路建成之初，被称为纪念云南护国战争胜利的三大工程。它们都是"反对帝制复辟，捍卫民主共和"的云南护国战争的纪念性遗迹。

2003年，云南省人民政府将其公布为第六批省级文物保护单位。

◆ 【聂耳故居】

聂耳故居位于昆明市五华区甬道街73、74号，为穿斗式结构二层建筑，现保存基本完好，原建筑面阔两间，进深两间，底层铺面原为成春堂药店，聂耳于1912年2月15日诞生于此。

聂耳，原名聂守信，字子义，又叫"紫艺"。中国共产党党员，中华人民共和国国歌的曲作者，中华民族先进文化的杰出代表，中国新兴音乐的开创者，从昆明走向世界的人民音乐家。昆明不仅是他的出生之地、成长之地、学习之地，还是他的音乐启蒙和革命理想孕育之地，也是聂耳的长眠之地。

聂耳一生创作了《义勇军进行曲》《大路歌》《卖报歌》《新的女性》和《金蛇狂舞》《翠湖春晓》等乐曲40余首，激发了广大人民群众的爱国热情，对中国革命和中国传统民族音乐作出了伟大贡献，朱德称其为"人民的音乐家"。

2003年，云南省人民政府将其公布为第六批省级文物保护单位。2011年重修故居后，作为聂耳纪念馆，展出了聂耳在昆明成长、学习、音乐启蒙和在上海取得的音乐成就的史料和实物。

◆ 【龙门石窟】

龙门石窟和三清阁是一组构建在西山主峰罗汉山悬崖峭壁上的建筑群，有九层十一阁。龙门石雕工程包括石道、古室、古栏、古窟、古佛等，是西山胜境的精华所在。登上龙门，凭栏下视，为百丈之悬崖峭壁；举目远望，海天一色，五百里滇池尽收眼底。西山唐代称为碧鸡山，元明以来称太华山，因其在城西，群众习惯称它为西山。远眺西山群峰，宛若一位仰卧于滇池之滨的"睡美人"，她的脸、胸、腹、腿，以至下垂入水的头发，都历历在目，轮廓分明。登龙门观日出，面对烟波浩渺的五百里滇池，令人心旷神怡，给人带来无穷无尽的遐想。

2003年，云南省人民政府将其公布为第六批省级文物保护单位。

◆ 【升庵祠】

电视剧《三国演义》主题歌大气磅礴，铿锵有力，荡气回肠："滚长江东逝水，浪花淘尽英雄，是非成败转头空。青山依旧在，几度夕阳红，白发渔樵江渚上，惯看秋月春风，一壶浊酒喜相逢，古今多少事，都付笑谈中。"他的作者正是流寓云南36年之久、为云南历史文化作出不朽贡献的明代著名学者、诗人杨升庵。

他在昆明的寓所升庵祠位于昆明西山山麓高峣村。明万历年间布政使刘之龙为纪念文学家杨慎，将其寓所"碧鸡峣精舍"改建为"太史祠"，供奉杨升庵的塑像。清咸丰七年（1857年）被毁坏，光绪七年（1881年）重建，改名升庵祠。"文革"时，其塑像被毁。1986年重修该祠。祠中天井有相传为杨升庵所植的一对香橼树。现升庵祠已辟为"杨升庵纪念馆"，内有杨升

升庵祠

庵坐像，并以图文、绘画、实物展示了他在云南游学、寻访、著书立说的业绩。

2003年，云南省人民政府将其公布为第六批省级文物保护单位。

◆【普渡河铁索桥、红军烈士墓、纪念碑】

普渡河铁索桥、红军烈士墓、纪念碑地处禄劝翠华乡头哨村委会，离县城36千米，自古以来，是禄马驿道、禄甸驿道的唯一通道。桥址原为渡口，此桥始建于民国十六年（1927年），桥长32米、宽2.4米、引桥长10米，总投资1.42万银元，此桥是1935年、1936年红军长征过禄劝两次经过的地方。

1935年5月初，中央红军军委纵队经过铁索桥投宿翠华界牌村。次年4月8日，红二军团四师在长征经过禄劝时，为了通过铁索桥，与国民党守敌发生激战，这次战斗中虽歼敌部分，却付出了一定的代价，在这次战斗中共牺牲红军干部战士79人。其中红四师政治部主任萧令彬在此次战斗中光荣牺牲。

为缅怀在这次战斗中牺牲的革命先烈，继承发扬红军精神和革命传统教育。1975年5月1日，由翠华乡党委、政府在普渡河畔铁索桥头建立了红军烈士纪念碑。碑高7米，基座宽3.5米，钢混结构，呈正四棱台体，碑体屹立于碑座上，体表呈银灰色，碑的四面镌刻有"红军烈士纪念碑""红军烈士永垂不朽""鞠躬尽瘁、死而后已"等字，字里行间饱含着人民群众对革命烈士的深深敬意。

2003年，云南省人民政府将其公布为第六批省级文物保护单位。

◆【马家大院】

马家大院位于昆明市景星街与钱王街交叉口。始建于1923年，坐北朝南，是参加过重九起义、护国运动的云南陆军讲武堂学生，昆明设市时首任市长马鉁的私宅，属

马家大院

中国传统的"四合五天井""走马串楼角"式建筑，该建筑整体简洁大气，回廊出檐处的挂落、抱头梁及格子门、窗棂雕刻朴素精致。因马钤建好此宅后，除他本人及其父马金墀在此居住外，同为将军的其弟马锳、马崟也在此居住至20世纪40年代，所以得名为"马家宅院"。因此宅院房屋造型典雅，雕梁画栋，工艺精湛，布局合理大方，深受百姓爱护，经精心修葺后成为昆明历史文化名城的民居建筑珍品，2001年荣获联合国教科文组织亚太地区历史遗产保护奖。

2012年，云南省人民政府将其公布为第七批省级文物保护单位。

◆ 【基督教青年会旧址】

基督教青年会旧址位于昆明市鼎新街与南强街交叉口东北角，为中西结合宗教建筑，由主教堂和附属建筑组成。主教堂为正面具有哥特式建筑特点的5层主楼、两侧为3层附楼的内走廊砖木结构的西式建筑。主楼每层1间，呈八边形，附楼每层12间，附属建筑有二层和三层结构，整个建筑外墙为青砖，内隔墙为木条沙灰夯实，地板为木质，塔楼入口上立面有浮雕装饰。主教堂右侧边开大门，大门右侧为附属建筑朝西，进门院内原有一操场，总占地面积为2045平方米，建筑面积2110平方米。该建筑是1931年由当时的国民政府划拨土地，美国人富士德兄弟4人捐助建盖的，历时3年，1934年底竣工，作为基督教传习场所，云南解放后收归政府，被改为学校，后政府安置部分拆迁户入住。主教堂平面呈"L"形，附属建筑平面呈"I"形。

该旧址是云南现存占地面积较大、最具有西式建筑特点的宗教建筑之一，为研究民国时期基督教在中国的传播和研究教堂建筑艺术提供了实物资料，具有较高的历史、建筑艺术价值。

2012年，云南省人民政府将其公布为第七批省级文物保护单位。

◆ 【黑龙宫与青龙宫】

黑龙宫位于昆明市盘龙区滇源街道白邑村委会龙潭营村南端，坐东向西，始建于明代正德十五年（1520年），至2001年曾多次重修和增建。现存正殿三间，南北配殿各三间。有戏台一座、财神殿一座。正殿悬木匾四块，其中"盘江昭佑"匾有"光绪御笔之宝"的玺印。宫内存石碑四通，记述了黑龙宫沿革及历次维修概况，明崇祯十一年（1638年）徐霞客游滇时对黑龙宫曾有记述。

青龙宫原名青龙祠，位于昆明市盘龙区白邑村东北约1千米处，始建于1907年，1910年增建配殿、门楼及古戏台，1926年重修，1994年全面维修。宫内正殿有龙王塑像，并悬陈荣昌书"盘江之源"木匾。正殿走道两侧立碑3块：《青龙宫碑序》，刻于清宣统二年（1910年）；《右仰通知碑》刻于光绪三十三年（1907年）；《重修青龙宫碑记》刻于民国十五年（1926年）。大门斗拱，飞檐翘角，对面有古戏台楼房3间，龙宫周围有老龙潭、新龙潭、格来龙潭，清泉长年不断。据民国《嵩明县志》记载，"三泉一洞"是盘龙江发源地。

2012年，云南省人民政府将其公布为第七批省级文物保护单位。

◆【梁思成、林徽因旧居】

梁思成、林徽因旧居位于昆明市盘龙区龙泉街道宝云社区棕皮营村东北侧。梁思成、林徽因夫妇1938年随中国营造学社迁来昆明，留昆期间自行设计并参与建造该房屋，是梁思成、林徽因夫妇一生为自己设计建造的唯一房屋。该房屋为正房三间，坐西向东，正房后两间附属用房坐东向西，中间隔一通道，自然形成一个小庭院。整个房屋建筑面积130余平方米。房屋风格为两面坡青瓦顶，下为土木结构一层平房，正房客厅西侧门边建有一壁炉，室内铺设木地板。

梁思成、林徽因夫妇留昆期间，于1938年冬调查测绘了昆明、楚雄、大理、丽江、鹤庆、姚安、安宁等地的古代建筑场所50余处，以及大量的昆明民居建筑。1939年9月至1940年2月，梁思成和刘敦桢率队调查测绘了四川、西康35县的古建筑达730余项。林徽因在昆主持家务，同时整理、研究调查测绘资料，并为云南大学设计了女生宿舍"映秋院"。

梁思成、林徽茵旧居

2003年，昆明市人民政府拨款补助，官渡区文物管理所对该房进行维修，现保存完好。

2012年，云南省人民政府将其公布为第七批省级文物保护单位。

◆【中国远征军将官住所旧址】

中国远征军将官住所旧址位于昆明市西山区碧鸡街道碧鸡社区高峣村冷水塘1号。

1940年，龙云命时任云南省财政厅长的李培天在西山脚下建盖，原本是为接待蒋介石而建，后作为中国远征军指挥部。现存四幢中西合璧式风格的历史建筑，为1、2、3号别墅和礼堂，其中：1号别墅，远征军著名将领戴安澜曾在此居住。2号别墅，远征军副司令长官、代司令长官杜聿明曾在此居住。3号别墅，该建筑原为蒋介石建盖，中国战区参谋长史迪威曾在此居住。中国远征军成立于1941年底，1941年初入缅作战，先后参加怒江阻击战、滇西敌后战、滇西反击战，歼灭占领缅甸日军。打击了日军的嚣张气焰，增长了民族自尊心和自豪感，加速了日本法西斯的灭亡。作为远征军将领曾经的住所旧址，该建筑具有较高的历史价值和一定的建筑艺术价值。

2012年云南省人民政府公布为第七批省级文物保护单位。

◆ 【昆明袁嘉穀旧居】

昆明袁嘉穀旧居位于昆明市五华区华山街道文林社区翠湖北路5号，始建于1920年，称为澍园。为四合院式土木结构建筑，正房三居，其他三房为二居，周有廊道相连。具有清末民初昆明民居建筑的典型特征。东侧原为花园，今已不存。

袁嘉穀（1872—1937年），云南石屏人，光绪二十九年（1903年）经济特科一等第一名，是云南唯一的状元。曾任学部编译图书局局长，浙江提学史。辛亥革命后回滇，1920年在玉龙堆建此房，1923年后任云南大学教授，直至终老。袁嘉穀经历了科举考试与现代教育制度两个历史阶段，并成为这两种教育制度的代表人物。昆明袁嘉穀旧居是袁嘉穀晚年的住宅，成为历史转变的见证，具有较高的文物价值和历史价值。

2019年，云南省人民政府将其公布为第八批省级文物保护单位。

◆ 【闻一多、朱自清旧居】

闻一多、朱自清旧居位于昆明市盘龙区龙泉街道司家营村61号民宅，系土木结构的一颗印式民居建筑，坐西向东，占地306平方米，正房穿斗式木构架，面阔三间，瓦顶，现保存完好。闻一多在昆期间曾住司家营61号宅入门左边厢房楼上，朱自清与浦江清等人住入门右边厢房楼上。正房楼下为办公室，楼上是图书室。闻氏在此宅居住近三年（1941—1943年）除指导研究生学习研究外，还继续研究整理《诗经》《楚辞》等著作，撰写了《楚辞较补》《从人首蛇身像谈到龙与图腾》等论著。朱自清在司家营61号期间，一面指导研究生学习研究，一面要到城里西南联大上课，每周三天，往返皆步行。除此之外，朱氏则集中精力撰写《新诗杂谈》，评论抗战诗歌，主张文艺为抗战服务。他还多方收集各方面的资料进行研究，并日夜伏案写作。1939年，清华大学研究院恢复文科研究所中国文学部，并准许旧生入学。1941年，租用司家营61号民宅为所址，设立中国文学、历史、外国语文和哲学四部。所长冯友兰兼学部主任，闻一多为文学部主任，下有文学和语言两组，文学组导师有闻一多、朱自清和浦江清三人，文学所文学部除从事研究外，还培养研究生。

2019年，云南省人民政府将其公布为第八批省级文物保护单位。

◆ 【严济慈、蔡希陶旧居】

严济慈、蔡希陶旧居位于昆明市盘龙区茨坝街道茨坝社区蓝黑路132号中科院昆明植物研究所大门内南侧办公区。系单体砖木结构西式平房，平面呈"L"形，先后作为严济慈、蔡希陶长期居住的名人旧居，具有重要的文物价值、科学价值和历史价值。至今保存完好。抗日战争时期，北平研究院物理研究所迁昆明。1940年，该所在黑龙潭旁征用了一片土地建盖屋舍和厂房，其中保存至今的一幢为时物理研究所所长的严济慈一家居住。

严济慈（1900—1996年），浙江东阳人，著名物理学家、中科院院士。曾留学法国。新中国成立后担任中国科学院副院长、物理研究所所长、中国科技大学校长、全国人大常委会副委员长等职。抗战胜利后，这片土地和房舍交给了昆明植物研究所，此后即为蔡希陶居住。

蔡希陶（1911—1981年），浙江东阳人，我国著名植物学家，为昆明植物研究所的创建和发展，为云南植物资源的开发和研究作出了杰出的贡献，多次受到党和国家领导人的接见，长期受到学术界的尊崇和敬仰。

2019年，云南省人民政府将其公布为第八批省级文物保护单位。

◆ 【冰心默庐】

冰心默庐位于昆明市呈贡区三台山公园东部，原名"华氏默庐"，是该县斗南村华氏解放前用来追祭先辈时使用的一幢三间四耳土木结构中式庭院。抗日战争时期，冰心住在螺峰街，为避日本飞机轰炸，她和丈夫吴文藻携儿子吴平、女儿吴冰，从1938年初至1940年底在呈贡任教时在"默庐"居住达3年之久，为呈贡一中写下了校歌和"谨信弘毅"的校训。

默庐是当时文化名流、学生们周末集会的场所，留下了梅贻琦、戴世

冰心默庐

光、陈达等大师们的身影。冰心取"墓"为"默","冰心默庐"由此而来，冰心在这里写下散文《默庐试笔》，在香港《大公报》上发表。

2019年，云南省人民政府将其公布为第八批省级文物保护单位。

◆ 【大古城魁阁】

大古城魁阁位于昆明市呈贡区龙城街道古城社区居委会中部。始建于清嘉庆二十三年（1818年），现存建筑为1922年重建。

大古城魁阁见证了呈贡古县城的发展和变化，对研究呈贡古城发展历史具有较高的价值。大古城魁阁反映了清代当地文化教育发展状况，是抗日战争时期著名社会学家费孝通先生主持的云南大学社会学系研究室旧址，其见证了中国社会科学发展初期开展的重要社会调查及学术研究活动，具有较高的纪念意义。

2019年，云南省人民政府将其公布为第八批省级文物保护单位。

◆ 【国立艺专旧址】

国立艺专旧址位于昆明市晋宁区晋城镇安江村委会，是由北平艺术专科学校和杭州艺术专科学校在抗战内迁的途中合并成立的高等艺术学校。1938年，国立艺专迁到昆明。为躲避日机轰炸，国立艺专于1939年搬迁到安江村。艺专借用村中的玉皇阁等5座古庙及租用一些民房作课堂和宿舍，那时艺专有国画、西洋画（油画）、音乐等5个系，师生共100多人。旧址占地1161平方米，由阁楼、大殿、厢房等构成。国立艺专在安江村办学时期不仅对中国近现代艺术史及中国艺术教育事业的发展和延续中起到了至关重要的作用，而且还让世人铭记抗日战争的这段历史，更加翔实地反映了中国艺术教育事业的艰辛坎坷之路。艺术大师潘天寿、常书鸿、吴冠中等一代学人在此留下了足迹和身影，艺术火种在这里得以延续。国立艺专旧址在安江办学时间虽短，但它在中国艺术进程中产生了重大的影响，具有较高的历史价值和纪念意义。

2019年，云南省人民政府将其公布为第八批省级文物保护单位。

◆ 【王九龄旧居】

王九龄旧居位于昆明市五华区华山街道文林社区翠湖北路3号。王九龄旧居东、北两面临街，南面临翠湖，选址考究。住屋位于花园东北部，为重檐二层土木结构建筑，具有典型的民国初期民居的特点，至今保存完好。

王九龄（1880—1951年），云南云龙县人，早年留日，在日本加入同盟会，积极投入反帝、反清的革命运动。历任云南省财政司司长、富滇银行总行长、北京国民政府教育总长等职。王九龄积极参与筹办东陆大学（后改名云南大学），任东陆大学名誉校长、董事。其旧居1937年租予云南大学为教授宿舍，著名学者吴晗、王士魁等初到云大即下榻于此。1952年归于云南大学，学校为著名学者刘文典在此设立了杜甫研究室。该建筑具有较高的历史价值和建筑艺术价值。

2019年云南省人民政府公布为第八批省级文物保护单位。

五、昆明市级文物保护单位概述

▼

截至2023年底，昆明市的市级文物保护单位154项。文物类型涵盖了古代文化遗存、近现代文化遗存、民族文化遗存、墓葬、石刻等多个类别，是昆明历史文化的宝贵财富。

◆ 【明代城墙残段】

明代城墙残段位于昆明市五华区圆通公园围墙东北角，残段长29.4米，高7.4米，顶部宽24米。三面砖砌，内用夯土填实。属明代昆明砖城的永清门（清称敷润门），俗称小东门东北面的墩台。这段残存的城墙是研究明代昆明建城历史的珍贵实物史料。

1983年，昆明市人民政府将其公布为市级文物保护单位。

◆ 【铜犴】

铜犴位于金牛街南端盘龙江西岸，犴为传说中镇水的怪兽，其形象像牛，俗称"铜牛"。用铜铸成坐卧姿态，身长约2.3米，高约1.5米，背上有一眼孔，腹中空，铸于清同治三年（1864年）。传说身体下有井通盘龙江，涨水时，江水入井，空气从腹往外排，发出嗡

昆明明代城墙

盘龙江边铜犴

鸣，用于报警。据民国省文史馆员罗养儒先生编撰的《云南掌故》载："井宿祠俗名金牛寺，在城东盘龙江堤上，昔人以铜铸井宿之身像于此，以镇水怪。其形似牛而实非牛，顶具独角，在兽中名犴。上覆以亭，亭曰安澜亭。咸丰七年（1857年）毁，同治三年（1864年）重铸铜犴，复建安澜亭。光绪六年（1880年），绅民建后殿，更重修安澜亭。"这说明清代时铜犴就被尊崇供奉，修有祠有亭。2002年10月建设金牛公园时重建金牛亭，迁离原址20米，用青石建成亭子。

1983年，昆明市人民政府公布为市级文物保护单位。

◆ 【永乐铜钟】

铜钟铸于明永乐二十一年（1423年），钟高3.5米，口径周长6.7米，重达14吨，是昆明现存古铜钟中最大的一口铜钟，原悬挂于清代修建的昆明城东南的钟楼（又称宣化楼）。永乐大钟最初用于报时，后又用以报警。1953年拆宣化楼，将铜钟移至状元楼外古幢公园，1970年迁金殿名胜区。1984年用3台"绞磨"将铜钟提升悬挂于钟楼上。挂好铜钟，再上屋面椽子和琉璃瓦。

1983年，昆明市人民政府将其公布为市级文物保护单位。

◆ 【三清阁】

三清阁位于西山罗汉山峭壁悬崖间的古建筑群，元代时，是梁王避暑宫，后改建为寺。清乾隆、道光时先后修复扩建。整个建筑群高低错落，林木簇拥，云雾缭绕，置身于此有空中楼阁之感，在此观滇池风景为最佳位置。

三清阁为昆明道教宫观，有玉皇阁、灵官殿、三清殿、三丰殿、吕祖殿、元帝殿、真武殿、七真殿、张仙殿、老君殿、抱一宫、飞云阁、斗姆阁等9层13个殿阁，统称"三清阁"。各殿缘山壁而上，层层叠叠，栉比鳞次，在建筑上颇具特色。两边石刻的两副对联："置身须向极高处，举首还多在上人""举步维艰，要把脚跟立稳;置身霄汉，更宜心境放平"，很有意境，启迪人生。

1983年，昆明市人民政府将其公布为市级文物保护单位。

◆ 【张天虚墓】

张天虚墓位于昆明市西山区高峣西山景区华亭寺至聂耳墓之林间。墓为圆形，三级石阶层层收缩，最上一层正中立圆柱形墓碑，正面为张冲题"青年文艺工作者张天虚墓"。背有张天虚墓志铭500余字，郭沫若撰。墓地背负青山，陷于松林深处，占地144平方米。

张天虚，原名张鹤，字有松，又号剑平，昆明呈贡龙街人。他先后就读于云南省立第一中学（今昆明第一中学）、东陆大学（今云南大学）预科班。在中学时，他就参加了进步团体"云南青年努力会"。从读预科时开始文学创作，并参加了党的秘密外围组织。1930年，张天虚来到上海，加入了"中国左翼作家联盟"（即"左联"），走上了革命文艺创作的道路。同年聂耳也来到上海，两人一同积极从事进步的文艺事业，并成为终生不渝的革命战友。张天虚著作颇丰，其中，长篇小说《铁轮》是"左翼"文学的重要代表作之一。

1983年，昆明市人民政府将其公布为市级文物保护单位。

◆ 【太华寺】

太华寺，又名佛严寺，由云南禅宗第一师玄鉴创建。梁王赐寺额佛严寺，后因太华山而得名。寺建于元大德十年（1306年），明中叶增建思召堂、一碧万顷阁。康熙二十六年（1687年）重修寺院，并新建大悲阁。次年又将吴三桂王府雕刻精美的石栏移建于大悲阁前。

太华寺坐西面东，规模宏阔，布局严谨，四合五天井，走马戏角楼，展现了多民族传统的穿斗结构。寺内亭、阁、廊、池汇成曲，清幽恬静。以大雄宝殿为中心，两分出游廊，与两厢亭阁楼台相串联。寺院现存建筑包括石牌坊、大雄宝殿、天王殿及许多历代的诗文碑刻。

太华寺万松环翠，鸟语花香，院宇清秀，曲径通幽，自古以花木繁茂、院落幽雅著称，尤以山茶、玉兰、桂花等蜚声国内外。

1983年，昆明市人民政府将其公布为市级文物保护单位。

◆ 【华亭寺】

华亭寺位于西山华亭山山腰。由碧峣精舍向南斜登上径，登上华亭山，修竹蔽天，松荫夹道，在茫茫林海当中，一座饰以丹青的楼亭掩映在松柏林间，这便是著名的华亭寺门户——钟楼。穿过钟楼，华亭寺殿宇映入眼帘。华亭寺殿宇规模宏伟，布局谨严，左倚卧佛、太华山峰，右傍玉案碧峣，前望滇池。

现存建筑为1920年僧人虚云和尚修建，其主要建筑有天王宝殿、大雄宝殿、藏经

西山华亭寺

楼、钟楼、方丈室、客堂、斋堂、南北厢房及海会塔等。庭院内有莲花池、八德池、观音池，全寺占地面积6公顷多，为西山旅游第一站。明嘉靖年间杨升庵留下了一副脍炙人口的对联："一水抱城西，烟霭有无，挂杖僧归苍茫外；群峰朝阁下，雨晴浓淡，倚栏人在画图中。"

1983年，昆明市人民政府将其公布为市级文物保护单位。

◆【妙湛寺东塔】

妙湛寺东塔位于昆明市官渡古镇妙湛寺前。东塔为13级密檐方形砖塔，高17.5米。第一层边长2.7米，高2.6米的佛塔。塔基呈方形，边长5.5米。1至12层四面设龛，供奉佛像。塔刹仅存相轮基座，四角设金鸡。妙湛寺始建于元泰定四年（1327年），塔应属同时代建筑。寺前西塔于清道光十五年（1835年）地震时倾塌，2001年重建。

1983年，昆明市人民政府将其公布为市级文物保护单位。

◆【夕阳古脊椎动物化石保护区】

夕阳古脊椎动物化石保护区位于晋宁区西南60千米夕阳乡。1982年，在这里先后发现大批恐龙化石和其他古生物化石。其中恐龙足迹化石分为14属17种，已列为古生物化石自然保护区。637个印迹清晰的恐龙脚印、43处恐龙遗骸化石、距今1.7亿年的双嵴龙化石，是目前为止世界上罕见的双嵴龙化石标本。夕阳古脊椎动物化石保护区对古生物、地质、古地貌、水文、矿藏的研究都具有重大科学价值。

1983年，昆明市人民政府将其公布为市级文物保护单位。

◆【闻一多旧居（含殉难处）】

闻一多旧居位于钱局街西仓坡6号，闻一多在1946年7月15日遭特务暗杀之前，曾长期在此居住，现今只剩下一堵墙。殉难处就在附近，立有石碑，围有石裙，显得朴实厚重。1946年7月11日，著名民主人士李公朴被害于圆通街；7月15日，闻一多在云南大学至公堂悼念李公朴大会上作了"最后的讲演"之后，又前往府甬道《民主周刊》社，向新闻记者和各界揭露李公朴被害的事实真相。下午，闻一多和儿子闻立鹤相伴回家，就在离家十来步之处，闻一多遭暗枪射杀，猝然倒下，年仅48岁。

1987年，昆明市人民政府将其公布为市级文物保护单位。

◆ 【灵源别墅】

灵源别墅位于昆明市五华区黑林铺海源寺村900号，建于1932年，为时任云南省主席龙云的私宅，别墅为中西式园林建筑，因地处灵源村而得名。房舍近30间，前后自成院落，主建筑正厅为"燕喜堂"，有白鹤飞翔的藻井，园内曲池石桥，庭院内安放各种盆花。左右厢房建制规格比普通民居雄伟，正房六棵石雕柱子更显气派，卷云腾龙活灵活现，栩栩如生。整座别墅占地面积大，建制规格高，环境优美，既宽大气派又显得清幽宁静，是昆明别具一格的最豪华的别墅。历经半个多世纪的沧桑，别墅门亭、照壁、前园、炮楼等设施已被破坏，主体建筑保存尚好。灵源别墅是我省重要的不可多得的近现代建筑。

1987年，昆明市人民政府将其公布为市级文物保护单位。

◆ 【文庙棂星门】

文庙棂星门位于人民中路昆明文庙南门口，建于清康熙二十九年（1690年）。

昆明文庙始建于元代，其规模较大，后毁于战乱。棂星门幸得以保留，为一坊、四柱、三门花岗石建筑，中门为棂星门，其上书"棂星门"三个大字。左门书"礼

文庙棂星门

门"，右门书"义路"。中华儒教先师孔子的核心思想是仁、礼，提倡以礼治国，故叫礼门；义即仁义、正义、舍生取义等。三门之间以石坊圆柱相隔，上有蟠龙抱柱浮雕图案，是整个文庙古建筑群中保存下来的清代建筑。

1993年，昆明市人民政府将其公布为市级文物保护单位。

◆ 【红军长征毛主席路居旧址】

该旧址位于禄劝县翠华乡东界牌村。为民居建筑，二层楼房，土木结构。正房面2间8.6米，进深5.5米，建筑面积约150平方米。

1935年，中国红军长征。在经过四渡赤水、南渡乌江后，于4月下旬进入云南境内。1935年4月29日，中国红军军委纵队和红五军团从寻甸柯渡出发，途经寻甸鸡街、九龙三哨，跨过铁索桥，奔袭金沙江。5月1日，毛泽东、周恩来、朱德等中央领导同志到达禄劝县翠华乡，在界牌村宿营，毛泽东在界牌村一户姓汪的老乡家借宿、办公。

现在旧址依然完整保留着，绿瓦、白墙、红房，高大的柏树和石榴树从院子里伸出头，还有门板搭成的床板、缺角的桌子，以及桌上摆放着当年红军使用过的马灯。

2003年，昆明市人民政府将其公布为市级文物保护单位。

◆ 【红军长征纪念塔】

红军长征纪念塔坐落在嵩明县城黄龙山南麓。系为纪念1935年和1936年中国工农红军长征两次路过嵩明的英雄壮举而于1977年始建的。

纪念塔由立塔、屏壁、中心花台组成。塔体周围有镂花石栏，纪念塔呈棱台形状，高10米，基高4米，为正方立柱状，底宽2米，塔身用171块粉青石砌成。正面大理

嵩明红军长征纪念碑

石上镌刻"红军长征纪念塔"，背面刻"英勇奋斗的红军万岁！"，下刻碑文，记载红军长征过嵩明的概况。塔座四面嵌有大理石，上刻红军两次经过嵩明县的史实，塔顶塑有一面中国工农红军军旗。纪念塔是嵩明县进行革命传统教育的场所。

2000年，嵩明县委、县政府为更好地保护和利用这一革命文物，决定维修纪念塔，改造周围环境。工程于9月28日开工，翌年1月18日落成，总投资57.35万元，其中市政府及市文物管理委员会资助30万元，余为社会捐资。本着"修旧如旧"和"主体不动，局部调整"的原则，全面维修。另增加新建画廊12间，内壁镶嵌云南汉白玉石刻组画，再现当年红军在嵩明的英勇业绩。外沿置大理石条凳供游人休憩；用大理石雕花板材铺贴地坪、阶梯、花台，使与石砌立塔质感协调；在塔区多角度装置聚光射灯，使立塔、屏壁等主要建筑物，夜间亦能清晰凸显，尽显英姿。

2003年，昆明市人民政府将其公布为市级文物保护单位。

◆ 【严家训烈士墓】

严家训（1898—1938年），字海诚，男，汉族，1898年出生于云南省富民县永定镇永定街。自幼家境贫寒，幼年丧父，15岁从军，他身先士卒，奋勇当先，亲自在前沿阵地上指挥，带领全团官兵英勇杀敌。1938年，严家训在战壕巡视指挥时，不幸被日寇炮弹击中，壮烈牺牲，为国捐躯，时年40岁。严家训牺牲后，由于战功卓著，发回原籍安葬。严家训的忠骸安葬在故乡元山村后。

1984年11月28日，中华人民共和国民政部追认严家训为革命烈士。1985年，富民县委、县政府将严家训墓修葺一新，并立了碑，作为富民县的爱国主义教育基地之一。

2007年，昆明市人民政府将其公布为市级文物保护单位。

◆ 【圆通山石牌坊】

圆通山石牌坊位于市区圆通山公园山顶处。石牌坊由三座形制相同的石牌坊组成，分立于东、南、西三面，建造于1934年至1937年间，为三间四柱单檐平顶式石构建筑，材质为青色灰岩，通高皆为6.5米，宽为9米。这三座石牌坊，皆为四柱三开间，顶上正中有日出大海雕塑，角设鸱吻。方条形石柱立在长方形须弥座上，边柱有鼓形抱柱，中间两柱分列狮、象各一对，不仅增添了威严，也蕴涵事事如意、吉祥升平的意愿。中间坊额下檐的雀替为云纹，两侧为鱼游清波，有鱼跃龙门之意。整座建筑简洁朴素，雕饰精美，不仅是昆明地区遗存不多的牌坊建筑的上品，而且在构筑圆通山园林景观、丰富历史文化内涵方面起到特殊的作用。

石牌坊造型简洁、秀丽，雕工精美，是我们研究近代昆明匠作技艺的重要佐证。

同时石牌坊历经修缮，留下了较多的历史痕迹，是我们研究云南地方史的重要实物资料。

2011年，昆明市人民政府将其公布为市级文物保护单位。

◆ 【惠家大院门楼】

惠家大院门楼位于昆明市五华区黑林铺街道龙院村，始建于1910年，系爱国人士惠我春的住宅的门楼。抗战时期，为躲避日机轰炸，时任清华大学校长的梅贻琦、西南联大理学院的院长吴有训以及赵忠尧、赵九章、任云恭等著名科学家和教授，都曾在惠家大院居住过。其中，四位成为中国科学院院士，赵九章获得了我国"两弹一星功勋奖章"。获得诺贝尔物理学奖的杨振宁院士，在西南联大学习期间，曾随其父母在惠家大院居住过。该门楼反映了抗日战争时期西南联大教师艰苦的生活环境，也给龙院村的历史文化增添了浓墨重彩的篇章。该建筑目前保存完整，是这一重大历史事件的实物见证，具有重要的文物价值、文化价值和历史价值。

2011年，昆明市人民政府将其公布为市级文物保护单位。

◆ 【昆明自来水厂泵房旧址】

该旧址位于昆明市五华区翠湖公园九龙池。1912年，我国第一座水电站——石龙坝水电站投产送电。在此基础上，1915年，黄毓成、王筱齐等人创办自来水公司。1917年，昆明第一个自来水厂竣工，并于次年正式送水。昆明自来水厂由泵房、水池和水厂组成。旧址保留了一套德国西门子公司制造的抽水设备（水泵），是昆明自来水发展历史的实物见证，具有重要的历史、科学价值。目前昆明自来水厂泵房旧址已开辟为昆明市自来水博物馆。

2011年，昆明市人民政府将其公布为市级文物保护单位。

◆ 【翠湖南路65号宅院】

翠湖南路65号宅院位于昆明市五华区翠湖南路65号。这座宅院为砖木结构两层中西合璧式楼宇，始建于20世纪40年代，系时任云南省财政厅厅长陆崇仁的公馆。1950年，陈赓兵团进驻昆明后，成为中国人民解放军西南军区昆明市军事管制委员会办公场所。1957年中缅划界期间，周恩来总理在此办公居住。据此，它具有较高的历史价值。该建筑属中西合璧式建筑，功能齐备，做工考究，整体保存完好，具有较高的建筑艺术价值。

2011年，昆明市人民政府将其公布为市级文物保护单位。

◆ 【抗战援华美军空军招待所旧址】

该旧址位于昆明市五华区龙翔街道西站社区滇缅大道281号。该楼原为昆华农校教学楼，1936年4月动工兴建。高三层、西式建筑加歇山顶，正门外廊有四根圆柱承托，堂皇、坚固、美观、实用，为当时昆明地区最雄伟的建筑之一，也是云南近现代建筑的一个标本、云南发展农业教育的历史见证。1938年4月，西南联大理学院和商学院在此办学一年零三个月。1941年12月后，该大楼被作为"美国空军招待所"。在重庆成立中国战区驻华美军总司令部后，昆明的美军司令部即设在"昆华农校"，遂在大楼前的操场上建设了一排平房作为办公用房和高级军官宿舍，现存的"将军公馆"就是其中之一。因此，该大楼和将军公馆是反映云南和昆明地区抗战时期重大历史事件的实物见证，具有很高的文物价值和历史价值。

2011年，昆明市人民政府将其公布为市级文物保护单位。

◆ 【中央研究院历史语言研究所旧址（含冯友兰旧居）】

该旧址位于盘龙区龙泉街道宝云社区龙头村宝台山宝云小学旁。中央研究院历史语言研究所是我国历史语言研究的最重要的机构。抗战爆发后，1938年至1940年迁驻昆明龙头街弥陀寺，为我国的科学研究和教育事业作出了贡献；保存相关研究的图书、标本、档案、仪器和原始资料，为云南科学研究、教育及人才培养、学术交流等方面也作出了贡献。西南联大文学院院长、我国著名哲学家冯友兰1941年至1944年曾在此处的东岳宫前院西厢居住。其间，撰著不少成果，尤其是其代表作《贞元六书》和《新原人》。因此，中央研究院历史语言研究所旧址具有重要的历史价值。此外，弥陀寺、东岳宫建筑对昆明道、佛宗教研究具有一定的历史价值和建筑艺术价值。

2011年，昆明市人民政府将其公布为市级文物保护单位。

◆ 【中国营造学社旧址】

该旧址位于昆明市盘龙区龙泉街道宝云社区麦地村194号兴国庵内。中国营造学社成立于1930年，是我国最早研究中国传统建筑的学术团体。该团体在传统建筑方面做出了开创性的工作，贡献卓著，突出的是：编辑出版《清式营造则例》；对华北、华南、江浙等地1800多座古建筑，尤其是故宫作了实地测绘，出版了《中国建筑参考图集》。抗战爆发后，梁思成、林徽因等到昆重建营造学社，1939年至1940年底迁驻此地。其间，开展对昆明及其周边和滇西等地古建筑和壁画进行调查、测绘、拍照、资料整理和研究工作，开启云南古建筑调查、研究的先声，将中国古建的调查、研究工作推向前进。

2011年，昆明市人民政府将其公布为市级文物保护单位。

中国人民解放军莅昆纪念门

◆ 【中国人民解放军莅昆纪念门】

中国人民解放军莅昆纪念门位于昆明市盘龙区拓东街道状元楼社区云南省体育局大门处。

1950年2月20日，中国人民解放军四兵团在陈赓、宋任穷将军的率领下进驻昆明。2月24日，在中共云南省委召开的会议上，宋任穷同志宣布云南全境解放。因此，中国人民解放军进驻昆明是昆明历史上的重大转折。中国人民解放军莅昆纪念门见证了这一重大历史事件，因此具有较高的历史价值。

2011年，昆明市人民政府将其公布为市级文物保护单位。

◆ 【磊楼】

磊楼位于西山区海口街道白鱼口省工人疗养院内。磊楼属我市近代重要代表性建筑，始建于1935年，系民国时期昆明市市长庾恩锡私家园林——空谷园的主要建筑，用天然岩石叠砌而成，垒石成楼，并因此得名。整个建筑呈品字结构，楼体与周围的亭、榭、泉、池相映衬，与滇池景色相映成趣，建筑主体保存完整，风貌依旧，带有典型的西式建筑风格，具有较高的建筑艺术价值。作为滇池风景区著名的休养、疗养场所，该建筑见证了私家园林到国办疗养院变迁的历程，成为反映社会事业发展的重要物证，具有一定的历史价值。

2011年，昆明市人民政府将其公布为市级文物保护单位。

◆ 【周培源旧居】

周培源旧居位于西山区碧鸡街道龙门社区山邑村112号。周培源旧居系西山风景区一处重要人文景观。始建于20世纪30年代，为抗日战争期间我国著名物理学家周培源教授在昆的住所，记录了文化名人在抗战大后方昆明的生活状态，同时佐证了西南联大历史，具有较高的历史价值。

2011年，昆明市人民政府将其公布为市级文物保护单位。

◆ 【化城穿心阁】

化城穿心阁位于经开区马金铺街道化城社区居委会。始建于清光绪五年（1879年），现存建筑为光绪二十三年（1897年）重修。平面呈方形，三重檐盝顶，抬梁式木构架，底层为街心十字通道。元十二年（1275年）至清康熙七年（1668年）近400年间，化城为原归化县县城。目前，化城村仍保存了古归化县城的基本道路格局和大量历史建筑。穿心阁位于化城村主要历史街道的中心位置，具有象征和标志性作用。

化城穿心阁为木结构阁楼式建筑，造型稳重挺拔、和谐秀丽，具有一定的艺术价值，而且底楼采用独特的过街穿心式，既反映了从前人们尊崇魁星、重文兴学的习俗，也丰富了街道景观，有多重文化含义。2009年对该阁的修缮，得到了瑞士苏黎世文物专家的关注和资助，体现了国际合作保护文化遗产的理念。整个修缮工程，既保证了文物建筑的安全与完整，又保存了古建筑的历史风貌，是文物修缮的成功范例。

2011年，昆明市人民政府将其公布为市级文物保护单位。

◆ 【嘉丽泽松坡桥碑】

嘉丽泽松坡桥碑位于嵩明县嘉丽泽农场三分场。碑为青石材质，高0.83米，宽0.53米。碑阳正中行书阳刻"松坡桥"，碑文正书，阴刻。正文6行，满行22字，共100余字。该碑立于1946年，记载了松坡桥修建的情况。1913年，蔡锷视察嘉丽泽，为解决当地交通困难，批准在弥良河与天化河交汇处建桥。桥建成之时，蔡锷已离昆赴京城任职。为纪念蔡锷，新建成的桥以蔡锷的字来命名。该碑是蔡锷主政云南时关心民生的体现，也是云南人民纪念蔡锷的见证，是昆明现存唯一一处民国时期蔡锷纪念物。

2011年，昆明市人民政府将其公布为市级文物保护单位。

◆ 【富民东山学舍】

富民东山学舍位于昆明市富民县赤就乡平地村头。据存于寺内光绪丙子年（1876年）所立《大平地土主寺记事碑》记载：寺初为学馆，清嘉庆二十年（1815年）建成，1877年增建后殿改为土主寺。现存东山学舍建筑群坐南向北，由山门、左右厢房、中殿、后院及大殿组成，二进院。整体格局保存较为完好，现存大殿经过维修保存相对完好，其余建筑多为后期重建。具有较好的历史价值。寺内存有的3块碑记，记述了昆明、嵩明、富民三县界址的起止。对研究地方沿革史具有重要价值。

2011年，昆明市人民政府将其公布为市级文物保护单位。

◆ 【钟灵山塔林】

钟灵山塔林位于昆明市寻甸回族彝族自治县仁德镇钟灵村委会钟灵村钟灵山。钟灵山塔林现存佛教墓塔22座，古寺庙遗址1处，清康熙三十七年（1698年）、四十四年（1707年）和清光绪十五年（1889年）钟灵禅寺石碑3块。现存墓塔分布成三片，主塔林现存墓塔19座，均为石砌的覆钵式墓塔。一般由须弥座塔基、覆钵式塔身及宝盖式塔刹所组成，具有较高的建筑艺术价值，其规模仅次于祥云水目山塔林，为云南省现存规模较大的塔林之一，其年代应与钟林禅寺相一致，对研究云南佛教史及佛教建筑史有较高价值。

2011年，昆明市人民政府将其公布为市级文物保护单位。

◆ 【长坡村古驿道及重修古驿道碑】

长坡村古驿道及重修古驿道碑位于官渡区大板桥长坡村村北。长坡村古驿道原为古道，清乾隆年间设为驿道，是昆明与内地及京师连接的主干驿道通京大道中的一段。现存驿道为石块路面，长约200米，宽约2米，是昆明周边仅存的古驿道，并留有碑记，记载了道光二十六年（1846年）修理道路的情况。驿道是古代边疆云南连接内地的主要交通纽带，是保障政令畅通、维系祖国统一、促进经济文化交流的重要通道，对研究昆明社会、经济、文化交流具有重要的历史价值。

2011年，昆明市人民政府将其公布为市级文物保护单位。

◆ 【云南大学物理三馆（含钟楼）】

云南大学物理三馆位于昆明市五华区华山街道云南大学社区翠湖北路2号，2005年被列为昆明市历史文化遗产保护建筑。该项目为"云南大学化学、生物、物理楼（含钟楼）"。

1954—1955年，由云大土木工程系教授姚瞻设计，在昆明城原北城墙基址上建成云南大学理科实验大楼，建筑面积共13358平方米。正中仿爱尔兰国会大厦的四层物理馆，东为三层的化学馆，西为三层的生物馆，其间用两架天桥及拱门巧妙地连为一组。红墙红瓦，门柱等装饰精美，体量宏伟，端庄典雅，是新中国成立初期昆明现代建筑的代表作之一。1955年兴建配套工程钟楼兼水塔，共7层，连塔顶钢架高30米，上下课钟声远播，"钟铎接晖"为云大一景。

该组建筑是新中国成立初期，国家关心云南高等教育的发展，最早在云南兴建的教学实验大楼。在修建过程中和建成后，周恩来总理、彭德怀副总理等来此视察。至今已半个多世纪，仍维护完好，继续作教学实验用房发挥作用，具有相当高的艺术价值、科学价值和历史价值。

2011年，昆明市人民政府将其公布为市级文物保护单位。

◆ 【昆明广播电台旧址】

昆明广播电台旧址位于昆明市五华区人民西路94号。昆明广播电台建成于1940

年，全称为"中央广播事业管理处昆明广播电台"，是抗日战争时期国民政府中央广播事业管理局下属主要电台之一。名列重庆的中央广播电台、国际广播电台之后居第三位，当时该台使用了功率50千瓦的中波发射机，其发射功率名列第一。昆明广播电台旧址为两层砖混结构建筑，总面积约1250平方米。共有各类房间30间，建筑设计科学，用材精良。演播厅和播音室均被两道墙体包围，主墙厚约97厘米，内部隔墙厚约40厘米，所用数千块吸音板全由美国进口，有着极其良好的声学性能。

抗战期间，昆明广播电台在西南联大师生的支持帮助下，利用多种语言向国内外播送节目，在抗敌宣传、激昂民意方面发挥了重要作用，具有重要的历史价值。

2014年，昆明市人民政府将其公布为市级文物保护单位。

◆ 【曾恕怀旧居】

曾恕怀旧居位于盘龙区鼓楼街道凤凰村社区水晶村北京路559号云南省科技厅宿舍院内，为两层中西结合建筑楼房，保存较为完整，形式简约，造型典雅。内部装修为西式风格，木质地板，装有壁炉，卫生间内现还保存民国时期德国进口淋浴设备。

曾恕怀，1946年任昆明市市长，1949年参加云南和平起义，解放后任昆明市副市长，还兼任市政协副主席、市人大常委会副主任、全国政协委员、民革中央委员、民革昆明市委主委。

2014年，昆明市人民政府将其公布为市级文物保护单位。

◆ 【甘美医院旧址】

甘美医院旧址位于西山区金碧街道巡津街35号昆明市第一人民医院内，原系1931年法国人在昆明开办的综合性医院。内设内、外、眼、耳、鼻、喉等科。1950年8月，甘美医院由云南大学医学院接管，改名为云南大学附属医院。1958年，改办为"昆明市第一人民医院"，为法式建筑风格，砖木结构，楼房共三层，为左、中、右三体合一结构，建筑外墙设有条形窗，用石线条装饰；第二层楼房前后设外走廊，拱券式廊套，栏杆为罗马柱；整栋楼房由简洁鲜明的凸起线条连为一体，坡形屋顶。现存建筑除了将坡形屋顶改为平顶外，其建筑外观基本保持原貌，具有一定的历史、艺术价值。

2014年，昆明市人民政府将其公布为市级文物保护单位。

◆ 【南荔草堂（含方树梅故居、方家祠堂）】

南荔草堂位于晋宁区晋城镇柴河村委会方家营村，是云南近代著名学者、文献学家方树梅的住所和藏书楼。南荔草堂（藏书楼）建于民国时期，占地面积410平方米，正对大门是土木结构的重檐二层楼房，面阔五间，进深两间，外带走廊，装饰简朴。建成后，方树梅将它命名为"学山楼"，当年藏书楼藏书颇丰。南荔草堂的墙上镶嵌着著名学者和书法家如邓石如、师范（荔扉）、钱沣（南园）、担当、何彤云等的摹刻作品和赵藩、陈荣昌、周钟岳等人的亲笔题刻。

方树梅故居位于南荔草堂的西面，是方树梅先生的住房。建筑坐北朝南，占地面积283.3平方米，为两进院建筑，由一颗印建筑加两间耳房及一间倒座组成。在最外倒座天井边镶有周锺岳的"志上好诗书"碑刻1通。方树梅故居现为村民住所，目前保存完好。

方家祠堂位于南荔草堂西北面，距离南荔草堂100米，坐西向东，占地面积440.4平方米，由前厅、正厅及厢房组成。在正厅南面山墙上镶有落款为"雍正四年的家谱序"碑刻1通。该祠堂为私人住所，目前正在进行局部落架和揭顶修缮。

南荔草堂、方树梅故居和方家祠堂是一代文献学家、方志学家方树梅生活、居住过的地方，他毕生的精力都专注于地方文献的收集和整理，对云南传统文化和发掘作出巨大贡献，南荔草堂建筑保存完好，内存碑刻26通，具有较高的历史价值和纪念意义。

2014年，昆明市人民政府将其公布为市级文物保护单位。

◆ 【普济桥】

普济桥位于宜良县古城镇新街村，始建于乾隆三十九年（1774年），光绪三十四年（1908年）两次重修。昔日为路南州北部和陆良西陲村寨进入宜良的主要通道桥，也是一座横跨南盘江上规模较大、年代久远的古桥梁。桥为7孔连续的石拱平桥，全长81米，宽5.5米，每孔跨度7米，高约15米。桥身系长条形五面石砌筑，桥拱分两层，表层用楔形条石，内层则以同一尺度的条石纵联镶嵌。桥墩为条状青、砂石分层混筑，迎水一端、上下游均为菱形，减少流水对桥墩的冲击力，增强了桥的稳固性。桥面为大小不等的块石铺镶，桥面东西两侧镶有拦马石。普济桥建成至今已有240多年的历史，仍保存完好，尚可通行汽车。桥体形制和桥面保持原有结构和建筑特点，桥梁整体与环境协调，造型较为优美，是研究古代桥梁建筑的有力例证。

2014年，昆明市人民政府将其公布为市级文物保护单位。

◆ 【汤郎巡检司衙署】

汤郎巡检司衙署位于禄劝县汤郎乡汤郎村委会汤郎村，始建于康熙年间，坐西向东，为一进三院的抬梁式硬山顶土木结构建筑，现存正房2栋，面房2栋，厢房6栋，天井3个。从首任巡检司到末任巡检司共传袭了八代，是禄劝县境内仅存的古代土司制官衙，同时也是昆明地区少有的古代土司制度衙署类建筑，具有典型性和代表性。该巡检司现存建筑保留了清代土司制建筑形制的真实性和完整性，较全面地反映了土司建筑的总体布局、功能分区、建筑结构等特点，是不可多得的研究古代土司制建筑的实物资料，有较高的建筑历史价值及技术研究价值。金土司府历经了巡检司府衙、汤郎人民公社、区政府、中心小学校等机构更迭使用，是20世纪80年代前汤郎地区的政治、经济、文化中心，对当地的社会、经济发展起着举足轻重的作用。它反映的是特定历史条件下的一个完整的历史故事，是研究封建社会统治阶级加强中央集权、对西南少数民族实行改土归流政策，进行残酷统治、压迫和剥削的宝贵实物资料和历史见证，也是研究彝族历史、文化、艺术的重要史料，具有很高的历史价值。

2014年，昆明市人民政府将其公布为市级文物保护单位。

◆ 【明永历帝殉国处碑】

明永历帝殉国处碑位于五华区华山西路中段，碑系石质，为云南省督军蔡锷在1912年以云南三迤士民名义而立。首行楷书"民国元年季冬月下翰"9字，中为隶书"明永历帝殉国处"7字，末行楷书"三迤士民恭建"6字。

2019年，昆明市人民政府将其公布为市级文物保护单位。

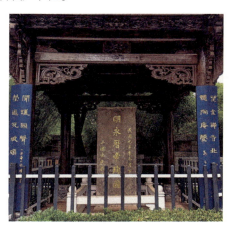

明永历帝殉国处

◆ 【汉益州郡治滇池县故址碑】

汉益州郡治滇池县故址碑位于晋宁区晋城镇上东街，青石质地，碑中竖刻"汉益州郡滇池县治故址"10字，颜体楷书。据文献记载，晋宁县古名滇池县，历时600余年，袁嘉穀确认滇池县治故址在晋城，故题字立碑于此。

2019年，昆明市人民政府将其公布为市级文物保护单位。

第十九章
昆明的非物质文化遗产

城市文化遗产是历史留给城市的文化财富。非物质文化遗产是指各种以非物质形态存在的、与百姓生活密切相关且世代相承的传统文化及其表现形式。

昆明市共有各级非物质文化遗产名录项目348项（截至2023年），其中国家级非物质文化遗产7项，省级75项，市级266项。

一、非物质文化遗产概念

根据联合国教科文组织《保护非物质文化遗产公约》，非物质文化遗产又称无形文化遗产，指被各群体、团体或个人视为其文化遗产的各种实践、表演、表现形式、知识和技能及有关的工具、实物、工艺品和文化场所。非物质文化遗产包括：口头传说和表述，包括作为非物质文化遗产媒介的语言；表演艺术；社会风俗、礼仪、节庆；有关自然界和宇宙的知识及实践；传统的手工艺技能。

我国非物质文化遗产指各族人民世代相承的、与群众生活密切相关的各种传统文化表现形式（如民间文学、民俗活动、表演艺术、传统知识和技能，以及与之相关的器具、实物、手工制品等）和文化空间（即定期举行传统文化活动或集中展现传统文化表现形式的场所，如歌圩、庙会、传统节日庆典等）。

非物质文化遗产的最大的特点是不脱离民族特殊的生活生产方式，是民族个性、民族审美习惯的"活"的显现。它依托于人本身而存在，以声音、形象和技艺为表现手段，并以身口相传作为文化链而得以延续，是"活"的文化及其传统中最脆弱的部分。因此对于非物质文化遗产传承的过程来说，人就显得尤为重要。

联合国教科文组织认为非物质文化遗产是确定文化特性、激发创造力和保护文化多样性的重要因素，在不同文化相互包容、协调中起着至关重要的作用，因而于1998年通过决议设立非物质文化遗产评选。这个项目的申报有几个基本条件：一是艺术价值，必须代表一种独特的艺术成就，是一种创造性的天才杰作。比如：雅典的卫城，它代表着当时古代希腊最高的艺术；中国长城，代表中国古代建筑艺术的成就。二是可以作为人类历史上一个重要阶段的代表性建筑，能够反映这个时代，是这个时代的建筑或者景观的杰出范例。比如：我国的故宫、俄罗斯的克里姆林宫。三是处于濒危的状况，有完整的保护计划。比如：威尼斯，意大利罗马；我国的丽江、平遥也都属于这样一个类型的项目。联合国教科文组织每两年才审批一次，每次一国只允许申报一个。

《中华人民共和国非物质文化遗产法》（2011）认定的非物质文化遗产包括以下

六个方面：

（一）传统口头文学以及作为其载体的语言；

（二）传统美术、书法、音乐、舞蹈、戏剧、曲艺和杂技；

（三）传统技艺、医药和历法；

（四）传统礼仪、节庆等民俗；

（五）传统体育和游艺；

（六）其他非物质文化遗产。

二、昆明市国家级非物质文化遗产概述

◆民间文学：彝族叙事长诗《阿诗玛》（石林县）

《阿诗玛》是一部古老的、被彝族撒尼人民口耳相传至今的叙事长诗，主要流传于昆明石林彝族撒尼人聚居区，分为南北两个流派，传唱方式与故事内容大同小异。

整部原诗使用彝族撒尼人的口传诗体语言和叙事曲调传唱，曲调分别有喜调、老人调、悲调、哭调、骂调几种。长诗主要讲述美丽聪慧的撒尼姑娘阿诗玛从小勤劳善良，深得父母邻里喜爱，她虽然贫穷却不为富贵所动，在神权霸强面前不低头，因反抗财主逼婚而被恶神点化为石的悲情故事。

19世纪末，法国学者保禄、维亚尔进入云南石林地区，将撒尼《阿诗玛》译成法文在国外出版。到了20世纪五六十年代，彝族撒尼叙事长诗《阿诗玛》相继在地方文艺杂志和《云南日报》分段连载后，在中国文坛引起轰动，并由上海海燕电影制片厂改编后拍摄成彩色故事片在国内外上映。随后《阿诗玛》文学及

民间故事——彝族叙事长诗《阿诗玛》

文艺作品纷纷面世，云南歌剧院根据《阿诗玛》传说故事改编的民族舞剧在国内外公演，其独特优美的音乐意境和富有撒尼风情的民族舞蹈博得国内外观众的好评，被誉为"中华民族二十世纪舞蹈经典"。

彝族撒尼叙事长诗《阿诗玛》先后被译成英、法、德、西班牙、俄、日、韩等多国文字出版，在世界文化学术界引起反响和关注。

2006年，经文化部批准，被列入第一批国家级非物质文化遗产保护名录。

◆传统美术：彝族（撒尼）刺绣（石林县）

彝族（撒尼）刺绣是一门有极强装饰性的传统刺绣美术工艺，流传于石林彝族自治县彝族支系撒尼人主要聚居区，其中以挑花为主要刺绣工艺。

撒尼挑花又叫撒尼十字绣，起源于唐宋时期，成熟于明、清时期。长期以来，经过一代代撒尼妇女的精挑细绣，这门工艺日臻完善，以明快的色彩搭配、精美的图案构思、巧妙的图案组合、浓郁的地方民族特色，凸显出独特的艺术表现力。

彝族（撒尼）刺绣的主要花样有三弦花、八角花、八瓣花、太阳花、羊角花、蝴蝶花、四瓣花、八瓣花、狗齿纹、火焰纹、跳脚纹、石榴纹、青蛙纹、树纹、蕨草纹以及一些简单的菱形、三角形、条纹等图案。一类是以平绣为主、较为细腻柔和的写实性花卉图案，多取材于现实生活环境中的花草纹样，如山茶花、杜鹃花、石榴花、荷花等。另一类以镂空贴花为主，构图粗犷、抽象，花样有云纹和波浪纹等。

传统美术——撒尼刺绣

彝族撒尼刺绣是撒尼人在漫长的历史进程中沉积下来的特殊工艺文化，凝聚着撒尼人对民族文化、生活价值观念、宗教信仰和对世界的认识；其图案花样搭配丰富，色彩对比强烈，是彝族撒尼人对大自然审美价值的直观反映。

2008年，经国务院批准，被列入第二批国家级非物质文化遗产保护名录。

◆传统戏剧：滇剧（昆明市）

滇剧是云南省的地方剧种，主要在昆明地区流行。滇剧发端于明末，初成于清同治时期，成长于清光绪时，变革于辛亥前后，兴盛于抗战，复苏于新中国成立。滇剧是内地移民文化与本土文化结合的产物，具有兼收并蓄的包容性。滇剧唱腔先后源于秦腔、徽调和汉调等古老声腔，又从川剧、京剧等剧种唱腔中汲取养分，采用云南地方语言与观众欣赏趣味相结合，受云南民族民间音乐滋养，逐步形成了高亢、豪放、激昂的高原风格，具有轻快、活泼、婉转的特色，富有艺术表现力。

传统戏剧——滇剧

　　滇剧主要以民间表演形式为主。传统滇剧唱腔主要包括丝弦、胡琴、襄阳和杂曲小调四类，时而也有少量的昆曲和吹腔。滇剧演出的方式主要有庙会戏、拉门戏、堂会戏、围鼓戏和专业舞台演出。

　　20世纪80年代，昆明市滇剧团编排演出的少数民族历史剧《南诏奉圣乐》被拍摄为戏曲电视剧，并在中央电视台播出。1998年，昆明市滇剧团创作排演的新编历史剧《瘦马御史》获中宣部"五个一工程"奖、文化部"文华奖"、中国文联"曹禺文学剧目奖"，成为昆明戏剧文化史上的最高成就。

　　2008年，经国务院批准，被列入第二批国家级非物质文化遗产保护名录。

◆传统舞蹈：彝族大三弦舞（撒尼大三弦）（石林县）

　　彝族三弦舞流传盛行于石林彝族自治县撒尼人聚居区。不同的地区或不同的彝族支系对其有不同的称呼。流传于撒尼彝区的三弦舞称"撒尼大三弦"，流传于阿细彝区的三弦舞称"阿细跳月"。这是一种休闲或欢乐时跳的舞蹈。彝族三弦舞又分"大三弦舞"和"小三弦舞"两种。年轻人跳舞时用的是大三弦，所以叫"大三弦舞"。中老年人跳舞时用的三弦较小，因而称"小三弦舞"。相比较而言，"小三弦舞"的音乐、舞蹈节奏缓慢，所以又称"慢三步乐"。三弦舞是一种男

传统舞蹈——彝族大三弦

女群体性的舞蹈，但跳舞时只有男子使用"三弦"，女子只是踏着节奏伴舞。

近几十年在大型庆典活动和影视节目中经常出现大三弦舞的身影，因而在国内有较高的知名度。2004年在人民大会堂举行的国庆55周年文艺晚会和2008年北京奥运会上百余人的大三弦舞把整台晚会推向了高潮。

2008年，经国务院批准，被列入第二批国家级非物质文化遗产保护名录。

◆传统体育：彝族摔跤（石林县）

传统体育——彝族摔跤

彝族摔跤是石林彝族自治县撒尼人祖祖辈辈最喜爱的、历史悠久的传统体育项目之一。其比赛程序较多，每个村寨都有比较固定的比赛时间和地点，临近比赛时用海报的形式进行宣传（时间、地点、奖励办法、比赛办法等）。参赛跤手以村为单位组队参赛。从体重最轻的开始进行擂台式对抗。运动员必须系红色或者蓝色腰带，双方可以抓住对方腰带，充分发挥单手过背、夹颈背、穿腿、绕背转移、抱单腿、抱双腿、握颈抱腿等技巧，以脊背落地为输，三跤两胜，负者淘汰，胜者由裁判引导绕场找对手，负方再派出一位跤手与之对抗，直至没有对手敢与胜者挑战为止。胜者为当天比赛的大力士。组织者根据跤手摔倒对手的人数发给数量不等的大红布作为奖励，最后夺冠的大力士由长者把当天最长的大红布挂在其身，在场的文艺队吹吹打打绕跤场一周举行"挂大红"仪式。从20世纪90年代开始，每逢火把节，除了民间自发组织的摔跤比赛外，县人民政府每年都要举行全县性的比赛活动。这丰富了旅游资源，促进了旅游发展。

彝族撒尼摔跤源远流长，传统的文化习俗和文化认同，使撒尼摔跤代代相传，延续至今。撒尼摔跤方法和技巧灵活多样，和国际摔跤相近，差异主要在国际摔跤不系腰带，而撒尼摔跤要系腰带，但动作与技巧却十分相近，展现了撒尼人卓越的智慧和创造力，具有突出的历史和文化价值。新中国成立以来，先后为国家、省、市输送了大量运动员，在国际、国内比赛中取得了突出的成就，产生了很大的影响。石林被誉为"摔跤之乡"。摔跤成为石林民族文化的重要组成部分。

2011年，经国务院批准，被列入第三批国家级非物质文化遗产扩展性项目名录。

◆**传统医药：昆中药传统中药制剂（昆明市）**

中医传统制剂方法（昆中药传统中药制剂）是源于明洪武十四年（1381年），传承630多年，由昆明中药厂有限公司（简称昆中药）传承发展的，流传于云南省昆明地区的传统中药文化。它包括"厚德""精工""毋减"的药德药道，独树一帜的产品体系，口口相传的造药技艺，"舒清养"治未病的中药养生理念，严谨苛刻的"师带徒"制度，82家老字号药铺和艰苦奋斗的发展历程等七种文化内涵，是云南中医药、民族医药的典型代表，是我国传统医药的重要组成部分。

传统医药——昆中药

2014年，经国务院批准，被列入第四批国家级非物质文化遗产代表性项目名录。这是云南省第一个入选国家级非遗名录的中医药项目。

◆**传统技艺：云子（围棋）制作技艺（官渡）**

"云子"围棋是"云南围棋子"或"云南窑棋子"的简称，又因棋子的外形优美扁平，且比较薄，故又得名"云扁""永子"等。"云子"围棋白子晶莹似玉、古朴浑厚、沉重扁圆、弧线自然；黑子乌黑碧透，犹如天然玉石磨制而成，对光照视黑子边缘现碧色光环，宛如清潭春水，给人以悦目清晰之感，制作工艺流程包括选料、配料、熔炼、滴子、退火、打磨、清洗、选子、上油、包装、验收进库等。

传统工艺——云南围棋

2021年，经国务院批准，被列入第五批国家级非物质文化遗产名录。

三、昆明市省级非物质文化遗产概述

▼

◆ 【乌铜走银制作传统技艺】

乌铜走银制作技艺是以乌铜（紫铜与其他的贵金属冶炼而成的合金材料）、银等贵金属为原料，经过冶炼、翻模、锻打、造型、雕刻、走银、焊接、打磨、抛光、手捂等工序制作器物的技艺。其器物能在手捂一段时间后变为乌黑色，与银钱形成黑白相间的雅致图案，工艺独特。主要分布于晋宁区晋城镇。官渡古镇设有金大师乌铜走银传承馆。

乌铜走银制作技艺发源于云南石屏县异龙镇冒合乡岳家村，由岳家所创（据传承人袁万里介绍，岳家岳永康在石屏掌握此技艺，岳永康的后人清代到昆明从事此工艺制作。据传承人李从仲介绍，此技艺创始人为岳中正，后传给儿子岳富）。清雍正年间，岳氏乌铜走银发展到昆明，袁万里的父亲袁嘉禾、李从仲的师公李家汝在昆明岳氏乌铜店做学徒，学得此手艺，技艺得以传承。

乌铜走银工艺品庄重深沉的黑底与银光闪烁的图案纹饰相互衬托，渗透出纯素雅致、雍容华贵、宝气森然成就了云南这份独有的工艺文化——乌铜走银。乌铜走银制作技艺工艺独特，选料严格，用料考究，传统而古老，传承脉络清晰，手艺后继有人，技艺原貌保持完整，拥有独有的配方及其蕴涵的技术含量。用乌铜走银工艺制作的器物，有文房四宝、香炉、如意、手炉、酒具、茶壶、花瓶、首饰盒、长命锁等。

2006年，经云南省人民政府批准，乌铜走银制作技艺被列入云南省第一批非物质文化遗产保护名录。

◆ 【斑铜制作传统技艺】

云南斑铜技艺，据史料记载始于明代，距今已有300多年历史。据传最先流行于东川、会泽一带，手艺人将"生斑"自然铜锻打成器皿初坯后售至昆明，再加工成成品。因造价高，工艺复杂，一般只有少量花瓶、佛像、鸟兽、鼎炉而已，人们为了区别于原来的斑铜，称之为"熟斑"。

云南斑铜因成色为樱红色中闪现金黄棱斑而得名，彩焕灿烂，甚为稀罕华贵。还因斑铜原料独特，造型典雅，在国内享有盛誉。一些产品早在20世纪70年代就荣获轻工部优质产品，省、市优质产品称号。"牛虎案""孔雀瓶"曾多次在国际上获奖并作为国立赠品，"孔雀明王""大犀牛""薰炉"已被作为国家珍品收藏。

2006年，经云南省人民政府批准，被列为云南省第一批非物质文化遗产保护名录。

◆ 【彝族秧佬鼓舞】

勤劳智慧的晋宁区双河乡彝族人民，在长期的生产、生活实践中创造了丰富多彩的民族民间鼓舞——秧佬鼓，表达了他们对美好生活的追求和别具一格的民族舞创造力。秧佬鼓，又称花鼓，自汉代起流传至今，民间舞蹈有跳鼓祭神、跳鼓、跳乐等。

2001年6月，由县文化馆舞蹈编导编排的威风"秧佬鼓"队一行50人进京参加"山花杯"居庸关中华鼓舞大赛，获得了金奖。双河乡秧佬鼓队以其浓厚的民族特色和别具震撼力的表演，被誉为"云南的威风秧佬鼓""金牌秧佬鼓"。因传承民族民间鼓舞，双龙乡被认定为传统文化保护乡。

彝族秧佬鼓

2006年，经云南省人民政府批准，被列入云南省第一批非物质文化遗产保护名录。

◆ 【阿着底民族民间刺绣之乡】

据史料记载，石林彝族自治县阿着底村有史以来的居民都是撒尼人，辖区内的人名、山名、地名和村名都使用撒尼语。"阿着底"撒尼语，意为青山怀抱的美丽的地方。这个名字与撒尼民间叙事长诗《阿诗玛》所唱的"阿着底是个好地方，高高的青松树长满了山冈"中的"阿着底"地名不谋而合。

阿着底村人的刺绣图案，并非凭空想出，而是源于生活。独具特色的山川地貌、风物特产，生活中常见的花鸟鱼虫、飞禽走兽，经过她们的模拟、提炼、概括，精心构思，巧妙布局，成为变化多端、鲜艳夺目的图案。美雨花、太阳花、八角花等等与花朵相关的图案代表了撒尼人爱美的心理及祈福意味。而那些小小的生机勃勃的虎则是撒尼人的图腾标志。因保护传统民族民间刺绣，阿着底被认定为传统文化保护乡。

在保留和继承彝族传统刺绣的基础上，不断开发新的彝族民间图案。阿着底的刺绣工艺流程，主要是确定图案后，把样品交给村里和村外的刺绣好手为依照，手工绣出一块块花样零件，再由刺绣厂加工成挎包、包头、服装、鞋面、桌布、床单、伞套、沙发巾、领带等各式各样的成品。以刺绣协会十厂家十农户的形式，进行规模化生产。她们所绣的挎包、围腰、被单、背心、钱包、沙发巾桌布、壁挂、包头、服装、服饰等已成为旅游商品。阿着底村已成立了"石林阿着底民族刺绣产品开发技术协会"，有会员2000余人，固定职工20余人。

主要以普氏三姐妹创办的民族民间刺绣品厂为主。早在20世纪90年代，普氏姐妹（普芳、普虹、普菲）就把阿着底村的撒尼刺绣拉到了广州、深圳、海南等沿海地区。现在她们的刺绣品已远销全国各地，以及泰国、越南、韩国、日本、法国、加拿大、美国等国家。她们还应邀参加昆交会、广交会、东盟博览会等国际国内的大型贸易博览会。

2006年，经云南省人民政府批准，被列入云南省第一批非物质文化遗产保护名录。

◆ 【昆明洞经音乐】

昆明洞经音乐，是云南洞经音乐的一个重要组成部分，约于明末从滇西大理地区传入。民国时期，仅昆明城内洞经乐社就达十个之多，其中最古老的是明代晚期出现的"桂香会"及清康熙年间（1669年）派生出的"保庶学"，"保庶学"得名于康熙皇帝御赐匾额"霖雨苍天，保黎民众庶"之历史典故。还有组建于康熙二十一年（1682年）的"宏文学"等。1924年前后，少年聂耳曾在戏剧"宏文学社"中学过洞经音乐。后来，他创作的《翠湖春晓》就是运用昆明洞经音乐《老卦腔》等戏剧元素改编创作的。

昆明洞经音乐曾一度以人才济济、乐社众多、乐队规模庞大而获得"冠冕南滇"之誉称。1979年，随着《中国民族民间器乐曲集成·云南卷》编纂工作在云南开展，省、市音乐工作者联合对昆明洞经音乐进行了全面收集整理，共收到曲调120余首。到1998年，对传统文化有着深厚感情的一批仁人志组建了昆明洞经礼乐团，经常讲授、演出、传承着昆明洞经音乐。

2006年，经云南省人民政府批准，被列入云南省第一批非物质文化遗产保护名录。

◆ 【昆明花灯】

昆明花灯，是昆明民间最为流行的地方曲艺文化，由民间歌舞发展而成的地方剧种，也是云南民族艺术中的一朵奇葩。花灯的传统曲调大多数是内地汉民族移民带入云南的流行于明清的小曲。她是昆明花灯，是内地汉民族戏曲文化与边地少数民族歌舞山歌融合而成的戏曲，它反映了汉文化与少数民族文化结合的多元性。

昆明花灯是一种大众化的民间表演艺术，由它的大众性、民俗性的特性所决定的，其唱腔、曲调、剧情、音乐通俗易懂，传播广泛，影响力大。昆明花灯名演员有熊介臣、熊长林、史宝凤、袁留安、王玉霞等，深受农村群众的欢迎。花灯传统曲调《金纽丝》《倒扳桨》《打枣杆》《寄生草》《离亲调》等，多年来被云南省花灯团、昆明市花灯团创作演出的代表性剧目有《小姐与长工》《探干妹》《老海休妻》《打鱼》《陈圆圆》《江姐》《小河淌水》等。

2003年，由昆明市文化局争取文化部立项，主持全省招聘优秀演员、全国聘用一流编导人员创作，昆明市花灯团演出的大型花灯歌舞剧《小河淌水》入选了国家首届舞台艺术精品工程，成为昆明花灯艺术史上的最高成就。

昆明地区官渡、呈贡、嵩明演唱花灯习俗最盛，有花灯演出队300余个。每到庙会佳节，各地花灯演出队纷至沓来。街道、广场、学校、晒场都是他们的舞台。婚丧嫁娶、起房盖屋，东家都要邀请花灯演出队前来演出。

嵩明花灯在昆明花灯中具有自己的特色，是云南花灯的重要流派之一，至今仍然有着浓郁的泥土气息和原始的风貌。花灯舞蹈《团场》《红灯舞》成为自己的品牌，舞蹈动作与劳动人民的生产实践活动密不可分。每年，全县都要在嵩明法界寺举办全县花灯演唱大赛。"既然是模仿劳动的动作，这也就可以说是最原始的表演"。一语道出了嵩明花灯的精髓。

据乾隆年间"阿里塘灯山碑记"和"大官渡灯棚碑记"记载，那时就已是处处丝竹之声，村村鼓乐之音了。每逢灯会，各地区的民众皆赶往嵩明，或求学、或授艺，交流甚广。每逢此时，便是"望上知望下矣，望上望下矣望矣；妆古人妆今人，妆古妆今人妆人"景象。

为了传承嵩明花灯艺术，1997年8月，嵩明县举行了首届花灯艺术节，全方位展示了嵩明花灯技艺成果，以花灯元素创作了大型行进式花灯歌舞《秀嵩欢歌》，内容为：秧鼓催春、红灯放彩、鲤鱼嬉戏、玉叶吐金、广厦基石、花果飘香、泉水叮咚、八月酒歌、龙腾狮跃九个方阵，展示了嵩明县改革开放以来经济社会文化生态文明建设的成果。创作了大型历史花灯剧《古滇天民》，表现了明代嵩明人兰茂布衣不慕功名、济世救民、著书传世的壮举。这次花灯艺术节充分展示了嵩明"花灯之乡""龙狮之乡"和"民间艺术之乡"的品牌，为争取省级非物质文化遗产打下了坚实的基础。

呈贡花灯主要流传于呈贡区各个乡镇、街道，也是云南花灯的重要流派之一。呈贡花灯音乐由两部分组成：一是明清小曲，如《打枣杆》《寄生草》《挂枝》《金纽丝》《倒扳桨》《清江引》；另一部分则是本地民间小曲，如《采花调》《双叠调》《郎过街》《放羊调》《秧老曲》。曲牌丰富，结构完整，旋律性强，地方特色突出，乡土气息浓郁。昆明各地的花灯在民间具有广泛的群众性和生存基础，传承花灯有着重要的价值。

2006年，经云南省人民政府批准，昆明花灯被列入云南省第一批非物质文化遗产保护名录。

◆ 【昆明调】

明代以后，中原移民入滇，汉族民歌亦随之传入，出现了汉族民歌与少数民族民歌并存发展的局面。当时的民歌带有浓重的吴歌（即江苏民歌）的韵味，随着汉族移民逐渐成为官渡区的主体民族后，所传入的民歌与地方语言结合，逐渐地方化，从而形成了具有鲜明地方特色的官渡区汉族民歌"昆明小调"。昆明小调以五声音阶为主，有四句头、四平调、靠山调、猜调、垛垛腔、沙沟调等。所唱题材、内容极为广泛，与民间生产、生活密切联系，歌词常带有即兴性和叙事性。昆明小调的唱词中，使用衬字、衬词较多，仍可看出"吴歌"的影响。

2006年，经云南省人民政府批准，被列入云南省第一批非物质文化遗产保护名录。

◆ 【宜良烧鸭制作技艺】

宜良烧鸭有着悠久的历史，虽然诞生于北京，却光大于昆明宜良，以它独特的烧鸭派系，成为中华民族百年传承的优秀美食，成为我省饮食文化中宜良的一张名片。

清光绪二十七年（1901年）云南乡试，宜良县人许实得中举人。1903年举行会试，狗街西村人刘文作为许实的书童，随侍进京，投宿于北京米市胡同"便宜坊"附近，常往就餐，品尝过北京烤鸭，悄然学会了北京烤鸭的制作方法。回来后，许实便以北京"便宜坊"私塾弟子的身份制作烧鸭，并在实践中不断改进其技术。加之选用宜良的本土瘦肉型麻鸭，制作出来的烧鸭色好、味香、肉嫩。久而久之，宜良烧鸭便成为云南美食界的佳品。宜良烤鸭具有广泛的市场需求，已成为宜良经济的支柱产业，成为全国养鸭名县和云南省白条鸭交易的集散地。

2009年，经云南省人民政府批准，宜良烧鸭制作技艺被列入省级第二批非物质文化遗产保护名录。

◆ 【吉庆祥云腿月饼制作技艺】

"吉庆祥" 由陈惠生、陈惠泉兄弟于清光绪三十三年（1907年）始创，1922年迁至昆明经营，并创制硬壳火腿月饼。俗称"四两饦"，是云南最具特色、最具代表性的糕点品种。凭着良好的质量和声誉，吉庆祥生产的硬壳火腿月饼成为百姓必备的节令食品。20世纪三四十年代，越南、缅甸、泰国的富豪人家专门雇佣马帮，途经茶马古道，亲自来昆明采购吉庆祥的硬壳火腿月饼。吉庆祥滇式云腿现在已遍销全国各地，并受到越来越多不同人群的喜爱。

吉庆祥滇式云腿月饼配方工艺独特，以宣威火腿为主料，辅以蜂蜜、猪油、白糖等为馅心，用昆明本地的紫麦面粉为皮料烘烤而成，其表面呈金黄色或棕红色，既有香味扑鼻的火腿，又有甜中带咸的诱人蜜汁，入口舒适，食之不腻。

吉庆祥滇式云腿月饼有着鲜明的文化特征和传统手工技艺特征，具有重要的社会价值和经济价值。

2009年，经云南省人民政府批准，吉庆祥云腿月饼制作技艺被列入省级第二批非物质文化遗产保护名录。

◆ 【杨林肥酒制作技艺】

杨林肥酒出自云南昆明鱼米之乡嵩明杨林古镇，创始人陈鼎先生参照兰茂《滇南本草》中"水酒十八方"制作工艺，经过多年的探索研究，陈鼎利用自家酿制的小曲白酒，浸泡党参、拐枣、肉桂、陈皮等十多味名贵中药材，经过一段时间的浸泡后，再加入蜂蜜、蔗糖，利用豌豆尖、小茴香、青竹叶的叶绿素调配制成天然绿色酒液，这就是"杨林肥酒"的雏形。杨林肥酒用可储存 350—1000公斤酒的土陶罐逐年存放。

杨林肥酒的制作工艺由两个部分组成，一是基酒的制作，二是肥酒的兑制。基酒的制作由14个部分组成。按制作步骤依次是：选粮、除杂、浸泡、淘粮、初蒸、闷水、复蒸、摊凉下曲、培菌糖化、渡槽发酵、蒸馏、陈酿、勾兑调味、鉴评检验。酒色碧绿是杨林肥酒的重要特征，用豌豆尖、青竹叶及小茴香的天然绿色为酒的颜色，让酒与自然协调；酒香是辨别酒好坏的直观指标，杨林肥酒用玉米高粱、大麦等纯粮酿制的小曲白酒进行浸提和勾兑，不仅纯粮的基酒经过长时间封缸陈酿，而且勾调好的杨林肥酒还要经过长时间的封缸陈酿，把五粮、植物、中药的香味集结在一起，酒香悠长；杨林肥酒通过陈酿，把酒中的辛辣、苦涩味去除，使之圆润、醇和。

杨林肥酒自1880年至今，已经走过了133年的风雨历程，凝聚了几代人的情感，是老祖宗留给我们的宝贵历史文化遗产。经历了几度沉浮的杨林肥酒，至今仍巍然屹立。杨林肥酒的历史，不仅是一部酒文化的历史，还是一部西南边陲的社会发展史，有宝贵的研究价值。

"杨林肥酒"取名"肥酒"，意为"壮酒"，"肥"是营养丰富、滋补强体的意思，并非今天有人望文生义误传的"肥酒中含猪板油""肥酒会增肥"等传言。其实，杨林肥酒中含有葡萄糖、蛋白质、酵素、维生素、果糖、枣酸等营养成分，可促进人体新陈代谢、滋补身体，其中部分药材有改善机体免疫力、降低胆固醇、促进脂质代谢的作用。

2009年，经云南省人民政府批准，杨林肥酒制作技艺被列入省级第二批非物质文化遗产保护名录。

四、昆明市市级非物质文化遗产概述

◆ 【瓦猫】

一种外形似虎又似猫的土陶制品。它流行于呈贡周边及云南部分农村地区，呈贡民间主要用在房屋的正脊或大门头上作为辟邪驱魔用。呈贡瓦猫制作的主要方式是家传，制作的瓦猫嘴大张、牙直竖，头圆耳长，虎视前方，双脚扶抱八卦太极图，其形态威严又不失真。它造型别致，栩栩如生，夸张得体，具有较高的艺术观赏价值，是民间造型艺术的经典之作。

狮虎面具

2002年，中央电视台"走进幕后"栏目专题拍摄了呈贡瓦猫技艺省级代表性传承人罗爱军制作瓦猫的全过程视频，在中央、省、市电视台播放。

2023年，瓦猫升级成为云南省级非物质文化遗产。

◆ 【狮虎面具】

狮虎面具流行于石林彝族

自治县撒尼人聚居区。早在清朝晚期，传统的狮虎面具制作工艺就在石林圭山一带广为流传，其传承方式主要为家传，父传子，或拜师学艺。

狮子面具以狮子为原型，采用夸张变形的抽象手法绘制，给人以威猛无敌的气概；虎面具则采用写实的手法绘制，形象逼真，栩栩如生，有驱邪和娱乐的意味。小圭山村的狮虎面具蕴涵着丰富的民间文化色彩，被广大的汉、彝民族接受和喜爱。

◆ 【传统拓片技艺】

五华区传统拓片技艺的主要代表性传承人为唐明全。唐氏拓片技艺始于明代，为苏派的一个支系，主要对平面文字和瓦当进行拓制，在不断拓制的过程中，用两种办法进行拓制：一是精细和大画面拓制，二是画面不精细的文字或图案的小型原石、瓦当。

盘龙区的传拓技艺由云南澹斋文化传播有限公司申报，该项目主要传承人张衡幼承家训，随父辈对书法、碑帖、

市级非遗传承人张衡在指导外国人学习传统拓片技艺

传拓等传统文化及技艺进行了学习。2009年，成立滇韵流香艺术工作室，开始系统地学习和研究传拓技艺。2015年，创办"张衡传拓技艺工作室"，开始传播和推广传拓技艺，并收藏了容庚先生签校的清道光《爨龙颜碑》拓本、清末赵藩先生收藏的拓本等。2018年在世博园创办了"张衡传拓技艺研学馆"，张衡还成为云南省图书馆国家古籍修复中心的专业研究人员，致力于传拓的研究与传承。

◆ 【滇式风筝制作技艺（扩展项目）】

放风筝是中国古老的传统习俗，风筝制作是一门民间传统技艺。据传，云南风筝系元朝期间由忽必烈征战云南时带进，从而流传开来。中原风筝系"米"字结构，不适合云南山高风大多变的特点，故而对中原风筝的制作加以改进，在"米"字形基础上加强结构和形状改变，形成独具特色的传统滇式硬翅风筝。主要特点为保留了"米"字风筝的上半部结构特点，下半部改换成两支左右对称并有风槽的大翅膀。风槽调节平衡，这样，风筝在风向和风力变化时，都能平稳。

滇式风筝另一特点为在面料选择上保持传统的电力纺、洋纺及丝绢和无纺布，现在的做法有尼龙绸、胶织绸，格子绸，风筝更加结实，在空中飞得更高更远。在滇式

风筝的画面上，讲究绘外观、随己意、不循旧、大写意、天上飞、细工笔、室内悬、珍收藏。该项目为群体传承，其主要代表性人员为五华区滇式风筝制作代表性传承人戴永庆，出身于滇式风筝制作传统世家，其作品被美国世界风筝博物馆、潍坊风筝博物馆收藏。滇式风筝作品地方特色浓郁，深受大众喜爱，得到风筝制作界的认可，影响较大。

◆ 【端仕小锅烹饪技艺】

端仕小锅，云南名小吃，创制于民国中期，出自玉溪人翟永安所开设的玉溪小锅氽肉米线店，因其地处端仕街，被称为"端仕小锅"。新中国成立之初，在公私合营大潮中，"端仕小锅"并入威远街的永顺园，和其他餐馆一同归于昆明市饮食公司旗下。

端仕小锅产品均采用一锅一碗的烹饪方式，主要产品有端仕小锅米线和端仕小锅卤饵丝。小锅米线又叫小锅氽肉米线，主要采用小锅烹煮的方式，卤饵丝由"小锅氽肉饵丝"演变而来，在一个偶然的时机，厨师在煮制小锅氽肉饵丝时，因汤水煮制较干，于是厨师巧思妙想，在其中加入了卤水和红油，经过翻炒后，一碗油汪汪、红润润、香喷喷、滋润粑糯的"卤饵丝"就这样诞生了，后因其味道独特且美味，于是一传十、十传百，"端仕小锅卤饵丝"就此传承下来了，并成为端仕小锅最具特色的小吃品种。

◆ 【米花团制作技艺】

米花团制作已经有百多年历史，是晋宁民俗的一道传统年味。花米团就是将大米高温膨胀之后，用麦芽糖熬成的糖稀浸泡，然后取合适的分量装进特制的锡碗里。圆形木模上刻着"福""寿"等象征吉祥的文字，艺人们先用黄色的米花填充字形，再用红色的米花补满木模空白，模具填补完成后，往锡碗里一倒，糖稀自然将不同颜色的米花全部粘在一起，随着艺人们不停转动手中的小碗，米花糖渐至浑圆，一两分钟后，终于成型。做好的，要放进干净的稻草里"养着"，用稻草吸收其中多余的水分，加速凝固定型。晋城回龙村的米花糖影响广泛，是晋宁群众过年的喜庆佳品，具有一定的民俗文化价值。

◆ 【路南乳饼制作技艺】

石林北部的长湖、圭山、西街口等撒尼彝区的彝族撒尼先民，自古便有养殖黑山羊的习俗，特别是所放养的本地"圭山羊"奶制作的"路南乳饼"质地细密、色泽乳黄、油润光滑、口感细腻、乳香醇厚，是云南石林地方传统特色美食。

据民国时期的《路南县志》记载："乳饼，用羊乳酸化为之，为此方之特产"。彝族（撒尼）人过去有"出门放羊"的习惯，过完春节就会赶着羊群到水草丰盛的滇南的开远一带去放牧，直到火把节前后，石林家乡漫山遍野草叶肥美的季节才"出门回来"，此习一直沿袭至20世纪80年代初期。

路南乳饼选用新鲜"圭山羊"奶，煮沸加入食用酸浆作，凝固后加压制成块状，一般5公斤奶可制1公斤乳饼。优质乳饼色白略带黄色，表面有油质，无酸味。乳饼的吃法很多，可煎、煮、蒸、烤，亦可生吃。20世纪40年代，郭沫若在其《孔雀胆》附录《昆明景物》中写道："邓川乳扇与路南乳饼，均云南名产，为羊奶所制，素食妙品也。甜食咸食均可。"

◆【板凳龙舞（扩展项目）】

板凳龙舞是晋宁区较有特色的一项民间传统舞蹈项目，在晋宁宝峰、双河、六街等汉族和彝族村寨都有流传，它由当地的二月二龙抬头、二月八祭龙节习俗发展而来，传承至今已有上百年。

板凳龙舞一般由两女一男3人表演，表演时边舞边唱，音乐一般为云南花灯调和当地民间山歌小调音乐，舞蹈动作采用云南花灯中的蹉步和彝族"跳乐"中的"颠跳步"，套路为"龙点头""龙抬头""龙翻身""龙吐水"等，唱词内容大多为歌颂或赞颂内容。一般是在当地的祭龙节、春节开街、调子会、正月接佛等传统节日或民俗活动中进行表演，根据活动的规模龙的数量可多可少，具有鲜明的地域特色。

◆【昆明扬琴】

昆明扬琴又称"打扬琴""唱曲子"，明末清初在昆明流行，是一种坐唱型的地方曲艺。清道光年间在扬州、苏州、杭州传入昆明的扬琴担子的基础上形成的传统说唱曲种，伴演唱时说书人一手拿怀鼓，一手拿木块击拍。乐器以扬琴为主，另有二胡、三弦等。扬琴说唱的曲目分为书、经、花三大类。"书"以宣讲古典小说、历史题材为主；"经"即"洞经"之类有固定宗教仪式的说唱；"花"为上述两类之外的扬琴说唱，编配反映平民生活情感的故事。

◆【小水井苗族文化保护区】

富民县大营镇小水井苗族村历史悠久，自1914年建寨以来，是一个基本沿袭着苗族传统文化的自然村。小水井苗族村自然环境优美，生态环境良好，民风淳朴，民间文化传统有较好保存和发扬，衣食住行沿袭和保持苗族传统，食以农业作物为主，穿的以自纺棉麻手工织品为主，住的是土墙瓦顶的民居建筑。所穿戴的苗族服饰，色彩鲜艳，款式独特，具有云南滇中苗族服饰的代表性。

　　小水井有个原生态多声部"苗族合唱团"，在我省民族文化艺术中具有独特的价值。他们的合唱源自20世纪基督教的传入。村民们的发声技巧也源自欧洲的美声唱法。这种唱法的传承在小水井是通过口口相传，男教女，父教子，子教孙，有的上辈唱一声部，下辈也唱一声部，这种自然的"血缘传承"延绵至今。这种西方音乐与东方少数民族文化的融合，产生了奇妙的文化现象，他们的歌声被专家学者和音乐界称为涤荡心灵的"天籁之声"。

　　2002年以来，小水井苗族合唱团先后在中央电视台歌手大奖赛、上海东方卫视、中国聂耳国际音乐节、春节联欢晚会和国内各种大型文化活动中大放异彩。其优美动听的天籁之音深深地打动了现场观众，掌声、赞美声不绝于耳。人们都说，在聆听小水井苗族农民合唱团的歌声的同时，也感受到了他们的心灵，感受到了他们内心的"真、善、美"，诠释了人性之中"敬畏"的含义，以及人之为人的真正本质。

　　2018年2月16日至3月2日，小水井苗族农民合唱团应美国爱乐乐团、英国伦敦爱乐管弦乐团邀请，先后在美国纽约林肯中心、英国皇家节日音乐厅演出，吸引了上万名观众。这是合唱团成立以来，首次与世界顶级乐团合作，首次登上世界顶级音乐殿堂，首次全程用英语演唱世界名曲，既传播了中华文化，也为国家争得了荣光。

小水井苗族合唱团

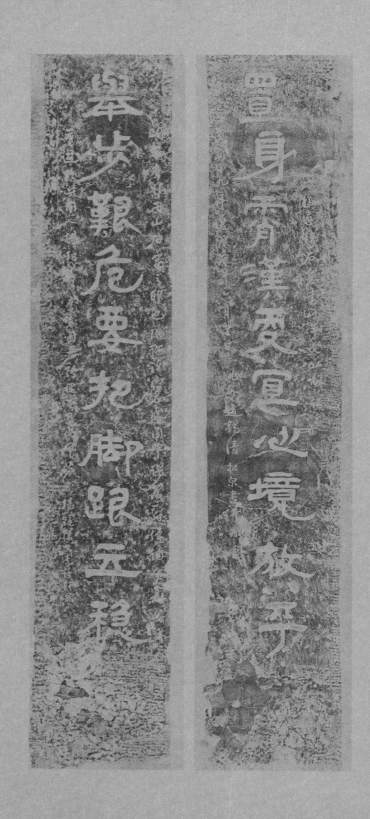

第二十章
昆明城市雕塑文化

城市雕塑主要用于城市的装饰和美化，是城市文化的组成部分。它的出现使城市的景观多元，丰富了城市居民的精神生活。作为城市文化的组成部分，城市雕塑一般建立在城市的公共场所，既可以单独存在，又可与建筑物结合在一起。城市雕塑的题材范围较广，举凡与该城市的地理特征、历史沿革、民间传说、风俗习惯等有关联者皆可创作并建立。

一、城市雕塑具有传承城市文化的特殊价值

▼

    城市雕塑是城市文化的组成部分，优秀的城市雕塑已逐渐成为一个城市重要的"名片"和向世界展示自己的窗口，它是最直接、最能表现城市韵味和发展历程的公共艺术，在城市现代化建设的进程中有着重要的地位和作用。作为集中展现城市文化及人文精神最直接的物质载体之一，优秀的城市雕塑不仅可以丰富城市空间体验、提升城市艺术品位，还是城市空间环境品质提升的重要因素。同时，优美的城市雕塑和城市自然人文景观的协调融合，也可塑造出独具特色的风景线。

    雕塑是人类最古老的艺术表现形式之一。艺术家在三维空间中实现自己的创作理想，带给观者立体的视觉艺术享受。《辞海》对雕塑的解释为："造型艺术之一，是雕、刻、塑三种制作手法的总称。"它是充分运用金属、石材、竹木、石膏、玉器、泥土等物质材料，综合运用雕、刻、堆、编等各种手法进行加工所形成的占有三维空间的立体艺术。它承载着人类对美的永不停歇的追求，记载了城市的风雨历程，积累了城市的文化底蕴，传承了城市的文化脉络。

    城市雕塑从另一个侧面反映了某一个地区的经济发展以及文化发展领域。世界各地的商业街区、企业区、居民社区、旅游风景区、机场、码头等等，各种雕塑景观调节着建筑空间的气氛。除了一定数量的大型纪念性雕塑外，更多的是中小型的城市雕塑，它们位于城市的各个部位，一部分雕塑景观具有一定的纪念意义，但多数的雕塑景观是独具魅力的创作。它们从各个方面反映着城市的文化精神世界。

    放眼全球，各个国家和地区都把发展城市雕塑作为提升城市文化品位与综合竞争力的重要载体。如，法国巴黎塞纳河边雕塑、卢浮宫雕塑，美国纽约自由女神，巴西里约热内卢的"耶稣巨像"，意大利罗马文艺复兴时期雕塑，新加坡的"鱼尾狮"，比利时的"撒尿孩童"……这些或庄严、或典雅、或伟岸、或幽默的城市雕塑为城市增添了文化气息和厚重历史。

    在我国，新中国成立以来，同样涌现过大量优秀的城市雕塑。如北京的《人民英雄纪念碑》上的四面雕塑、长沙的《青年毛泽东》、兰州的《黄河母亲》、广州的

《五羊石像》等具有城市文化象征意味的雕塑。它们大多处在城市空间之中，彰显出城市的历史文脉，也与人们的生活相融合，并成为城市的标志和经典，其艺术与文化价值历久弥新。

昆明是国务院首批公布的国家历史文化名城，也是一个艺术资源极其丰富的城市，自古以来就是雕塑的美丽家园，有着悠久的创作、借鉴、欣赏、保存雕塑的文化习俗。从石寨山的青铜器、法华寺石窟、大理国地藏寺经幢到筇竹寺的五百罗汉彩塑，无不精妙绝伦，令人叹为观止。筇竹寺五百罗汉素有"东方雕塑艺术宝库"的美誉，地藏寺经幢被称为"滇中艺术极品"。

近年来，随着城市发展的日新月异，昆明的雕塑艺术显现出从未有过的生机。2002年，东西寺塔步行街的5组雕塑面世，激发了民众前所未有的热情，市民们呼朋唤友、扶老携幼前往参观。还有的甚至厕身于古人之间，评点棋局。有趣的是，通过贩妇卖草拴鸡蛋这一场景的再现，人们可以看到云南十八怪之一的"鸡蛋拴着卖"，引发了市民的共鸣。东西寺塔及南屏街的老昆明风俗铜雕，再现了百年前老昆明的市井生活、民风民俗，令观者有"时光倒流"之感。人们渴望见到贴近自己生活的、亲切的公共艺术作品。2018年海埂大坝步行道边建起一组昆明历史文化长廊系列雕塑，这些雕塑记载了城市的风雨历程，再现了城市的历史文化和市民生活。

从昆明雕塑发展的历史我们发现，自20世纪40年代开始，云南昆明人雕塑先驱、艺术家廖新学游学、旅居法国，多次参加法国艺术展，并九次获得雕刻奖项；新中国成立以来，云南的袁晓岑、戴广文、张元贞、袁熙坤等雕塑家声名远扬；改革开放以来，更有大批的艺术家根植于这片热土，创作出一件又一件精心雕刻的"诗篇"，美化了我们的环境，激发了我们的情怀。常言道，"一方水土养一方人"，这些雕塑作品带着昆明的乡音。这些作品虽造型独特、形式多样，但却有一些共同的特征，比如：都表现得朴素、自然、平实，一位身边的朋友，一个下棋的市民——都展现着普通人的视野、普通人的生活。下面选择一批昆明雕塑精粹解读。

二、昆明雕塑精粹赏析

▼

每一座城市都有着不同于其他城市的历史传统。每一座城市的背后都隐藏着丰厚的人文历史与典故。历史上不同年代的雕塑都记载不同时期人们的生产、生活状况与精神追求。看不同时代的雕塑就像读不同年代的教科书，每个时代都给人以不同的思考和借鉴。

1. 古代时期的雕塑精品

（1）灿烂辉煌的古滇国青铜器

在2000多年前的古代时期，广袤的滇池流域，周边森林密布，山峦起伏，湖水碧波荡漾，深邃清澈。湖泊四围山峦起伏，出没着各种飞禽鸟兽。这里有一个梦幻而又真实的部落，它的名字被史学家司马迁称为滇国。（司马迁在《史记·西南夷列传》中记载："庄𫏋者，故楚庄王苗裔也。𫏋至滇池，地方三百里，旁平地，肥饶数千里，以兵威定属楚。"）

当时，古滇国还没有文字、书简等记载，但随着考古发掘，却有震惊世界的青铜雕刻文化发现。从20世纪50年代开始，随着晋宁石寨山、江川李家山、呈贡天子庙、羊甫头等墓葬的发掘，数万件滇国文物走出黑暗的地下世界，重现人间，再现了古滇国的风采。在已经发掘出土的琳琅满目的各式滇文化器物中，尤以15000多件青铜器最为瑰丽多姿、精彩绝伦。滇国青铜器真实地记录下了人类历史文化发展的足印，是我国灿烂的古代青铜文明的重要组成部分，在世界青铜文化史上绝无仅有，具有特殊地位。

◆古滇部落杆栏式建筑模型图

这件房屋模型出土于石寨山3号墓。高11.5厘米，面阔12.5厘米，进深7.5厘米。屋宇本身为二层木构干栏式建筑。长脊短檐悬山顶，立柱支撑。上层住人，有宽大的外廊。下层为饲养家畜和煮饭的地方。引人注目的是屋前正中竖一长梯，上雕蛇形花纹，显示出古滇人对蛇的崇拜。这件房屋模型铸工精细，整座建筑的全貌，底架及上部建筑物均较完整，甚至连细部结构都看得非常清晰，而且还表现了人的活动。

◆鎏金骑士贮贝器

晋宁县石寨山出土。器高50厘米。铜盖的中央有一立柱，上有一鎏金骑士。中心位置是男性骑士，身穿短衣窄裤，腰佩短剑（是为滇国部落首领造像）。围绕立柱四周铸有4只膘肥体壮的公牛，充满生活的气息。整个器身作圆桶形，中间束腰，两侧有一对虎形耳。

鎏金骑士铜贮贝器

◆虎牛搏斗铜扣饰

古滇国时期人们狩猎、祭祀、舞蹈的真实场景以及自然界诸多动物的状态以及它们之间相互嬉戏、生死搏杀的生动状况，活脱脱跃然其间。从雕塑手法看，扣饰多采用高浮雕和镂空透雕手法，其造型之生动逼真，细腻传神，工艺之精湛，皆令人叫绝。如，虎牛搏斗扣饰。石寨山10号墓出土。高8.5厘米，宽15.5厘米。一虎与一牛搏斗，虎被牛撞翻在地，腰部被牛角戳穿，肠露腹外；虎口咬住牛之前足，两前爪紧抓牛腹。其下有一蛇，口咬牛之后腿，蛇尾绕住虎之左后足。

（2）跨度最大的羊甫头雕塑精品
◆木女俑

昆明羊甫头墓地是古滇青铜文化中继晋宁石寨山、江川李家山之后最重要的发现。可以说它囊括了古滇青铜文化墓地中的四个"最"：是已发现的规模最大的古滇青铜文化墓群，共发现古滇青铜文化墓葬810座；是年代跨度最大的墓地，时间跨越战国时期至东汉时期；是发现陶器最多的古滇青铜文化墓地，陶器出土数量约占随葬品的三分之一；是发现漆器最多且保存最为完好的古滇青铜文化墓地，发现有陶胎、木胎、葫芦胎漆器。昆明羊甫头墓地被评为"1999年度全国考古十大发现"。

这件漆木女俑为圆雕工艺，一端为一妇人跪坐于一鼓形座之上，鼓形座周围饰圆圈纹，束腰部位饰斜线纹，鼓座底部平整可放置。女妇人头顶一小鼓，扁额，

汉代木女俑

尖鼻，口微启，目视前方，面容端庄严肃，神态自若；银锭形发髻垂于后肩上，双耳戴耳环；身着对襟中袖长外衣，衣着华丽，长衣上饰水波纹，内穿短裙，长不过膝；双手抚于膝前。漆木女俑身后为一兽腿横插于铜鼓侧面，兽腿形似马蹄，栩栩如生。

◆怡然自得的铜牛

在古滇青铜文化中，牛的形象出现得较为频繁，因为牛是财富和地位的象征。昆明羊甫头墓地也出土有大量带有牛形象的器物，但若论其雕刻艺术性的话，不能忘了第113号墓葬出土的铜牛。铜牛器形不大，高4厘米，长6.5厘米，实心铸造。铜牛跪卧于地面，牛前半身重心靠右，右前蹄蹄面朝下撑地，左前腿弯曲跪地，蹄面向上，牛后身自然蹲坐于地面，两后蹄呈自然弯曲。铜牛头稍侧，双耳向外，似聆听。牛角较长弯曲自然。牛身雕铸饱满，表面用线刻工艺表现牛跪卧于地面，颈部、躯干等处皮肤所形成的褶皱。牛尾细长，甩至牛身后部之上，尾尖落在后腿与牛身间，仿佛正欲摆动以驱赶蚊蝇。牛腿撑地、曲跪，蹲坐、牛尾弯曲弧度以及牛身质感，形态逼真，活灵活现，动感十足。整头牛比例协调，制作精湛，工艺娴熟。铜牛造型安逸悠闲，怡然自得。

◆形态逼真的铜马

在羊甫头发现的几十座东汉墓中，滇文化特色消失殆尽，取而代之的是同中原地区汉墓相一致的陶或铜质的房屋、水田、灶、仓模型以及猪、狗、牛等动物模型。第268号墓出土有一匹铜马，格外引人注目，这是云南地区首次发现的、体量最大的动物模型。铜马高107厘米，身长105厘米，宽32厘米，为分段分模铸造，拼合而成。铜马分为马头、马颈、前身、后身、马尾、四肢等几个部分分铸，内为中空，分段套合，器壁不厚重。铜马昂首奋蹄，右前蹄向前作迈步状，其余三蹄蹄面落地，铜马双耳竖立，作聆听状，大眼，口大张，露齿，似嘶鸣。马身强壮有力，四肢轻捷矫健，形态逼真，造型自然。

昆明羊甫头墓地出土的雕塑作品工艺精良，创作者能根据不同材料的特殊质地，采用不同的表现方式和工艺技巧，结合形象写实和创意想象，为我们留下了诸多让人赞叹的精品。

（3）滇中艺术极品的地藏寺经幢

昆明大理国地藏寺经幢又名地藏寺经幢，位于今昆明市区拓东路93号，昆明市博物馆序厅内，为昆明市博物馆镇馆之宝。1982年，国务院公布为第二批全国重点文物保护单位，成为昆明市最早的全国重点文物保护单位。地藏寺经幢始建于宋代大理国时期，迄今1000余年，历经兵戎天灾，终至寺毁幢埋。直至1919年，于损毁的地藏寺废墟原址，半埋土中的经幢方被重新发现，建成竖于地藏寺公园内。因其可贵的完整性和精美的艺术性，被云南史学前辈方国瑜先生誉为"滇中艺术极品"。

地藏寺经幢为方锥状石雕，幢体七级八面，由五段砂石组成，通高6.5米。基座是一个八方形的须弥座，边上刻莲花。上面是雕有云纹和天龙八部的鼓形幢基，两条龙为一组，龙头相向，共戏一珠，呈"二龙抢宝"之态。古幢第一层界石上，刻有慈济大师段进全撰写的《敬造佛顶尊胜宝幢记》（即《造幢记》），用汉字楷书直行镌刻，记载了建幢的目的和经过。从记载可知：此幢是大理国布燮袁豆光为已故昆明鄯阐侯（最高军政长官）高明生超荐亡魂而建造的，歌颂了高明生的功业，也记述了袁豆光如何尽忠辅佐幼主，及"东海浪澄于惊波，楚天霄净于谗雾"的政绩。

古幢第一层雕有身披甲胄、手持斧钺的四大天王像，像高1米有余，庄重威严。三尊天神足踏鬼奴；一鬼奴面目狰狞，筋肉突起，右手挽住毒蛇，另二名鬼奴皆戴镣铐。另一尊天神足下有3人，居中者用双手各托天王一足。在四天王之间镌刻有古梵文佛经。第二层四角分雕表情各异、衣饰自然的四神坐像及释迦坐像。第三层雕佛像、菩萨和胁侍。南龛为地藏菩萨；北龛雕36手观音一尊，观音宝冠华服，神态慈祥，造型优美，36手各持不同法器环于身后，整座雕像仅刻在手掌大的石块上，令人惊叹不已。第四层雕大小不一的8尊坐佛。第五层雕灵鹫。第六层雕仿木结构的庑殿四座，每殿内供三世佛及佛弟子共5尊，雕刻极其精细，连庑殿檐下的古式斗拱都明晰地雕刻出来。第七层幢身为圆柱形，上雕小佛像。幢顶为莲瓣承托的圆球，可惜周围莲瓣有损坏。整座古幢共雕刻佛教密部佛母、佛、菩萨及天龙八部像300尊，大者1米有余，小者仅3厘米，布局严密，神像造型确当，体态端庄，且刻工精细娴熟，采用圆雕技法，线条明快流畅，极富立体感，可谓匠技精绝，海内罕见。古幢一出土即以其绝世的精美震惊中外，引起"中外人士奔走摩挲"，被誉为"东方绝世稀有之美术"。它的历史价值是我国民族宗教史、文化史、佛教艺术史以及唐宋时期南诏大理政治、经济、文化、佛学研究极其珍贵的文物史料。

（4）神采飞扬的密达拉摩崖造像

摩崖位于禄劝县密达拉乡三台山崇山峻岭中的一条山脊上。山脊正好是禄劝与武定两县的分界线，站在这里四下眺望，山若排浪。造像刻在一堵峭壁上，作浅浮雕。左边是毗沙门天王，右边是大黑天神。天王高2.3米，身着甲胄，宝冠正中有金翅鸟（迦楼罗），戴耳环，跣足。膀圆腰细，身姿略呈"S"形。左手叉腰，右手持三尖旗枪，腰佩短剑，足踏双鬼，飘带飞扬，神采奕奕。天王左边是大黑天王，头上牛头冠，足下金刚座，手中念珠，均为底稿勾线。像高4米，三目四臂，虬髯，跣足，戴大耳环。一手当胸作金刚拳印，一手持三叉神戟。造像是大理国中晚期作品，具有较高历史和艺术价值。经省政府1987年公布，三台山摩崖造像已被列为省级重点文物保护单位。

（5）悠然自得的法华寺石窟

法华寺石窟在安宁市东面小桃花村后洛阳山崖壁。清雍正年间《云南通志》载："法华寺，在安宁城东十里洛阳山，宋大理段氏建。中有遥岑楼，登楼可览一州之胜。"

法华寺石窟为宋元时期石窟造像。分刻于东、南两岩，东岩刻十八罗汉，姿态面貌各异，岩下"晚照"两字，为清康熙时所加，其他有佛、观音、地藏寺等石刻。南岩刻卧佛，全长4.3米，神态奕然。附近石壁有明杨慎摹刻的岣嵝碑。禹碑篆文，自右至左，共77字，碑尾有正楷小字82字，石质风化，字迹模糊。十八罗汉石刻，全部无头，皆为坐式，都有佛龛，三行排列，其中有一龛无佛像。卧佛作曲肱而枕状，袒胸跣足，神态奕然。

1965年被云南省人民政府公布为省级文物保护单位。

宋代安宁法华寺卧佛

（6）珍贵罕见的曹溪寺木雕佛像

安宁曹溪寺是一座具有宋代建筑风格的佛教古寺，该寺大殿宝华阁内正面"西方三圣"，壁后供奉的"华严三圣"木雕像，1956年经全国佛协鉴定为宋代遗物。所谓"华严三圣"是指释迦牟尼的法身佛毗卢庶那佛和他的左右胁侍文殊、普贤两尊菩萨。据佛经上说，文殊和普贤是释迦牟尼传布《华严经》的助手。释迦牟尼每次讲《华严经》时，他俩必陪侍左右，故称"华严三圣"。佛教认为释迦牟尼是理智完备的人，文殊主智门，侍于佛的左边；普贤主理门，侍于佛的右边，三位合起来，即理智完备的合一。

曹溪寺宝华阁供奉着的这组木雕"华严三圣"像，和宝华阁一样，是宋代保留下来的珍贵文物。1956年，时任中国佛教协会副会长的周叔迦先生到寺中参观后鉴定，这组木雕"华严三圣"像，是国内罕见的宋代造像，极为珍贵。这三尊佛像，高均1.4米左右，为结跏趺坐莲台式。其宝冠华服，璎珞佩饰，袍带飘飘，极尽细工。造像面目端庄秀丽，细腰圆腹，体态清秀，造型优美，形如真人，是早期佛教女性化体态的标志。佛像容貌慈祥，可亲可近，栩栩如生，神形动人。背景及窗栏阁扇雕工细腻，技艺精湛。花饰精巧且嵌空玲珑，层次分明又浑然一体，整组造像十分优美。

（7）寄托心愿的妙湛寺金刚宝塔

位于昆明官渡古镇的妙湛寺金刚塔，建造于明代天顺二年（1458年），至今已有560多年的历史，是中国现存年代最久的一处砂石构筑的典型喇嘛式佛塔。

该塔全部以砂石砌筑，塔基呈方形，高4.8米，边长10.4米。基台下有东、西、南、北4道券门十字贯通，可供人通行。基台上建有5座佛塔，属于金刚宝座式塔。基台中部为主塔，通高16.05米，塔座为方形折角须弥座，四角各雕有力士像1尊。四面石上均雕刻有反映佛教内容的狮、象、孔雀、迦楼罗等形象。须弥座上为7层石雕莲瓣的覆莲座，上承覆钵形塔身。塔身四面均开有壸门，内刻石佛像一尊。塔身之上有方形须弥式塔脖。塔刹上有十三天相轮、伞盖、垂八铃铎和四天王像。再上为石制圆光，四面有小铃铎。刹顶为宝瓶、宝珠。整座石塔典雅壮观，主塔与小塔之间布局协调，雕工细腻。

金刚塔为十字穿心过街楼式。边长10.52米，高4.71米。四面辟有券门券道，人马可以穿行其间。门宽和通道皆2.8米。门拱顶高 3.05 米。各门拱顶上方有题额。南为"功德宝塔"，北为"延寿法门"。"功德宝塔"和"延寿法门"的题额，对于金刚塔建造者而言，表达了他积功德的心愿以及为此时病入膏肓的沐璘延寿的祈愿，同时，对于参拜信众而言，则是满足了自己积德以消灾除病的需求。

元明时期（13—17世纪）出现了一些为简化礼佛而兴建的过街塔和门塔，反映了佛塔逐渐世俗化的趋势，妙湛寺金刚塔就是其中的典范，对研究喇嘛式佛塔建筑的发展具有重要意义。

1996年11月，国务院将其公布为第四批全国重点文物保护单位。

（8）千仞峭壁上的西山龙门石窟

龙门石窟，位于滇池西岸碧鸡山南面罗汉山，北起三清阁，中经云华洞，南至达天阁，由几个别有洞天、千仞峭壁上的石雕工程组成。

清乾隆年间，生于山下渔村的贫穷道士吴来清，从三清阁南面崖壁，一锤一钻打出"别有洞天"石道通旧石室。石窟门檐上方崖壁镌刻高浮雕"凤凰衔书"，石窟始称"凤凰岩"。吴来清又由凤凰岩向南辟"普陀胜境"坊，岩壁立悬崖开凿"螺旋蛇行"的石道，直达"慈云洞"石窟。石道仅容两人侧身相让，临湖绝壁凿石窗，"凭以望湖"。吴来清凿石从乾隆四十六年（1781年）起，直到乾隆六十年（1795年）他羽化为止，14年含辛茹苦，呕心沥血，打开顽石，工程浩大。

清道光庚子年（1840年），杨汝兰继吴来清之后，为"俯瞰滇池，极山水之胜"，主持由慈云洞向南开辟"云华洞"，"凿石穿云，另辟斯洞，共历九载，始刻告成。"杨汝兰打通云华洞，其子杨际泰，道光丙戌（1826年）进士，继承父愿，主持完成达天阁龙门石窟的雕琢工程。

达天阁石窟内，石坊、平台、神像、天棚、室壁、神案、香炉、烛台、匾联等，全在原生岩石上雕琢而成。窟内石雕三尊神像，居中魁星，北面文昌，南面关圣。魁星形如"魁"字，鬼头，磴足起斗。左手擒龙，右手执笔，右足踏鳌头，左足后磴起斗，彩带飘逸。文昌、关圣正襟危坐。神像背面，浮雕洞天福地，云水翻腾，众多神仙腾云驾雾，形态各异，栩栩如生。两壁镌刻《文昌帝君阴骘文》《关圣帝君觉世真经》，下方浮雕神骏昂首奔驰。天棚浮云缭绕，仙鹤双飞，蟠桃垂挂。石窟两边楹柱，浮雕云起水涌，鲤鱼跳龙门……龙门达天阁石雕，令人叹为观止的是石窟前檐神龛中的"南极仙翁坐骑飞鹤"，两侧童子执杖捧果，龛顶云拥"福"字，造型端庄。

千仞峭壁上的龙门石窟，鬼斧神工，从打通云华洞到完成达天阁龙门，整个工程到咸丰三年（1853年）竣工，共历13个春秋。

1993年被云南省人民政府公布为省级文物保护单位。

（9）栩栩如生的筇竹寺五百罗汉

昆明西北郊玉案山坐落着一座叫筇竹寺的佛教寺院。清光绪九年至光绪十六年（1883—1890年），一名来自四川民间泥塑艺人黎广修先生，率领着他的几个徒弟，在这座寺里，历经千辛万苦、精雕细刻、呕心沥血，经历7个寒暑才告完成。

筇竹寺五百罗汉塑像

筇竹寺内大雄宝殿的角上有一块元朝延祐三年（1316年）立的圣旨，其内容为敕封该寺住持玄坚为"头和尚"，要求官员军民予以保护，并赐存《大藏经》。筇竹寺之所以出名，是由于寺内保存着被认为是五彩泥塑艺术珍品的五百罗汉彩塑。

在我国的寺庙中，有五百罗汉塑像的为数不少。但是，筇竹寺的五百罗汉却与众不同，很有特色。这些罗汉各有各的神态、装束，无一雷同，但却与一般佛寺里那种程式化的塑像迥然不同。众多的罗汉似佛非佛，似僧非僧，有文有武，有老有少，有怒目的金刚，有慈眉的菩萨，有赤脚的行者，有沉思的比丘，更多的却像是现实生活中的各式人等。据说，黎广修在塑造过程中，常常深入昆明社会，观察各种人物的神态表情、言谈举止，作为创作素材。因此，他能摆脱雕塑佛像的传统程式，通过宗教题材，表现当时不同阶层人物的生动形象和内心世界，在雕塑艺术上取得高度的成就。

昆明文学家于坚评价说："这是一个摆满伟大杰作的艺术博物馆，这些作品如此生动、如此天真、如此快乐、如此放浪形骸、如此不拘小节、如此肉感又如此的神仙气象！你甚至感觉得到昆明山冈上的风在他们的长袍间吹拂，昆明城中的鱼米之香在他们鼻头间流动。可以想象得出，当年他们完成之后，前来烧香的人们会多么吃惊，罗汉怎么会被塑得这般俗不可耐的模样，一个活脱脱的卖肉的王屠户、算命的李先生、钉马掌的张铁匠、半疯半傻的刘秀才、不男不女的赵郎中……的样子。""筇竹寺的五百罗汉雕塑使昆明成为一个有着伟大杰作的地区，故乡热爱艺术的人们完全可以在这个寺院中学到与巴黎圣母院、科隆大教堂同样的东西。"

"筇竹寺五百罗汉的特点，是神态生动和解剖比例合度，衣带的处理也生动真实。在总的风格上，接近近代民间雕塑的一些绘画形式。在中国雕塑史上仍然占有一定地位，达到了近代雕塑世俗化的较高水平。"（王子云《中国雕塑艺术史》）

2001年6月，国务院将其公布为第五批全国重点文物保护单位。

（10）盘龙江边的"铜犴"

位于金牛街南端盘龙江西岸，犴为传说中镇水的怪兽，其形象像牛，俗称铜牛。

老昆明人把铜犴俗称为"金牛"。铜犴位于盘龙江西岸的南太桥旁。据记载，铜犴铸于清同治三年（1864年），整个身体均由黄铜铸成坐卧姿态，背上有一眼孔，腹中空，身长约2.3米，高1.5米，双眼注视着盘龙江，似在监视着江水的变化。传说身体下有井通盘龙江，涨水时，江水入井，空气从腹往外排，发出嗡鸣，用于报警。据民国省文史馆员罗养儒先生编撰的《云南掌故》载："井宿祠俗名金牛寺，在城东盘龙江堤上，昔人以铜铸井宿之身像于此，以镇水怪。其形似牛而实非牛，顶具独角，在兽中名犴，在二十八宿中曰井木犴，与鬼金羊同为滇之分野星也。所铸之兽，卧地昂首，视江水起落，欲作斗状。高四尺许，身长约近六尺。上覆以亭，亭曰安澜亭。咸丰七年（1857年）毁，同治三年（1864年）重铸铜犴，复建安澜亭。光绪六年（1880年），绅民建后殿，更重修安澜亭。"这说明清代时铜犴就被尊崇供奉，修有祠有亭。2002年10月建设金牛公园时重建金牛亭，迁离原址20米，用青石建成亭子。

2. 近现代时期雕塑精品

（1）城市历史人物雕像类

① 雕塑前辈廖新学

廖新学先生是中国现代雕塑的先驱之一，昆明市富民人。出生于1900年，逝世于1958年。廖新学出生于富民县永定镇一个贫苦农民家庭，8岁就替人放牛。1919年，他曾向当时在云南省立美术学校任教的吉川保正先生学习雕塑，为他到法国留学奠定了最初的西洋雕塑基础。廖新学到法国后在巴黎高等美术学院主修雕塑和绘画。雕塑作品《掷铁饼者》《牧羊人》等获得法国沙龙的金、银、铜奖达九次之多，当时的《巴黎报》以英法文版评价说："廖新学是欧洲最有影响的中国雕塑家之一。"

1948年，廖新学学成归国，对新中国投入了真诚的爱，除了搞好自己的艺术创作外，他全身心地投入到发展云南美术事业、开创云南美术教育事业中。他是云南现代美术的奠基人、云南新美术教育的开拓者。历任云南昆明师范学院艺术部教授、主任，云南省文联第一届副主席。出版有《廖新学画选》。凭着对艺术的执着、勤奋以及过人的才华，廖新学在法国期间，其作品曾9次荣获法国春季沙龙的金、银、铜奖。时任云南油画学会主席、艺术家姚钟华评价："廖先生的油画浑厚淳朴，有浓厚的乡土气息，充满了对故乡的爱。他那些风景写生，技巧纯熟，吸取了印象派到新印象派的手法，也深受巴比仲画派的影响，但表现了亲切自然的感受。他的静物画很富张力，如那些大丽花，饱满而艳丽。也许他从小生活在农村，有一种农民特有的健康、吉祥、鲜活、艳丽的审美情趣，是在西方静物画中见不到的。"

② 尊师重教的典范——女园丁雕像

1977年的中国，有一件震撼全国人民的大事件，邓小平在全国教育工作座谈会上宣布恢复公开竞争、择优录取的高等教育考试制度。一个可以通过公平竞争改变个人命运的机遇回来了；一个全社会尊重知识、尊重人才的风气回来了；一个民族依靠教育为本开辟未来的时代回来了。我的母校昆明师范学院，这所学校的前身是1938年由北京大学、清华大学、南开大学南迁昆明共同组建的国立西南联大的师范学院。抗战结束后西南联大北返复校后留在昆明独立设置的，专门以培养师资为己任，被称为红土高原上的"教师摇篮"。1980年，这所学校以尊师重教为题材，在校园建成了一座青年女教师雕塑，由时任艺术系任教的张元真老师创作。

据云南师范大学教授吴宝璋教授介绍："张元真老师是1953年考入昆明师范学

院，学习美术专业，师从廖新学先生。毕业后留校任教，专工雕塑。她创作的'园丁'像，正值刚刚恢复高考不久。她说，'园丁'像没有什么原型，就是心中觉得一个朝气蓬勃、青春洋溢的女孩形象最能代表师范大学，代表从'文革'压抑中走出的追求知识和梦想的年轻教师形象。"

设计塑像高3.5米，下面还有1.5米的基座。创作中，她克服了各种困难，通过正在建设的昆明饭店，寻找到一些做雕塑用的白水泥。做这么大的雕塑，在泥稿造型前爬上爬下，桌子和凳子搭在一起就是工作的脚手架，多亏了当时学校的一位从事后勤工作的女孩和一位水泥工的帮助才完成了作品。

如今，30多年过去了，经过时间和风雨的洗涤，这尊富有朝气与活力的年轻教师塑像依然伫立在云南师范大学一二一联大校区图书馆前的梅园砚池中央。这位"园丁"神情自然而优雅，她右手抚抱着地球仪，象征胸怀祖国，放眼世界；左手捧着书本，象征着攀登科学高峰。这些都是当时特定的时代艺术语言。师范大学的学子们，尤其是女学生们都喜爱这位"园丁"，毕业前都会到此和她合影留念，她是他们心中的形象楷模。还有不少的市民也会到这里拍照留念，纪念这位园丁。这尊雕塑带着改革开放初期的深深烙印，典藏在了人们的记忆深处。

③ 西南联大著名教授闻一多塑像

1986年7月15日，闻一多牺牲40周年之际，云南师范大学校园的闻一多"拍案而起"全身立像完成揭幕。雕像坐落在民主草坪，这里是当年西南联大师生经常集会的场所，闻一多曾在这里发表过演讲。雕像为花岗岩材质，高3.4米，下有1.5米高的基座。基座正面镌刻着闻一多的战友、全国人大常委会副委员长楚图南题写的"闻一多"三个金色大字。名字下是闻一多的生卒年代：1899—1946。

闻一多先生，湖北黄冈人，原名闻家骅，又名多、亦多、一多，字友三、友山。爱国主义者，民主战士，中国民主同盟早期领导人，中国共产党的挚友，诗人和学者。抗战爆发后，随清华大学南迁昆明，任西南联大教授；1943年积极参加反独裁争民主的斗争；1944年，加入中国民主同盟，任民盟中央执委、民盟机关刊物《民主周刊》社长；抗战胜利后，又投身于反对国民党发动内战的战争，走在"一二·一"运动的前列；1946年7月15日，被国民党反动派枪杀于昆明西仓坡家门口。

为了纪念闻一多先生不畏强权，敢于拍案而起，替人民发声的民主气节，云南师范大学决定在校园为闻一多塑像。这座塑像由曾任昆明师范学院艺术系主任、教授，云南艺术学院副院长、云南著名雕塑艺术家袁晓岑创作。

"拍案而起"雕像，闻一多挺身而立，左手握支烟斗，右手拍案，双目怒视，表现了1946年7月15日他在云南大学至公堂参加"李公朴死难经过报告会"时，面对反对派的枪口，大义凛然、毫不畏惧、拍案而起、怒斥敌人，发表"最后一次演讲"的历史瞬间。

④ 昆明聂耳系列雕像——回望从昆明走向世界的人民音乐家

聂耳是昆明近现代历史中最具代表性的人物，是昆明这座历史文化名城中最重要的文化符号和城市名片。聂耳最辉煌的成就是创作了《义勇军进行曲》。1949年9月27日，全国政协第一届全体会议通过了关于国歌的决议：《义勇军进行曲》为代国歌。1982年12月4日，全国人大五届五次会议通过决议，将《义勇军进行曲》由原来的代国歌正式改为国歌。聂耳最值得昆明人骄傲的是：昆明是他的出生地、学习成长地、音乐培育地、革命启蒙地。在昆明人民的心中，聂耳是一座代表着光荣与梦想的不朽丰碑，聂耳是从昆明走向世界的人民音乐家。

昆明市为了追忆他的光辉业绩，唱响他的不朽歌曲，传承他的爱国精神，在昆明以他成长、学习、音乐创作的历程塑造了几件传世的雕塑作品。

◆ 西山聂耳墓聂耳雕像

西山聂耳墓是全国重点文物保护单位、爱国主义教育基地。1980年，市政府决定将聂耳墓重新修建于山清阁与太华寺的太华山间。墓地总体呈月琴状，墓中安放聂耳的骨灰。墓前平台由24圈石料铺成音波状，象征着聂耳的生命历程，墓后屏风上刻有反映抗日救亡运动的浮雕，墓穴墨石上有郭沫若手书的"人民音乐家聂耳墓"8个大字。

1984年，市委、市政府又决定进一步完善聂耳墓园，其中一项重要内容是建一座聂耳雕像。经专家修改完善后的工程及聂耳雕像于1985年7月17日举行了竣工并揭幕仪式。

这座聂耳雕像采用汉白玉材质，高3.28米，充分表达了处于创作激情中的聂耳正在构思创作《义勇军进行曲》的形象。此时聂耳身披风衣，紧锁双眉，略微低头，向下凝视，凝神构思作品，神情专注而亢奋；他伸向右前方激动得自然张开的右手五指，强烈地传达出了作曲家进入创作高潮时，如海浪般激越澎湃的内心世界。

聂耳墓前安放着雕刻精致的云南山茶花汉白玉花环。山茶花是昆明的市花，列云南八大名花之首。山茶花及汉白玉花环象征云南人民对聂耳的永远怀念，由云南艺术学院张志禹老师创作完成。花环安放于墓碑下部斜面之上，自然地迎向前来瞻仰的人们。汉白玉花环的中间是青铜铸造的聂耳生卒年代1912～1935。镌刻着"人民音乐家聂耳之墓"九个金色大字，黑色弧形墓碑、圆形墓体共同构成一个庄严、肃穆、完美的艺术整体。

◆**翠湖公园聂耳坐像**

1984年3月1日，共青团昆明市委向全市青少年发起了为人民音乐家聂耳塑像捐款的活动，在全市建立一个对青少年进行爱国主义和理想教育的永久性基地。一个学习聂耳精神、唱聂耳歌曲，为聂耳塑像献一份心意的热潮遍及全市各条战线、各个角落。全市300多家基层团委、单位积极发动，130多万青少年参与了这一活动，从小学生到中学生，从大学生到企业青年，一共捐了4万多元。紧接着，团市委通过《中国青年报》《边疆青年》等报刊，向全国雕塑界发出征集塑像方案的启事，在不到3个月的时间里，团市委收到了来自京、沪、川、滇的专业和业余作者创作的18件作品。

团市委立即组织专家和聂耳亲属进行了方案评审。聂耳的亲属聂叙伦环视了18件作品后认为，所有作品从不同的角度反映了聂耳的一个个生活画面，上海园林局雕塑室主任程树人的作品较有基础。以我省著名雕塑家袁晓岑先生为首的专家团队，综合各方意见，最终程树人的作品被选中。

1985年7月17日，这座雕像被安放在翠湖西南岛上，雕像高2.7米，用浙江青田红色花岗岩雕成。聂耳像呈坐势，右手抚膝，左于抬于胸前，面微向左低，头发和风衣向左卷扬，寓意音乐家成长于暴风骤雨时代，青年有为，意气风发，在高1.7米的枣红色花岗石基座上，镌刻着时任中共中央总书记胡耀邦题书的"人民音乐家聂耳"7个大字，贴以金箔，耀眼夺目。

◆**昆明学院聂耳广场塑像**

1927年，聂耳考入云南省立第一师范学校，在校学习的3年间，是他形成革命思想、展现音乐天赋的重要时期。云南省立第一师范学校历经时代变迁，发展成为如今的昆明学院。昆明学院把传承聂耳精神，培养有理想、有担当、有奉献的社会主义接班人作为学校的精神谱系，融入学校师生的血脉之中。

为了讲好聂耳和国歌的故事，传承红色基因，2021年6月，在中国共产党建党100周年之际，聂耳母校——昆明学院邀请了中国美术馆馆长、著名雕塑大师、南京大学教授吴为山先生创作了这件铜制聂耳塑像。作品呈现聂耳站立姿势手拉小提琴，寓意为用音乐奏响爱国忧民、追求进步、勇于创新的不朽精神。作品以聂耳精神塑造丰碑，融爱国主义精神教育与美育一体，实为立德树人之举。

此外，在昆明新建云南文学艺术馆、聂耳小学母校即今天的长春小学、聂耳初中母校即今天的昆明第二中学均建有聂耳的塑像。

⑤ 晋宁郑和塑像——再现伟大航海家七下西洋壮举

明朝伟大的航海家郑和是云南人民的骄傲。永乐三年（1405年）至宣德八年（1433年）的28年间，郑和奉命率领庞大的船队七下西洋，到过亚非30多个国家和地区。郑和下西洋远航壮举，比欧洲著名航海家达·伽马绕好望角到达印度和哥伦布航行美洲等远航早半个多世纪。

1989年，为了纪念这位伟人的历史功绩，在郑和家乡晋宁郑和公园内塑起了一座宏伟的郑和塑像。塑像高8.55米，用花岗石制作。塑像以艺术的手法塑造了伟大航海家郑和的风采。他头戴乌纱帽，身着文官服，腰围玉带，左手持剑柄，右手握航海图，右脚跨步向前，气宇轩昂，端庄威严。塑像基座形似宝船船头，仿佛郑和站在高大的楼船上指挥庞大的船队航行。基座两侧的浮雕，是刻有斗大"郑"字的帅旗。塑像周围的平地上，铺有一千多块带有波纹的地砖。宛如郑和船队航行在波澜壮阔的海洋里。塑像及周围环境组成的画面，再现了当年郑和统率庞大船队七下西洋的航海活动。

这件作品由四川美术学院城市雕塑设计学院教授王官乙创作完成。

⑥ 大观楼长联作者——孙髯翁石雕坐像

坐落于大观楼公园大观楼前滨水平台西侧的孙髯石雕好似终日在吟他的180字长联。

此联出自昆明布衣、清代名士孙髯翁。据说孙髯一生下来就有胡须，所以取名叫"髯"，字髯翁。从小就有名气，诗文极好，精研诗词好格律。年轻时也想考官，来到考场看到要搜身，掉头就走，从此不问科举，终身为民。孙髯好梅花，曾自制一印章，上面刻"万树梅花一布衣"。当年五华山北麓有梅园，相传就是孙髯居所。

1998年为迎接'99昆明世界园艺博览会，挖掘和展示中国历史文化名楼大观楼的文化内涵，省、市政府及昆明市园林局投资对大观公园的古建筑、游路、水体、绿化全面进行环境整治。复制铜铸长联，绘画孙髯翁生平，雕塑孙髯翁坐像……雕塑面向全国范围征稿，经评审，由四川美术学院城市雕塑设计学院王官乙教授设计制作。雕像用浅红色花岗岩石材雕琢，通高2.7米，重6吨，1999年1月16日落成。

⑦ 云南雕塑大师袁晓岑的"金碧腾辉"

在昆明市博物馆门厅左前方水榭中，倒映出一座精美绝伦的青铜圆雕：一匹奔腾的骏马两蹄腾空，仰天嘶鸣，似要奔腾远去；一只娇艳灵秀的孔雀，伴随在它的身旁，似欲凌空飞起……二者之间搭配协调、和谐、流畅，充满动感的美，奇妙的构思显露出独特的风采与神韵，令观者惊叹不已。

这座名为《金碧腾辉》的雕塑，像高近4米，是2000年元旦昆明市人民政府为迎接新世纪到来而立，最初置于东风广场，后迁置到这里。这座圆雕的作者是著名中国画家、雕塑家袁晓岑先生。他创作这座雕塑时，已是85岁高龄。对祖国和昆明人民的热爱，使他产生了强烈的责任感，促使他创造了奇迹。袁晓岑在《金碧腾辉》的构思过程中写道："金马碧鸡是昆明古老的传说，历史的传承使金马碧鸡成为昆明的标志。

作品灵感来自清代孙髯翁大观楼长联中，将金马碧鸡比喻为'神骏'和'灵仪'，赋之以生命力与形象化。"

袁晓岑先生出身于贵州省普定县独山村，从小放马、爱马、画马。1938年考入云南大学读书，1942年毕业后，矢志不渝，在云南教书、从事雕塑和绘画创作。先后担任过昆明师范学院艺术系主任、云南艺术学院副院长。云南美丽的孔雀成了他的最爱，数十年来痴迷于孔雀画的创作，他的写意孔雀国画成为中国画坛上的新开创，是公认的我国孔雀画中的巅峰之作。2005年，为纪念世界人民反法西斯胜利六十周年，他创作的《驼峰情》雕塑群被运往北京，由中国人民军事博物馆收藏，与此同时，其复制品被运往了大洋彼岸的美国飞虎队老家——美国第十四航空军基地，成为中美人民友谊的永久纪念。昆明旅游度假区建有袁熙坤艺术馆，也收藏了《驼峰情》等系列雕塑和绘画作品。

⑧ 飞虎将军陈纳德雕像

2009年12月，云南艺术学院校庆50周年，袁熙坤向艺术学院捐赠了这尊"陈纳德"半身铜像，现存于云南艺术学院麻园校区。袁熙坤是云南雕塑大师袁晓岑的儿子和学生，当代著名雕塑家和画家，北京金台艺术馆馆长。近年来，袁熙坤成功地为众多历史名人和当今国际要人创作了百余尊雕像。

在这件陈纳德雕塑作品里，人物的个性和时代特征的共性、内容和形式得到了完美的统一。雕像脸部线条宛如刀削，皮肤粗糙如树皮，相貌粗犷而显力度，让我们看到了中国传统雕塑艺术线条上的流畅和西方雕塑在形体结构块面上的力度的结合。陈纳德雕像的每一个细节都饱含着创作者的理念，同时也浸透着创作者的心血。据说在此之前，袁熙坤曾把呕心沥血、花了几个月时间、已经制作完成的陈纳德雕像毁掉重来，原因竟是对原雕像神态上的一点点不满意。驻足仰视，陈纳德深邃、镇定自若的眉宇间流露出坚定、自信，同时兼有善良和慈祥；他眯起双眼注视着远方，那微微下撇的右嘴角绝妙地表现了陈纳德对敌人蔑视和对战争稳操胜券的必胜神态；他魁伟的体魄与整个雕塑浑然一体，在显示力量、阳刚之美的同时，更给人一种安全感。袁熙坤把陈纳德的正气凛然、刚柔相济及必胜信念，表现得淋漓尽致，蕴含着今天生活在和平环境中善良的人们对英雄的美好憧憬和向往。

袁熙坤与陈纳德的结缘始于他的诞生。1944年6月，伴随着二战的硝烟，袁熙坤在昆明市北门街的教会医院——惠滇医院呱呱坠地。稍微懂事时，外婆告诉他："因为有美国援华空军飞虎队司令陈纳德飞机的护佑，你才得以顺利降生。"那时起，陈纳德的志愿精神和英雄主义便在袁熙坤年幼的心灵里埋下了种子。

⑨ 海鸥老人雕塑

在红嘴鸥聚集的昆明市中心翠湖公园有一尊慈祥老人的雕像，这尊青铜雕塑是为了纪念"海鸥老人"吴庆恒。他虽然已经辞世，但这尊海鸥老人雕塑永远定格住了人鸥和谐共处的美丽画卷。雕塑画面生动真实，表现这位老人坐在翠湖边，面带微笑，一只手捧满鸥食伸向空中，在他的手上、身上，停满了可爱的"小精灵"红嘴鸥。用普通人喂养海鸥的言行纪念昆明从1985年就成为与海鸥结缘的生态城市。

雕塑由云南艺术学院老师杨远冰创作完成，云南大学著名学者张文勋为雕塑撰写了文言碑记。

（2）城市公共雕像类

改革开放40多年来，随着市民对公共文化、审美艺术的认识和需求不断提高，昆明市区建设了一批有一定文化底蕴的城市雕塑作品，在营造公共环境、提升文化品位、塑造特色风貌等方面发挥了良好作用。

① 滇池民族团结组雕

20世纪80年代初期，改革开放在我国刚刚起步，到处一派生机盎然。当时，昆明主要街道车辆并不多，美化城市时新十字街道中央修建了街心花园。1984年，东站十字街心处建起了一座转盘式的街心花园，它四周围绕带形水池，中间塑有大型民族团结圆雕，由云南艺术学院雕塑系老师集体创作，用白色水泥塑成，表现了各族青年载歌载舞迎接远方的客人的欢乐情景及团结和谐的气氛，神态十分自然、生动。这是当时昆明第一件大型城市公共雕塑。

2002年，为缓解城市交通压力，拓宽道路，街心花园被拆除，民族团结塑像也被移往海埂公园，但这一雕塑却一直留在昆明市民的记忆中。2020年，为了迎接联合国第十五届生物多样性大会在昆明召开，昆明市决定着力提升改造重要道路景观，民族

滇池路民族团结雕塑

大团结雕塑作为昆明曾经的艺术名片，被纳入恢复重建项目。2020年10月1日在滇池路与红塔东路交会进入云南民族村前道路中，重建的民族团结雕塑（又称"滇池圆舞曲"）与市民见面，整座雕塑用汉族、彝族、白族、傣族、苗族、佤族等6名青年形象展示云南各族人民团结和谐、载歌载舞，迎接世界各地嘉宾的生动场面。雕塑仍然由云南艺术学院原班人马完成。现在这组雕塑与滇池路沿线民族乐器组成的雕塑群融为一体，增添了昆明旅游度假区的民族特色。

② 牛虎铜案雕塑

1987年，云南省博物馆（今云南美术馆）门前，昆明东风西路与五一路交叉口建起了一座青铜牛虎铜案雕塑。这件仿青铜雕塑牛虎铜案，是根据1972年江川李家山古墓群出土的战国时期古滇国文物牛虎铜案放大复制的。高2.4米，长3.5米，宽1.3米。牛虎铜案是云南乃至全国青铜文化的精品，是云南省博物馆的镇馆之宝。李家山古墓群出土的文物遗存为研究古滇青铜文化、研究云南少数民族历史提供了极为重要的实物资料。

这件雕塑主体为一头牛，以牛的四足为案足，牛背为椭圆形微凹的案面。牛的尾部为一只直立的猛虎，虎口紧咬牛尾，前肢紧抓牛臀。在牛的四足，即案足之间，又另有一头小牛犊，使整个铜案的造型愈益完美。老牛的凝重，小牛的憨态可掬，猛虎的凶残，都刻画得活灵活现。

牛虎铜案不仅是艺术珍品，而且其设计与制作符合力学原理。20世纪60年代，著名物理学家钱学森到省博物馆参观，看到牛虎铜案这一文物时惊叹不已，并说，大牛四足的下面有一个小牛犊，不仅表现了大牛的母爱，而且使铜案的重心更稳。再者，铜案的前面是个硕大的牛头，为了保持铜案前后的平衡与对称，在铜案的后面铸了一只老虎，这充分表现了古代艺术大师的智慧。

③ 滇缅公路纪念雕塑群

2004年，滇缅公路320国道（眠山—车家壁）段建起了一组纪念抗日战争期间修筑滇缅公路的雕塑群，雕塑群以青砂石为材料砌筑，长50米、宽4米、高10米，由一组大型圆雕及基座部分长卷式的浮雕组合而成，展现了当年沿线各族人民修筑道路的动人场景。在昆明市人民西路西口与春雨路交会的丁字路口西侧的眠山上，建有一座"滇缅公路纪念雕塑群"，2004年8月15日这天（日本宣布无条件投降59周年纪念日），由昆明市320国道改扩建指挥部和西山区人民政府建立落成。

"雕塑群"由两座圆雕、一块碑记和两块浮雕组成。圆雕塑在山坡上，右边的一组有两座雕像，一座表现一个用布兜兜着一个幼儿背在背上的女民工正用双手吃力地把握住一杆钢钎（炮杆），另一个男民工挥舞着大铁锤对准钢钎进行击打——打炮眼。另一座表现一个男民工用铁锤在敲碎石头，用以铺路，左面的圆雕是表现筑路民工用十字镐挖路，后面有一群民工前拉后推，用一个巨大的石碾子压路，两组圆塑都反映出当时缺乏机械，全赖人力和近乎原始的工具材料筑路的艰难。

圆雕下面的山壁上镶有两块浮雕和一块碑记，右边的浮雕表现了各族民工赶赴工地，工程技术人员正在进行测量以及民工协助抗日军队运送军粮的情景。左边的浮雕表现了回国参加抗日的南侨机工正在抢修汽车（换轮胎）和机工受伤、牺牲，家属献花表示哀悼以及一群民工正在抢运木料修路建桥的情景。中间的碑记记叙了1937年12月至次年8月抢修滇缅公路西段（从下关到畹町）的艰辛历程和该路抢通后对抗日的重大贡献。

④ 东西寺塔老昆明市井生活雕塑

2002年，昆明市恢复重建了近日楼和第一条东西寺塔文化步行街落成，云南艺术学院的师生们奉献了一组怀旧的青铜雕塑。仿古的街道与旧时的百姓生活相得益彰，仿佛是穿越了时间的隧道，复活了往日的历史。这一组《贩物》《赶马》《下棋》《补碗》《打更》的民国时期街头百姓人物，静静地伫立在街头，它们的形体和姿态仿佛是在向人们无声地诉说那被一段被历史的风尘所掩埋了的故事，它们展示着在那个时代人们的希望和憧憬、辛劳和悠闲……它们在告诉今天的人们，过去我们曾经像这样生活。

⑤ 南屏步行街城市雕塑

2005年，昆明南屏步行街开街。由云南艺术学院、昆明开方公司夏维、陈龙生、

遛鸟

照相

挑水

叫卖

跳海牌

郁川、彭智仁、陈长伟等艺术家精心创作的《遛鸟》《照相》《挑水》《跳海牌》和《叫卖》五组青铜雕塑同步完成，精心点缀在南屏步行街。雕塑与环境的关系浑然一体，使天、地、人达到和谐、高雅，优美，把形、体、光和动感与静感等艺术熔于一炉，使老昆明的世情得到了很好的展示。

⑥ 海埂大坝观景步道雕塑群

2018年，昆明旅游度假区在新改扩建的5千米海埂大坝观景步行道边建起了一组昆明历史文化长廊，以古滇文明、唐建拓东城、元修松华坝、明代昆八景、郑和下西洋、孙髯吟长联、聂耳创作国歌等为题材展示2000多年的文化辉煌，为滇池增添了文化内涵。

三、未来昆明城市雕塑前瞻

一个城市的发展，既需要具有时代特点的大都市形象，也要充分利用历史文化资源，保留浓郁的地方特色和历史文脉，形成独特的城市个性。因此，城市雕塑作品不仅仅是艺术家个人的艺术追求，而且包含了艺术融入大众生活、实现审美共享的文化追求。在城市空间、城市生活越来越同质化的今天，城市雕塑可以发挥不一样的作用。近年来，随着市民对提升历史文化名城品质和城市公共文化艺术追求的提高，新时代条件下需要规划引领一批品位高雅、特色鲜明的城市公共雕塑。

习近平总书记多次强调要坚定文化自信，讲好中国故事，创作无愧于时代的优秀作品。要充分认识大型城市雕塑的重要作用，贯彻新发展理念，构建新发展格局，坚持以人民为中心的创作导向，树立正确的政绩观、文化观、价值观和审美观，切实在城市雕塑建设管理中坚定文化自信，增强文化自觉，弘扬中华优秀传统文化，反映人民群众精神追求，传播新时代中国价值理念。

城市雕塑是集城市特色性、科学规划性、文化艺术性为一体的综合工程，需多部门联动才能有较好的效果。建议由城市规划部门编制城市雕塑建设规划，并纳入历史文化名城规划，宣传文化部门做好雕塑思想性、艺术性、大众性的立意审定工作，城市管理部门做好雕塑放置公共环境的布局工作，确保雕塑的形体与城市功能、环境、空间尺度相匹配，雕塑的内涵与城市历史、文化、景观风貌等相协调。坚持讲品位、讲格调、讲责任，抵制低俗庸俗媚俗的作品，支持和引导城市雕塑创作人员树立以人民为中心的创作导向，创作彰显时代特色、体现艺术水准的精品力作。

在城市雕塑作品方案决策过程中，一定要体现开放性，相信市民的欣赏水平和艺术素养，广泛听取各方面特别是专家的意见，引导广大群众共同参与城市雕塑建设。积极利用互联网和各类新闻媒体进行宣传报道，组织开展公众喜爱的雕塑作品评选活动，开辟专题专栏，宣传展示城市雕塑艺术成果，普及城市雕塑知识，提高市民艺术鉴赏力，增加公众知晓度和参与度。

在昆明市建设区域性国际中心城市的进程中，建议昆明规划建设一批城市精品雕塑，提升昆明城市文化品质。

1. 市中心用春融万物的理念建春城花都主题雕塑，与"春城温度计"塔楼结合

市中心用春融万物的理念建春城花都主题雕塑，放置在"春城温度计"塔楼前方，将成为昆明形象的城市地标。

"春城"是昆明内涵最深厚、特色最鲜明、知名度最高的文化品牌。春城的自然含义就是四季如春之义，"天气常如二三月，花枝不断四时春"是她的城市符号，蓝天、白云、绿树、鲜花，空气绝佳、环境宜居、生态良好，是她的自然环境。春城的文化含义就是春融万物之义。春融万物表达了一种生机勃勃、万物生长、向上向善、人与自然和谐发展的人文环境。

从历史看，"春融万物"的寓意赋予城市，积淀了昆明是一座历史文化厚重、文化名人辈出的城市；从现实看，"春融万物"的意境活力城市，体现了昆明是一座生态园林、宜居休闲的城市；从未来看，"春融万物"的梦想建设城市，开敞大气、和谐包容、创新创业，昆明将建设成为世界花都、区域性的国际城市和世界旅游目的地。

2. 聂耳故居旁甬道街与光华街中心建人民音乐家聂耳雕塑

聂耳是中国共产党党员、人民音乐家、中华人民共和国国歌的曲作者。聂耳是昆明城市近现代历史中最具代表性的人物，是从昆明走向世界的人民音乐家，是昆明这座历史文化名城中最重要的文化符号和首席城市名片。聂耳最值得昆明人骄傲的是：昆明是他的出生地、学习成长地、音乐培育地、革命启蒙地和终焉之地。在他出生的地方，为聂耳这样一位杰出的艺术家、革命者、文化先贤塑像是当之无愧之举。

3. 龙泉古镇建西南联大名人雕像群

西南联大文化现象是一个具有"国家记忆"性质和世界影响力的文化遗产，是昆明独有的文化标识，具有为"国家留史，民族留记，英才留传"的重要作用，留下了中国教育文化发展史中的传奇故事，成为昆明历史文化名城不可或缺的重要支撑。

抗战时期，为躲避日寇飞机轰炸，在昆明北郊龙泉古镇这片小小的几平方千米土地上，聚集了中国清华、北大、南开历史上熠熠生辉的32位大师级人物和一批中央研究机构，是抗战时期大后方文化中心的重要见证，是海峡两岸学术、文化同宗同源的联系纽带，其价值在全国具有不可复制性与唯一性，具有极大的文化旅游资源开发潜力。如，梁林旧居、朱自清旧居、闻一多旧居、中国营造学社旧址、中国历史语言研究所旧址（冯友兰旧居）……在这里，在这里建西南联大名人雕塑群，具有唯一性和独特性，可以彰显昆明历史文化名城的重要价值。

4. 市中心广场母亲河盘龙江东岸建近现代城市历史雕塑群

可选择以下历史事件：

——1911年辛亥重九起义，近代昆明最重要的历史事件。

——1915年昆明护国首义，昆明人敢为人先反对帝制，维护共和的重大举措。

——1936年西南联大，昆明成为中国教育科技文化中心的记录。

——1950年昆明解放，昆明历史重大事件。

——改革开放（昆明建立三个国家级开发区、举办第三届中国艺术节）。

——海鸥与人（昆明生态环境与人和谐共处的记录）。

——'99世界园艺博览会（昆明举办过的第一个国际会展活动）。

——滇池治理（昆明坚持不懈保护生态环境的见证）。

——南亚博览会（昆明面向南亚东南亚开放发展的重要平台）。

——COP15联合国生物多样性大会（昆明成为全球生物多样性样板的见证）。

——展望未来区域性国际城市……

城市文化通识

昆明

KUNMING CHENGSHI
WENHUA TONGSHI

附 录

一、昆明市全国重点文物保护单位名录

（截止2023年共计27项）

▼

序号	文物保护单位名称	公布级别	公布批次	公布类别	建成时间	公布地址（州、市）	公布地址（市、县、区）	公布地址	公布时间
1	地藏寺经幢	全国重点文物保护单位	2	石窟寺及石刻	宋	昆明市	官渡区	吴井街道办事处石井社区市博物馆	1982
2	王仁求碑	全国重点文物保护单位	6	石窟寺及石刻	唐	昆明市	安宁市	街镇小石庄村后山	2006
3	马哈只墓碑	全国重点文物保护单位	6	石窟寺及石刻	明	昆明市	晋宁区	晋宁郑和公园内	2006
4	云南陆军讲武堂旧址	全国重点文物保护单位	3	近现代	1909—1928年	昆明市	五华区	翠湖西路22号	1988
5	聂耳墓	全国重点文物保护单位	3	近现代	1938—1939年	昆明市	西山区	西山森林公园内	1988
6	石龙坝水电站	全国重点文物保护单位	6	近现代	清	昆明市	西山区	海口街道青鱼社区	2006
7	国立西南联合大学旧址	全国重点文物保护单位	6	近现代	民国	昆明市	五华区	云南师范大学内	2006
8	抗战胜利纪念堂	全国重点文物保护单位	6	近现代	民国	昆明市	五华区	云瑞西路39号	2006
9	福林堂	全国重点文物保护单位	7	近现代	1857年	昆明市	五华区	光华街31号	2013
10	丹桂村中央红军总部驻地旧址与金沙江皎平渡口	全国重点文物保护单位	7	近现代	1935年	昆明市	寻甸回族彝族自治县、禄劝彝族苗族自治县	（丹桂村中央红军总部驻地旧址）寻甸县柯渡镇丹桂村委会丹桂村红军长征柯渡纪念馆内、（金沙江皎平渡口）禄劝县皎西乡皎平村委会金沙江畔	2013
11	石寨山古墓群	全国重点文物保护单位	5	古墓葬	战国至汉	昆明市	晋宁区	上蒜镇石寨村	2001
12	太和宫金殿	全国重点文物保护单位	2	古建筑	清	昆明市	盘龙区	金殿公园内	1982
13	妙湛寺金刚塔	全国重点文物保护单位	4	古建筑	明	昆明市	官渡区	官渡街道官渡社区螺峰村	1996
14	筇竹寺	全国重点文物保护单位	5	古建筑	清	昆明市	五华区	玉案山山腹	2001
15	惠光寺塔和常乐寺塔	全国重点文物保护单位	6	古建筑	唐、清	昆明市	西山区	常乐寺塔（东寺塔）位于昆明市书林中段东侧，慧光寺塔（西寺塔）位于昆明市东寺街中段104号	2006
16	曹溪寺	全国重点文物保护单位	6	古建筑	明至清	昆明市	安宁市	温泉镇龙山腰	2006
17	安宁文庙	全国重点文物保护单位	6	古建筑	元至明	昆明市	安宁市	连然街122号	2006
18	真庆观古建筑群	全国重点文物保护单位	6	古建筑	明至清	昆明市	盘龙区	拓东路与白塔路交叉口	2006
19	大观楼	全国重点文物保护单位	7	古建筑	清	昆明市	西山区	大观公园内	2013
20	河泊所遗址	全国重点文物保护单位	3	古遗址	战国至汉	昆明市	晋宁区	上蒜镇河泊所村委会河泊所村	2019
21	赛典赤·赡思丁墓	全国重点文物保护单位	8	古墓葬	元、清至民国	昆明市	盘龙区、官渡区	盘龙区龙泉街道上坝社区马家庵村；官渡区吴井街道民航路社区五里多小学内	2019

序号	文物保护单位名称	公布级别	公布批次	公布类别	建成时间	公布地址（州、市）	公布地址（市、县、区）	公布地址	公布时间
22	海口川字闸	全国重点文物保护单位	8	古建筑	清	昆明市	西山区	海口街道海门社区老中滩街滇池出水口处	2019
23	温泉摩崖石刻群	全国重点文物保护单位	8	石窟寺及石刻	明至民国	昆明市	安宁市	温泉街道温泉社区居委会	2019
24	云南大学会泽院	全国重点文物保护单位	8	近现代重要史迹及代表性建筑	1924年	昆明市	五华区	云南大学内	2019
25	昆明卢氏公馆	全国重点文物保护单位	8	近现代重要史迹及代表性建筑	1933年	昆明市	五华区	翠湖南路4号	2019
26	凤凰山天文台近代建筑	全国重点文物保护单位	8	近现代重要史迹及代表性建筑	1939年	昆明市	官渡区	金马街道办事处方旺社区大羊方旺村	2019
27	中央电工器材厂一厂旧址	全国重点文物保护单位	8	近现代重要史迹及代表性建筑	民国	昆明市	西山区	春雨路615号昆明电缆厂内	2019

二、昆明市省级文物保护单位名录

（截止2023年共计73项）

序号	文物保护单位名称	公布级别	公布批次	公布类别	建成时间	公布地址（州、市）	公布地址（市、县、区）	公布地址	公布时间
1	王德三、吴澄、马登云三烈士墓	省级	1	革命遗址及革命纪念建筑物	中华民国	昆明市	盘龙区	茨坝街道黑龙潭公园内东南角半山坡	1983
2	法华寺石窟	省级	1	石窟寺及石刻	宋	昆明市	安宁市	安宁市连然街道桃花村委会小桃村小组	1983
3	朱德赠映空和尚诗文碑	省级	2	革命遗址及革命纪念建筑物	中华民国	昆明市	盘龙区	青云街道昙华寺公园内	1983
4	兰茂墓及兰祠	省级	2	古建筑	明至清	昆明市	嵩明县	嵩明县杨林镇老城村委会南街141号	1983
5	彝、汉文摩崖	省级	2	近现代重要史迹及代表性建筑	明	昆明市	禄劝县	屏山街道发明村委会法尼则村	1983
6	中共云南地下党建党旧址	省级	3	近现代重要史迹及代表性建筑	20年代中期	昆明市	五华区	节孝巷39号	1987
7	朱德旧居	省级	3	其他	20年代初	昆明市	五华区	华山西路红花巷4号	1987
8	唐继尧墓	省级	3	其他	1932年	昆明市	五华区	圆通公园内	1987
9	云南贡院（含熊庆来、李广田旧居）	省级	3	古建筑	明至清	昆明市	五华区	云南大学内	1987
10	升庵祠	省级	3	古建筑	清	昆明市	西山区	碧鸡街道高峣村老高海公路旁	1987
11	金沙江树桔红军渡	省级	3	近现代重要史迹及代表性建筑	民国	昆明市	东川区	东川区拖布卡镇树桔村西500米	1987
12	观音洞壁画	省级	3	石窟寺及石刻	元	昆明市	晋宁区	上蒜镇小朴村委会观音山顶部	1987
13	三台山石刻	省级	3	石窟寺及石刻	大理国	昆明市	禄劝县	禄劝县屏山街道克梯村委会咪达拉村	1987
14	龙潭山古人类遗址	省级	3	古遗址	旧石器时代	昆明市	呈贡区	呈贡区大渔街道月角社区东南	1987

序号	文物保护单位名称	公布级别	公布批次	公布类别	建成时间	公布地址（州、市）	公布地址（市、县、区）	公布地址	公布时间
15	云南第一天文点	省级	4	近现代重要史迹及代表性建筑	清至民国	昆明市	五华区	云南大学内	1993
16	龙泉观与黑龙宫	省级	4	古遗址及古建筑	明	昆明市	盘龙区	茨坝街道和平社区黑龙潭公园内	1993
17	一得测候所	省级	4	近现代重要史迹及代表性建筑	民国	昆明市	西山区	西山风景区美人峰顶太华山气象站内	1993
18	西山龙门	省级	4	石窟寺及石刻	明至清	昆明市	西山区	西山风景区顶端	1993
19	盘龙寺	省级	4	古建筑	元至清	昆明市	晋宁区	晋城镇东三千米盘龙山	1993
20	法明寺大雄宝殿及塔	省级	4	古建筑	清	昆明市	宜良县	寿山路56号	1993
21	战斗水库纪念碑	省级	4	近现代重要史迹	1958年	昆明市	寻甸县	七星镇江外村委会凤龙湾村村东风龙湾水库大坝东侧	1993
22	木克红军壁画	省级	4	壁画	1935年	昆明市	禄劝县	九龙镇木克村委会木克村	1993
23	茂麓冶铜遗址	省级	4	古遗址	清	昆明市	东川区	东川区舍块乡茂麓村	1993
24	圆通寺	省级	5	古建筑	清-民国	昆明市	五华区	圆通街42号	1998
25	护国桥	省级	6	近现代重要史迹及代表性建筑	民国	昆明市	五华区	护国路路口	2003
26	聂耳故居	省级	6	其他	民国	昆明市	五华区	甬道街73、74号	2003
27	钱沣墓	省级	6	古墓葬	清	昆明市	盘龙区	清水河畔清水木华楼盘内	2003
28	官渡土主庙与法定寺正殿	省级	6	古建筑	清	昆明市	官渡区	官渡街道官渡社区螺峰村	2003
29	九乡张口洞古人类穴居遗址	省级	6	古遗址	旧石器时代	昆明市	宜良县	九乡风景区	2003
30	嘉丽泽洪痕海拔石刻	省级	6	石窟寺及石刻	清—民国	昆明市	嵩明县	牛栏江镇罗邦村委会村罗邦村鲇鱼洞口	2003
31	普渡河铁索桥及普渡河红军烈士墓	省级	6	近现代重要史迹及代表性建筑	1928年、1935年	昆明市	禄劝县	禄劝县翠华镇者广小河塘村	2003
32	福春恒商号旧址	省级	7	近现代重要史迹及代表性建筑	民国	昆明市	五华区	正义路小银柜巷8号	2012
33	文明街马家大院	省级	7	近现代重要史迹及代表性建筑	民国	昆明市	五华区	正义路小银柜巷7号	2012
34	基督教青年会旧址	省级	7	近现代重要史迹及代表性建筑	民国	昆明市	五华区	鼎新街4号	2012
35	云南省博物馆大楼	省级	7	近现代重要史迹及代表性建筑	1962年	昆明市	五华区	五一路118号	2012
36	云南艺术剧院	省级	7	近现代重要史迹及代表性建筑	1957年	昆明市	五华区	东风西路81号	2012
37	黑龙宫与青龙宫	省级	7	古遗址及古建筑	明	昆明市	盘龙区	滇源镇白邑村	2012
38	梁思成、林徽因旧居	省级	7	近现代重要史迹及代表性建筑	中华民国	昆明市	盘龙区	龙泉街道宝云社区棕皮营村	2012
39	北京路石房子	省级	7	近现代史迹及其代表性建筑	中华民国	昆明市	盘龙区	拓东街道尚义社区市北京路427号	2012
40	西园	省级	7	近现代重要史迹及代表性建筑	民国	昆明市	西山区	碧鸡街道龙门社区老高海公路旁	2012
41	中国远征军将官住所旧址	省级	7	近现代重要史迹及代表性建筑	民国	昆明市	西山区	碧鸡街道高峣村冷水塘1号	2012
42	金马寺	省级	7	古建筑	明	昆明市	官渡区	金马街道金马社区金马村	2012
43	文明阁建筑群	省级	7	古建筑	清	昆明市	官渡区	官渡街道官渡社区螺峰村	2012
44	王家营古墓群	省级	7	古墓葬	明	昆明市	呈贡区	呈贡区洛龙街道王家营社区居委会东600米，西邻市级行政中心100米	2012
45	大桥村安顺桥	省级	7	古建筑	清光绪十九年	昆明市	东川区	云南省昆明市东川区汤丹镇大桥村	2012
46	上蒜人民公社旧址	省级	7	近现代重要史迹及代表性建筑	1959年	昆明市	晋宁区	上蒜镇上蒜村委会上蒜村中部	2012

序号	文物保护单位名称	公布级别	公布批次	公布类别	建成时间	公布地址（州、市）	公布地址（市、县、区）	公布地址	公布时间
47	宜良文庙	省级	7	古建筑	清	昆明市	宜良县	匡山东路126号	2012
48	八街文庙建筑群	省级	7	古建筑	清	昆明市	安宁市	安宁市八街街道八街村委会八街村小组	2012
49	大德寺双塔	省级	8	古建筑	1484年	昆明市	五华区	华山街道青年路社区华山东路70号	2019.3
50	石屏会馆	省级	8	近现代重要史迹及代表性建筑	民国	昆明市	五华区	华山街道翠湖南路社区中和巷24号	2019.3
51	王九龄旧居	省级	8	近现代重要史迹及代表性建筑	民国	昆明市	五华区	华山街道文林社区翠湖北路	2019.3
52	昆明袁嘉毅旧居	省级	8	近现代重要史迹及代表性建筑	民国	昆明市	五华区	华山街道文林社区翠湖北路51号	2019.3
53	昆明胡志明旧居（含华山南路81号民居）	省级	8	近现代重要史迹及代表性建筑	民国	昆明市	五华区	护国街道文庙社区华山南路89-91号	2019.3
54	周钟岳旧居	省级	8	近现代重要史迹及代表性建筑	民国	昆明市	五华区	华山街道翠湖北路社区翠湖北路18号	2019.3
55	昆明国际无线电台旧址之团山发信台	省级	8	近现代重要史迹及代表性建筑	民国	昆明市	五华区	黑林铺街道黑林铺社区小团山村	2019.3
56	闻一多、朱自清旧居	省级	8	近现代重要史迹及代表性建筑	民国	昆明市	盘龙区	龙泉街道宝云社区司家营村61号	2019.3
57	严济慈、蔡希陶旧居	省级	8	近现代重要史迹及代表性建筑	民国	昆明市	盘龙区	茨坝街道中国科学院昆明植物研究所内	2019.3
58	震庄历史建筑群	省级	8	近现代重要史迹及代表性建筑	民国	昆明市	盘龙区	拓东街道北京路514号	2019.3
59	昆明国际无线电支台旧址之红庙收信台	省级	8	近现代重要史迹及代表性建筑	1937年	昆明市	西山区	老海埂路358号	2019.3
60	云南水泥厂立窑	省级	8	近现代重要史迹及代表性建筑	民国	昆明市	西山区	海口蒋凹村旁原云南水泥厂内	2019.3
61	高庙兴国寺	省级	8	古建筑	明、清	昆明市	官渡区	矣六街道渔村社区高庙村	2019.3
62	巫家坝机场旧址民国时期候机楼	省级	8	近现代重要史迹及代表性建筑	民国	昆明市	官渡区	关上街道关上南路98号院内	2019.3
63	天子庙古墓群	省级	8	古墓群	战国、西汉	昆明市	呈贡区	斗南街道古城社区居委会东1500米	2019.3
64	冰心默庐	省级	8	名人故居	民国	昆明市	呈贡区	龙城街道城内社区三台路38号	2019.3
65	张天虚故居	省级	8	名人故居	民国	昆明市	呈贡区	龙城街道龙街中段	2019.3
66	大古城魁阁	省级	8	古建筑	清	昆明市	呈贡区	龙城街道古城社区中部	2019.3
67	呈贡文庙	省级	8	古建筑	清	昆明市	呈贡区	龙城街道城内社区居委会东门街	2019.3
68	玉碑地遗址	省级	8	古遗址	新石器时代、汉	昆明市	东川区	铜都街道玉碑地村内	2019.3
69	国立艺专旧址	省级	8	近现代重要史记及代表性建筑	民国	昆明市	晋宁区	晋城镇安江村委会安江村	2019.3
70	富民文庙	省级	8	古建筑	清	昆明市	富民县	永定街道县城文昌路西富民第一中学内	2019.3
71	贪官许良安遗臭碑	省级	8	近现代重要史迹及代表性建筑类	1944年	昆明市	石林县	鹿阜街道南门街168号武庙内	2019.3
72	石林文庙	省级	8	古建筑	明嘉靖三十五年	昆明市	石林县	鹿阜街道东门社区阿诗玛北路161号	2019.3
73	丹桂清真寺	省级	8	古建筑	清	昆明市	寻甸回族彝族自治县	柯渡镇丹桂村	2019.3

三、昆明市市级文物保护单位名录

（截止2023年共计154项）

序号	文物保护单位名称	公布级别	公布批次	公布类别	建成时间	公布地址（州、市）	公布地址（市、县、区）	公布地址	公布时间
1	北门书屋	市级	1	近现代重要史迹及代表性建筑	1942年	昆明市	五华区	华山街道北门社区北门街68号	1983
2	明代城墙残段	市级	1	古遗址	明	昆明市	五华区	华山街道圆通东路社区青年路92号昆明动物园内	1983
3	潘琰、李鲁连、张华昌烈士殉难处纪念碑	市级	1	近现代重要史迹及代表性建筑	近现代（1946年）	昆明市	五华区	龙翔街道凤翥社区龙翔街137号	1983
4	闻一多旧居(含殉难处)	市级	2	近现代重要史迹及代表性建筑	1946年	昆明市	五华区	华山街道钱局社区西仓坡6号云南师范大学幼儿园内	1987
5	黄武毅公祠	市级	2	古建筑	1918年	昆明市	五华区	华山街道翠湖南路社区黄公西街毓英小学内	1987
6	铜犴	市级	1	近现代重要史迹及代表性建筑	1864年	昆明市	五华区	护国街道金牛社区南太桥科技大楼下	1983
7	文庙棂星门	市级	3	近现代重要史迹及代表性建筑	清	昆明市	五华区	护国街道文庙社区人民中路	1993
8	灵源别墅	市级	2	近现代重要史迹及代表性建筑	1932年	昆明市	五华区	黑林铺街道海源社区海源寺村900号	1987
9	商埠界址碑	市级	5	石窟寺及石刻	清	昆明市	五华区	护国街道金牛社区金牛街南口	2011
10	圆通山石牌坊	市级	5	近现代重要史迹及代表性建筑	民国	昆明市	五华区	华山街道圆通东路社区青年路92号昆明动物园	2011
11	妙高寺继喜亭记碑	市级	5	石窟寺及石刻	明	昆明市	五华区	黑林铺街道海源社区	2011
12	大富春街何氏宅院	市级	5	近现代重要史迹及代表性建筑	民国	昆明市	五华区	大观街道富春社区大富春街51号	2011
13	惠家大院门楼	市级	5	近现代重要史迹及代表性建筑	民国	昆明市	五华区	黑林铺街道龙院社区龙院村133号	2011
14	昆明自来水厂泵房旧址	市级	5	近现代重要史迹及代表性建筑	民国	昆明市	五华区	华山街道翠湖南路社区翠湖公园九龙池	2011
15	文明街欧阳氏宅院	市级	5	近现代重要史迹及代表性建筑	民国	昆明市	五华区	护国街道景星社区文明街11号	2011
16	云南大学物理三馆（含钟楼）	市级	5	近现代重要史迹及代表性建筑	1954年	昆明市	五华区	华山街道云南大学社区翠湖北路2号	2011
17	黄河巷杨氏公馆	市级	5	近现代重要史迹及代表性建筑	民国	昆明市	五华区	华山街道五华山社区黄河巷37号	2011
18	翠湖南路65号宅院	市级	5	近现代重要史迹及代表性建筑	民国	昆明市	五华区	华山街道翠湖南路社区翠湖南路65号	2011

序号	文物保护单位名称	公布级别	公布批次	公布类别	建成时间	公布地址（州、市）	公布地址（市、县、区）	公布地址	公布时间
19	范石生旧居及范石生墓	市级	5	近现代重要史迹及代表性建筑	民国	昆明市	五华区	普吉街道联家社区范家营村	2011
20	西南联大教学楼和援华美军空军招待所旧址（含将军公馆）	市级	5	近现代重要史迹及代表性建筑	民国	昆明市	五华区	龙翔街道西站社区滇缅大道280号	2011
21	华山南路81号民居	市级	5	近现代重要史迹及代表性建筑		昆明市	五华区	华山南路81号	
22	昆明广播电台旧址	市级	6	近现代重要史迹及代表性建筑	民国	昆明市	五华区	龙翔街道红菱社区人民西路94号	2014
23	航空委员会第一飞机制造厂旧址	市级	6	近现代重要史迹及代表性建筑	民国	昆明市	五华区	黑林铺街道昭宗社区昭宗村	2014
24	永乐铜钟	市级	1	古建筑及历史纪念建筑物	明	昆明市	盘龙区	青云街道金殿公园内	1983
25	顾品珍墓	市级	5	近现代重要史迹及代表性建筑	民国	昆明市	盘龙区	茨坝街道黑龙潭公园后山	2011
26	庾恩旸墓	市级	6	近现代重要史迹及代表性建筑	民国	昆明市	盘龙区	青云区街道伍家村金殿公园内	2014
27	中央研究院历史语言研究所旧址（含冯友兰旧居）	市级	5	近现代重要史迹及代表性建筑	民国	昆明市	盘龙区	龙泉街道宝云社区宝台山	2011
28	中国营造学社旧址	市级	5	近现代重要史迹及代表性建筑	民国	昆明市	盘龙区	龙泉街道宝云社区麦地村兴国庵	2011
29	中国人民解放军莅昆纪念门	市级	5	近现代重要史迹及代表性建筑	1950年	昆明市	盘龙区	拓东街道拓东路东段云南省体育局	2011
30	曾恕怀旧居	市级	6	近现代重要史迹及代表性建筑	民国	昆明市	盘龙区	鼓楼街道凤凰社区凤凰村8号	2014
31	三清阁	市级	1	古建筑	清	昆明市	西山区	西山风景区核心区内	1983
32	杨杰墓	市级	3	近现代重要史迹及代表性建筑	1950年	昆明市	西山区	高峣后山二道弯山坡上	1993
33	张天虚墓	市级	1	近现代重要史迹及代表性建筑	民国	昆明市	西山区	高峣后山二道弯山坡上	1983
34	太华寺	市级	1	古建筑	清	昆明市	西山区	西山风景区太华山腹	1983
35	华亭寺	市级	1	古建筑	清	昆明市	西山区	西山风景区华亭山麓	1983
36	磊楼	市级	5	近现代重要史迹及代表性建筑	民国	昆明市	西山区	白鱼口云南省工人疗养院内	2011
37	周培源旧居	市级	5	近现代重要史迹及代表性建筑	民国	昆明市	西山区	龙门湿地公园内	2011
38	盘龙阁	市级	5	近现代重要史迹及代表性建筑	民国	昆明市	西山区	盘龙路8号院内	2011
39	倪蜕墓	市级	5	古墓葬	清	昆明市	西山区	马街中村宝珠山麓处	2011
40	观音山观音寺	市级	6	古建筑	清	昆明市	西山区	观音山村石嘴山上	2014
41	甘美医院旧址	市级	6	近现代重要史迹及代表性建筑	民国	昆明市	西山区	巡津街35号市第一人民医院内	2014
42	巡津新村裴氏楼	市级	6	近现代重要史迹及代表性建筑	民国	昆明市	西山区	巡津街5号院内	2014
43	陈荣昌墓	市级	6	近现代重要史迹及代表性建筑	1936年	昆明市	西山区	西山猫猫箐小石林	2014
44	普坪石刻	市级	6	石窟寺及石刻	民国	昆明市	西山区	普坪村春雨路旁	2014
45	妙湛寺东塔	市级	1	古建筑	元	昆明市	官渡区	官渡街道官渡社区螺峰村	1983
46	万寿楼	市级	5	古建筑	清	昆明市	官渡区	小板桥社区居委会东廊村镇中街13号	2011

序号	文物保护单位名称	公布级别	公布批次	公布类别	建成时间	公布地址（州、市）	公布地址（市、县、区）	公布地址	公布时间
47	龙泉寺	市级	5	古建筑	清	昆明市	官渡区（空港经济区）	大板桥街道板桥社区	2011
48	长坡古驿道	市级	5	古遗址	清	昆明市	官渡区（空港经济区）	大板桥街道长水社区长坡村村北	2011
49	锁龙庵	市级	5	古建筑	清	昆明市	官渡区	矣六街道云龙村	2011
50	宝元庵	市级	5	古建筑	清	昆明市	官渡区	官渡街道罗衙村	2011
51	大罗家366号民居	市级	5	古建筑	民国	昆明市	官渡区	矣六街道大罗家营366号	2011
52	魁星阁	市级	6	古建筑	清	昆明市	官渡区	官渡街道官渡社区秀英村	2014
53	龙马抽水站	市级	6	古遗址	民国至社建时期	昆明市	官渡区	官渡街道龙马社区龙马东村	2014
54	安流桥	市级	5	古建筑	清	昆明市	官渡区	阿拉街道普照社区高桥村以北宝象河上	2011
55	龙树庵	市级	6	古建筑	清	昆明市	官渡区	阿拉街道普照社区小麻苴村东面山坡上	2014
56	乌龙垂恩寺	市级	5	古建筑	清	昆明市	呈贡区	乌龙街道乌龙社区居委会关山东坡	2011
57	下可乐来青寺	市级	6	古建筑	清	昆明市	呈贡区	乌龙街道下可乐社区居委会西	2014
58	下庄万丰寺	市级	6	古建筑	清	昆明市	呈贡区	雨花街道下庄社区居委会下庄村西南	2014
59	龙街张氏宅院	市级	6	传统民居	民国	昆明市	呈贡区	龙城街道龙街社区居委会西部13号	2014
60	小洛羊廻龙庵	市级	5	古建筑	清	昆明市	呈贡区	洛羊街道小洛羊社区居委会中部	2011
61	汤丹赵氏宗祠	市级	4	古建筑	民国	昆明市	东川区	汤丹镇大脉地村	2003
62	店房村马氏宅院	市级	5	古建筑	民国	昆明市	东川区	乌龙镇店房村内	2011
63	北方天王石刻造像	市级	1	石窟寺及石刻	元	昆明市	晋宁区	上蒜镇牛恋村委会石将军山	1983
64	夕阳古脊椎动物化石保护区	市级	2	其他	中生代·侏罗纪	昆明市	晋宁区	夕阳彝族乡	1987
65	南荔草堂（含方树梅故居和方家祠堂）	市级	6	近现代重要史记及代表性建筑	民国	昆明市	晋宁区	晋城镇柴河村委会方家村	2014
66	私立光德小学旧址	市级	5	近现代建筑	民国	昆明市	宜良县	匡远街道雄山坡56号	2011
67	段氏宅院	市级	5	近现代建筑	民国	昆明市	宜良县	匡远街道办匡山东路光德巷13号	2011
68	翠峰庵	市级	5	古建筑	清	昆明市	宜良县	匡远镇大村村小组	2011
69	宏山人民公社旧址	市级	5	近现代建筑	民国	昆明市	宜良县	耿家营乡土官村	2011
70	三角塘古水利闸口	市级	5	古建筑	清	昆明市	宜良县	狗街镇龙华村委会沈家营村小组	2011
71	普济桥	市级	6	古建筑	清	昆明市	宜良县	北古城镇新街村小组	2014
72	河上洞遗址	市级	5	古遗址	旧石器时代	昆明市	富民县	永定街道瓦窑村民委员会石坝村西二千米	2011
73	茨塘村穴居遗址	市级	5	古遗址	清	昆明市	富民县	大营街道茨塘村民委员会茨塘村后山	2011
74	款庄白龙寺	市级	5	古建筑	清	昆明市	富民县	款庄镇马街村民委员会沈家村东南瑞松山麓	2011
75	富民东山学舍	市级	5	古建筑	清	昆明市	富民县	赤鹫镇平地村民委员会平地村村口	2011
76	小松园永安桥	市级	5	古建筑	清	昆明市	富民县	东村镇石桥村民委员会小松园村	2011
77	大麦竜张氏民居	市级	6	古建筑	民国	昆明市	富民县	大营街道大麦竜村120号	2014
78	李资树村魁阁（含永兆庵大殿）	市级	6	古建筑	清	昆明市	富民县	款庄镇热水村民委员会李资树村村口	2014
79	三官寺大殿	市级	6	古建筑	清	昆明市	富民县	东村镇乐在村民委员会乐在村村口	2014
80	严家训烈士墓	市级	4	近现代重要史迹及代表性建筑	民国	昆明市	富民县	大营街道元山村后约100米处	2003年
81	小乐台旧村时氏宅院	市级	5	近现代重要史迹及代表性建筑	20世纪30年代	昆明市	石林县	鹿阜街道小乐台旧村	2011
82	小乐台旧村义学	市级	5	古建筑	清康熙四十五年（1780年）	昆明市	石林县	鹿阜街道小乐台旧村	2011
83	背来头古墓群	市级	5	古墓葬	战国至西汉	昆明市	寻甸回族彝族自治县	仁德镇中桥村委会张家村村西	2011

序号	文物保护单位名称	公布级别	公布批次	公布类别	建成时间	公布地址（州、市）	公布地址（市、县、区）	公布地址	公布时间
84	钟灵山塔林	市级	5	古建筑	清	昆明市	寻甸回族彝族自治县	塘子街道钟灵山	2011
85	塘子清真寺	市级	5	古建筑	明正德年间	昆明市	寻甸回族彝族自治县	塘子街道塘子村委会塘子村中	2011
86	彝文安姓籍贯源流碑	市级	5	石窟寺及石刻	清	昆明市	寻甸回族彝族自治县	联合乡三界村委会多数村	2011
87	木密关守御千户所遗址	市级	5	古遗址	明	昆明市	寻甸回族彝族自治县	塘子街道易隆村委会易隆村东	2011
88	千石洞遗址	市级	6	古遗址	新石器时代	昆明市	寻甸回族彝族自治县	先锋镇普鲁村委会石洞门村村东	2014
89	红军长征纪念塔	市级	4	近现代重要史迹及代表性建筑	1978年	昆明市	嵩明县	嵩阳街道北街黄龙山	2003
90	嘉丽泽松坡桥碑	市级	5	石窟寺及石刻	民国	昆明市	嵩明县	杨林镇官渡村委会嘉丽泽农场弥良河与天化河交汇处	2011
91	阿里塘村灯山碑	市级	5	石窟寺及石刻	清乾隆五十三年（1788年）	昆明市	嵩明县	牛栏江镇阿里塘村委会阿里塘下村灯山房墙壁上	2011
92	治理果马河普沙河纪事碑	市级	5	石窟寺及石刻	1967年	昆明市	嵩明县	嵩阳镇龙街村委会龙街村西南果马河与普沙河交汇处	2011
93	董官营观音寺	市级	5	古建筑	清	昆明市	嵩明县	小街镇大桥村委会董官营村东部	2011
94	上游水库纪念碑	市级	5	石窟寺及石刻	1959年	昆明市	嵩明县	嵩阳街道新春邑村委会接界村西上游水库坝旁	2011
95	小屯村观音寺碑	市级	5	石窟寺及石刻	清道光十六年（1836年）	昆明市	嵩明县	杨林镇罗良村委会小屯村观音寺	2011
96	安宁太极书院	市级	5	古建筑	清乾隆五十四年（1789年）	昆明市	安宁市	连然街道太极山（一中校内）	2011
97	红军长征"毛主席路居旧址"	市级	4	近现代史迹及代表性建筑	1935年	昆明市	禄劝彝族苗族自治县	翠华镇翠华村委会界牌村	2003
98	红军烈士洞	市级	4	近现代史迹及代表性建筑	1935年	昆明市	禄劝彝族苗族自治县	九龙镇树渣村委会鲁筷村	2003
99	凤家城遗址	市级	5	古遗址	大理国至今	昆明市	禄劝彝族苗族自治县	屏山街道克梯村委会密达拉村	2011
100	营盘山遗址	市级	6	古遗址	新石器时代	昆明市	禄劝彝族苗族自治县	屏山街道崇德村委会板桥村	2014
101	汤郎马巡检司衙署	市级	6	古建筑	清	昆明市	禄劝彝族苗族自治县	汤郎乡汤郎村委会汤郎村	2014
102	香海庵	市级	6	古建筑	清	昆明市	禄劝彝族苗族自治县	屏山街道角家营后山	2014
103	禄劝五一一电站	市级	6	近现代史迹及代表性建筑	1960年	昆明市	禄劝彝族苗族自治县	屏山街道发明村委会	2014
104	西南神学院旧址	市级	6	近现代史迹及代表性建筑	民国	昆明市	禄劝彝族苗族自治县	撒营盘镇撒老乌村委会鲁秋村	2014
105	化城穿心阁	市级	5	古建筑	清	昆明市	禄劝彝族苗族自治县	化城老街中心地带的化城穿心阁（又称魁星阁）	2011
106	蒋氏宅院	市级	5	近现代史迹及代表性建筑	民国	昆明市	禄劝彝族苗族自治县	转龙镇转龙村委会转龙村	2011
107	土官村戏台碑	市级	5	石窟寺及石刻	清朝康熙四十六年	昆明市	昆明阳宗海风景名胜区	宜良县汤池镇土官村委会土官村小组	2011
108	龙川桥	市级	7	古建筑	元	昆明市	盘龙区	龙泉街道上坝社区上坝村东侧	2019
109	霖雨桥	市级	7	古建筑	明	昆明市	盘龙区	金辰街道罗丈村北侧，盘龙江上段（霖雨路、江东花园北路区间）	2019
110	永丰村永丰庵	市级	7	古建筑	清	昆明市	官渡区	官渡区小板桥街道云溪社区永丰村	2019
111	官渡三圣宫	市级	7	古建筑	清	昆明市	官渡区	官渡街道官渡社区秀英村	2019
112	宝丰村宝象庵	市级	7	古建筑	清	昆明市	官渡区	官渡街道宝丰社区严家村西	2019
113	里仁清真寺	市级	7	古建筑	清	昆明市	西山区	海口街道里仁社区里仁大村内	2019
114	金砂桂香阁	市级	7	古建筑	清	昆明市	晋宁区	上蒜镇金砂村委会金砂村北面	2019
115	六街三教殿	市级	7	古建筑	清	昆明市	晋宁区	六街镇六街村委会六街村	2019
116	羊街三圣宫	市级	7	古建筑	清	昆明市	寻甸县	羊街镇甸龙村委会余家屯村村北	2019
117	板桥大砂石桥	市级	7	古建筑	明	昆明市	石林县	鹿阜街道板桥村村虎街和马街之间	2019
118	束刻上村万寿庵	市级	7	古建筑	清	昆明市	富民县	大营街道束刻村委会束刻上村	2019
119	三村清真寺	市级	7	古建筑	民国	昆明市	富民县	大营街道三村内	2019
120	龙街龙济桥	市级	7	古建筑	清	昆明市	嵩明县	杨桥街道龙街居委会西南	2019

序号	文物保护单位名称	公布级别	公布批次	公布类别	建成时间	公布地址（州、市）	公布地址（市、县、区）	公布地址	公布时间
121	嵩明文庙魁星阁	市级	7	古建筑	清	昆明市	嵩明县	嵩阳街道北街黄龙山	2019
122	草甸魁阁	市级	7	古建筑	清	昆明市	阳宗海	汤池镇草甸村委会草甸村小组	2019
123	仁和祥宅院	市级	7	近现代重要史迹及代表性建筑	民国	昆明市	五华区	护国街道祥云社区祥云街金碧公园东北角	2019
124	居仁巷傅氏宅院	市级	7	近现代重要史迹及代表性建筑	民国	昆明市	五华区	护国街道景星社区正义路居仁巷10号	2019
125	谷昌坝	市级	7	近现代重要史迹及代表性建筑	1946年	昆明市	盘龙区	松华街道廻流社区廻流湾村	2019
126	茨坝小哨红军烈士墓	市级	7	近现代重要史迹及代表性建筑	1936年	昆明市	盘龙区	茨坝街道花渔沟社区小哨村旁	2019
127	滇越铁路西庄站旧址	市级	7	近现代重要史迹及代表性建筑	1932年	昆明市	官渡区	官渡街道世纪城社区玉春苑内	2019
128	东寺街马骢旧居	市级	7	近现代重要史迹及代表性建筑	1920年	昆明市	西山区	金碧街道东寺街小花椒巷5号	2019
129	五家堆鲁氏别墅	市级	7	近现代重要史迹及代表性建筑	1927年	昆明市	西山区	福海街道大观公园南园内	2019
130	五家堆马家别墅	市级	7	近现代重要史迹及代表性建筑	民国	昆明市	西山区	福海街道财金商贸学校内	2019
131	昆阳八角楼	市级	7	近现代重要史迹及代表性建筑	民国	昆明市	晋宁区	区委区政府大院内	2019
132	石牌赵氏宅院	市级	7	近现代重要史迹及代表性建筑	民国	昆明市	晋宁区	昆阳街道旧寨村委会石牌村北面	2019
133	温泉卢汉别墅	市级	7	近现代重要史迹及代表性建筑	民国	昆明市	安宁市	温泉街道	2019
134	温泉龙氏别墅	市级	7	近现代重要史迹及代表性建筑	民国	昆明市	安宁市	温泉街道	2019
135	温泉杨氏别墅	市级	7	近现代重要史迹及代表性建筑	民国	昆明市	安宁市	温泉街道	2019
136	温泉裴氏别墅	市级	7	近现代重要史迹及代表性建筑	民国	昆明市	安宁市	温泉街道	2019
137	温泉孙氏别墅	市级	7	近现代重要史迹及代表性建筑	民国	昆明市	安宁市	温泉街道	2019
138	温泉宾馆三号院一号建筑	市级	7	近现代重要史迹及代表性建筑	1973年	昆明市	安宁市	温泉街道	2019
139	温泉袁氏别墅	市级	7	近现代重要史迹及代表性建筑	民国	昆明市	安宁市	温泉街道	2019
140	温泉严氏别墅	市级	7	近现代重要史迹及代表性建筑	民国	昆明市	安宁市	温泉街道	2019
141	陈钟书故居	市级	7	近现代重要史迹及代表性建筑	民国	昆明市	安宁市	八街街道	2019
142	五棵树会谈旧址	市级	7	近现代重要史迹及代表性建筑	民国	昆明市	石林县	石林街道石林风景区五棵树村	2019
143	老余屯邓氏宅院	市级	7	近现代重要史迹及代表性建筑	民国	昆明市	嵩明县	杨林镇老余屯居委会老余屯村	2019
144	羊街磨盘寺谈判旧址	市级	7	近现代重要史迹及代表性建筑	1949年	昆明市	寻甸县	羊街镇西面磨盘山	2019
145	明永历帝殉国处碑	市级	7	石窟寺及石刻	1911年	昆明市	五华区	华山街道翠湖社区华山西路中段	2019
146	税务告示碑	市级	7	石窟寺及石刻	清	昆明市	五华区	护国街道金牛社区盘龙区地税局门前	2019

序号	文物保护单位名称	公布级别	公布批次	公布类别	建成时间	公布地址（州、市）	公布地址（市、县、区）	公布地址	公布时间
147	嵩明州严禁差役扰民碑	市级	7	石窟寺及石刻	清	昆明市	盘龙区	滇源街道大哨社区大哨村	2019
148	海口石城摩崖石刻	市级	7	石窟寺及石刻	清	昆明市	西山区	海口街道山冲社区西边石头山上	2019
149	汉益州郡滇池县治故址碑	市级	7	石窟寺及石刻	民国	昆明市	晋宁区	晋城镇上东街（原老县府街）	2019
150	天下第一汤（含泉址及题刻）	市级	7	石窟寺及石刻	民国	昆明市	安宁市	温泉街道温泉宾馆	2019
151	石林摩崖石刻群（含岩画）	市级	7	石窟寺及石刻	汉代至近现代	昆明市	石林县	石林街道石林风景名胜区内	2019
152	金砂山古墓群	市级	7	古墓葬	战国至汉	昆明市	晋宁区	上蒜镇金砂村委会金砂村	2019
153	凤溪山古墓群	市级	7	古墓葬	战国至西汉	昆明市	嵩明县	杨桥街道上禾居委会凤溪山	2019
154	滇川驿道三村段	市级	7	古遗址	元、明、清	昆明市	富民县	大营街道三村与完家村之间	2019

四、昆明市各级非物质文化遗产项目名录

国家级截至2023年(7项)				
序号	项目类别	项目名称	申报地区或单位	项目批次
1	民间文学	阿诗玛	石林县	2006年第一批
2	传统美术	彝族（撒尼）刺绣	石林县	2008年第二批
3	传统戏剧	滇剧	昆明市（五华）	2008年第二批
4	传统舞蹈	彝族三弦舞	石林县	2008年第二批
5	传统体育、游艺与杂技	彝族摔跤	石林县	2011年第三批
	传统戏剧	关索戏（项目不在昆明）	昆明市（阳宗海）	2011年第三批
6	传统医药	昆中药传统中药制剂	昆明市（西山）	2014年第四批
7	传统技艺	云子（围棋）制作技艺	官渡区	2019年第五批
省级截至2023年（75项）				
1	传统技艺	汉族乌铜走银制作技艺	晋宁区	2006年第一批
2	传统技艺	斑铜制作技艺	昆明市（五华）	2006年第一批
3	传统戏剧	花灯	嵩明县	2006年第一批
4	传统音乐	洞经音乐	昆明市（盘龙区、五华区、阳宗海）	2006年第一批
5	传统音乐	昆明调	呈贡、官渡、西山	2006年第一批
6	民间文学	昭莽俭与高帕施	寻甸县	2006年第一批
7	传统文化保护区（乡）	双河彝族秧佬鼓舞之乡	晋宁区	2006年第一批
8	传统文化保护区	石林彝族自治县糯黑彝族传统文化保护区	石林县	2006年第一批
9	传统文化保护区（乡）	石林彝族自治县阿着底民族民间刺绣之乡	石林县	2006年第一批
10	传统技艺	宜良烤鸭制作技艺	宜良县	2009年第二批
11	传统技艺	羊毛花毡印染技艺	禄劝县	2009年第二批

序号	项目类别	项目名称	申报地区或单位	项目批次
12	传统技艺	汉族刺绣技艺	嵩明县	2009年第二批
13	传统美术	晋城圣贤画	晋宁区	2009年第二批
14	传统文化保护区	石林彝族自治县月湖村彝族传统文化保护区	石林县	2009年第二批
15	传统技艺	菱角编制技艺	呈贡区	2013年第三批
16	传统技艺	酒制作技艺（杨林肥酒）	嵩明县	2013年第三批
17	传统技艺	宝翰轩字画装裱修复技艺	五华区	2013年第三批
18	传统技艺	天宝斋制墨技艺	五华区	2013年第三批
19	传统技艺	吉庆祥云腿月饼制作技艺	五华区	2013年第三批
20	传统美术	彩扎	官渡区、盘龙区	2013年第三批
21	传统美术	面塑	嵩明县	2013年第三批
22	民俗	宝峰调子会	晋宁区	2013年第三批
23	民俗	大香会	宜良县阳宗海	2013年第三批
24	民俗	金殿庙会	盘龙区	2013年第三批
25	民俗	三月三"耍西山	西山区	2013年第三批
26	传统体育、游艺与杂技	沙式武术	五华区	2013年第三批
27	传统医药	无敌治骨疗伤法	昆明市（盘龙区）	2013年第三批
28	传统医药	朱氏正骨疗法	盘龙区	2013年第三批
29	传统音乐	彝族器乐	石林县	2013年第三批
30	传统文化保护区	发嘎村彝族传统文化生态保护区	寻甸县	2013年第三批
31	传统美术	剪纸（扩展）	呈贡区	2013年第三批
32	传统美术	彝族刺绣（扩展）	禄劝县	2013年第三批
33	传统技艺	乌铜走银制作技艺（扩展）	官渡区	2013年第三批
34	民俗	彝族服饰（扩展）	寻甸县	2013年第三批
35	传统戏剧	花灯戏（扩展）	呈贡区	2013年第三批
36	民间文学	苗族叙事长诗《红昭和饶觉席娜》	富民县	2016年第四批
37	传统音乐	安宁小调	安宁市	2016年第四批
38	传统美术	昆明微雕	盘龙区	2016年第四批
39	传统技艺	宝洪茶制作技艺	宜良县	2016年第四批
40	传统技艺	酱油酿造技艺（拓东甜酱油、妥甸酱油）	西山区	2016年第四批
41	传统技艺	永香斋玫瑰大头菜制作技艺	西山区	2016年第四批
42	传统技艺	牛干巴制作技艺（寻甸牛干巴、鲁甸牛干巴）	寻甸县	2016年第四批
43	传统技艺	卤腐制作技艺（七甸卤腐）	阳宗海	2016年第四批
44	传统医药	管氏针灸疗法	西山区	2016年第四批
45	传统医药	姚氏中医妇科疗法	西山区	2016年第四批
46	民俗	宝峰正月接佛习俗	晋宁区	2016年第四批
47	民俗	龙泉探梅	盘龙区	2016年第四批
48	民俗	圆通樱潮	五华区	2016年第四批
49	民俗	彝族立秋节	寻甸县	2016年第四批
50	传统音乐	洞经音乐	嵩明县	2016年第四批
51	传统技艺	扎染制作技艺（宜良钩花扎染）	宜良县	2016年第四批
52	传统技艺	火草纺织技艺（扩展）	石林县	2016年第四批
53	传统技艺	米线烹制技艺（建新园过桥米线）	昆明市（官渡区）	2016年第四批
54	民俗	宜良花街节	宜良县	2016年第四批
55	传统美术	瓦猫（昆明瓦猫）	呈贡区、盘龙区	2022年第五批
56	曲艺	云南评书	五华区、盘龙区	2022年第五批
57	传统技艺	风筝制作技艺（滇式风筝制作技艺）	五华区、盘龙区、安宁市	2022年第五批
58	传统舞蹈	颠乐	晋宁区	2022年第五批
59	传统音乐	傈僳族小葫芦笙舞曲	禄劝县	2022年第五批
60	传统音乐（拓展）	口弦音乐（彝族口弦）	东川区	2022年第五批

序号	项目类别	项目名称	申报地区或单位	项目批次
61	传统舞蹈	苗族芦笙舞（禄劝苗族芦笙舞）	禄劝县	2022年第五批
62	传统美术（拓展）	剪纸	盘龙区	2022年第五批
63	传统美术	面具（狮虎面具）	石林县	2022年第五批
64	民俗（拓展）	火把节	石林县	2022年第五批
65	传统技艺	鸭肉烹制技艺（晋宁卤鸭制作技艺）	晋宁区	2022年第五批
66	传统舞蹈	蒿枝龙舞	嵩明县	2022年第五批
67	传统美术（拓展）	竹编（宜良竹编）	宜良县	2022年第五批
68	传统体育、游艺与杂技	五祖鹤阳拳	市直（盘龙区）	2022年第五批
69	传统美术	贴花（宝峰贴花）	晋宁区	2022年第五批
70	传统技艺	锔瓷技艺	盘龙区	2022年第五批
71	传统技艺	昆明回族菜肴烹饪技艺	五华区	2022年第五批
72	传统技艺	米线烹制技艺〔昆明吊浆（酸浆）米线制作技艺〕	官渡区	2022年第五批
73	传统技艺	绿茶制作技艺（十里香茶制作技艺）	石林县	2022年第五批
74	传统医药	传统中医药文化（黄家医圈中医药）	官渡区	2022年第五批
75	传统医药（拓展）	中医正骨疗法（呈贡陈氏正骨术）	呈贡区	2022年第五批
市级截至2023年（266项）				
1	传统舞蹈	镰甲舞	安宁市	2005年第一批
2	传统舞蹈	苗族芦笙舞（县街乡高山云龙村；水井湾村）	安宁市	2005年第一批
3	传统音乐	苗族芦笙舞（阿作芦笙音乐）	安宁市	2005年第一批
4	民间文学	杨天官的故事	安宁市	2005年第一批
5	传统戏剧	山歌剧（刺玫瑰）	呈贡区	2005年第一批
6	民间文学	板凳龙传说	呈贡区	2005年第一批
7	民间文学	梁王传说	呈贡区	2005年第一批
8	传统技艺	彝族服饰（阿旺乡拖潭村）	东川区	2005年第一批
9	传统舞蹈	彝族跌脚舞（东川法者乡）	东川区	2005年第一批
10	传统音乐	祭祀歌（阿旺乡拖潭村）	东川区	2005年第一批
11	传统音乐	彝族芦笙（阿旺乡拖潭村）	东川区	2005年第一批
12	传统美术	石板房（碧谷镇箐口村汪家箐）	东川区	2005年第一批
13	传统美术	汉族剪纸	富民县	2005年第一批
14	传统美术	金属工艺（斑铜、仿铜）	富民县	2005年第一批
15	曲艺	富民数西调	富民县	2005年第一批
16	传统舞蹈	花灯歌舞（逛富民）	富民县	2005年第一批
17	传统舞蹈	苗族芦笙舞（罗免乡核桃树村）	富民县	2005年第一批
18	传统美术	汉族民居（大营镇大麦垄村张氏四合院）	富民县	2005年第一批
19	民间文学	飞来寺（传说）	富民县	2005年第一批
20	民间文学	姑娘坟（故事）	富民县	2005年第一批
21	民俗	节庆习俗（苗族花山节）	富民县	2005年第一批
22	民俗	苗族服饰习俗	富民县	2005年第一批
23	传统技艺	汉族服饰（福保村）	官渡区	2005年第一批
24	传统戏剧	花灯（官渡）	官渡区	2005年第一批
25	传统技艺	彝族服饰工艺（普照小村）	官渡区（移交经开区）	2005年第一批
26	传统美术	汉族剪纸（官渡区）	官渡区	2005年第一批
27	传统美术	彝族剪纸（阿拉乡）	官渡区	2005年第一批
28	传统舞蹈	扁鼓舞	官渡区（移交经开区）	2005年第一批
29	传统舞蹈	踩场舞（撒梅人）	官渡区（移交经开区）	2005年第一批
30	传统舞蹈	金钱棍	官渡区	2005年第一批
31	传统舞蹈	龙狮舞	官渡区	2005年第一批
32	传统戏剧	花灯（请长年）	官渡区	2005年第一批

序号	项目类别	项目名称	申报地区或单位	项目批次
33	传统音乐	阿乌曲调	官渡区	2005年第一批
34	传统音乐	薅谷调	官渡区（移交经开区）	2005年第一批
35	民间文学	毕摩创字	官渡区（移交经开区）	2005年第一批
36	民间文学	猜调（歌谣）	官渡区	2005年第一批
37	民间文学	金刚塔的传说	官渡区	2005年第一批
38	民间文学	龙女造人	官渡区（移交经开区）	2005年第一批
39	民间文学	情歌	官渡区	2005年第一批
40	民俗	虫王节（子君村）	官渡区（移交经开区）	2005年第一批
41	民俗	跑马节（子君村）	官渡区	2005年第一批
42	民俗	土主庙会（官渡村）	官渡区	2005年第一批
43	民俗	彝族火把节（阿拉乡）	官渡区（移交经开区）	2005年第一批
44	民俗	官渡饵块	官渡区	2005年第一批
45	传统技艺	彝族刺绣（大荒川村）	晋宁区	2005年第一批
46	传统技艺	彝族刺绣（新寨村彝族服饰用品刺绣）	晋宁区	2005年第一批
47	传统美术	泥塑（晋城镇西门村）	晋宁区	2005年第一批
48	传统美术	甲马（晋城镇士林街）	晋宁区	2005年第一批
49	传统美术	民俗面具（彝族打黑村）	晋宁区	2005年第一批
50	传统美术	竹雕刻（回龙村）	晋宁区	2005年第一批
51	传统舞蹈	跳乐（彝族舞蹈）	晋宁区	2005年第一批
52	传统舞蹈	彝族秧佬鼓舞	晋宁区	2005年第一批
53	传统音乐	颠乐音乐	晋宁区	2005年第一批
54	传统音乐	小调点荞调（蜜蜂来采花）	晋宁区	2005年第一批
55	传统音乐	秧佬鼓音乐	晋宁区	2005年第一批
56	传统音乐	彝族器乐（小哔哩隆中调）	晋宁区	2005年第一批
57	传统音乐	彝族小调（得得乐）	晋宁区	2005年第一批
58	传统美术	晋城镇老城区汉族民居	晋宁区	2005年第一批
59	民间文学	花鼓词调	晋宁区	2005年第一批
60	民间文学	盘龙祖师传说	晋宁区	2005年第一批
61	民间文学	情歌	晋宁区	2005年第一批
62	民俗	盘龙寺庙会	晋宁区	2005年第一批
63	民俗	双龙火把节	晋宁区	2005年第一批
64	传统舞蹈	彝族（叠脚舞）	禄劝县	2005年第一批
65	传统舞蹈	彝族（披毡舞）	禄劝县	2005年第一批
66	传统舞蹈	彝族祭祀舞（罗婺神鼓）	禄劝县	2005年第一批
67	传统舞蹈	彝族诺苏舞（刀舞）	禄劝县	2005年第一批
68	传统戏剧	（孩子爹娘）	禄劝县	2005年第一批
69	传统戏剧	彝剧（法噶王）	禄劝县	2005年第一批
70	传统音乐	彝族（土司府礼仪音乐）	禄劝县	2005年第一批
71	民间文学	不同民族的由来（传说）	禄劝县	2005年第一批
72	民间文学	轿子山天池（传说）	禄劝县	2005年第一批
73	民俗	花山节	禄劝县	2005年第一批
74	民俗	火把节	禄劝县	2005年第一批
75	民俗	彝族祭祖大典（奈姆）	禄劝县	2005年第一批
76	传统技艺	大树营白族布艺	盘龙区	2005年第一批
77	传统技艺	小窑村制陶工艺	盘龙区	2005年第一批
78	传统美术	泥塑（北辰小区）	盘龙区	2005年第一批
79	曲艺	昆明扬琴	盘龙区	2005年第一批
80	曲艺	昆明扬琴善书香山宝传	盘龙区	2005年第一批
81	传统舞蹈	板凳龙花灯歌舞	盘龙区	2005年第一批

序号	项目类别	项目名称	申报地区或单位	项目批次
82	传统舞蹈	踩场舞（彝族舞蹈）	盘龙区	2005年第一批
83	传统舞蹈	苗族芦笙舞（李四冲）	盘龙区	2005年第一批
84	传统戏剧	花灯戏（盘龙区）	盘龙区	2005年第一批
85	传统戏剧	昆明曲剧	盘龙区	2005年第一批
86	传统音乐	昆明小调	盘龙区	2005年第一批
87	传统美术	龙头村汉族民居（一颗印）	盘龙区	2005年第一批
88	民间文学	城市歌谣	盘龙区	2005年第一批
89	民间文学	城市谚语	盘龙区	2005年第一批
90	民间文学	金牛传说	盘龙区	2005年第一批
91	民间文学	木匠的故事	盘龙区	2005年第一批
92	民间文学	钱南园的故事	盘龙区	2005年第一批
93	民间文学	拓东城的传说	盘龙区	2005年第一批
94	传统美术	彝族毕司图（大老挖村）	石林县	2005年第一批
95	曲艺	巴宗迷诗（彝族撒尼）	石林县	2005年第一批
96	传统舞蹈	叉舞（彝族撒尼舞蹈）	石林县	2005年第一批
97	传统舞蹈	狮虎舞（彝族撒尼舞蹈）	石林县	2005年第一批
98	传统戏剧	阿诗玛（彝族撒尼剧）	石林县	2005年第一批
99	传统音乐	远方的客人请留下来（撒尼合唱曲）	石林县	2005年第一批
100	传统美术	糯黑村彝族石板房	石林县	2005年第一批
101	民间文学	斗牛的来历（传说）	石林县	2005年第一批
102	民间文学	火把节的传说（传说）	石林县	2005年第一批
103	民间文学	密枝节传说	石林县	2005年第一批
104	民间文学	牧羊人史郎若（传说）	石林县	2005年第一批
105	民间文学	尼米诗（长诗）	石林县	2005年第一批
106	民间文学	石林的传说（传说）	石林县	2005年第一批
107	民间文学	摔跤的来历（传说）	石林县	2005年第一批
108	民间文学	逃到甜蜜的地方	石林县	2005年第一批
109	民间文学	蜘蛛图腾（传说）	石林县	2005年第一批
110	民间文学	竹叶长青（传说）	石林县	2005年第一批
111	民俗	彝族斗牛习俗	石林县	2005年第一批
112	民俗	彝族密枝节	石林县	2005年第一批
113	民间文学	兰茂传说	嵩明县	2005年第一批
114	民俗	民居建筑习俗	嵩明县	2005年第一批
115	传统戏剧	嵩明花灯音乐	嵩明县	2005年第一批
116	传统戏剧	花灯歌舞（嵩明）	嵩明县	2005年第一批
117	传统戏剧	花灯剧（嵩明）	嵩明县	2005年第一批
118	传统技艺	汉族彩扎	五华区	2005年第一批
119	传统技艺	苗族服饰工艺	五华区	2005年第一批
120	传统技艺	苗族麻纺	五华区	2005年第一批
121	传统美术	骨雕工艺	五华区	2005年第一批
122	传统美术	竹木雕刻	五华区	2005年第一批
123	曲艺	昆明扬琴	五华区	2005年第一批
124	曲艺	渔鼓	五华区	2005年第一批
125	曲艺	云南唱书	五华区	2005年第一批
126	曲艺	云南方言相声	五华区	2005年第一批
127	传统舞蹈	白族霸王鞭舞	五华区	2005年第一批
128	传统舞蹈	汉族（跑驴舞）	五华区	2005年第一批
129	传统舞蹈	跑旱船舞	五华区	2005年第一批
130	传统舞蹈	狮舞	五华区	2005年第一批

序号	项目类别	项目名称	申报地区或单位	项目批次
131	传统戏剧	京剧	五华区	2005年第一批
132	传统音乐	狮舞音乐	五华区	2005年第一批
133	传统音乐	宗教音乐（回族宣礼歌）	五华区	2005年第一批
134	传统美术	沙朗乡大村白族民居	五华区	2005年第一批
135	民间文学	歌谣（特务枪杀闻一多）	五华区	2005年第一批
136	民间文学	鬼公馆的故事	五华区	2005年第一批
137	民间文学	永历帝与逼死坡	五华区	2005年第一批
138	民俗	沙郎重阳节	五华区	2005年第一批
139	民俗	玉案民俗文化庙会	五华区	2005年第一批
140	传统技艺	白族扎染（碧鸡镇长坡村）	西山区	2005年第一批
141	传统音乐	对对鸡（白族三弦情歌）	西山区	2005年第一批
142	传统音乐	昆明小调《拈鱼》	西山区	2005年第一批
143	传统音乐	昆明小调《猜调》	西山区	2005年第一批
144	传统美术	团结大乐居（彝族民居）	西山区	2005年第一批
145	民间文学	神话（天翻地覆）	西山区	2005年第一批
146	民间文学	白族火把节传说	西山区	2005年第一批
147	民间文学	苗族故事（榜杰买爹娘）	西山区	2005年第一批
148	民间文学	神话（兄妹结婚）	西山区	2005年第一批
149	民间文学	西山睡美人（传说三则）	西山区	2005年第一批
150	民俗	观音山庙会	西山区	2005年第一批
151	民俗	西山音乐节	西山区	2005年第一批
152	传统技艺	刺绣（凤仪乡龙池办事处龙街村）	寻甸县	2005年第一批
153	传统美术	剪纸（羊街镇迟所村）	寻甸县	2005年第一批
154	曲艺	服装与婚姻（说唱）	寻甸县	2005年第一批
155	曲艺	拖舅舅（说唱）	寻甸县	2005年第一批
156	传统舞蹈	彝族（跌肩舞）	寻甸县	2005年第一批
157	曲艺	山高情深	寻甸县	2005年第一批
158	传统音乐	嘞嘞调（彝族山歌）	寻甸县	2005年第一批
159	传统音乐	汉族耻格调	寻甸县	2005年第一批
160	传统音乐	苗族古歌（亚亚射日月）	寻甸县	2005年第一批
161	传统音乐	彝族古歌（服装与婚姻）	寻甸县	2005年第一批
162	传统音乐	赞圣（回族音乐）	寻甸县	2005年第一批
163	民间文学	青龙山传说（回族）	寻甸县	2005年第一批
164	民间文学	清水海的传说	寻甸县	2005年第一批
165	民间文学	攒言子（回族）	寻甸县	2005年第一批
166	民俗	回族正月十六赶夜街	寻甸县	2005年第一批
167	民俗	苗族花山节	寻甸县	2005年第一批
168	传统技艺	马街白陶工艺	宜良县	2005年第一批
169	传统美术	木雕	宜良县	2005年第一批
170	传统音乐	汉族山歌（阳宗海歌会）	宜良县（移交阳宗海）	2005年第一批
171	民俗	"三月三"汤池庙会	宜良县（移交阳宗海）	2005年第一批
172	民俗	九乡猎神节	宜良县	2005年第一批
173	传统音乐	洞经音乐	宜良县	2005年第一批
174	传统戏剧	滇剧	宜良县	2005年第一批
175	传统技艺	呈贡豌豆粉制作技艺	呈贡区	2009年第二批
176	传统音乐	彝族民歌（东川）	东川区	2009年第二批
177	传统舞蹈	打荞舞	富民县	2009年第二批
178	民间舞蹈	板凳龙舞	富民县	2009年第二批
179	传统技艺	阿乌制作技艺	官渡区	2009年第二批

序号	项目类别	项目名称	申报地区或单位	项目批次
180	传统技艺	官渡粑粑制作技艺	官渡区	2009年第二批
181	传统戏剧	乌龙村老灯	盘龙区	2009年第二批
182	传统技艺	路南卤腐制作技艺	石林县	2009年第二批
183	传统技艺	过桥米线制作技艺	五华区	2009年第二批
184	传统医药	福林堂中药炮制技术	五华区	2009年第二批
185	民俗	舞狮习俗	富民县	2012年第三批
186	传统美术	滇派内画	官渡区	2012年第三批
187	传统美术	剪纸（嵩明）	嵩明县	2012年第三批
188	民俗	杨林土主山接祖大典	嵩明县	2012年第三批
189	传统美术	汉族刺绣	呈贡区	2016年第四批
190	民俗	富民团场舞蹈习俗	富民县	2016年第四批
191	民俗	晋宁米线节	晋宁区	2016年第四批
192	民俗	白邑三月头龙节	盘龙区	2016年第四批
193	传统音乐	鸣嘟	盘龙区	2016年第四批
194	传统舞蹈	架子乐	石林县	2016年第四批
195	传统音乐	三胡	石林县	2016年第四批
196	传统舞蹈	苗族芦笙舞	嵩明县	2016年第四批
197	传统美术	葫芦雕绘	西山区	2016年第四批
198	传统技艺	汤池速氏木雕	阳宗海风景名胜区	2016年第四批
199	民俗	草甸庙会	阳宗海风景名胜区	2016年第四批
200	民间文学	汤池民间传说"粗糠宝"	阳宗海风景名胜区	2020年第五批
201	民间文学	圭山彩虹（圭山寺的传说）	石林县	2020年第五批
202	传统音乐	嵩明彝族唢呐吹打乐	嵩明县	2020年第五批
203	传统音乐	禄劝傈僳族口弦演奏	禄劝县	2020年第五批
204	传统音乐	长春派道教音乐	盘龙区	2020年第五批
205	传统舞蹈	小独龙	晋宁区	2020年第五批
206	传统体育、游艺与杂技	恒式御林武术	西山区	2020年第五批
207	传统美术	掐丝珐琅彩画	西山区	2020年第五批
208	传统美术	路南民间绘画（农民画）	石林县	2020年第五批
209	传统美术	糖画	盘龙区	2020年第五批
210	传统技艺	皮革雕刻	五华区	2020年第五批
211	传统技艺	传统拓片技艺	盘龙区	2020年第五批
	传统技艺	传统拓片技艺	五华区	2020年第五批
212	传统技艺	古船船模营造技艺	五华区	2020年第五批
213	传统技艺	手工香制作技艺	安宁市	2020年第五批
	传统技艺	手工香制作技艺	嵩明县	2020年第五批
214	传统技艺	禄劝手工银器制作技艺	禄劝县	2020年第五批
215	传统技艺	牛角弓（南弓）制作技艺	盘龙区	2020年第五批
216	传统技艺	端仕小锅烹饪技艺	官渡区	2020年第五批
217	传统技艺	官渡风味特色小吃制作技艺	官渡区	2020年第五批
218	传统技艺	古法手工榨油技艺	西山区	2020年第五批
219	传统技艺	米花团制作技艺	晋宁区	2020年第五批
220	传统技艺	叮叮糖制作技艺	晋宁区	2020年第五批
221	传统技艺	路南乳饼制作技艺	石林县	2020年第五批
222	传统技艺	昆明焖炉烤鸭制作技艺	盘龙区	2020年第五批
223	传统医药	滇南百草膏制作技艺	嵩明县	2020年第五批
224	民俗	耿家营新庄"背秋娃"	宜良县	2020年第五批
225	民俗	禄劝傈僳族传统婚俗	禄劝县	2020年第五批
226	传统舞蹈	板凳龙	晋宁区	第五批（拓展）

序号	项目类别	项目名称	申报地区或单位	项目批次
227	传统美术	面塑	盘龙区	第五批（拓展）
	传统美术	面塑	五华区	
228	传统美术	剪纸	晋宁区	第五批（拓展）
229	传统美术	汉族刺绣	晋宁区	第五批（拓展）
230	传统技艺	扎染制作技艺	安宁市	第五批（拓展）
231	传统技艺	苗族纺织制作技艺	嵩明县	第五批（拓展）
232	传统技艺	斑铜制作技艺	盘龙区	第五批（拓展）
233	传统文化保护区（乡）	八街镇花灯之乡	安宁市	2005年第一批
234	传统文化保护区	水井湾苗族文化保护区	安宁市	2005年第一批
235	传统文化保护区（乡）	呈贡花灯之乡	呈贡区	2005年第一批
236	传统文化保护区（乡）	斗南滇剧之乡	呈贡区	2005年第一批
237	传统文化保护区（乡）	马金铺小独龙舞之乡	呈贡区	2005年第一批
238	传统文化保护区（乡）	七甸板凳龙之乡	呈贡区（移交阳宗海）	2005年第一批
239	传统文化保护区（乡）	七甸棒鼓舞之乡	呈贡区（移交阳宗海）	2005年第一批
240	传统文化保护区	小水井苗族文化保护区	富民县	2005年第一批
241	传统文化保护区（乡）	阿拉彝族民间歌舞之乡	官渡区（移交经开区）	2005年第一批
242	传统文化保护区	官渡古镇汉族文化保护区	官渡区	2005年第一批
243	传统文化保护区（乡）	官渡区滇剧、花灯艺术之乡	官渡区	2005年第一批
244	传统文化保护区（乡）	官渡区龙狮之乡	官渡区	2005年第一批
245	传统文化保护区	小新村彝族文化保护区	官渡区	2005年第一批
246	传统文化保护区	田坝彝族文化保护区	晋宁区	2005年第一批
247	传统文化保护区	新寨彝族文化保护区	晋宁区	2005年第一批
248	传统文化保护区	撒老坞（彝族文化保护区）	禄劝县	2005年第一批
249	传统文化保护区（乡）	撒营盘（刺绣之乡）	禄劝县	2005年第一批
250	传统文化保护区	秧草墩（苗族文化保护区）	禄劝县	2005年第一批
251	传统文化保护区（乡）	转龙镇桂泉村（歌舞之乡）	禄劝县	2005年第一批
252	传统文化保护区（乡）	菠萝村龙狮之乡	盘龙区	2005年第一批
253	传统文化保护区（乡）	龙头村花灯之乡	盘龙区	2005年第一批
254	传统文化保护区	小河乡李四冲苗族文化保护区	盘龙区	2005年第一批
255	传统文化保护区（乡）	巴茅村彝族大三弦之乡	石林县	2005年第一批
256	传统文化保护区	长湖镇维则彝族传统文化保护区	石林县	2005年第一批
257	传统文化保护区（乡）	嵩明花灯之乡	嵩明县	2005年第一批
258	传统文化保护区（乡）	黑林铺花灯之乡	五华区	2005年第一批
259	传统文化保护区	迤六村前进苗族文化保护区	五华区	2005年第一批
260	传统文化保护区（乡）	海口双哨彝族秧老鼓之乡	西山区	2005年第一批
261	传统文化保护区（乡）	古城镇（歌舞之乡）	宜良县	2005年第一批
262	传统文化保护区（乡）	马街窑上村工艺之乡（白陶）	宜良县	2005年第一批
263	传统文化保护区	石林县长湖镇海宜村传统文化保护区	石林县	2009年第二批
264	传统文化保护区	夕阳彝族乡打黑村彝族传统文化保护区	晋宁区	2012年第三批
265	传统文化保护区	石林县大老挖村彝族（撒尼）传统文化保护区	石林县	2012年第三批
266	传统文化保护区	石林县下冒水洞村彝族（阿细）传统文化保护区	石林县	2012年第三批

参考文献

1. （汉）司马迁著：《史记·西南夷传》。

2. ［意大利］马可·波罗著：《马可·波罗行纪》。

3. （清）张廷玉著：《明史·郑和传》。

4. 昆明市人民政府编：《昆明市志》，人民出版社，1999年版。

5. 昆明市人民政府编：《昆明市志（1978—2005）》，云南人民出版社，2016年版。

6. 昆明市政协编：《昆明市政协文史资料》10卷，云南科技出版社，2010年版。

7. 吴宝璋：《近代云南文化史》，广西师范大学出版社，2020年版。

8. 李飞鸿主编：《通俗郑和志》，云南民族出版社，2016年版。

9. 昆明市志办编：《昆明历史文化读本》，云南人民出版社，2018年版。

10. 昆明市政协编：《昆明读本》，云南人民出版社，2019年版。

11. 李永顺编著：《昆明的前世今生》，云南美术出版社，2015年版。

12. 李孝友著：《昆明风物志》，云南民族出版社，1999年版。

13. 李安民主编：《昆明非物质文化遗产保护名录》，云南人民出版社，2010年版。

14. 云南省地方志编纂委员会编：《云南省志·文化艺术志》，云南人民出版社，2002年版。

15. 中国戏曲志云南卷编辑部编：《昆明市戏曲志》，云南大学出版社，2001年版。

16. 朱惠荣注释：《徐霞客滇游日记》，云南人民出版社，2017年版。

17. 张宪文等：《中国抗日战争史》第三卷，化学工业出版社，2016年版。

18. 朱和平著：《永久的记忆》，中国文史出版社，2015年版。

19. 周忻主编：《历代诗人咏昆明》，云南美术出版社，2004年版。

20. 周忻、叶铸、徐刚编著：《文化昆明》，云南美术出版社，2008年版。

21. 周忻主编：《大美昆明》，云南人民出版社，2017年版。

22. 周忻主编：《百味昆明》，云南人民出版社，2019年版。

23. 冉隆中主编：《昆明的眼睛》，云南人民出版社，2011年版。

24. 冉隆中主编：《昆明读城记》，云南人民出版社，2014年版。

后 记

　　有幸从事文化工作是人生的福气。作为一名出生、生活、奋斗在这座城市的文史工作者，总想为传播城市文化、留下城市记忆，尽点绵薄之力。加之自己是1977年恢复高考以来第一批大学生，学的又是历史专业，便萌生了写作一部昆明城市文化史的心愿。1982年，我从昆明师范学院历史系毕业，正好这一年国务院公布昆明为国家第一批历史文化名城之一。千载难逢的机遇，让我到了昆明市人民政府文教办公室工作。从此，我与文化工作结缘40多年，踏上了为文化事业筑梦奋斗的道路。

　　机遇总是给有准备的人。有趣的是，1985年，昆明市人民政府、共青团昆明市委联合举办"假如我是市长（局长）"的城市发展建言活动，我欣然选择了"假如我是文化局局长"的角色，开门见山地提出了建设好历史文化名城的建议。说来真是神奇了，15年后的2001年，我真的当上了文化局局长，又是《昆明市志》的编委，便加紧阅读地方史、搜集积累资料、拜访前辈史学专家、实地调研各类文化遗产场所、听取非遗传承人讲故事。

　　2010年以来，我先后应邀到云南大学、云南艺术学院、昆明学院等大专院校，昆明市图书馆"春秋讲堂"、五华讲坛、盘龙区新时代文明中心、东方书店、部分商会、企事业单位开设昆明城市文化特色、文化遗产保护、文化创意产业、文化竞争力、文化消费、文化品质提升和世界春城花都等讲座，与听众研讨交流，吸收到了许多有益成果。退休之后，我历时5年完成了这部书稿。

　　书稿完成后，北京大学博士后、云南大学文学博士邱健帮助修改完善，云南人民出版社政治编辑部主任马维聪、副主任陶汝昌提出了许多宝贵的意见，中共昆明市委党史研究室进行了审读，昆明市文化和旅游局副局长、文物局局长钱进，非遗处处长段钟一，文物处处长赵猛，昆明市政协学习和文化文史委员会罗伟同志提供了许多珍贵的资料。

　　本书由昆明市非遗传承人张衡老师作整体设计，并提供了若干非物质文化遗产拓片，图片资料由周干杰、赵海澎、李旭、王广跃、徐承谦、李娅等搜集提供，在此一并表示最诚挚的谢意！

　　本书作为一部传播昆明文化遗产、留住城市记忆的通识读物，若能让有幸读到它的市民和来昆创业者、旅游者对昆明这座历史文化名城有所认识和了解，就算是我这个文化传播志愿者尽责了。由于城市文化历史十分浩瀚，书中尚有许多遗漏、缺憾和不足之处，敬请读者不吝赐教、批评指正！

作　者

2024年仲秋